WUHU CHENGSHI YU JIANZHU SHIGAO

芜湖城市与建筑史稿

葛立三　姚景艳　赵惠萍 ◎ 著

安徽师范大学出版社
ANHUI NORMAL UNIVERSITY PRESS

·芜湖·

图书在版编目(CIP)数据

芜湖城市与建筑史稿 / 葛立三, 姚景艳, 赵惠萍著. -- 芜湖：
安徽师范大学出版社, 2024.9
ISBN 978-7-5676-6764-8

Ⅰ. ①芜… Ⅱ. ①葛… ②姚… ③赵… Ⅲ. ①城市史—芜湖②建筑史
—芜湖 Ⅳ. ①K295.43②TU-092

中国国家版本馆CIP数据核字(2024)第092089号

芜湖城市与建筑史稿

葛立三　姚景艳　赵惠萍◎著

总　策　划：张奇才
责任编辑：祝凤霞　　　　　责任校对：赵传慧　王博睿
装帧设计：王晴晴　汤彬彬　责任印制：桑国磊
出版发行：安徽师范大学出版社
　　　　　芜湖市北京中路2号安徽师范大学赭山校区
网　　　址：http://www.ahnupress.com/
发 行 部：0553-3883578　5910327　5910310(传真)
印　　　刷：苏州市古得堡数码印刷有限公司
版　　　次：2024年9月第1版
印　　　次：2024年9月第1次印刷
规　　　格：787 mm × 1092 mm　1/16
印　　　张：22.25　插　页：10
字　　　数：437千字
书　　　号：978-7-5676-6764-8
定　　　价：98.00元

凡发现图书有质量问题,请与我社联系(联系电话:0553-5910315)

芜湖县衙（谯楼）

芜湖县衙（大堂）

芜湖县衙（穿堂与二堂）

芜湖县衙（后衙堂）

芜湖城隍庙（仪门南面）

芜湖城隍庙（仪门北面）

芜湖城隍庙（大殿）

芜湖城隍庙（寝殿）

芜湖文庙（大成坊）

芜湖文庙（棂星门）

芜湖文庙（大成门/戟门）

芜湖文庙（大成殿）

芜湖文庙（明伦堂）

芜湖文庙（尊经阁）

芜湖县衙建筑群鸟瞰图

芜湖城隍庙建筑群鸟瞰图

芜湖文庙建筑群鸟瞰图

花街北入口

南门湾

南正街

南正街入口

潘家"宫保第"前楼

潘家"宫保第"后楼

太平大路15号潘宅

季嚼梅故居

中江塔

广济寺塔

广济寺大雄宝殿

铜佛寺大雄宝殿

能仁寺前殿

能仁寺大雄宝殿

英驻芜领事署

芜湖海关税务司署

芜湖海关税务司职员宿舍

芜湖海关关廨大楼

天主堂

圣雅各教堂

天主教神父楼

天主教主教楼

天主教圣母院

芜湖医院病房大楼

芜湖医院专家楼

太古洋行洋员宿舍

原中国银行芜湖分行大楼

圣雅各中学博仁堂

皖江中学堂

段谦厚堂

"小天朝"

公署路郑宅

太平大路俞宅

薪市街伍刘合宅

基督教华牧师楼

雅积楼

环城南路 7 号民居

安徽省第二监狱

项氏钱庄

裕中纱厂办公楼

益新面粉厂制粉大楼

清末官府

内思高级工业职业学校教学楼

圣爱女修道院

中山堂

芜湖一中科学馆

烟雨墩老图书馆

芜湖十一中大礼堂

鸠江饭店

迎宾阁

芜湖造船厂船体加工车间

香格里拉小区住宅

中西友好花园高层住宅

东方蓝海小区住宅

艺江南小区住宅

伟星和院小区住宅

镜湖世纪城社区服务中心

工商银行大楼

保险中心大楼

新百大厦

弋矶山医院新住院大楼

芜湖市第五人民医院综合体大楼

芜湖市中医医院门诊、住院大楼

安徽工程大学图书馆

安徽师范大学花津校区体育馆

芜湖文化创意产业园

芜湖科技馆

八佰伴商厦

海螺国际大酒店

汉爵阳明大酒店

星隆国际城

侨鸿国际商城

国际会展中心

轻轨梦溪路站

芜湖旅游集散中心

芜湖汽车客运南站

高铁芜湖北站

芜湖长江大桥、二桥、三桥

滨江公园（老海关大楼）

滨江公园（三级平台）

中山路步行商业街（北入口）

中山路步行商业街（大众影都）

中江公园（北广场平台）

中江公园（南广场平台）

鸠兹广场（主入口雕塑）

鸠兹广场（全景鸟瞰）

雕塑公园（雕塑与山坡）

雕塑公园（雕塑与水面）

方特旅游区（水上乐园）

方特旅游区（东方神画）

莲花湖公园（世纪广场）

莲花湖公园（亲水广场）

金鹰国际广场

芜湖市政务中心

奥体中心体育场

芜湖大剧院

芜湖市规划展示馆

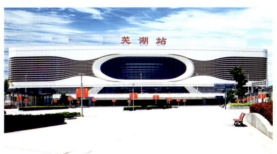

芜湖市新火车站

安徽师范大学敬文图书馆

芜宣机场候机楼

现代芜湖市区图

1949年芜湖城区图

1985年芜湖市市区图

1994年芜湖市区图

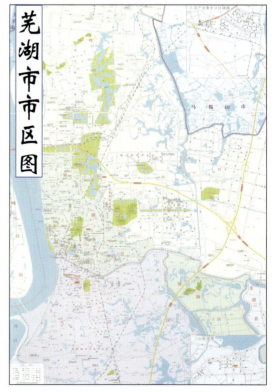

2016年芜湖市市区图（局部）

芜湖市城市总体规划图

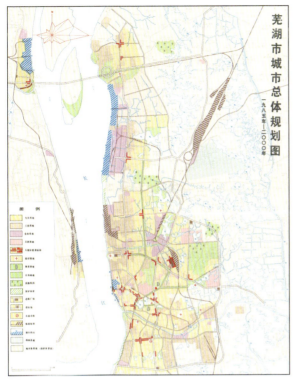

芜湖市城市总体规划图（1983—2000）

芜湖市城市总体规划图（1993—2010）

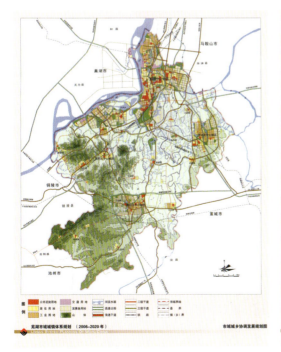

芜湖市域城乡协调发展规划图（2006—2020）

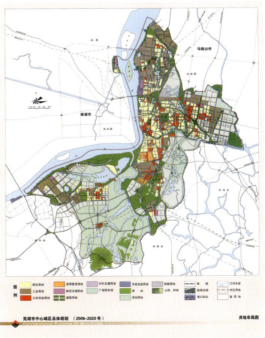

芜湖市中心城区总体规划用地布局图（2006—2020）

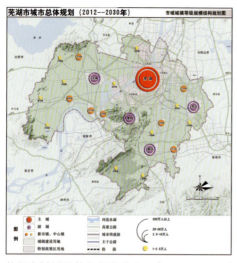

芜湖市域城镇等级规模结构图(2012—2030)

芜湖市中心城区用地布局规划图(2012—2030)

芜湖市中心城区综合交通规划图(一)(2012—2030)

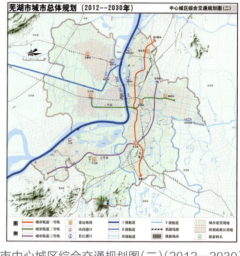

芜湖市中心城区综合交通规划图(二)(2012—2030)

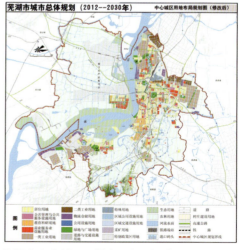

芜湖市域长江岸线利用规划图(2012—2030)　　芜湖市中心城区用地布局规划图(2012—2030)

序

人类文明之舞台，不在田野，而在城市。人们对世界的认知往往从城市开始，而认识城市则绕不开城市的建筑。建筑是城市的物质载体，更是城市历史文化和记忆的容器。它见证着城市的历史变迁，记载着不同年代的政治、经济、文化、艺术、科技，对城市发展演变产生着重要影响。著名作家冯骥才曾经说过，一座城市的发展，是一个丰富、多磨而独特的过程，这些全都默默地镌刻在它巨大的城市肌体里。一代代人创造了它之后纷纷离去，却把记忆留在了城市中。承载这些城市记忆的就是一座座建筑物，还有成片的历史街区、遗址、老街、老字号、名人故居等。可以说，城市与建筑就如同一对孪生兄妹般密不可分。

虽然城市与建筑关系密切，但从科学研究来说，则分属不同的学科专业领域，就历史学而言，城市史与建筑史虽有联系，但却是两个不同的专门史。呈现在读者面前的这部著作，将城市与建筑这两个本可独立书写的对象合在一起研究，体现了本书作者的匠心和胆魄，也给本书作者以困难和挑战。

此前，本书第一作者曾著有《芜湖古代城市与建筑》《芜湖近代城市与建筑》《芜湖现代城市与建筑》（皆由安徽师范大学出版社出版发行）三本书（以下简称"三本书"），本书既是作者的第四部著作，也是安徽师范大学出版社着力打造的宣介芜湖的重点图书。为保证本书质量，出版社于2023年11月中旬专门召开论证会，我有幸应社长张奇才教授、总编辑戴兆国教授之邀，主持了这次论证会。与会专家就本书的书名、写作方案、框架结构、断代分期、材料运用等进行了充分讨论。大家认为，本书的撰写有意义、有基础，也有难度，相信作者在原先成果基础上，在出版社大力支持下，充实队伍、集思广益、群策群力，一定能够再写出一本好书；

同时大家也针对本书写作提纲、框架结构、断代分期等提出一些意见和建议，其中最主要就是，大家觉得要写好本书，必须把握好、处理好四个关系，即城市与建筑的关系，古与今的关系，城市、建筑与社会、经济、政治、文化的关系，本书与已出版的"三本书"的关系。时隔半年，《芜湖城市与建筑史稿》一书终于成稿。经过作者的努力，基本实现了当初的设想，也关注和照应了以上四个方面的关系。

本书与此前出版的"三本书"是一个完整系列，但每本书又都各有特色。《芜湖古代城市与建筑》一书重点介绍和分析的是明清时期芜湖的城市与建筑，主要把建筑置于城市的街巷中去研究；《芜湖近代城市与建筑》一书突出建筑类型，主要把建筑放在各种建筑类型中去书写；《芜湖现代城市与建筑》一书基本按照编年史的写法，分别介绍了现代芜湖城市与建筑的发展史，同时涉及城市规划、古城保护、建筑文化遗产保护、优秀规划设计与优秀建筑设计等。《芜湖城市与建筑史稿》既以前"三本书"为基础，延续了前"三本书"的特色，又在更高层次上、更宽视域中对芜湖城市与建筑作了纵向的"史"的梳理，对不同时期芜湖城市与建筑进行了横向的整体呈现，有观点、有陈述、有实例、有分析、有评论、有研究，还附有《芜湖城建大事年表》，给我们展现的是芜湖城市与建筑由古至今、由传统到现代发展演变的总体图景。

本书的第一作者葛立三先生，早年在南京工学院（今东南大学）建筑系学习，而后在芜湖市长期从事建筑与规划方面的工作，是高级建筑师、国家一级注册建筑师、注册城市规划师。从履历看，葛先生并不是历史学科班出身，由他领衔来编撰《芜湖城市与建筑史稿》，在论证会上，与会专家曾有过担忧。历史是由人来记录和书写的，虽然编撰史书是史家之长，但也不是史家之专利，特别是像城市与建筑这种专业性很强的学科领域，要想写出一部好的专门史也并非任何史家都能做到，而学习和从事城市与建筑专业的人在这方面则有其自身优势，摆在我们面前的《芜湖城市与建筑史稿》一书，我以为已经较好地体现了这个优势。

本书还有诸多特色亮点，比如本书提出，芜湖有着百万年以上的人类活动史，十万年以上的原始聚落存在史，6000年以上的早期建筑存在史，3000年以上的城市建设史。这一结论无疑是对芜湖历史研究的一个重要贡献。再比如，本书对芜湖城市与建筑历史的研究，不仅涵盖城市与建筑的起源和变迁、城市形态、城市生产、城市规划、城市建设、建筑活动、建筑体系、建筑特点、建筑风格等方面，还涉及城市文化遗产、文物建筑与历史建筑保护利用等内容，史料翔实、分析客观。

还比如，书中附有一定数量的插图，图文并茂，增强了可读性。当然，本书也还有需要进一步思考和完善的地方，如对芜湖城市与建筑的历史分期，对城市与建筑的历史发展同经济、文化、政治、社会变迁关系的观照和阐述等，似可以再斟酌、再深入。

我虽然长期在芜湖学习、工作和生活，对芜湖市的"旧貌新颜"也有所了解，更为芜湖市这些年来的巨大变化而自豪，但对城市和建筑的研究则是真正的"门外汉"。葛先生和出版社把作序这一光荣而严肃的任务交于我，实感诚惶诚恐。虽推却再三，然最终允之，一是因为对葛先生的敬重，耄耋之年依然著书立说，即便是我们这些所谓的"专业"人士也未必能够做到。二是因为我与出版社的情谊，我不仅见证了出版社自成立以来发展的艰辛和所取得的显著成就，见证了出版社为出好本书从领导到编辑所付出的努力，而且这些年来我个人学术上的进步也与出版社领导和编辑的关心关爱有关。三是出于对芜湖的热爱，能为研究芜湖、宣介芜湖的书籍写点什么，是我的荣幸。今天的芜湖是从昨天走过来的，明天的芜湖也要从今天走过去。所以，关注芜湖、热爱芜湖即必须关注和了解包括芜湖城市与建筑在内的芜湖历史。

是为序，不当之处，敬请作者和读者谅解！

安徽省政协文化文史和学习委员会副主任

安徽师范大学教授、博士生导师

王先俊

2024 年 4 月 18 日写于安徽师范大学花津校区

目　录

第一章 绪 论

建筑是城市的重要构成，城市是建筑的环境载体。因此，城市建设发展史与建筑发展史的关系极其密切，《芜湖城市与建筑史稿》就是将两史合为一史编写的尝试。首先要阐述城市和建筑的概念和起源，厘清城市与建筑发展的断代和分期。

第一节 城市与建筑的概念、起源与发展

一、城市的概念、起源、选址、迁移与城市形态

（一）城市的概念

"城"的本意，《现代汉语词典》的解释是"古代建在居民聚集地四周用来防守的高大围墙"，即指城墙。城一般有两重，里面的称"城"，外面的称"郭"。《管子·度地》载有："内为之城，城外为之郭。"《轩辕本纪》《黄帝内经》《世本·作篇》《吴越春秋》等古籍有"黄帝筑城""鲧作城郭""鲧筑城以卫君，造郭以守民，此城郭之始也"的记载。这都说明我国古代城墙起源于原始社会的后期。古代"城"有两个概念：一是既指城墙又指城墙以内的地方，二是指"国"。如《周礼·考工记》就有"匠人营国"的记载，这里的"营国"就是"筑城"。"城"和周边的领地就代表一个国家。这里说的"城"即"城郭"，与"城市"是两回事。可以说，

"城"的性质是奴隶制国家的统治据点。城墙的起源比城市早得多，我国古代的城墙最早出现于6000年前，世界历史上的城墙早在8000年前的埃及就出现了[1]。

"市"是集中做买卖的场所，开始时是物物交换、以物换物，货币产生后就成为货物交易的市场。《周易·系辞》："日中为市，致天下之民，聚天下之货，交易而退，各得其所。"这样的"市"与"城市"自然也是两回事，因为它并不具备城市的基本形态。我国的市最早出现于何时说法诸多，主要有夏代起源说和商代起源说两种说法。就目前已知的史料和出土文物来说，商代起源说的理由似乎更充分一些[2]。

"城市"的概念比城市的实体出现得晚。也就是说，城市兴起在前，概念形成在后。从史籍记载中可见，最早出现"城市"名称是在战国时期：《战国策·齐策五》载，"通都小县，置社有市之邑"；《战国策·赵策一》载，赵曾割"城市邑十七"；《资治通鉴·周赧王五十三年》载，韩愿献赵"城市邑十七"。以上"置社有市之邑"指的就是"城市"，而"城市邑"直接用了"城市"一词。《韩非子·爱臣》更加明确地提出了城市的概念："大臣之禄虽大，不得藉威城市。"尽管《诗·鄘风·定之方中》记载了春秋时卫"文公徙居楚丘，始建城市而营宫室"的事，但这里所言是筑城、立市、营宫室这个城市建筑的过程，并非指城市这一特殊地理实体[3]。现今给"城市"下的定义是："工商业、交通运输都比较发达，非农业人口较集中的地方，通常是周围地区的政治、经济、文化中心。"[4]更简单的城市定义是"人口密集、工商业发达的地方"[5]。可见"人口密集"和"工商业发达"是城市的两个要义，缺一都不能称为城市。中国早期的城市，都是在城内或城的附近设市以后才产生的。从行政管理和军事防御需要出发，都筑有城墙，中外古城皆如此。

（二）城市的起源

人类聚居的形式有两次大的变化。第一次大的变化是从巢居和穴居到固定居民点的形成。伴随着人类第一次劳动大分工，农业从采集业中分离出来，由原始群落

① 马正林：《中国城市历史地理》，济南：山东教育出版社1998年版，第53页。
② 余鑫炎：《中国商业史》，北京：中国商业出版社1987年版，第16页。
③ 马正林：《中国城市历史地理》，济南：山东教育出版社1998年版，第20页。
④《现代汉语词典》，北京：光明日报出版社2012年版，第45页。
⑤《辞源》，北京：商务印书馆1988年版，第326页。

到出现半永久性的农牧业村舍，然后过渡到定居的乡村聚落。到新石器时代的后期，随着农业成为主要的生产方式，固定的居民点就逐渐产生了。第二次大的变化就是城和市的出现。伴随着人类第二次和第三次劳动大分工，手工业与商业从农业中分离出来，手工业品与农牧产品需要交换，集市开始形成。其后又出现了以直接交换为目的的商品生产，而不从事生产只从事产品交换的商人阶层也出现了，于是早期城市便产生了。

综上可见，城市不是自古就有的，它是经济社会发展到一定阶段的必然产物，是人类文明发展的结果。一般认为，人类文明的四大标志是：城市的出现、文字的产生、金属的使用和礼仪中心的建立。城市是人类文明的四大标志之一，文明以前的人类称之为史前人类，其时只有聚落，没有非农人口高度集聚的城市。从考古发现的一些史前人类遗址中，既没有发现文字，也没有发现金属制品，只有石器、骨器和陶器，更没有发现礼仪中心。所以这些遗址，只能说是聚落，而不能说是非农人口高度集聚的城市。

西方学术界认为，文明的形成必须具备三个要素：文字、冶金和城市。但这只是西方学者根据西亚两河文明、北非古埃及文明归纳出来的，有其局限性与狭隘性，并非放之四海而皆准的真理。我国开启的"中华文明探源工程"认为，中华文明的形成有自己的特殊规律，并提出了四项文明标准：社会分工、阶级分化与王权、都邑性城市、公共权力（国家）[①]，强调"都邑性城市"的出现和"公共权力（国家）"的产生是重要的文明标准。

英国考古学家维克多·戈登·柴尔德（1892—1957）曾提出过早期城市的"十项标准"：高人口和高人口密度、手工业生产者、财富的集中与再分配、大规模的公共工程、统治阶级、科技、文字、艺术、远距离贸易、以地域为基础的集团构成等。这似乎已成为西方学术界的共识。我国的良渚遗址就是按照西方人的观点被定性为"早期区域性国家"的。其实，我国提出的四项文明标准完全涵盖了这十项标准。如要进行更进一步的概括，就是一句话：城市与国家的出现就是文明的起点。既然文明的起源来自城市与国家，而都邑性城市的出现又是国家产生的必备条件，那么城市的重要性不言而喻。

我们来看看良渚文明。良渚文化产生于公元前5500年左右，由良渚文化发展到良渚文明至少要经历三四百年的时间，公元前5000年左右良渚古国的出现才是

---

① 柯胜雨：《史前中国：从智人时代到涂山会盟》，北京：大有书局2021年版，第192页。

良渚文明的开始。目前我国考古界得出的结论是：我国具有百万年的人类史、一万年的文化史和五千年的文明史。

我们再回到关于城市的论述。与世界文明发源地一致，世界上最早的真正意义上的古代早期城市出现在美索不达米亚平原（即两河流域）、尼罗河中下游地区、印度河流域、黄河流域、中美洲和南美洲等几个主要城市起源区。从外国城市建设史可知：公元前4000年前后在两河流域（幼发拉底河和底格里斯河）平原上建立的埃及斯、乌鲁克、乌尔等城市，公元前3500年前后在古埃及出现的梅里姆达、孟菲斯、阿玛纳等城市，公元前3000年前后在印度河流域兴起的哈拉巴、摩亨佐·达罗等城市，以及出现时间相对要晚得多的中美洲的迪奥狄华肯（距现在的墨西哥48千米）和南美洲的蒂亚瓦纳科（玻利维亚与秘鲁交界处）等城市都很著名[1]。

再翻开中国城市建设史，我们看到中国城市的起源也很早。目前已发现的黄河流域和长江流域的史前时代城址共有50余座，建成年代为公元前3300年至前2000年。但是这些城址只能视为聚落遗址或古城遗址，而不能称为中国古代城市遗址。中国古代城市的真正出现是由原始社会进入奴隶制社会以后。鸦片战争前的中国历史可分为先秦、秦汉、三国至隋唐、宋元和明清五个时期。中国古代城市的初步形成是在先秦时期，之前只能称为中国古代城市的滥觞时期。先秦时期是指原始社会末期到秦朝建立之前的历史时期，经历了夏、商、西周、东周（春秋、战国）等历史阶段，这是中国由原始社会进入文明社会的重要历史时期。夏、商、周三个朝代的历史共延续了近2000年。我国第一个奴隶制社会夏代的始年约为公元前2070年，距今4000多年，自此中国古代城市经历了漫长的诞生、演变直到逐渐定型的过程。

关于中国城市真正出现的具体时代，学术界一直有争论。有原始社会后期说[2][3]，有西周说[4]，有春秋后期说[5]，也有东周说[6]，等等。董鉴泓主编的《中国城市建筑史》的提法是："殷商时代已出现为考古证实的城市，……周代……已有按

① 郑国：《城市发展与规划》，北京：中国人民大学出版社2009年版，第3-17页。

② 杜瑜：《中国城市的起源与发展》，《中国史研究》，1983年第1期。

③ 郑国：《城市发展与规划》，北京：中国人民大学出版社2009年版，第90页。

④ 马正林：《中国城市历史地理》，济南：山东教育出版社1998年版，第19页。

⑤ 郑昌淦：《关于中国古代城市兴起和发展的概况》，《教学与研究》，1962年第2期。

⑥ 沈福煦：《城市论》，北京：中国建筑工业出版社2009年版，第153页。

一定规划建设的城市。"①这种提法一度成为主流。

2019年7月6日，良渚古城遗址被列入世界遗产名录，实证了中华五千年文明史的圣地在位于杭州西北约20千米的良渚。距今约5000年前的良渚古城成为迄今为止考古发现的我国最早出现的古城：内城300万平方米，外城630万平方米；已有土城墙和城外壕沟；此为水城，依靠水路交通。陕西神木石峁遗址（皇城台）是我国2019年全国十大考古新发现之一，证明了早在4000年前这里就是当时的一处区域行政中心和宗教中心，已有目前东亚地区规模最大的早期宫城建筑。皇城台位于遗址西侧，北、东、南三面为内城，内城东南侧尚有外城。这是一座具有军事性质的山城，10米高的城墙随地形而变化，外形显得不规则，应是一座当时的古国都城。除有高等级宫殿区，还有宗教祭祀场所和高级墓葬区。以上考古重大发现足以证明，中国城市的起源与其他世界文明发源地的古代早期城市的历史同样久远。

（三）城址的选择

城址是指城市的具体位置和地理空间。在建城之前都要进行精心的位置选择，这就是城址的选择。其实，远在氏族社会的居民点和奴隶制社会初期的聚落就已遇到选址问题，那时主要考虑如何防御野兽和洪水等自然灾害，都选择地势较高及土壤较肥沃松软的地段，多在向阳的山坡上，一般还靠近河湖。水不仅是生活不可缺少的条件，而且靠近河湖对农业、交通及渔牧业有利。

"城"和"城市"出现后，城址的选择要考虑更多的因素，如地处平原，腹地广阔；地形有利，高低适中；气候温和，资源丰富；靠山面水，交通便利；军事要冲，战略要地；等等。

关于选址，特别要提到《周易》对中国古代城市选址的影响。《周易》据说是由周文王演绎而成的一部书，其中"观物取象""象天法地"，尤其是"形胜"说（所谓"得形势之胜便也"）影响深远。如写成于宋代的《吴郡志》记载：吴王阖闾命伍子胥筑城（今苏州古城），伍子胥"相土尝水"，"象天法地，建成大城"。又如三国时，吴国君主孙权采纳了诸葛亮"钟阜龙蟠，石头虎踞，真乃帝王之宅也"之说才将国都从镇江迁到了建康（今南京）。诸葛亮就是通过对建康山川形势的观察，才作出了形胜方面的精辟判断。

《管子》对中国古代城市选址的影响也很大。此书是战国至秦汉时代人根据管

---

① 董鉴泓：《中国城市建设史》（第三版），北京：中国建筑工业出版社2004年版，第16页。

子的言论等汇编而成。管子（？—前645），名夷吾，字仲，春秋时期颍上（今安徽颍上县）人。他有一套完整的哲学思想和社会政治思想，长期担任齐国宰相，实行了一系列有效措施使齐国经济突飞猛进，政治面貌焕然一新，军事实力大大增强，尤其对临淄都城的规划建设贡献很大。他在《度地》中说："圣人之处国者，必于不倾之地，而择地形之肥饶者。乡山，左右经水若泽。"主张建城时要注意选择地形，要注意排水防涝。他在《乘马》中说："凡立国都，非于大山之下，必于广川之上，高毋近旱而水用足，下毋近水而沟防省。因天材，就地利，故城郭不必中规矩，道路不必中准绳。"他的这种"天材地利"之主张，影响太而深远，这与《周礼·考工记》中的主张是完全不同的。

（四）城址的迁移

中国古代城市建成后的城址迁移可以说是普遍现象，也很频繁。究其原因，多种多样。概括来说，是为了适应社会发展和城市发展的需要；具体来说，包括政治、军事、经济、自然环境、意识和观念等方面的原因。当然，也有原城址选择不佳甚至不当的原因。

洛阳城址的变迁。古代洛阳曾为"九朝故都""八朝陪都"，建都的时间前后长达950多年。周成王（前1042—前1020在位）时，营建了东都洛邑王城（今洛阳市内王城公园一带）和成周城（今洛阳市白马寺东）。直到公元前770年，周平王把京都从镐京迁往洛阳，王城改为国都，拉开了"九朝故都"的序幕。之后，经过东周洛阳王城的发展，汉魏洛阳的东迁，继而是隋唐洛阳的西移，最后的明清洛阳城的定址，完成了三个城址的迁移。城址由南临洛水变成跨洛河两岸，背靠邙山，面对伊阙，交通更为便利，位置更加优越。今天的洛阳城就是在此基础上发展起来的，可见这才是洛阳城址的最佳选择。今天的洛阳不仅是我国黄河中下游的大城市之一，作为国家历史文化名城，我国八大古都之一，已成为我国著名的文化旅游城市，也发展为以农业机械、矿山机械、轴承制造为主的新兴工业城市。

西安城址的变迁。古代西安曾为"十二朝故都"，前后长达一千多年。为了取得更为有利的地理条件和城市发展空间，有过四次城址迁移。公元前11世纪周文王建都于沣水西岸的丰邑，其子周武王灭商后，在沣水以东建立了镐京。西周的丰镐城，成为西安地区最早的城址（东距今西安市很近）。西周末年，周平王迁都洛阳，丰镐城被废，作为都城历时360余年。到春秋时期，秦国曾有九次迁都。到秦孝公十二年（前350），最后定都咸阳。秦咸阳城位置在今咸阳市东北15千米处，地处渭河之北，也位于渭河平原中部九嵕（zōng）山之南，山与水俱阳，因命名新都城为咸阳。到秦朝灭亡，这里作为秦都共计142年，其中作为全国统一的都城仅16年。此时的咸阳已是全国最大的政治、经济中心。公元前202年，刘邦建立西汉王朝，新都城选址在渭河以南，位于今西安市西北的汉城乡一带。此城北濒渭河，西临沣河，东近灞水、铲水，是西安地区最为平坦的地方。汉长安的城址显然要比秦咸阳优越得多。建武元年（25），东汉国都东迁，长安城地位下降，难有昔日鼎盛时期景象。汉长安最终毁于"董卓之乱"。192年，长安城又被焚毁。到隋文帝时只得放弃汉长安城，而选择龙首原与少陵原之间平原为新的城址，也就是今西安城及其附近郊区所在地。这里地势基本平坦，引水尤为方便，建成了隋大兴城。618年，李渊建立了唐王朝，将隋大兴城易名为长安，经过近半个世纪的经营，把长安建成了当时世界上最大、最繁华的都市，总面积达83.8平方千米，几乎是今日西安城垣（明筑）内面积的十倍。明初改长安为西安，扩大了范围。现存的西安古城保持了明初的规模，城址再无变化。从西安城址的四次变迁可以看出，由西南到东北，又折向东南，城址由低地向高地逐步转移，越迁越有利，终于选择出了最佳城址。作为陕西省省会，今天的西安既是国家历史文化名城，又是国家经济和社会发展计划单列市（1954—1958，1964—1968，1983—1993），新兴工业城市，还是我国高等教育重要基地，我国科学技术研究和开发的重要基地。

合肥城址的变迁。合肥位于江淮地区中部，地处长江与淮河分水岭的南侧，南临巢湖，南淝河水从北、东绕过后南注巢湖，再经裕溪河进入长江。据考证：合肥在春秋时已由聚落发展成为江淮地区的城邑……至秦汉正式设为县治。西汉时期的合肥已随着江淮地区的进一步开发及对江南闽越的经营，成为江淮地区巨埠名镇[①]。秦汉合肥城，建于公元前220年前后。此城具体位置已难考证，估计位于今合肥市区西北方向的两河交汇处，符合城市选址常规，只是地势较低，并不理想。汉末三国初期，建安五年（200）曹操任命刘馥为扬州刺史，来到合肥建立州治，曾加固合肥城。已知的第二个合肥城址是魏青龙元年（233）建成的三国新城，位于旧城以西三十里，主要为军事需要而建。新旧两城互呈犄角之势。新城略呈长方形，城墙为夯土版筑，外有城壕。自此，三国时的合肥新旧两城成为江淮地区政治首邑和魏国军事重镇。西晋统一后新城因失去军事功能而废，旧城在梁武帝天监五年

---

① 徐学林：《安徽城市》（内部资料），安徽"社联通讯"丛书，1984年，第8—9页。

（506）被水冲毁。合肥的第三个城址即唐代金斗城，是唐太宗贞观年间（627—649）在旧城东南的高阜岗地营建的庐州新城，其位置在今合肥市区南部。经过唐宋500多年的发展，北门外已形成商埠大镇，形成"镇大城小"局面。南宋时，孝宗乾道五年（1169）为防金人渡淮南侵，跨金斗河筑"斗梁城"，把金斗城北半部划入城内，金斗河成为内河，县城范围扩大了几倍，初步奠定了合肥老城的基础（今环城马路内的老城区）[①]。元初，斗梁城遭夷平，城墙尽毁，合肥再度衰落。明、清合肥城都是在南宋斗梁城基础上固城深池而成，重建砖质城墙，并疏浚加宽护城河，城市虽有建设但城址与范围均无变化。古代合肥城址经过三次迁移，逐渐优化，为此后的发展打下了基础。作为安徽省省会，合肥今天已是新兴的工业城市，是我国重要的开放城市和科研基地之一，也是我国长江中下游重要的中心城市之一。

（五）城市形态

关于"形态"一词，《辞海》的解释是：形状神态，亦指事物在一定条件下的表现形式。这里的"一定条件"既可是一定的时空条件，也可是一定的政治、经济、社会、自然、文化等条件；这里的"表现形式"，既可是物质的或非物质的表现形式，也可是内在的或外在的表现形式。作为专门研究形态问题的"形态学"，一般认为始于生物研究。在被其他学科借用概念后，"形态学"研究的是形式的构成逻辑，主要探讨实体的"形"。

关于"城市形态"，《中国大百科全书：建筑·园林·城市规划》的解释是：城市的形态是城市内部的政治、经济、社会结构、文化传统的表现，反映在城市和居民点分布的组合形式上，城市本身的平面形式和内部组织上，城市建筑和建筑群的布局特征上等。

我国近30年来，以形态学的观点和方法来研究城市的形成、演变和发展，已逐渐成为城市研究中的热门话题。城市形态的研究重点也由个体城市形态向群体城市形态转移。

本书研究的芜湖城市发展史（业界称城市建设史），将从芜湖城市的起源、迁移、发展和城市形态演变等方面展开。

---

① 郭万清：《安徽地区城镇历史变迁研究（下卷）》，合肥：安徽人民出版社2014年版，第8页。

二、建筑的概念、起源、特点与建筑风格

（一）建筑的概念

建筑的概念，在我国，是在漫长的历史中形成、发展并逐渐丰富的。

关于"建筑"，《汉语大词典》的解释是：建造、建立；指建筑物，如房屋、桥梁等。这表明了"建筑"的动词和名词的双重属性。可以补充的是，作为名词的"建筑"，广义上既包括建筑物，也包括构筑物。

《辞海》对"建筑"的解释是：建筑物和构筑物的通称；工程技术和建筑艺术的综合创作；各种土木工程、建筑工程的建造活动。前一项表明"建筑"的名词属性，后两项表明"建筑"的动词属性。"建筑"两个字拆开来分别解释：建，即创立，设置；建筑。筑，即捣土的杵；捣土使坚实；造房子；建筑物。可见"建"与"筑"为近义字，既可当动词又可当名词，而偏重当动词。《辞海》还有两个词条，一是"建筑物"，二是"建筑学"。"建筑物，通称'建筑'，一般指主要供人们进行生产、生活或其他活动的房屋或场所。例如，工业建筑、民用建筑、农业建筑和园林建筑等"。这里是讲作为名词属性的"建筑"，即"建筑物"。其解释文字涉及各种主要的建筑类型。不过，把"房屋或场所"相提并论，称"房屋"为建筑物好理解，称"场所"也为建筑物就不够准确了。比如将供人们生产的场所（工厂）、供人们生活的场所（小区）等，称为"建筑物"较勉强，称为"空间"还能说得过去。"建筑学，研究设计与建造建筑物的一门学科。主要内容为综合研究建筑功能、物质技术、建筑艺术以及三者间的相互关系；研究建筑设计方法以及如何综合运用建筑结构、施工、材料、设备等方面的科学技术成就，建造反映时代面貌并适应生产与生活需要的建筑物"。我认为对"建筑学"更专业一些的解释还是《中国大百科全书：建筑·园林·城市规划》：建筑学是研究建筑物及其环境的学科，旨在总结人类建筑活动的经验，以指导建筑设计创作，创造某种体形环境。其内容包括技术和艺术两个方面。传统的建筑学的研究对象包括建筑物、建筑群以及室内家具的设计，风景园林和城市村镇的规划设计。随着建筑事业的发展，园林学和城市规划学逐步从建筑学中分化出来，成为相对独立的学科。

关于"建筑"的语源，《汉语外来词词典》认为来自日本。中日关系史研究专

家实藤惠秀及文学研究家铃木英夫也认为"建筑"是日本的造词。这实在是一种误解。徐苏斌教授对此做过深入研究，他认为："建筑"的连用最早始于中国，其功用主要充当动词，只是其使用率很低，清末民初以后骤然增加。他通过检索，确认："建筑"一词我国至少从宋代即开始使用。二十五史中有76处出现了"建筑"的连用形式，只是不能将其和现代汉语中的"建筑"等同起来。他认为，古文中的动词多为单字，"建"与"筑"同时出现，可以理解为两个动词的叠加。他发现二十五史中与建筑相关的词汇，用得最多的是"土木"，出现了349处，使用频率相当高。也多使用"工匠""营造""营建""考工"，连"匠人""建设"等中国近现代常用词汇都很早就有。《清史稿》还首次出现了"美术""美学"这些外来的词汇。这些都说明中国古代对建筑没有明确的分类，还可以说明清末之前没有独立的建筑学科。直到18世纪的《古今图书集成》和《四库全书》才出现了"考工"的独立分支①。"考工"虽还不是今天所说的"建筑"，但是两者已有很多重叠之处。

进入近代以后，"architecture"一词传入中国。到19世纪末20世纪初，建筑的概念初步完成了从"architecture"到"建筑"的转变。清末，我国明确建立了建筑学科，并作为"工学"的一部分，到民国初期又明确了建筑的"美术"特征。建筑学既是工学（技术）的又是美术（艺术）的，这一认识一直延续到今天。

（二）建筑的起源

建筑是人类的基本实践活动之一，也是人类文化的一个重要组成部分。在世界建筑史中，中国古代建筑源远流长、体系独特。

从建筑类型上看，最早出现的建筑是满足最基本的居住需要的场所。从这个时代背景上看，建筑的出现远远早于城市的出现，也就是说，建筑的起源远远早于城市的起源。

我们先看看外国建筑史。原始社会是人类社会发展的第一个阶段。原始人为了自身的生存必须与自然界作斗争，在斗争过程中，促进了生产与社会的发展，同时创造了原始人的建筑。原始人最初或栖居于树上，如巢居，或住在天然的洞穴里。不断的斗争使劳动工具进化了，原始人的文化也从蒙昧时期进入野蛮时期；在建筑中逐渐出现了人工的竖穴居与地面的居所②。原始社会大约有两百万年的时间，原

---

① 徐苏斌：《近代中国建筑学的诞生》，天津：天津大学出版社2010年版，第10-19页。

② 罗小未，蔡琬英：《外国建筑历史图说》，上海：同济大学出版社1986年版，第1页。

始人的生活完全依赖采集与狩猎，于是出现巢居和穴居。到旧石器时代晚期与新石器时代，人类相对定居，开始出现了土窑（乌克兰有遗址）、竖穴（法国阿尔塞斯竖穴）和石屋（苏格兰的蜂巢形石屋遗址），还出现了不少宗教性与纪念性的巨石建筑。

我国与外国相同，在旧石器时代，原始人最初或栖居于树上，即巢居；或住在天然的崖洞，即横穴居。关于巢居，《庄子·盗跖》有记载：古者禽兽多而人少，民皆巢居而避之，昼拾橡粟，暮栖树上。《韩非子·五蠹》也有记载：上古之世，人民少而禽兽众，人民不胜禽兽虫蛇。有圣人作，构木为巢以避群害。关于穴居，《易·系辞》载有：上古穴居野处，后世圣人易之以宫室。《墨子·辞过》也载有：古之民未知为宫室时，就陵阜而居，穴而处下。现存江西万年县仙人洞遗址，距今2.9万年，年代与北京周口店的山顶洞人相近。洞口朝东，洞穴高出河床5米，全长35米，洞中最高处26米，宽20米，可容纳千余人。洞内平坦，有流水痕迹。1.3万年前新迁来的仙人洞人使用大型砂砾石器，并制造了中国最早的一批陶器。陶器与农业的出现，是新石器时代开始的标志①。

到新石器时代，随着劳动工具的进化，在建筑中逐渐出现了人工的竖穴居：从全部挖掘在地面以下的袋穴，上升到半在地下的浅穴；从露天的穴口，到用树枝等在穴口上搭盖遮蔽风雨的罩棚。我国黄河中游的氏族部落，在以黄土层为壁体的土穴上用木架和草泥建造的浅穴居，逐渐发展为地面上的房屋，进而形成聚落。在原始人居住过的山洞中，发现有涂抹了色彩的壁画，有些地方甚至还有雕刻，这说明建筑从诞生之日就孕育着艺术装饰的萌芽。河北徐水南庄头遗址（前8500—前7700）显示，原始先民走出阴冷潮湿的洞穴，在森林边缘的开阔平地上建造了房子，这是一大进步。

新石器时代在黄河中游兴起了裴李岗文化（前7000—前4900），主要分布于河南省环嵩山地区的浅山丘陵地带，以半地穴式的圆形建筑为主。这里出现的以农耕畜牧为基础的定居聚落，标志着中华文明进入一个崭新的历史阶段。裴李岗文化分为两种类型：贾湖类型，裴李岗类型。贾湖类型（前7000—前5800），主要分布在颍河上游平原地带，现考古发掘的房址多是当时流行的半地穴式建筑，以圆形或椭圆形平面为主，也有方形浅穴式，还发现少量地面式建筑和受长江流域干栏式建筑影响的建筑。裴李岗类型（前6400—前5500）的新郑唐户遗址是裴李岗文化的核

---

① 柯胜雨：《史前中国：从智人时代到涂山会盟》，北京：大有书局2021年版，第37-39页。

心区域，是环嵩山地区的中心聚落，坐落在河南新郑境内两流河流交汇处的夹角台上。新郑是"人文初祖"轩辕氏黄帝的故里，因此当地传说唐户遗址所在地就是黄帝统兵出征的关隘渡口。此遗址发掘了65座房址，堪称中国最早的村落。整个村落分为五个居住区，其中第四、第五居住区有防御环壕。居住区内有中国最早的排水系统。第五居住区是聚落重心，有南北两组房群，每组房群各以一座大型房屋为中心，疑是类似"宫殿"的建筑遗存。由裴李岗文化过渡到更加繁荣发达的仰韶文化（前4900—前2900），标志着新石器时代进入晚期。仰韶文化第一个阶段是半坡文化（前4900—前3800），中心在关中西部。从族属上看，应是姜姓炎帝部族。在西安半坡村遗址发现，此居民点已有一定的分区，住区房屋排列有序，主要是圆形或方形半地穴式建筑，众多"小房子"环绕着一座约10米×12米的"大房子"。居民点南面有河流，北面有大型环壕。壕外东边是制陶窑场，西边是公共墓地。

新石器时代在长江下游最早产生的是上山文化（前9400—前6500）。上山遗址位于浙江省浦江县境内钱塘江支流浦阳江上游河谷地带，与古百越人有关，在"百越之地"中，这里是干栏式建筑的发源地[①]。上山遗址处在旧石器时代晚期向新石器时代早期过渡的阶段，是江浙地区古百越人迈出石灰岩溶洞、走向旷野之后的第一个定居点，同时诞生最古老的农业。接着在杭州湾南部兴起了跨湖桥文化（前6200—前5500）。这里当时还是一片沼泽和淡水湖泊，河口、海岸的渔业资源丰富，农、渔、手工业都发展到较高水平，产生了彩陶，还诞生了"中国最早的原始造船厂"，尤其是在建造干栏式房屋时使用了榫卯木构件。之后的河姆渡文化（前5000—前3000），分布于钱塘江以南的宁绍平原和舟山群岛，秉承了跨湖桥文化的部分内涵。初期（前5000—前4500），河姆渡文化就达到了繁荣阶段。浙江余姚河姆渡村遗址，典型的干栏式长房子，鳞次栉比，是我国最早大量采用榫卯技术构筑的木结构房屋。以打入地下的桩木为基础，其上架设大小梁，承托地板，构成架空的建筑基座，其上立柱架梁，再在人字形两坡屋面上铺草防雨。架空层圈养家畜与储藏，上层居住，既防潮又安全。后期流行挖坑埋柱式，而后干栏式建筑逐渐被立柱起墙的地面建筑所取代。我国南方其他一些低洼或潮湿地区，以及某些炎热而潮湿的地区，也有干栏式建筑出现。干栏式建筑是原始巢居的直接继承和发展，到封建社会时期都有采用，直到当代在潮湿地区，如云南、贵州、四川、湖南、海南、广西等少数民族聚居地区，都还有这种住屋形式。

[①] 柯胜雨：《史前中国：从智人时代到涂山会盟》，北京：大有书局2021年出版，第64页。

百越先民在钱塘江流域创造上山文化、跨湖桥文化时，东夷族群约公元前10000年抵达黄河下游的山东海岱地区创造了属于自己的辉煌。位于今淄博市的扁扁洞遗址（前8170—前7600）是东夷先民建立的早期居住点。约1300年后他们离开扁扁洞，走下高地，在今济南附近及其以东的鲁北地区，兴起了后李文化（前6300—前5400），自此进入农耕生产初级阶段。后李文化时期，出现圆角方形或方形的半地穴式房址，方向多朝南，有斜坡形门道，面积较大，多数为30～50平方米，居住人数通常超过十人，多则数十人。后李文化时期，东夷先民开始出现环壕聚落形态。其后在鲁中南的汶、泗河流域兴起北辛文化（前5400—前4200），北辛文化的房址呈瓢形、椭圆形、圆形半地穴式，面积多在10平方米左右，明显受到中原文化影响。北辛文化发展到大汶口文化（前4200—前2600），其间也有半地穴式房址，平面有圆形、椭圆形和方形三种。

与黄河中游裴李岗文化贾湖类型相近的长江中游彭头山文化（前7000—前6000），位于洞庭湖西北岸澧阳平原，其遗址的聚落呈环壕式格局，彭头山先民多居住在大型地面式和小型半地穴式的房屋中，地面建筑有干栏式、台基式，平面有长方形、正方形。

此外，长江中游还有大溪文化（前4500—前3200）。澧阳平原上各个聚落相继将壕沟挖深加宽，将围墙筑厚增高。如澧县的城头山遗址（约前4300）就开始筑城，似为中国"城"的源头。大溪文化时期还出现面积近250平方米的不规则椭圆形大型祭坛，这是目前所知国内发现年代最早的大型祭坛。我国北方出现了红山文化（前4500—前3000）。辽宁建平县牛河梁遗址的神庙是我国最古老的神庙建筑。

由上可知：我国建筑起源于旧石器时代晚期，原始人的巢居与穴居便是最原始的建筑。到新石器时代的五六千年中，原始居住建筑缓慢发展。长江流域多水地区由巢居逐渐向干栏式建筑发展，黄河流域由穴居逐渐向木骨泥墙的地面建筑发展。建筑类型有所增加，原始墓地、窑址，最早的祭坛与神庙也开始出现，聚居点外围的壕沟、矮墙（城壕、城墙的萌芽）开始构筑，由原始社会建筑进入奴隶社会建筑。从夏朝起经过商朝、西周到达奴隶社会的鼎盛时期，春秋时期就开始向封建社会过渡。大量的奴隶劳动和青铜工具的使用，出现了宏伟的都城、宫殿、宗庙、陵墓等大型建筑，古代建筑进入一个新的发展时期。

（三）中国古代建筑的特点

不同的自然条件、社会条件和历史条件造成了世界各国不同的建筑特点，古代尤其如此。外国古代多以石头为主要建筑材料，外国古代建筑史可谓"石头的历史"；我国古代多以木材为主要建筑材料，我国古代建筑史可谓"木头的历史"。木构建筑自然有其自身的特点。

1.木架结构

中国是一个地域辽阔的多民族国家，在古代就形成了许多各具特色的建筑形式，其中使用面积最广、建筑数量最多的建筑类型是木构架体系的建筑。其原因有四：一是我国古代林木森郁，取材方便，且木材易于加工；二是木构架建筑适应性强，墙并不承重，房屋内部可自由分隔，外墙封闭与开敞可灵活处理，所有门窗也可任意开设；三是施工速度快，由于采用榫卯节点便于安装，且方便修缮也利于搬迁；四是木材本身的柔韧性加上榫卯节点的调节性，有较强的抗震性，能"墙倒屋不塌"，这也是我国千年古建筑能保存至今的原因。

我国木构架建筑的结构形式主要有穿斗式与抬梁式两种。穿斗式木构架的特点是：用穿枋把柱子串联起来，形成一榀榀房架，檩条直接搁置在柱头上，再承受顶部的屋面荷载，我国南方地区普遍采用。抬梁式木构架的特点是：立柱上搁置梁头（如柱上采用斗拱时，梁头搁置在斗拱上），梁头上搁置檩条，再承受顶部的屋面荷载。我国北方地区及宫殿、庙宇等规模较大的建筑常采用抬梁式木构架。相比之下，穿斗式木构架用料小，整体性强，但柱子排列密，不利于空间使用。而抬梁式木构架可采用跨度较大的梁，以减少柱子的数量，可获得较大的室内空间。常在房屋两端的山面用穿斗式，而中间用抬梁式，这种混合结构法可各取所长。木构架之外，我国周朝初期已产生了瓦，战国时代出现了砖，此后的木构架建筑的墙壁逐步以砖代替了原来的夯土与土坯。

2.柱网布置

中国古代单体建筑的特点是"简明"，充分体现在柱网布置上。建筑平面上的"简明"尤其明显，任何建筑均以"间"为基本单位。单体建筑的平面通常都是长方形，可划分成若干"间"，4个立柱之间的空间就是一间，整个建筑就是由若干个"间"所构成的。间与间的前后左右有规律的排列组合就形成一定的柱网。从建筑立面上看，正立面可看出"开间"有几间，通常是单数，如3、5、7、9、11间；

侧面可看出进深有几间，如2、3、4、5、6间。

柱网尺寸可以一致，但更多情况下是有变化的。比如长度方向平面和立面上正中间的称为"明间"，尺寸较大；两侧是"次间"与"梢间"，尺寸往往逐一减小。进深方向"间"的尺寸，随着不同的木构架设置也会有变化，当然都与"间"的不同功能安排有关。不同的柱网安排会形成丰富多变的建筑造型，这是中国古代建筑的又一个明显特点。

3.建筑造型

中国古代建筑的外观轮廓均由阶基、屋身、屋顶三部分组成，西方人称中国建筑的屋顶是中国建筑的"冠冕"，主要有庑殿、歇山、盝顶、悬山、硬山、攒尖等多种形式。屋顶的种种组合，使得建筑物的形体和轮廓线更加丰富，从而产生独特而强烈的视觉效果和艺术感染力。

4.群体组合

中国古代建筑一向以群体组合见长。无论是居住建筑还是宫殿、坛庙、衙署等，都是由若干单体建筑组合起来的建筑群。中国古代尤其擅长运用不同的院落组合来达到各类建筑不同的使用要求和精神需求。可以说，庭院是中国古代建筑群体布局的灵魂。庭院由建筑、院墙围合而成，是内向型封闭空间，使房屋能满足采光、通风、排水等的需要，也是人们进行室外活动和种植花木以美化环境的理想解决办法。

5.类型多样

（1）居住建筑。中国古代建筑中数量最多的建筑类型，包括各地区、各民族、各阶层的城市与乡村住宅。

（2）官方建筑。包括宫殿、衙署、贡院、邮铺、驿站等。

（3）礼制建筑。包括坛庙、太庙、圣贤庙、家庙、陵墓等，是中国古代特有的一种祭祀性建筑。

（4）宗教建筑。包括佛教寺院、道教宫观等。

（5）商业建筑。包括商铺、会馆、旅店、酒楼、作坊、货栈等。

（6）教育文化建筑。包括官办太学、府县儒学、私学书院、观象台、藏书楼、戏台、戏场等。

（7）风景园林建筑。包括皇家园林、寺庙园林、私家宅院、衙署园圃，以及风景区、风景点内的楼、馆、亭、台等建筑。

（8）市政建筑。包括鼓楼、钟楼、望火楼、路亭、桥梁、公墓等。

（9）标志建筑。包括航标塔、风水塔、牌坊、华表等。

（10）防御建筑。包括城垣、城楼、窝铺、墩台等。

6.管理与施工

（1）工官。城市建设和建筑营造的掌管者和实施者，对古代建筑的发展至关重要。早在商朝就有管理工奴的"工"官。"工"最早见于甲骨文，即当时管理工匠的官吏；自周至汉，国家最高工官称"司空"；汉代以后称"将作"；隋代设"工部"，实际管理工程的是将作大监；唐宋皆设将作监；元朝则由将作院、缮工司、修内司、祗应司管理工程；明清在工部设营缮司，清康熙以后则在内务府另设"内工部"，专门承担大规模行宫和苑囿的建造。工官集制定法令法规、规划设计、组织施工于一体，实行一揽子领导与管理。工官管理的工匠有三类：在籍匠户，主要是技术工人；丁役，主要充当力工；刑徒、刑卒或奴隶。

（2）工匠。工官掌管的是官式建筑营造，各地自主建造的民间建筑则由工匠参与设计并承担施工。清代以后营造业逐渐由私营的营造厂承担。官式建筑与民间建筑沿着各自的轨迹进行，才使得我国古代建筑丰富多彩。

（四）建筑风格

建筑风格是建筑学需要研究的重要问题之一。建筑学既涉及科学，又涉及美学，美学难免不提风格。《中国大百科全书：建筑·园林·城市规划》一书对"建筑"的释义是：它既表示营造活动，又表示这种活动的成果——建筑物，也是某个时期、某种风格建筑物及其所体现技术和艺术的总称，如隋唐建筑、文艺复兴建筑、哥特式建筑。可见，研究某个时期的建筑，就不能不研究这个时期的某种建筑风格。如外国古代有古希腊风格、古罗马风格、拜占庭风格等，中国古代有秦汉风格、隋唐风格、明清风格等。再从建筑学研究的内容来看，主要包括建筑设计、建筑构造、建筑历史、城市设计、建筑物理等。其中："建筑设计"包括"设计原理"，自然会涉及建筑风格问题；"建筑历史"包括"建筑理论"，要探讨建筑与经济、社会、政治、文化等因素的关系，建筑实践所应遵循的指导思想以及建筑技术和建筑艺术的基本规律，自然不能回避建筑风格问题。

关于"风格"，《现代汉语词典》释义为"文艺作品所表现的主要的思想特点和艺术特点"，会涉及某种社会思潮和创作流派。建筑风格，可以认为是"特指作为建筑创作结果的建筑所表现出来的建筑风貌和艺术特征"。谈到"建筑风格",当然也会涉及不同的建筑思潮和建筑流派。要评价某个具体建筑的某种风格,自然会有格调问题,也会有雅俗和高下之分。

郑时龄教授在他的著作《上海近代建筑风格》中说:"风格并非简单的形式问题,风格涉及建筑的总体。风格涉及经济、材料、技术、习俗、宗教等多种要素,既是艺术特色,也是时代的价值和审美取向,全面体现了民族和时代的文化特征。"这一见解十分精辟。罗小未教授在该书《新版序》中指出:风格,"既是品格,也是艺术特色……建筑风格是社会文化模式的体现,是由社会集体在文化整合过程中的价值取向所决定的"。她在指出建筑强烈的社会性、时代性、地域性以后,认为"上海的近代建筑呈现出集世界建筑风格之大成的特征,各个历史时期的世界建筑风格都浓缩在这一百多年的上海。上海近代建筑风格既多元又宽容"。这是对上海近代建筑风格的客观评价。《上海近代建筑风格》一书,从上海近代的中国传统建筑转型、东西建筑文化在上海的融合,到近代盛行于上海的西方古典主义建筑风格、现代主义建筑风格、装饰艺术派风格、中国传统建筑复兴风格、各种地域风格,都作了论述和考证,系统阐述了上海近代建筑的发展历史。

我们再看看罗小未主编的《外国近现代建筑史》,从18世纪下半叶到19世纪下半叶欧美的建筑复古思潮(古典主义、浪漫主义、折衷主义),19世纪下半叶到20世纪初对"新建筑"的探求,两次世界大战之间"现代建筑派"的兴起,战后40—70年代各种现代建筑流派新思潮的发展(理性主义、粗野主义、典雅主义、技术主义、地域主义、象征主义等),一直谈到20世纪70年代以后"现代主义之后"的各种建筑思潮的涌现(后现代主义、新理性主义、新地域主义、解构主义、新现代、高技派、简约主义等)。这简直就是一部世界建筑风格史。

至于中国的建筑风格史,简言之,古代属于中国传统古典主义风格;近代既有土生土长的中国传统建筑风格和近代民族主义的建筑风格,又有输入和引进的近代外来形式的建筑风格以及"中西合璧"的建筑风格;现代是传统建筑风格与现代建筑风格相结合,并趋向于多元化的建筑风格。新中国成立初期产生过一批以大屋顶为主要特征的民族形式的建筑,在国庆十周年之后提出了"创造中国的社会主义建筑新风格"的口号。改革开放后,外国建筑师与外国的建筑材料、建筑技术涌入中国,建筑风格的多元格局开始呈现。20世纪90年代房地产大量开发,曾一度兴起"欧陆风"。进入21世纪,追求"中国特色的现代建筑",深层次而不是表面上的吸取国外优秀建筑文化和弘扬民族优秀建筑传统，开启了建筑风格多元化的新的征程。

本书研究的芜湖建筑发展史（业界称建筑史），将从建筑的起源、特点、发展和建筑风格演变等方面展开。

第二节 城市与建筑发展史的断代与分期

一、中国城市与建筑发展史的断代与分期

（一）中国古代城市与建筑发展史的断代与分期

中国古代城市的发展，与中国古代社会的发展基本上是一致的。中国古代城市由原始社会的聚落发展而来。从聚落到城市，中国史前城市的形成经历了一个漫长的历程。概括起来，中国古代城市的发展可分为三大阶段：原始社会末期的史前城市孕育期，距今约5000—6000年，可称"雏形城市"；奴隶社会的夏、商、周至春秋战国时期的中国古代城市形成期，距今约5000—2200年，可称"早期城市"；封建社会的秦汉至明清时期的中国古代城市发展期，距今约2200—180年，可称"封建城市"。秦汉至明清的中国古代城市还可细分为秦汉时代的城市、三国至隋唐时期的城市、宋元时代的城市和明清时代的城市。

中国古代建筑的发展，与中国古代城市的发展大体一致，也经历了原始社会、奴隶社会和封建社会三个历史阶段。只是中国古代建筑的起源更早，是从建造巢居和穴居开始，地势高亢的地区营造穴居，地势低洼的地区则营造巢居。六七千年前，我国广大地区都已进入氏族社会。长江流域多水地区由巢居发展而成干栏式建筑，黄河流域则由穴居发展而成木骨泥墙建筑。在我国原始社会还出现了聚落外围的土城墙和壕沟，也出现了祭坛和神庙两种祭祀建筑。在奴隶社会，建筑有了巨大发展，出现了宏伟的都城、宫殿、宗庙、陵墓等建筑。到封建社会，中国古代建筑逐步形成了成熟的建筑体系，有了卓越的成就。

（二）中国近代城市与建筑发展史的断代与分期

1840年鸦片战争爆发，中国开始由封建社会逐步沦为半殖民地半封建社会，进入近代史阶段，因此以1840年为中国近代城市发展史的上限是合适的。之后，随着帝国主义势力的入侵，商埠与租界的开辟，资本主义的生产方式和城市建设模式对中国城市都产生了影响。洋务运动、维新运动以后，中国官僚资本和民族资本开办新式企业和建设铁路，促进了若干新城市的产生，并使一些旧城市产生变化和得到发展。八国联军侵华战争、军阀混战、日寇侵华战争、国民党发动的内战等也使中国近代城市遭受严重破坏。直到1949年中华人民共和国成立，中国进入新的社会发展阶段，城市发展才进入一个新的阶段。因此，以1949年作为中国近代城市发展史的下限也是合理的。

中国近代城市与建筑发展史一般分为三个发展时期：初始期（1840—1900），发展兴盛期（1900—1937），凋零期（1937—1949）[①]。

由于中国近代城市与建筑发展的不平衡，不同城市发展的历程也各不相同，具体城市的近代城市与建筑发展史的断代与分期小有不同，也是可以理解的。

（三）中国现代城市与建筑发展史的断代与分期

1.中国现代城市发展史的断代

关于现代城市的概念。

"现代"，《辞海》的解释为：即帝国主义或垄断资本主义和无产阶级革命的时代。历史学上通常指资本主义存在和无产阶级进行社会主义革命的时代。在西方学界，近代即包括现代，而中国史学界一般以1917年俄国十月革命作为世界现代历史的开端，至1945年第二次世界大战结束。一般认为，中国现代历史始于1919年五四运动（进入新民主主义革命时期），亦有主张始于1949年中华人民共和国成立者。

"社会"，《辞海》的解释为：以一定的物质生产活动为基础而相互联系的人类生活共同体。……社会的发展是一个有规律的自然历史过程。生产力和生产关系、经济基础和上层建筑之间的矛盾，推动着社会从低级向高级发展，表现为社会形态的依次更替。社会发展是统一性和多样性的辩证统一，曲折性和前进性的辩证

[①] 杨秉德：《中国近代城市与建筑》，北京：中国建筑工业出版社1993年版，第4-13页。

统一。

"现代城市",即指现代社会的城市,是脱离了封建社会发展阶段的城市。《中国大百科全书:建筑·园林·城市规划》中的"城市规划"部分是将1949年中华人民共和国成立后的城市作为现代城市,笔者认同此观点。随着社会从传统社会向现代社会转化,城市也就从古代城市向现代城市转化。我国高校城市规划专业指导委员会规划推荐教材《中国城市建设史》,也是将1949年以来的城市作为现代城市来阐述的。所以本书将1949年作为中国现代城市发展史的上限是顺理成章的,这样的断代与外国城市发展史的提法是不同的。

同样作为我国高校教学用书的《外国城市建设史》,将国外先进国家的近代城市称为"近代资本主义社会的城市",而将1900年以后的欧美城市列为现代城市。此时的西方城市学者在近代时期已为城市的发展进行过长期的探索,其中著名的有"空想社会主义城市"(16世纪前期英国摩尔提出,后期有19世纪初欧文和傅立叶等的试验),"田园城市"(19世纪末英国霍华德提出),"工业城市"(19世纪末法国戛涅提出),"带形城市"(19世纪末西班牙马塔提出)等理论。

关于中国现代城市发展史的下限,本书定为2019年。主要基于以下两点认识:其一,我国1949—2019年这70年社会经济发展已能自成篇章。这期间中国人民在中国共产党领导下,社会、经济发生巨变,中华民族迎来了从站起来、富起来到强起来的伟大飞跃,迎来了实现伟大复兴的光明前景。2019年我国国内生产总值接近100万亿元人民币,人均国内生产总值迈上1万美元的台阶。其二,2020年是具有里程碑意义的一年。这一年是我国全面建成小康社会、脱贫攻坚决胜之年,也是实现第一个百年奋斗目标,开启第二个百年奋斗目标之年。进入2020年以后,我国在新形势下为经济的持续发展作出了"新基建、新产业、新动能"的调整,城市与建筑发展也需要作出新思考、提出新对策。这些都说明中国的城市发展和建筑活动都将迈入一个新的时代,那就是进入"当代",开启一个新的篇章。

2.中国现代城市发展史的分期

董鉴泓主编的《中国城市建设史》将中国现代城市规划与建设发展历程划分为四个阶段:城市建设的恢复与城市规划的起步(1949—1952),"苏联模式"城市规划的引入与发展(1953—1957),城市规划的动荡与中断(1958—1978),城市规划及其建设的迅速发展(1978—1999)。郑国编著的《城市发展与规划》根据中国现代政治、经济、社会发展历程,将1949年以后的中国城市发展与规划分为三个阶段：国民经济恢复和"一五"有计划建设时期（1949—1957），城市发展动荡与城市规划中断时期（1958—1978），改革开放以来城市与城市规划健康发展时期（1978年以后）。两本书都抓住了中国现代城市发展与国家政治经济发展的关系以及中国现代城市发展变化的特点与趋势这两个重点问题，笔者认为是可取的。

本书将中国现代城市70年发展概括为以下四个发展阶段：

（1）初步发展阶段（1949—1957）。1952年以前为国民经济恢复时期，城市建设开始恢复与发展，城市规划工作也开始起步。1953—1957年为"一五"时期，发展了一批工业城市，全国150多个城市编制了城市总体规划。

（2）曲折发展阶段（1958—1977）。由于历史的原因，这一阶段从"快速规划"，到否定城市规划，再到城市规划基本停顿，城市发展受到很大影响。

（3）加速发展阶段（1978—1998）。改革开放以后，城市建设和规划进入崭新阶段，城镇化进程大大加快，城市开发区得到发展，旧城改造与更新成为热点，历史文化名城保护受到重视，城市群蓬勃兴起，城市规划全面展开。

（4）稳步发展阶段（1999—2019）。改革开放深入推进，城市建设大规模、高水平展开，城市规划开始探索新思路、新方法，城市管理逐步走向法治化，"可持续发展城市""创新城市""智慧城市""海绵城市""美丽城市"……各种先进的城市理念层出不穷。

3.中国现代建筑发展史的断代

"现代建筑"，指现代社会的建筑，或称现代城市的建筑。本书论及的"中国现代建筑"即"现代中国建筑"，也就是1949年中华人民共和国成立以后的现代建筑。现代建筑不等同于19世纪以来就已产生的"现代主义建筑"。外国近现代建筑史告诉我们，19世纪西方建筑界占主导地位的建筑潮流是复古主义建筑和折衷主义建筑。从19世纪末到1914年第一次世界大战爆发，倡导改革的人增多，形成"新建筑运动"。到20世纪20—30年代，新建筑运动走向高潮，形成现代派建筑。这里的现代派建筑、新建筑，即"现代主义建筑"。

我国高校建筑学专业推荐教材《中国建筑史》，共分"中国古代建筑""近代中国建筑""现代中国建筑"三个部分。其中，"现代中国建筑"部分也是从1949年中华人民共和国成立开始的。为避免引起歧义，这里未称"中国现代建筑"而称"现代中国建筑"，是别具匠心的。本书采用了这种提法。鉴于本书是将现代的芜湖城市与建筑放在一起同时研究的，书中所指芜湖现代建筑即现代时期的芜湖建筑，而不包括近代时期的芜湖现代主义建筑。芜湖"现代建筑"的概念与《中国大百科全书：建筑·园林·城市规划》"中国建筑史"所述"现代建筑"概念相同，而不同于《中国大百科全书：建筑·园林·城市规划》"外国建筑史"所述"现代建筑"的概念。这是要特别说明的。"现代中国建筑"的提法不会引起"中国现代主义建筑"的误解。

4.中国现代建筑发展史的分期

自中华人民共和国成立以来，以1978年改革开放为界，现代中国建筑的发展分期可划分为前期和后期两大时期。前、后期又可各分为两个发展阶段，共四个发展阶段。

1）建筑初兴、探索前行阶段（1949—1957）

中华人民共和国成立初期，百废待兴，建筑活动只能重视基本功能，注重经济适用，多采用简约的建筑形式。当时苏联建筑理论两个最响亮的口号"社会主义内容，民族形式"和"社会主义现实主义的创作方法"，对中国建筑界影响很大。早在国民经济建设初期就开始提出建筑设计方针的雏形，1955年正式确立了十四字建筑设计方针："适用、经济，在可能条件下注意美观"。此后该方针贯穿我国建筑创作的各个时期。

2）总体停滞、局部推进阶段（1958—1977）

1958年开始建设的"首都十大建筑"，成为新中国成立十周年的建筑纪念碑。从1958年10月开工，仅用了一年的时间，到1959年9月，十大建筑全部建成，新结构的运用、民族形式的探索，对此后国内的建筑活动产生了深远影响。十大建筑是：人民大会堂、中国革命和中国历史博物馆、中国人民革命军事博物馆、民族文化宫、北京火车站、工人体育场、全国农业展览馆、钓鱼台国宾馆、民族饭店、华侨大厦，总建筑面积达67.3万平方米。1966年，建设基本停顿，全国的设计单位基本瘫痪。"文革"期间，有些特定的领域，如展览、体育、文化教育、医疗、办公、外事、援外等领域有过一些建筑活动。

3）市场开放、创作繁荣阶段（1978—1998）

改革开放以后，现代建筑进入了一个创作繁荣的多元化时期。1979年中共中央提出"调整、改革、整顿、提高"的新"八字方针"。自此，中国经济开始了从计划经济向市场经济的转型，同时初步形成了建筑设计市场。1980年，中共中央批准深圳为经济特区，紧接着珠海、汕头、厦门也设置经济特区。1990年，中共中央又批准开发和开放上海浦东新区。很多优秀的建筑作品开始涌现。1992年春天，邓小平的南方谈话，使我国对外开放及市场化改革的步伐进一步加快，中国的房地产进入了快速扩张期。

4）市场放开、多元发展阶段（1999—2019）

世纪之交的中国建筑适逢几个大事件，一是1999年6月23—26日国际建筑师协会第20届世界建筑师大会在北京召开，围绕大会主题"21世纪的建筑学"，广泛交流思想，通过了《北京宪章》；二是2001年底，中国正式加入世界贸易组织，中国经济开始融入世界；三是2001年7月13日，国际奥林匹克委员会宣布北京申办2008年奥运会成功，为筹办奥运，北京开始了相关的工程建设；四是2002年11月5日，上海申办2010年世界博览会成功，为筹办世博会，上海开始了相关的工程建设。北京奥运建筑与上海世博建筑成为21世纪初的两大建筑亮点。这一阶段海外建筑师纷纷进入中国建筑设计市场，涉及的建筑类型已扩大到商业建筑、医院建筑、体育建筑、交通建筑等各个方面，也带来了先进的设计观念和方法，"新、奇、怪"是其显著特点。影响较大的大型项目有上海金茂大厦（1999）、国家大剧院（2007）、北京奥运会国家体育场"鸟巢"（2008）、中央电视台新楼（2012）、北京大兴国际机场航站区（2019）等，多是在外国建筑设计方案中标后由国内设计师完成的具体设计。国内建筑师设计的项目也有佳作，如宁波博物馆（2008）、北京奥运会国家体育中心"水立方"（2008）、南京火车站南站（2011）、上海世博会中国馆（2010）等。

以上中国城市与建筑发展史的断代与分期，与我国的社会发展史相一致。古代与近代断代的分界点是鸦片战争，之前是从原始社会、奴隶社会直到封建社会，之后是进入半殖民地半封建社会。近代与现代的分界点是中华人民共和国的成立，之后中国进入社会主义社会的初级阶段。这与《中国大百科全书：建筑·园林·城市规划》的划分是一致的，与教材《中国城市建设史》也是一致的。

近些年来，我国城市规划和建筑界有学者作了新的探索。如徐苏斌教授认为："鸦片战争以后开始传入中国的洋风建筑只是一种'客体'，作为'主体'的中国人自身并没有对此产生深刻的认识，这一点和历史学上所讲的鸦片战争以后中国的反帝民族革命是不同的。换言之，作者认为如果从主体开始认识近代建筑的意义上说，1840年作为近代建筑史的开始并非合适。"[1]由此提出了以"清末"为近代与现

---

① 徐苏斌：《近代中国建筑学的诞生》，天津：天津大学出版社2010年版，第6页。

代分界点的看法。又如邓庆坦教授提出了将中国近代和现代建筑史进行整合的观点，并将整合的起点定在1900年代①。至于将中国近代与现代的分界点划在20世纪20年代、1934年甚至1977年等诸多观点，就不在此一一列举了。

邹德侬教授领衔编写的普通高等教育"十一五"国家级规划教材《中国现代建筑史》，以20世纪20年代末为起点，把1949年前后的中国现代建筑史贯通起来，一直叙述到1999年20世纪结束，时间跨度约70年②。该书首页就指出："建筑的现代性"，"是指工业革命所产生的技术、社会和文化等方面的现代变革，给建筑所带的现代的新属性"，并将20世纪20年代末—40年代定性为中国"现代建筑的弱势起步"。该书的最后一段归结为："在即将进入新世纪的1999年，中国建筑界在建筑创作的技术层面，艺术层面以及思想层面发生了具有象征意义乃至历史意义的事件，现代交通建筑首都航站楼的落成，现代文化建筑国家大剧院的定案以及在北京召开的世界建筑师大会，为中国建筑师在21世纪的工作方向，展开了广阔的前景。"特别是书中提到的"当代建筑：指目前的、最近一个时期的建筑，但时限不确定"，涉及了我国现代城市、现代建筑的下限问题，也就是与当代城市、当代建筑的分界点问题。

2020年是"两个一百年"奋斗目标的历史交汇点，此后中国的城市发展和建筑活动都将进入一个新的时期。芜湖同样如此③。本书坚持这一观点。

二、芜湖城市与建筑发展史的断代与分期

中国城市与建筑发展史的断代与分期是芜湖城市与建筑发展史断代与分期的大背景。芜湖作为一个特定的城市，一个位于长江下游的滨江城市，总的来说符合全国发展的共同规律，但也会有一些自身的特点。

---

① 邓庆坦：《中国近、现代建筑历史整合研究论纲》，北京：中国建筑工业出版社2008年版，第1—6页。

② 邹德侬，戴路，张向炜：《中国现代建筑史》，北京：中国建筑工业出版社2010年版，第1—8页。

③ 葛立三，葛立诚：《芜湖现代城市与建筑》，芜湖：安徽师范大学出版社2021年版，第2—3页。

（一）对芜湖城市与建筑发展史的断代与分期的几点看法

1.芜湖近代城市与建筑发展史的断代是否要与全国一致

我们在对芜湖这个城市做过深入研究后认为：芜湖城市与建筑发展史的断代，虽然与全国基本一致，但在确定芜湖近代的上限时要根据芜湖近代城市的具体情况做适当调整，芜湖近代城市与建筑发展史的上限不必与全国总体情况一致。

中国近代史肇始于1840年，鸦片战争爆发后中国开始由封建社会逐步沦为半殖民地半封建社会，所以中国城市与建筑发展史将1840年定为近代的起始之年。1842年《南京条约》的签订，被迫开放广州、厦门、福州、宁波、上海五地为通商口岸；1858年《中英天津条约》的签订，又逼迫清政府开放牛庄（后改为营口）、登州（后改为烟台）、台南、淡水、潮州（后改为汕头）、琼州、汉口、九江、南京、镇江等十处为通商口岸；1860年《北京条约》签订，割让九龙司地方一区给英国，天津也辟为对外商埠，并先后在广州、上海、天津、汉口等城市设立租界。以上城市在我国率先进入近代城市行列。稍后，1876年《烟台条约》签订，增开宜昌、芜湖、温州、北海四处为通商口岸。自此，芜湖成为晚清安徽唯一的对外通商口岸，芜湖的城市性质有了突变。本书将1876年定为芜湖城市与建筑史中近代的上限，是实事求是的，也反映了我国实际存在的近代城市与建筑发展的不平衡。

我国很多城市也是这样做的。如由杨秉德主编的《中国近代城市与建筑》将我国13个城市"近代"的上限分别确定为：广州1840年，上海1843年，天津1860年，汉口1861年，哈尔滨1898年，大连1898年，长春1898年，青岛1897年，济南1866年，成都1860年，重庆1840年，芜湖1876年，北京1858年。

2.芜湖近代城市建设史的上限与近代建筑史的上限是否要一致

一般来说，我国各个城市"近代城市"与"近代建筑"的年代上限可以一致也可以不一致，要作具体分析。

就芜湖来说，芜湖并不是我国最早被辟为通商口岸的城市，近代城市和近代建筑发展略晚可以理解。若为了强求一致，非要将"近代"的上限定为"1840年"，是勉强的，也是不合理的。这不难理解，也容易达成共识。至于芜湖近代城市建设史与芜湖近代建筑史的上限是否一致，这又是一个问题。

葛立三著《芜湖近代城市与建筑》一书将"芜湖近代的城市发展"的时间定为

1840—1949年，而将芜湖近代的建筑活动的时间定为1876—1949年[①]。本书将芜湖近代城市建设史与芜湖近代建筑史的年代上限统一定为1876年，是基于以下考虑。首先，本书从编年史的角度出发，应该取得年代划分的一致性，也便于表述。其次，与芜湖市政协学习和文史资料委员会、芜湖市地方志编纂委员会办公室所编《芜湖通史（古近代部分）》第二编《晚清至民国时期的芜湖》相对应，都是以芜湖开埠作为标志。"芜湖作为长江上的一个有较大影响的商埠，在近代中国社会性质转变的大背景下，也慢慢地开始了自己向近代社会变迁历程。"[②]

3.芜湖古、近、现代建筑和古、近、现代芜湖建筑

这两句话的主语都是建筑，定语却不相同，含义也就不同。比如"芜湖近代建筑"，是指芜湖近代的建筑，但芜湖古代的清末也会有少量的近代建筑形式出现。为了表述准确，改称为"近代芜湖建筑"，则可涵盖所有近代时期建造的建筑，当然包括这一时期建造的古代建筑形式的建筑，甚至包括近代晚期建造的现代建筑形式的建筑。同样，"芜湖现代建筑"，是指芜湖现代建造的建筑，建造的绝大部分建筑是现代建筑，但也可能建造具有中国古代建筑形式的建筑。为了表述准确，改称为"现代芜湖建筑"，则可涵盖所有现代建造的建筑，当然也包括这一时期建造的中国古代建筑形式的建筑。所以《中国建筑史》将古、近、现代三个时期的中国建筑分别表述为"中国古代建筑""近代中国建筑"和"现代中国建筑"。同理，本书将古、近、现代三个时期的芜湖建筑分别表述为"芜湖古代建筑""近代芜湖建筑"和"现代芜湖建筑"。这是需要读者注意的。

（二）芜湖城市与建筑发展史的具体断代与分期

1.芜湖古代城市与建筑发展史（石器时代—清末）

（1）先秦时代的芜湖城市与建筑（石器时代—夏商周）。

（2）秦汉时期的芜湖城市与建筑（前221—220）。

（3）三国至隋唐时期的芜湖城市与建筑（220—960）。

（4）宋元时期的芜湖城市与建筑（960—1368）。

（5）明清时期的芜湖城市与建筑（1368—1876）。

---

① 葛立三：《芜湖近代城市与建筑》，芜湖：安徽师范大学出版社2019年版，第13、48页。

② 芜湖市政协学习和文史资料委员会，芜湖市地方志编辑委员会办公室：《芜湖通史（古近代部分）》，合肥：黄山书社2011年版，第207页。

2.芜湖近代城市与建筑发展史（1876—1949）

（1）全面抗战前的城市与建筑（1876—1937）。

（2）全面抗战后的城市与建筑（1938—1949）。

3.芜湖现代城市与建筑发展史（1949—2019）

（1）改革开放前的城市与建筑（1949—1977）。

（2）改革开放后的城市与建筑（1978—2019）。

第二章　芜湖古代城市与建筑发展史略

芜湖历史悠久，是人类起源的重要地区之一。芜湖城市与建筑的发展历史也很悠久，在远古时代就出现了原始居住点和原始聚落。漫长的芜湖古代城市与建筑发展史可划分成远古及先秦时期、秦汉时期、三国至隋唐时期、宋元时期和明清时期五个发展时期。

第一节　芜湖古代城市

一、远古时代的原始居住点和原始聚落

1.繁昌人字洞——芜湖地区旧石器时代早期文化遗址

随着爪哇猿人和北京猿人化石的发现，20世纪20年代以后，东亚地区一直被认为是人类起源之地。20世纪50年代以后，随着非洲地区一系列重要人类化石的发现，世界大多数科学家相信，人类可能最早起源于非洲。20世纪末，我国组织实施了"九五"攀登专项"早期人类起源及环境背景研究"，繁昌人字洞遗址被发现。遗址北距芜湖市40多千米，位于繁昌县（现为繁昌区）孙村镇癫痫山东南坡，海拔约120米。人字洞堆积厚度约30米。根据发现的哺乳动物化石，初步鉴定其地质年代为早更新世。同时获得人工制品100余件（其中石制品90余件，骨制品10余件），石制品显得粗糙，简单而原始。至今已经过7次大规模的系统发掘，2022—

2023 年中国科学院古脊椎动物与古人类研究所和繁昌区人民政府又进行了联合考古发掘。人字洞遗址的发现将亚欧大陆人类生存的历史向前推至 200 万—250 万年，被认为是迄今亚欧地区已知最早的早期人类文化遗存。繁昌人字洞遗址于 2006 年 5 月被国务院公布为第六批全国重点文物保护单位，现建设为"人字洞考古遗址公园"。从上可知，芜湖地区在远古时期已有古人类生活，是一处人类原始居住点。

2. 旧石器时代中晚期芜湖地区的原始聚落

大约距今 100 万年，人类进入旧石器时代中期。大约距今 10 万年，人类进入旧石器时代晚期。在这漫长的年代中，原始人类生产方式由以狩猎为主逐渐过渡到以农业为主。由于氏族部落的形成，出现了原始群落，有了固定的居民点。芜湖地区水阳江流域先后发现了 20 余处旧石器时代遗址，多位于二级阶地上。如距今 80 万—12 万年中更新世芜湖金盆洞遗址，位于火龙岗镇高山行政村陶家山。又如距今 10 万—5 万年晚更新世南陵小格里遗址，位于烟墩镇格里景区。

3. 新石器时代芜湖地区的原始聚落

大约距今 1.2 万年，人类进入新石器时代。这时农业逐渐发展为主要生产方式，兼营渔猎、家畜饲养业（畜牧业），制陶业也开始产生。定居生活导致人口增长，聚落数量与规模逐渐增大。芜湖地区新石器时代遗址已经发现数十处，只是大多未经过大规模挖掘。较重要的有：位于繁昌县繁阳镇峨溪河东岸的缪墩遗址，距今 7000 年左右；位于芜湖市大荆山附近的蒋公山遗址，距今 6000 年左右；位于繁昌县繁阳镇柳墩行政村中滩村东侧的中滩遗址，距今 4500—4000 年。这一时期划时代的进步是繁昌缪墩遗址和南陵奎湖神墩遗址干栏式建筑的出现，距今 7000—6000 年，这与浙江余姚河姆渡遗址发现的干栏式建筑同处一个时期。

二、先秦时期的芜湖古城

（一）夏商周时期芜湖古城发展的历史背景

夏（前 2070—前 1600）、商（前 1600—前 1046）、西周（前 1046—前 771）时期是我国处于奴隶社会的时期，城市已不断出现。到东周（前 770—前 256）时期，我国城邑数已过千，得到较大发展。

夏商周时期我国已进入早期文明社会，黄河中、下游地区早就经过了仰韶文化与大汶口文化,长江下、中游地区也早就经过了河姆渡文化与大溪文化。芜湖所在的长江以南地区已经出现了较大的部族,史称"越人",很早便与中原地区有了文化上的联系。相传,夏禹治水曾导"中江"。中江水道的开通,不仅新增了芜湖地区与沿海地区的联系通道,更重要的是芜湖水运节点的位置进一步增强,从而加快了本地区社会经济的发展进程。

夏时期宁镇和皖南地区的"点将台文化",仍以农业经济为主,手工业也较发达,分布于水阳江以北以东的姑溪河流域、石臼湖周围、秦淮河流域和苏皖南部的沿江地区,是由中原河南龙山文化晚期"有虞氏"部族文化南下后与当地土著文化相融合而形成的本地区夏时期的青铜文化。距今4100—3600年的芜湖繁昌县(今繁昌区)鹭鸶墩遗址(位于沈弄行政村北,西北临水)、芜湖县(今湾沚区)望马墩遗址(位于花桥镇妙因行政村何村自然村北,东临水,西北临山)、南陵县邬林村(位于九连乡上朱村东一里),是已发现的"点将台文化"遗址。

自1984年第二次全国文物普查以来,芜湖地区已发现商、周遗址94处,主要分布于境内的青弋江、水阳江、漳河等河道两侧及沿江地区。据专家考证,商周时期,中原王朝为掠夺江南的铜(尤其是南陵到铜陵一带的铜),屡向江南用兵,曾发动的"吴干之战"就是周王朝的"虞侯"("虞"通"吴")对干越人(当时分布于皖南和宁镇地区的土著民族,"干"古音读"攻")发动的一次铜资源争夺战。"战后,干和吴统一成为干吴王国"[1]。可见这一地区最迟在西周时已立国,既立国,自然会建都设邑,芜湖地区的古城就应运而生。其中最重要的两座古城址,即兴建于商代晚期至春秋时期的牯牛山古城址和兴建于春秋时期至西汉时期的鸠兹邑古城址。

(二)牯牛山古城址

牯牛山古城址是芜湖地区迄今发现时代最早的古城址,位于南陵县城东3千米籍山镇先进村,北距今芜湖市中心区约50千米。1984年文物普查时发现,1997—1998年正式考古发掘,并经过遥感探测,确认这里是一处以水为障的水城城址。它形似浮在水中的牯牛,故称之为"牯牛山古城址"。它也是安徽长江以南地区发现的时代最早、规模最大的一处古城址,1998年被安徽省人民政府公布为省级重点文

---

① 芜湖市政协学习和文史资料委员会,芜湖市地方志编辑委员会办公室:《芜湖通史(古近代部分)》,合肥:黄山书社2011年版,第19页。

物保护单位。

此古城址呈长方形,东西约750米,南北约900米,面积近70万平方米。古城四周有四条水道,即当时的护城河,宽20~50米。古城四周有人工堆建的夯土城垣,城墙四方留有水城门（图2-1-1）。西城门水道是通漳河的进水口,东城门水道是通青弋江的下水口,南、北两个出水口通周边水系。古城内有四个高台地,每个台地之间均有水道隔开,水道又与城外的护城河相通。四个台地既相对独立,又可用绳索板桥相连,形成防御性很强的水城,以水为路、以船代步、以桥相通的格局很有南方古城特色。城址东部北端有一烧制印纹陶的圆形窑址,西部南端有一铸铜遗迹,应为生产区。城内四台地之上"用土墙草顶筑造有千万间房屋分列两边向前延伸。街心大道用鹅卵石铺就。……专家们估计这座城邑当时至少生活居住着万余人。这在人口并不密集、人口数并不多的古代,已是相当繁华,其规模和布局在当时应当排进大城市的行列"[1]。

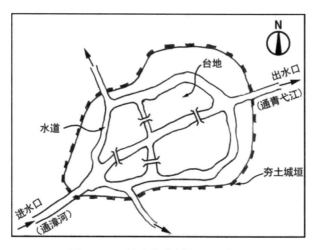

图2-1-1 牯牛山古城平面示意图

遗址内文物丰富,文化层平均厚3米。从古城发掘出陶器、瓷器、石器和冶炼铜渣等百余件,标本数百件。从器物分析,它们具有鲜明的地域特色,可以形成独立的考古文化类型。考古专家通过器物类型学的对比分析,认为"牯牛山类型"的年代上限为商代晚期,下限为春秋时期。"牯牛山古城是在商代晚期原始聚落的基础上,逐步发展成为一处古城……古城存在时间为一千余年,商代晚期为兴起阶段,西周时期为发展成熟阶段,春秋时期为鼎盛阶段……到了战国时期古城逐渐被

---

① 郭万清:《安徽地区城镇历史变迁研究(下卷)》,合肥:安徽人民出版社2014年版,第433页。

废弃。"①

牯牛山古城的产生绝不是偶然的。古城址以西约20千米是大工山古铜矿遗址群，古城址西南约1千米有千峰山土墩墓群。三大遗址为同一时期，同一行政区划范围，足以说明牯牛山古城址是一个地区的行政、生活中心。大工山古铜矿遗址群是一处开采和冶炼中心，千峰山土墩墓群则是共用的墓葬区，三者应是一个整体。

从地理位置上看，牯牛山古城地处平原与丘陵的过渡地带，西有漳河，东有青弋江，水上交通运输十分方便。漳河的上游支流峨岭河从大工山古铜矿大型冶炼场江木冲遗址西侧流过，依靠水运经过古城后可直通长江，古城成为长江中下游南岸的一处重要的战略要地。大工山-凤凰山铜矿遗址1996年被国务院公布为第四批全国重点文物保护单位；千峰山土墩墓群作为皖南土墩墓群的组成部分，2001年被国务院公布为第五批全国重点文物保护单位；牯牛山城址2013年被国务院公布为第七批全国重点文物保护单位。三者都得到了很好的整体保护。

关于牯牛山古城的性质一直缺少深入的研究，目前至少可以做出以下两个判断：其一，牯牛山古城是芜湖地区比鸠兹邑古城更早更大的古城，虽然它还不是完整意义的"城市"，但可定位为早期的"雏形城市"，比中原地区的郑州商城出现稍晚。其二，牯牛山古城可能是吴国最早都城的所在地，它是当时这一区域的政治、经济、文化、交通中心。先秦时期吴国疆域起先主要在长江以南的芜（芜湖）铜（铜陵）宁（南京）镇（镇江）一带，后来才扩张至太湖流域，最后到春秋晚期才定都苏州。早期的吴国都城在哪里，一直是个谜。牯牛山古城建城较早，规模较大，是吴国早期都城的可能性很大。查《越绝书·记军气》，载有"吴故治西江"，西江即皖南地区的青弋江，牯牛山古城正位于青弋江西侧，"故治"应指牯牛山古城。再查初唐史料《李怀州墓志铭》，载有："迁宣州刺史，吴王旧邑，楚国先封；江回鹊尾之城，山枕梅根之冶。"鹊尾城是初唐时建在长江边的南陵旧县城，今繁昌新港镇，梅根冶即今大工山古铜矿遗址②。"吴王旧邑"位置与牯牛山古城址正合，讲明是"吴王旧邑"而不是"吴国旧邑"，这里应是吴国都城，也是有根据的了。春秋中期芜湖古城向黄池鸠兹城址大迁移后，牯牛山古城至战国时期终被废弃。

① 芜湖市档案馆：《芜湖历史区域变迁概要》，芜湖：安徽师范大学出版社2022年版，第18—19页。

② 芜湖市政协学习和文史资料委员会，芜湖市地方志编辑委员会办公室：《芜湖通史（古近代部分）》，合肥：黄山书社2011年版，第22页。

牯牛山古城这种江南水城格局，在战国时期的"淹"城遗址有过重现和发展。淹城在今常州市南约7千米，是西周时代淹国的都城，有同一时期修筑的三重土筑城墙，还有互通的三道护城河，进出淹城只有水路。王城周长约500米，内城周长约1.5千米，外城周长约3.5千米①。两座古城都是防御性很强的古城。也有学者认为，淹城是"一处春秋时期古城，可能就是吴太子季扎所封的'延陵'"②。

东距牯牛山古城址约6千米还有一座商周时期古城址，叫"甘宁城"，民国《南陵县志》称"甘公城"③。该县志载："县北七里，甃筑坚致，以障水。可容数千人。"甘宁城址位于今南陵县家发乡泉塘村，坐落在"孟塘湖"中的岛上。遗址台状，高出水面8至9米，由"大山墩"（面积约1万平方米）和"小山墩"（面积约1.2万平方米）两部分组成，两墩相距约80米。遗址西1千米处有一土墩墓群，遗址北2.5千米处有一西周至春秋时期的古窑址。这使古城址、古窑址、古墓葬三者成为一个整体的古遗址群。甘宁古城遗址周围水域广阔，水道四达，在古代以舟师水战为主要作战形式的江南水乡，应是一座防御性很强的军事水城。"甘宁古城"与"牯牛山古城"呈掎角之势，起着很好的拱卫作用。

（三）鸠兹邑古城

鸠兹邑古城兴建于春秋时期。从青弋江中下游西岸的牯牛山城址北迁到水阳江下游南岸的鸠兹邑城址，是芜湖地区古城址的第一次大迁移。其原因有三，一是军事上的需要，这里是吴楚相争的战略要地；二是政治上的需要，是吴国早期行政中心的转移；三是交通上的需要，这里是古代"金道锡行"的主要集散和起运之地。

有学者考证和统计，春秋时期我国城邑数量急剧增加。有史可考的大小城邑有近600个，分布于35个诸侯国，其中楚88个，吴10个……而实际总数应在1000以上。鸠兹邑应是这时吴国的10个城邑之一。吴国是位于长江下游的姬姓诸侯国，也叫勾吴、攻吴。其国境在今皖苏两省长江以南地区以及太湖流域。吴国在江东地区兴起后，逐渐向江淮之间发展。与此同时，在江汉地区的楚国也开始向江淮地区扩张。芜湖地区成了"吴头楚尾"，也成了两国必争之地。最初有"大禹导中江"，春秋晚期又有伍子胥开凿胥溪，中江水道的畅通，不仅具有军事上的战略意义，更

① 董鉴泓：《中国城市建设史》（第三版），北京：中国建筑工业出版社2004年版，第22页。
② 周崇云：《安徽考古》，合肥：安徽文艺出版社2011年版，第79页。
③ 民国《南陵县志》卷七《舆地·古迹》。

加速了此地区的经济发展和社会进步。当时吴国的疆域虽然不大，但跨越的历史时间长度却不短。从西周初期（前12世纪）直到春秋末期（前473年被越国所灭），前后长达700年之久。谈到吴国的起源，要从周太王说起。据史书记载，周太王有三个儿子，他想传位给三子季历之子姬昌（后来的周文王），于是长子泰伯、次子仲雍一起逃到江南，定居梅里（今江苏无锡的梅村），自创基业，建立勾吴古国，此所谓"泰伯奔吴"。自泰伯到夫差，共传25代吴王。也就是说，王室来源于周室，吴地的人民是当地的古越族。传至19代吴王寿梦（前585—前561年在位）时，发生了一件大事，即寿梦十六年（前570），楚共王（前590—前559年在位）征伐吴国，直至衡山。这就是《左传》记载的鲁襄公三年（前570）春，"楚子重伐吴，为简之师，克鸠兹，至于衡山"。这是自吴王寿梦称王起（前585），吴楚百年战争中的一场大战。《左传》杜预（晋）注曰："鸠兹，吴邑，在丹阳（郡）芜湖县东，今皋夷也。""邑"即城市，"大曰都，小曰邑"。可见鸠兹设邑筑城应在鸠兹大战之前，至今至少有2600年。

鸠兹邑古城位于今芜湖市城东约20千米的芜湖区花桥镇黄池行政村。该城遗址在古中江水道水阳江南岸的一处侵蚀残丘上，处于这一片残丘向水阳江边延伸的端头。鸠兹何时设邑建城，最初有无城垣，最早的土城墙筑于何时，均难考证。只知现存古城址"楚王城"遗址位置即鸠兹邑古城位置。1978年秋，时任北京大学地理系主任侯仁之教授带领师生前来考察后曾有结论："楚王城应是西汉芜湖县城的遗址，亦即古鸠兹所在之地。"[1]也就是说，芜湖鸠兹邑古城址是西汉"楚王城"的古城址，至今仍是共识。该城平面近似方形，东西长约370米，南北宽约310米，面积约11万平方米。城墙用土筑夯打，夯土内夹有绳纹板瓦。现存城墙最高处达8.5米，墙面宽5～10米，墙基宽18～28米。北、南、西各开有一座城门，利于防守。遗址地形东南高、西北低，北面护城河保存完好，水面仍较宽阔。城内东部有一葫芦状约5万平方米的大土墩，南坡有古建筑遗迹。

经考古发现，城内文物十分丰富，文化堆积层厚2～3米。出土有石器时代的砍砸器，磨制的石刀、石斧，还有春秋战国时期的印纹陶片、筒瓦、板瓦、蚁鼻钱，有汉代的五铢钱、陶豆、陶水管，有六朝的青瓷残片，有唐代的铜镜，有宋代的瓷粉盒、虎皮釉瓷瓶，还有明清的青花瓷等。城外的河沟中还曾出土过三柄春秋时期的青铜剑和一只已残损的木船。由此可见，此城存续历史久远。从考古成果

---

① 唐晓峰等：《芜湖历史地理概述》（内部资料），芜湖市城市建设局1979年，第6页。

看，鸠兹邑古城在商代晚期可能就有原始聚落，到春秋时期城市兴起，一直延续使用到六朝时期，以后才逐步废弃，有近千年的使用历史，到现在又近千年而城址仍能基本完整，这在皖南地区是绝无仅有的，在我国南方几省也极少见。该遗址现为省级重点文物保护单位，是当之无愧的。

有关专家对吴越古音进行研究发现，在已调查的春秋吴国故城中，鸠兹城、固城、朱方城、姑苏城等，其先秦古音与"勾吴"相同或相近，这些古城可能是不同时期的吴国都城①。其中，"鸠兹邑当为春秋中期之前的吴国故都"。2014年南京博物院张敏撰文，明确指出："鸠兹扼西伐荆楚、东控於越的中江水道之要冲，周边的汤家山西周墓为吴国王陵，附近的大工山铜矿为吴国的经济命脉。通过与古代都城基本要素的比较研究，鸠兹应为西周晚期至春秋早期的吴国都城。"②文中"汤家山西周墓"位于芜湖繁昌县平铺镇，是皖南土墩墓群中规模最大、等级最高的墓群。可见，"芜湖地区的牯牛山古城与鸠兹邑古城是吴国最早的两座都城"的观点当可成立。

在春秋时期吴国故城中，除鸠兹城外，还有固城（位于今江苏省高淳区东）、朱方城（位于今江苏省镇江市东），都可能是不同时期的吴国都城。固城在鸠兹城东约50千米，其古城也俗称"楚王城"。

据张敏考证，该城筑于鸠兹城后约40年。在江苏省镇江市东10～20千米的谏壁至大港一带沿江山脉，有一片背山面江的吴国贵族墓葬区。其中，烟墩山、荞麦山两处西周墓可能分别是吴国第5代国君周章和第6代国君熊遂的墓地，北山顶、青龙山两处春秋墓可能分别是吴国第22代王余昧和第23代王僚的墓地，都距朱方城不远。芜湖地区汤家山西周墓所处的年代正是上述墓地中不见一等贵族墓葬的时代，且汤家山西周墓与烟墩山、荞麦山西周墓同样出土了象征王权的"鸠杖"。因此，张小帆认为："汤家山西周墓的墓主也应为西周晚期的一位吴国国君。"③这为鸠兹可能曾是吴国早期都城增加了有力的佐证。

关于"鸠兹"，范晔撰《后汉书·郡国志》解释为：鸠兹意指鸠鸟栖息繁殖之所。唐宋以来，史家多引用之。时至今日，仍多取此说。也有人认为这是"望文生

---

① 毛颖，张敏：《长江下游的徐舒与吴越》，武汉：湖北教育出版社2005年版，第143页。

② 张敏：《鸠兹新证——兼论西周春秋时期吴国都城的性质》，《东南文化》2014年第5期，第80页。

③ 张小帆：《繁昌汤家山西周墓的再认识》，《南方文物》2014年第1期，第52页。

义"：鸠鸟并非食鱼的水禽，而是生活在丛林中的鸟类，与芜湖古地名无关[①]。还有人认为鸠兹还可称勾兹、皋兹、祝兹等，不必义解，而从音训角度分析，认为"吴国语言与中原语言有着较大的差异……因而这些记音汉字的本身并没有实际的意义……吴国地名只可音训而不可义解"[②]。我们认为，看问题不能绝对化，对"鸠兹"的理解既可音训也可义解，音训有音训的道理，义解也有义解的根据。汤家山、烟墩山、荞麦山三处西周墓和吴王墓发掘出来同样的青铜权杖的杖首，可以认为这是一种权力的象征，也可以认为鸠鸟很可能是春秋战国时期芜湖等地古越族的一种图腾，更何况这还可以和《诗经》的开篇之作《关雎》里提到的"在河之洲"的"关关雎鸠"联系起来。2001 年芜湖城市广场的中心立起了 33 米高"鸠顶泽瑞"巨型雕塑，由我国著名美术家韩美林设计，得到广泛认可，成为芜湖当代的一处城市文化标志。至于"鸠兹"的"鸠"到底是什么种类的鸠，刨根问底，大可不必。

三、秦汉时期的芜湖古城

秦汉时期是中国历史上秦、汉两朝大一统时期，也是中国历史上封建社会第一个强盛的时期。西汉时芜湖县的设置，决定了芜湖历史区域发展的基本格局。

（一）芜湖地区的行政建置

秦朝结束了诸侯分裂割据，成为中国第一个中央集权制朝代。中央设三公九卿，管理国家大事；地方上废除分封制，实行郡县制。秦始皇二十六年（前 221），统一天下，分天下为 36 郡。芜湖属鄣郡。

两汉（前 206—220）是秦之后又一个大一统王朝，承秦制，继续推行郡县制。汉武帝元封二年（前 109），改鄣郡为丹阳郡，丹阳郡置 17 县，内有芜湖。

汉代在实行郡县制的同时，又实行封国制度，即地方行政区划管理采取双轨制。西汉元朔元年（前 128），武帝封江都易王子刘敢为丹阳侯，丹阳侯国都即在芜湖（无湖）。汉光武帝建武七年（31），昆阳侯傅俊子傅昌在其父去世后继承昆阳侯，后徙封为无湖侯。建武十五年（39），皇子刘英被封为楚公，建武十七年（41）

---

① 芜湖市政协学习和文史资料委员会,芜湖市地方志编辑委员会办公室:《芜湖通史(古近代部分)》,合肥:黄山书社 2011 年版,第 20 页。

② 张敏:《鸠兹新证——兼论西周春秋时期吴国都城的性质》,《东南文化》2014 年第 5 期,第 83 页。

进为楚王，楚郡复为楚国。光绪《宣城县志》卷三十七载，"楚王城……又云楚王英筑"。汉明帝永平十三年（70），刘晃袭父爵为齐王，于汉章帝章和元年（87）被贬为无湖侯。国都仍在无湖。

（二）芜湖秦城与汉城

芜湖秦城虽尚未发现文献记载，但理应实际存在。

芜湖汉城，其故城遗址"位于今芜湖市湾沚区黄池南的楚王城址"[①]。此城即鸠兹邑古城，是当时著名的城邑和军事要塞。需指出的是，两汉期间文献记载曾同时出现"无湖"与"芜湖"。2000 年在三华山附近古墓发掘中所得铜印"无湖长印"，考古界认为：符合西汉初年汉印的基本特征，属于当时芜湖地方长官所有。这也实证了芜湖县和芜湖汉城的存在。此城即公元前 570 年，吴楚大战后楚国在攻克鸠兹后为加强防守，增筑城垣所成，也就是世称的"楚王城"（图 2-1-2）。当时的楚王即楚共王熊审（前 590—前 560 年在位）。这里曾考古发掘出大量筒瓦、板瓦、瓦当等汉代遗存。芜湖汉城城址可谓在春秋鸠兹古城城址上的"原地踏步"。

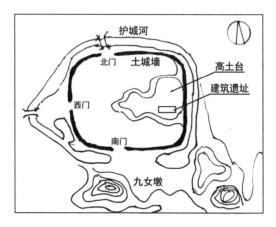

图 2-1-2 "楚王城"遗址平面示意图

"百里芜湖县，封侯自汉朝。"两汉时期芜湖县的辖区范围包括今当涂县大部、芜湖县全部和繁昌、南陵两县的北部，南北长约 65 千米，东西宽约 50 千米。

根据现今的研究成果，一般认为汉代芜湖县与春秋鸠兹邑同为一个城址。自汉武帝元封二年（前 109）置芜湖县，至东晋安帝义熙九年（413）被撤销，历时 522年。也有学者认为，汉代芜湖县治所并不设在鸠兹邑古城址，目前尚无文献与考古资料证实，尚待进一步研究与论证。

---

① 芜湖市档案馆：《芜湖历史区域变迁概要》，芜湖：安徽师范大学出版社 2022 年版，第 45 页。

（三）汉代的铸造术与芜湖

"汉有善铜出丹阳"。丹阳铜主要产自芜湖地区的南陵、繁昌，铜陵、当涂等地以及江苏句容一带，以上地方当时均属丹阳郡。"丹阳铜"应是指以南陵大工山和铜陵凤凰山为中心、以苏皖沿江成矿带为分布区的汉代所产金属铜的总和。1996年这里的铜矿遗址被国务院批准为全国重点文物保护单位。

丰富的铜矿资源，为大量铸造钱币和铜镜创造了条件。芜湖地区成为全国铸造钱币的主要产地之一。钱币的铸造，尤其是汉代统一全国钱币铸造权，对规范市场、促进贸易、发展经济发挥了重大的作用。铜镜的铸造，一方面需要有高质量的好铜，"善铜"；一方面需要有高超的铸镜技术。照面饰容是铜镜的主要功能，制作铜镜必须有良好的映像效果和坚固耐用的质地。铜镜的镜体与镜面，其合金成分与结构并不相同，铸成镜体后还需进行表面加工处理。这种镜面处理包括热处理技术（淬火）和抛光技术，需要高超的技艺，能沿用至今极其不易，所以"丹阳镜"与"吴越剑"能齐名天下。丹阳镜不仅是高雅的实用品，也是值得珍藏的艺术品。

（四）汉代的造船业与芜湖

芜湖的造船业历史悠久。春秋时期在鸠兹地域的水面发生过鸠兹之战（前570）、鹊岸之战（前537）、长岸之战（前525），这三次吴楚大战主要都是水战。水战就需要战船，战船就需要制造，发展到汉代已是楼船，大型楼船可载千人。汉代舟师称楼船军，为督造楼船设有楼船官。

据《中国古代海军史》载，西汉的造船中心有数十处之多。庐江郡（今安徽庐江县一带）就在其列，设有造船工场，并专设有楼船官。可见庐江郡造船业的地位、技术水平与重要性定会高于其他地方。相关资料显示，汉初的庐江郡辖有今安徽长江以南大部分地区，境内有庐江水。

庐江水即青弋江，芜湖属于当时的庐江流域。芜湖位于中江和长江的交汇处，是造船条件最优越的地方，古代造船业自然发达。

四、三国至隋唐时期的芜湖古城

（一）三国至隋唐芜湖古城发展的历史背景

1.魏晋南北朝时期

1）三国时期（220—265）

芜湖的战略地位是"江东形势，先有建业，次有芜湖"。

东汉建安十六年（211），孙权迁都建业（今南京）。吴黄武二年（223），丹阳太守高瑞将芜湖县的治所从"楚王城"迁至今市区鸡毛山一片高地，以拱卫京都。这不仅能满足军事上的需要，也符合经济发展中心西移的趋势。多次考古均发现，不仅鸡毛山早就有居民点，沿江地带也有一些军事设施。说明这里既有一定基础，更具交通上的优势。同时，丹阳郡治也迁来芜湖，更是提升了芜湖的影响，使芜湖成为当时的区域政治、经济、文化、军事中心①。孙权曾任命徐盛为首任芜湖令，芜湖长升格了，领县民万户以上，芜湖成为大县。徐盛"后迁安东将军，封芜湖侯"。周瑜、周泰、黄盖均任过春谷长。以上足见芜湖地位的重要。

建安十八年（213），因曹操南侵，"户十余万皆东渡江，江西遂虚"。黄武五年（226），东吴开始屯兵垦殖，芜湖万春圩开始修筑。赤乌元年（238），孙权命丁奉镇守芜湖，发动军民围湖造田，仅围金钱湖滩田就有20余万亩。围湖造田吸引了大量北方移民，促进了农耕经济的发展。

2）两晋时期（265—420）

这一时期芜湖地区发生过几件大事。一是王敦之变与王敦城的修筑，二是侨置郡县，三是北民南迁，都对芜湖有很大影响。

所谓侨置郡县，是指在战争状态下，政府对沦陷地区迁出的移民进行异地安置，为其重建州郡县，并仍用原名。西晋末年政治腐败，发生了"八王之乱"，北方士族大规模南迁，多居住在江南地区。东晋建立后，咸和四年（329）侨立豫州于芜湖，以刺史镇芜湖。晋孝武帝宁康二年（374）又侨立上党四县于芜湖。晋安帝义熙九年（413）省芜湖入襄垣县，治所在芜湖城，撤销了芜湖县的建制。

北民南迁后，带来了先进的生产工具和生产技术，大大促进了芜湖地区农业、

---

① 芜湖市档案馆:《芜湖历史区域变迁概要》,芜湖:安徽师范大学出版社2022年版,第51页。

手工业和商业的发展。中原士族的南迁，不仅把深厚的中原文化传播到江南，也促进了江南儒学、哲学、史学、文学和自然科学的发展。

3）南北朝时期（420—589）

我国南方经历的宋、齐、梁、陈四个朝代，史称南朝。芜湖作为一个重镇，虽战事频繁，但经济仍有发展。南来侨民多以乡族聚居，形成殷实的庄园经济。生产工具的改进，耕作技术的提高，桑蚕业和苎麻种植业的发展，沼泽区的改造，都促进了农业生产的发展。农业的发展，进一步推动了手工业和矿业的进步。在南陵、繁昌境内先后发现17处六朝时期古冶炼遗址，规模最大的是塌里牧采矿、冶炼遗址群。

南朝时期南陵县西的梅根冶是江南铜采冶和钱币制造中心，同时兼营冶铁，铁制品多用于民间生活用具与生产工具以及兵器。芜湖的砖瓦烧制业也有较大的发展。七矶（今弋矶山）官窑"六朝建石头城，常于此烧造城砖"。据调查，繁昌、南陵、当涂等地也曾发现多处六朝时期烧砖的窑址，烧制的大青砖已具有先进的工艺水平。

2.隋唐五代十国时期

1）隋（581—618）

隋朝是魏晋南北朝长期分裂割据以后出现的一个统一的封建王朝，改州、郡、县三级制为州、县二级制，后又改州为郡。当涂（含芜湖、繁昌）属丹阳郡，而南陵属宣城郡。

隋炀帝于大业六年（610）开通长四五千里的大运河，成为中国南北交通的大动脉，是世界最伟大的工程之一，对于芜湖地区经济文化的发展有很大促进作用。

2）唐（618—907）

唐朝是隋朝以后又一个大一统的封建朝代，仍实行州、县两级制，州县数量较隋朝多了数倍。唐太宗贞观元年（627），并省改区，把全国分为十道，其中有江南道。"道"在唐初并不是一个行政区域，而是监察机构。中唐以后，才实行道、州、县三级行政管理。江南道辖区的40多个州中有宣州，宣州领十县，其中有当涂县（含芜湖、繁昌）和南陵县。宣州的瓷器制造业有很大发展，有繁昌窑和宣州官窑（位于今芜湖花桥镇东门渡村），冶铜、炼铁、冶银、铸钱水平也很高。

唐代的芜湖虽然只作为镇级行政区划，但在唐诗中有所反映。著名的有中唐诗人刘秩的《过芜湖》，"百里芜湖县，封侯自汉朝"名句即出自此诗。还有晚唐诗人杜牧的《再宿芜湖十六韵》《南陵道中》，当然最著名的还是诗仙李白的《望天门山》和《南陵别儿童入京》。

南陵大农陂是一大型水利工程，原有的大农陂久废。安史之乱后，元和四年（809）兴修。据民国《南陵县志》载，大农陂"源流七十余里，溉田三万亩"。整个工程，利用农闲时节，30天即告完成。

3）五代十国（907—960）

唐朝晚期及灭亡之后，北方有五代政权，南方有十国割据，芜湖地区先后属于吴国（902—937）、南唐国（937—975）。

吴，又称杨吴，南吴。杨行密902年受封为吴王，疆域为28州（江北13州；江南15州，含宣州），以广陵（今江苏扬州）为京都。吴共立四主，共36年，937年为南唐所取代。有水军屯芜湖，在宣州多有战事。

南唐创始人是徐知诰，吴大和五年（933）为齐王。吴天祚三年（937）建齐国，改元昇元。昇元二年（938），徐知诰复李姓，改名李昇，代吴称帝，改国号为唐（即南唐，区别北方的后唐），建都金陵（今南京）。疆域经征战扩大至35州。975年，为北宋所灭，共历三主，计39年。南唐时，"复置芜湖、繁昌县"。何时复置，史料记载各不相同。据《文献通考》载，南唐烈祖李昇升元中（940年前后），改金陵府为江宁府，辖芜湖、繁昌、铜陵、当涂、广德、青阳等县。芜湖县建制于东晋义熙九年（413）被撤销，至南唐昇元中恢复，历时近530年。

隋唐五代十国时期，以唐代为中心形成了中国封建社会繁荣昌盛的顶峰，芜湖作为一个镇区，也创造过令人瞩目的成绩。

（二）从鸡毛山城到王敦城

1.三国鸡毛山城

东汉末年，孙吴割据江东，赤壁之战（208）后，与魏、蜀鼎足而立，争霸中原。东汉献帝建安十六年（211），孙权将都城迁至建业（今南京）。为抗拒曹操，保卫京都，第二年春在芜湖长江西岸修筑濡须坞。濡须，水名，今称裕溪河。在入江口筑坞，即修建御敌的城堡。建安二十三年（218），孙权命大将军陆逊率数万人屯驻芜湖。黄武二年（223），孙权将芜湖县的治所从"楚王城"迁到今市区鸡毛山一片高地，并将丹阳郡治也迁于此。自此，完成了芜湖古城址的又一次大迁移，这是一次城址由临内陆小河变为临通江大河的重要转变。这里距离长江不到5千米，芜湖遂成为长江东岸的军事重镇。三国时期的鸡毛山城应是芜湖地区的第三个古城址。

当时，青弋江与长江交汇处是大片的湿地，鸡毛山、神山、赭山、范罗山、弋矶山等地势较高，山上散布着许多聚族而居的村落。文物部门曾在鸡毛山附近发掘了数十座战国至两汉时期的墓葬，陪葬器物有陶器、铜器、铁器、玉器、骨器、琉璃器，数量大，种类多，可见鸡毛山一带自古以来就是一处比较理想的宜居之地，自然是一处好的城址。

孙吴政权在鸡毛山初建三国城时，城周围还是一片湖泊，后来湖泊逐渐消失，周围陆地不断扩大。孙吴在此建城不仅满足了军事需要，客观上也促进了这一地区的经济发展。这一时期，大量北方人口为避战乱多批南迁，不仅使这里劳动人口明显增多，也带来了先进的农耕技术。黄武五年（226），陆逊为解决军粮问题，就近屯兵垦殖，对丹阳湖区进行军屯，万春圩始筑于此。赤乌二年（239），孙吴又在此大修水利，并从江北招来十万流民在此围湖造田，著名的咸保圩即当时所筑。荒芜的湖泊低地开始变成农田，活跃了当时的社会经济，推动了商贾贸易，还促进了港口的发展。

赤乌二年（239），即鸡毛山建城16年后，芜湖建筑史上发生了一件大事，就是建了一座见于记载的全国最早的城隍庙。自从有了城墙，人们心中就同时有了城隍神的观念。"城隍神"是我国古代城市的守护神。城隍庙就是人们祭祀城隍神的建筑。芜湖最初的城隍庙应建在"三国城"内，并不在现存这座城隍庙的位置。

2.东晋王敦城

太康元年（280），西晋灭吴。317年，司马睿在建康（今南京）称帝，史称东晋。东晋初年，权臣王导的族弟镇东大将军王敦图谋篡位。明帝太宁元年（323），王敦举兵武昌，顺江东下，屯兵芜湖。在鸡毛山旧城（三国城）的基础上，高筑土城墙，外有壕沟，史称"王敦城"，其城中心位于今芜湖二中老校址。王敦叛乱，后被平定。之后，东晋政权一直派权臣驻守芜湖，可见晋室对芜湖的重视。"王敦城"与"三国城"为同一个城址。从1300多年后明末清初芜湖画家萧云从所绘的《太平山水图》之《东皋梦日亭图》中依然可见当年王敦城的险要地势（图2-1-3）。图中绘有砖砌城墙，不知根据何在。图中文字讲了王敦梦日的故事。

图2-1-3 萧云从《东皋梦日亭图》

东晋时期，因战争频繁，北方移民大量南迁，芜湖成为南渡的重要地区。如晋成帝咸和四年（329）侨立豫州于芜湖，孝武帝宁康二年（374）又侨立上党四县于芜湖。到晋末义熙九年（413），撤销芜湖县，将其并入侨置的襄垣县，治所在芜湖城（鸡毛山），使设县520多年、迁治190多年的芜湖县退出历史舞台，直到500多年后的南唐时才重新设立芜湖县，但是芜湖城市本身一直存在。

（三）"于湖"和"芜湖"

"于湖"和"芜湖"，都是县名，两晋时期直到隋末两县并存。因于湖和芜湖两地相连，读音相近，两县常被混为一谈。如宋代著名文学家陆游在《入蜀记》中认为，于湖乃东晋时期改自芜湖；南宋著名词作家张孝祥晚年寓居芜湖，却自称"于湖居士"，有《于湖居士文集》《于湖词》传世。其实，西晋统一后，今安徽境域设有3州13郡70县。扬州丹阳郡下置丹阳、于湖、芜湖三县。于湖县设立于晋武帝太康二年（281），到隋炀帝大业十年（614）裁撤，存在了300多年。晋末芜湖曾并入襄垣，又与于湖同隶淮南郡。据秦建平考证，东晋成帝侨立豫州于江淮之间，居芜湖；侨立淮南郡，居于湖（今当涂南）。晋末（420年前）割于湖县为实土，治所在今南陵东南。隋开皇九年（589）移治姑孰，即今当涂县治。可见，"于湖"非"芜湖"。因为曾有于湖县治设置在芜湖县境内的情况，所以容易混淆。于湖县具体位置，据《读史方舆纪要》记载："于湖城，在府治（今当涂）南三十八里。"北京大学侯仁之教授经过实地考察，认为于湖县城可能在今鸠江区的王拐附近。太平府旧志谓：于湖城"高九丈，周十九里，门六"。常有人将此城误为楚王城，这就是张冠李戴了。

五、宋元时期的芜湖古城

（一）宋元时期芜湖古城发展的历史背景

宋元时期，是中国封建社会经济持续发展的时期，由民族对抗到民族融合，促进了多民族国家的形成。北宋结束了五代十国的分裂局面，经济有了相当发展。北方逐渐强大的金朝灭了辽国以后又灭了北宋，南宋王朝又形成了与金朝南北对峙的局面。建立辽、金王朝的契丹族、女真族，先后吸收了汉民族的文化，在城市建设上有过新的发展。辽金之后，北方的游牧民族蒙古族又兴起，在12世纪末先后灭了金和南宋，建立了元朝，各民族融合又有了发展。

（二）芜湖地区的行政建置

960年，宋太祖赵匡胤发动"陈桥兵变"，推翻后周，建立了北宋政权。开宝七年（974），宋太祖联合吴越军队派兵夹击南唐，先拔芜湖，又克当涂。开宝八年（975），北宋军队围困金陵，南唐后主李煜出降，南唐灭亡。自此，芜湖全境归宋。

宋朝建立后，实行"路、府州军、县"三级管理体制。芜湖与繁昌先是移属宣州。宋太宗太平兴国二年（977），设太平州，含当涂、芜湖、繁昌三县，州治当涂。自此芜湖不隶宣州。此时芜湖、繁昌是三级县级政区单位，南陵是属于宣州（宁国府）的三级县级政区单位，无为军是领有三县（无为、巢县、庐江）的二级政区单位。太平州（府）领三县的行政区划自此固定下来，这一格局至清季未再改变。

宋承唐制，州县有赤、畿、望、紧、上、中、下之分。芜湖、繁昌皆属"千户以上"辖5乡的"中县"，而南陵属"四千户以上"辖8乡的"望县"，高出芜湖三个等级。无为县也是辖6乡望县。

元代实行行省制度，开启了省级行政建制。行省，全称"行中书省"，是地方上的最高行政机构，下设路、府（州）、县三级。元世祖至元十三年（1276）灭南宋，三年后取全宋之地。自蒙古国初起，经70余年的征讨，兼并了金、夏、西辽、宋、大理、吐蕃诸政权，完成了旷古未有的大一统。在此过程中，因军事整治行动的需要，在各地设有中央派出的临时行政机构，即所谓"行动的中书省"，最后演化成为一级行政区划的地理单位。

元承宋制，县仍分七等。至元十四年（1277）改太平州为太平路，领当涂（中）、芜湖（中）、繁昌（下）三县。南陵县属由宁国府升为宁国路，为中县。元代路分为上、下两等，宁国路为上等（十万户以上），太平路为下等（十万户以下）。元代州与县分为上、中、下三等。南方与北方标准不同。至元二十年（1283）规定江淮以南，三万户以上是上县，一万户以上是中县，一万户以下员下县。元代的芜湖已经是拥有一万户以上的中县，不仅追上南陵，而且与州（路）治所当涂相当。当时无为州隶属河南行省，芜湖、繁昌、南陵隶属江浙行省。

（三）芜湖宋城

芜湖自三国时期迁至鸡毛山筑城，东晋时在其城址加固增高城墙，属城址的又一次"原地踏步"。之后，城镇虽继续扩大，但直到唐代都没有筑城的记录。宋太平兴国三年（978），原属宣州管辖的芜湖县改属太平州管辖，因无城垣，就"编户三十五里"作为范围，可见当时的城市规模已经不小。

北宋结束了五代十国的分裂局面后，很多城市重修、扩建或重新筑城。现在可以知道的是，唐代芜湖并无城垣。随着地方经济的发展，筑城提上议事日程。至于芜湖宋城筑于何年，至今未发现有文献记载。只有民国《芜湖县志》卷十《建置志·城·芜湖县城》提供了线索："观林和靖《过芜留咏》诗云：'山掩县城当北起，渡冲官道向西流。'则其位置与今无甚出入。今北门外高城坂，东门外鼓楼冈等处皆为故城遗址。明初筑城，收缩甚多，则宋城之大亦可想见。"据此可推测，芜湖宋城比芜湖明城大得多，明城北高城坂与明城东鼓楼冈都在宋城内。林和靖在诗中描写的芜湖宋城，"其位置与今无甚出入"，由此可以推断芜湖宋城筑于11世纪初的北宋初年。

可以推测：芜湖宋城范围北至"高城坂"，离神山不远；东至"鼓楼冈"，东南抵"濮家店"；南临青弋江；西至西门外"大城墙根"（图2-1-4）。民国《芜湖县志》载"宋城规模周1900余丈"，这是明城周长的2倍多，可见面积比明城大4倍。此城城垣系以夯土筑成，土中加有石灰等。城市布局现难知晓，只知县衙位于古城西部核心位置，有南北向中轴线。今存的商业街，如兴隆街、笆斗街、打铜巷、米市街、薪市街、鱼市街、花街、南正街、西内街等，都属宋城内的商业区，是昔日各行各业的集中场所。惜芜湖宋城毁于南宋建炎年间（1127—1130）的战乱。淳熙七年（1180）又一次重建城垣，但城内的繁荣程度已大不如前。元末，至正十六年（1356）又被兵火所毁。相当于府城规模的芜湖宋城，竟未能留下一点痕迹，实在可惜。

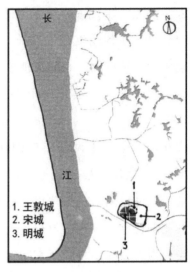

图2-1-4　芜湖宋城位置示意图

（四）宋代社会经济的发展

1.芜湖地区的移民

北宋末年靖康之难，引发了我国历史上大规模人口南徙，史称"靖康南渡"。从靖康元年（1126）一直到南宋末年，历时150多年，移民不断。迁入芜湖及周边地区的主要是北方移民，也有一些南方移民；既有大批农民、手工业者和就地转业的军人，也有张孝祥这样的官僚移民。这些移民的迁入，不仅促进了地区的发展，也带来了文化的繁荣。

2.圩田和围湖造田

圩田，是一种水利田，是高产稳产的良田。芜湖圩田，始自孙吴政权对这里的开发。嘉庆《芜湖县志》载："芜湖东四十里有圩曰咸保，古丹阳湖地也，世传吴赤乌二年围湖成田。"农家有云："圩者，围也，内以围田，外以围水。"南唐时期，芜湖境内兴修的圩田，到北宋初江南发大水，尽被洪水吞没，其后荒废约80年。直到宋仁宗嘉祐六年（1061），沈括、沈披弟兄二人指导重修万春圩，该圩成为当时江南最大的圩田（今芜湖城东新区一带）。圩田筑有宽6丈、高1.2丈、长84里的大圩埂，四周建有5座圩门，圩内开垦良田1270顷。圩内有一条纵贯南北22里长大道，宽可供两辆马车并行。北宋末年，宋徽宗政和年间（1111—1118）官方修筑了政和、易泰、陶辛、行春四大官圩，周长45里。到1165年，芜湖各圩周长合计已达290里。因两宋期间大规模开垦圩田，原来的芜湖泊收缩很快，到13世纪元代时只剩下三个小湖（天成湖、易泰湖、欧阳湖）。到19世纪，因进一步围垦，芜湖泊最后消失。

圩田的发展使芜湖成为宋代农业生产发达的地区，农业发展又带动商业发展，宋元时期的芜湖已是江南大县，皖南门户，"万家之邑，百贾所趋"，成为长江流域著名的商业城市。商业兴盛又是农村设镇的主要条件，因此出现了一批镇和"市"，如黄池镇、符里镇（东门渡）和澛港、荻港、新林等。

3.工商业

（1）矿冶业。繁昌冶铁业（冶炼和铸造已有分工）、南陵工山铜、铁采冶活动，宋代以后一直在进行。无为矾矿开采业年产颇丰，北宋天圣二年（1024）年产120万斤，治平至元丰年间，每年产量已达150万斤。

（2）制瓷业。创烧于五代、盛烧于北宋早中期的繁昌窑，主要烧制青白瓷。北宋时期，繁昌窑烧造了大量生活日用器皿。繁昌窑遗址，2001年被国务院公布为第五批全国重点文物保护单位。位于今湾沚区花桥镇的东门渡窑，北宋时也达到盛烧期。

（3）纺织业。宋代纺织业主要是丝织业，太平州贡纱、无为军贡绢，品质优良，十分有名。桑蚕养殖业也较为发达，棉花种植得到推广。

（4）商业。宋代，居民区和商业区互相交融，芜湖已出现夜市，城市的商业气息日渐浓厚。南来北往的客商船只满满停泊于江畔。宋代在县以下的乡村经济中心设镇，商业也很兴盛。澛港，号称"商旅骈集"；荻港，北宋时期置镇，有"商船几与芜湖埒"之说。整个芜湖地区的商税颇丰，号称江东"壮县"。

（五）元代社会经济的发展

1.元代的芜湖商业

民国《芜湖县志》载："芜湖附河距麓，舟车之多，货殖之富，殆与州郡埒。今城中外，市廛鳞次，百物翔集，文彩布帛鱼盐褚至而辐辏，市声若潮，至夕不得休。"可见市场的繁荣。

2.欧阳玄与芜湖八景

欧阳玄，元延祐六年（1319）任芜湖县尹（知县）。在任三年，欧阳玄对芜湖的名胜古迹，悉心保护修葺，反复考察构思，设计定名，确定"芜湖八景"并为每一景观赋诗题咏。八景即"赭塔晴岚"、"荆山寒壁"、"玩鞭春色"、"吴波秋月"、"神山时雨"（民国初年改为"镜湖细柳"）、"雄观江声"、"蠙矶烟浪"、"白马洞天"。这是对当时芜湖景观的高度概括，体现了芜湖的历史文化底蕴。

（六）宋元时期的芜湖名人与宗教文化

1.文化名人

苏轼（1036—1101），是宋代文化史上少见的天才，其诗、词、书、画、文章均为一时之冠。元丰七年（1084）舟过芜湖时，应芜湖东承天院方丈蕴湘之请，书写晚唐诗人温庭筠的《湖阴曲》，留下墨宝。也有诗说他曾在鹤儿山麓"吉祥寺看牡丹"。宋徽宗建中靖国元年（1101），苏轼曾再次抵芜，并留有诗作。

黄庭坚（1045—1105），北宋著名诗人、书法家，曾寓居芜湖，在芜湖留下许多诗歌、书法和遗迹。仅"黄庭坚读书处"就有两处。他恢复政治待遇后，曾任太平州知州。

张孝祥（1132—1170），两岁随父徙居芜湖，22岁廷试擢进士第一，成为芜湖历史上唯一的状元。他是宋代词坛上承苏东坡、下启辛弃疾的著名词作家。他捐田百亩，给芜湖留下了珍贵的镜湖。2014年，"张孝祥与镜湖的故事"列入省级非物质文化遗产名录。

陆游（1125—1210），南宋四大家之一，工诗词、散文，亦擅长史学。乾道六年（1170）赴川任职过芜时，曾过蟂矶，泊舟吴波亭，游览名寺东承天院，登上王敦城、经过繁昌三山矶。其《入蜀记》中有记载，给芜湖留下了珍贵的史料。

2.宗教文化

宋元时期，佛教盛行。芜湖有四大名寺：东有能仁寺，西有吉祥寺，南有普济寺，北有广济寺。道观有荻港延禧观，蟂矶上有宁渊观，县西建有宁渊下观。宋代在河南（青弋江以南，俗称"河南"）建有张巡庙，南宋在神山建有李卫公祠。

北宋元符三年（1100），芜湖知县蔡观在县治东南创建芜湖学宫，建造文庙，实行"庙学合一"。文庙南宋建炎年间（1127—1130）毁于兵火，绍兴十三年（1143）重建。这是芜湖最早的官办教育基地。宋元时期，芜湖共出进士16人。

六、明清时期的芜湖古城

明清时期是我国封建社会逐渐由盛而衰的时期，也是资本主义萌芽并缓慢发展的时期。清末芜湖开埠，成为安徽唯一的通商口岸。

（一）明清时期芜湖古城发展的历史背景

元朝末期，政治腐败，天灾人祸，民不聊生，农民起义风起云涌。至正十五年（1355），朱元璋渡江后攻克太平路，不久进占芜湖。第二年攻下集庆（今南京），改集庆路为应天府，建立了江南政权。明太祖洪武元年（1368）建都金陵（今南京），芜湖属中书省太平府。朱元璋为巩固政权和恢复社会经济，多次下达《免租赋诏》。经过一段时间的休养生息，芜湖的经济逐渐恢复，人口也逐渐增多。到洪武二十四年（1391），全县人口已有3万余人，成为一个繁华的工商业城市。明朝200多年间，芜湖城市有较大发展。

清朝入关之前，已经定都沈阳，建立了以满洲贵族为主体的地方政权。1644年，清顺治皇帝迁都北京，正式称帝，开始了满清王朝的统治。明末清初的易代之变以及清前期的三藩之乱，对芜湖经济发展虽有影响，但影响不大，芜湖的社会经济恢复很快。清初地理学家刘献廷曾言："天下有四聚：北则京师，南则佛山，东则苏州，西则汉口。然东海之滨，苏州而外，更有芜湖、扬州、江宁、杭州以分其势，西则惟汉口耳。"可见芜湖在全国城市中已有相当高的地位，清初的芜湖已是我国最繁华富庶地区的核心城市之一。"四大聚""四小聚"之说虽是一家之言，但从侧面说明了芜湖当时在国内的影响。

清顺治二年（1645），改南京为江南省，芜湖属江南布政使司太平府。顺治十八年（1661），芜湖属江南省左布政使司太平府。康熙六年（1667），改左布政使司为安徽布政使司，从此安徽省正式成立，芜湖属安徽省太平府。清代地方行政机构实际为省、道、府（直隶州）、县（州）四级制。皖南道，徽宁太池广道改置，兼关务，驻芜湖。芜湖明朝就设立百户营，清朝设立芜采营，也以游击（武职从三品官）驻芜湖。可见清代时芜湖的政治、军事地位有提高。

（二）明清时期芜湖的社会经济与文化

1.五方杂处与徽人迁芜

芜湖地区自古以来就有大量移民进入，可谓"五方杂处"。明代外地诗人来到芜湖后，诗中就有"五方人杂语""侨居尽洛阳"这样的感受。由于特殊的地理位置和便利的水陆交通，芜湖成为商人的聚集地。明清以前，芜湖就是徽商经营活动的重要驻地，明清时期成为徽商外出经商的重地，尤其在食盐、茶叶、木料、典当四大行业中占有很大的份额。徽商的进入带动了江苏、浙江、江西、湖北、广西等地商人纷至沓来。徽人汪道昆曾写下这样的文字："吾乡去芜阴四百里而近，乡人贾者往往居芜阴……芜阴当舟车辐辏之冲，其地多羁旅，少土著。"五方杂处的城市，加上外地商人的涌入，社会自然有生气，经济自然会繁荣。

2.农业生产的发展

明清时期圩田继续发展。一是新筑圩田增多，如万春圩的耕地面积清代比元代扩大了近7倍，又如明代新筑的南陵下林都圩，清代新筑的繁昌天成圩。二是实施联圩并堤，将小圩联成大圩，如红杨镇和平圩（由明代六圩联成）、繁昌高安圩（由清代三圩联成）、南陵太丰圩（由明代十三圩联成）。丘陵山区，种植经济作物，开发广度和深度均超过宋元时期。芜湖境内水网纵横，湖塘棋布，水产资源十分丰富，带动了鱼米贸易的繁荣。芜湖四乡鱼市就有19个，极为红火。古城内还有专门经营鱼类商品的"鱼市街""河豚巷""螺蛳巷"。由于商品经济的发展，芜湖清代出现不少兴盛的乡村市镇。如澛港镇，芜湖县首镇，商业发达，米商云集；湾沚镇，重要盐埠，"商贩辐辏"；荻港镇，商船云集，商业繁盛；弋江镇，船只密泊，商埠重镇。这些市镇与芜湖构成了联系密切的城镇体系。

3.手工业与商业的发展

（1）"浆染尚芜湖"。

明中叶以后，民间手工业无论是生产技术还是经营方式，都有显著的进步。当时最繁荣的江南地区形成了五大手工业区域，芜湖的浆染业已与松江的棉纺织业、苏杭的丝织业、铅山的造纸业和景德镇的制瓷业并列。"织造尚淞江，浆染尚芜湖"，这是明末科学家宋应星的高度评价。芜湖浆染业与徽州歙县人阮弼有关。阮弼的染坊规模大，分局又多，生产技术也高。碾石是浆染业的主要生产工具，取材极其考究，只取优质上等的材料。"芜湖巨店，首尚佳石"。芜湖东南大、小荆山所产碾石品质极佳，但不易获得，所以价格昂贵，"每块佳石，值十余金"。此外，芜湖棉纺织业在明代已成为普遍的家庭副业，也是当时产量最多、销路最广的手工业。

（2）"铁到芜湖自成钢"。

芜湖钢铁生产历史悠久。南宋时濮氏从山东迁来芜湖冶铁、炼钢，高超技术秘传未断。明中叶又有葛家钢坊、马家钢坊两大钢坊从南京迁来。明中叶到清初，有影响的钢坊发展到8家，至清中叶大小钢坊几十家。芜钢制作优质钢的先进工艺，芜湖钢铁业的长足发展，使芜湖成为当时江南冶金制造中心，"铁到芜湖自成钢"，独领风骚200余年。

（3）"阛阓之盛，甲于江左"。

芜湖既有长江航运，又有"中江"水道，交通甚为便利，商业向来发达。明中期以后，芜湖长街已是店铺林立，鳞次栉比，各类商店，门类齐全。到清代，长街已是"百货杂陈，繁华满目，市声若潮"，"阛阓之盛，甲于江左"。早在晚清米市兴起之前，芜湖就是著名的大米集散地，青弋江南北米行云集。康熙年间有砻坊80所。四川、湖广通过长江运载而来的木材，皖南山区通过青弋江运来的木材，结筏而至，布满芜湖江滩。明清时期的芜湖不仅是皖江流域的市场中心，也成为南北物资的集散地和商贸中心。

4.税关的设置与发展

明成化七年（1471），朝廷始在芜湖设置"工关"，主要征收竹木税，直属工部主管。明崇祯三年（1630），又在芜湖设置"户关"，主要征收过往商船的船税与货物税，由户部主管。清康熙九年（1670），清政府将芜湖工关归并芜湖户关，此后芜湖关户税、工税并收，由户部直接管理。清代前期，芜湖关是户部24关中税额量位居全国第五的税关，仅次于粤海关、九江关、浒墅关和淮安关，远远超过其他三大海关（江海关、浙海关、闽海关）的税额。自乾隆四年（1739）至嘉庆二十五年（1820），芜湖关征收税额每年税银最少31.47万两，最多达37.95万两，可见当时芜关流通商品之多以及其地位的重要。

5.文教事业与文化名人

（1）书院与科举。

芜湖学宫始建于北宋元符三年（1100），南宋时有毁有建。之后700年间有过29次重修，至清嘉庆八年（1803），芜湖文庙规制已十分完备。除了学宫培养出不少人才，芜湖的众多书院也功不可没。据民国《芜湖县志》记载，有明代创建的阳明书院、求仁书院，清代创建的滴翠书院、荆山书院、龙门书院、中江书院、鸠江书院等。"自有明来，学校设额取士。芜于太平郡为中学"。"大学照府学取入，中学照大学、小学照中学"。"光绪二十七年（1901）停止武科乡会试及武童考试；三十一年（1905）停止文科乡会试及岁科考试"。明清时期科举制度，沿袭前代并有所发展，考试分为三级：第一级是童试（考秀才）；第二级是乡试（考举人，省级）；第三级是会试和殿试（中者称进士）。明代芜湖共出进士15人、举人68人，清代芜湖进士27人、举人107人。如明代进士郭智、黄让、胡燨、李赞、李贡等，清代进士韦谦恒、陶镛、王泽、黄钺、濮文波等。此外，南陵进士明代有16人、清代有13人，共有举人147人；繁昌进士明代有16人、清代有8人，共有举人65人。

（2）非物质文化遗产。

芜湖铁画锻造技艺。芜湖铁画始于清康熙年间，由芜湖铁工汤鹏创制，曾受画家萧云从的国画影响。铁画是以低碳钢为原料，"以铁代墨，以锤代笔"，将铁片和铁线锻打焊接成的各种装饰画。它吸取了我国传统国画的构图法，将民间剪纸、雕刻等各种艺术技法融于一体，又有新安画派落笔瘦劲简洁、风格冷峭奇倔的艺术特征。芜湖铁画经过300多年的传承和发展，又有立体铁画、盆景铁画、瓷板铁画、镀金铁画等新品种。芜湖铁画以独特的艺术风格，在艺坛独树一帜，是国家级非物质文化遗产项目。

芜湖梨黄戏。芜湖梨黄戏始于清初，兴于乾隆年间，已有300余年历史。此剧种源于民间的里巷歌谣，原为民间盲人迫于生计而表演的一种说唱艺术，后在不断吸收徽剧、梆子腔和昆曲的一些唱腔、曲调的基础上，逐渐形成了一套独特的板腔体和曲牌体。因其艺术风格独特、音乐旋律优美，深受群众喜爱，成为芜湖民间艺术的一朵奇葩。省级非物质文化遗产项目。

南陵目连戏。这是一种古老的传统戏曲剧种，曾深得明代哲学家王阳明和清代文学家金圣叹的好评。明清时期，名伶辈出，社班应邀走遍江西、徽太及江淮之间。南陵目连戏唯一剧本是《目连救母》。清末开始，各派目连戏艺人合班而演，逐渐形成了现代的南陵目连戏。省级非物质文化遗产项目。

繁昌民歌。繁昌民歌语言朴实、生动、简洁、独特，唱词典雅，音韵讲究，曲调清新，内容丰富，大致可分成反映生产劳动、日常生活、男女爱情和歌颂新生活四大类。繁昌民歌体裁多样，有山歌、号子、小调、秧歌、风俗礼仪歌等。唱腔有浓郁的地方色彩。虽长短不一，但基本结构都比较完整。省级非物质文化遗产项目。

张恒春中医药文化。张恒春药号初创于1800年，至今已有200多年历史，1850年进驻芜湖。盛时有十余家分号，分设于云南、重庆、成都、武汉、上海等地。中成药远销大江南北，声誉远播海外。被民间誉为国药"三块半招牌"，与北京同仁堂、汉口叶开泰、杭州胡庆余堂齐名。芜湖张恒春中医药文化将传统中医丰富的医药理念与精细严谨的中药炮制技术相结合。它浸润了徽文化"以仁存心"的儒家思想，将传统价值观中的仁义礼智信融入中医药文化之中，丰富了中医药文化的内涵，是省级非物质文化遗产项目。

（3）文化名人。

萧云从（1596—1673）。明末清初画家，姑孰画派创始人。他擅长山水画，也工人物画，代表作有《离骚图》（只存64幅）、《太平山水图》（43幅）。他不但以画名江左，而且工六书，精音律，长于诗歌。著有《杜律细》《易存》《韵通》等。他的诗文被门人汇集为《梅花堂遗稿》。1986年，芜湖市人民政府在镜湖之畔以紫铜铸有一尊萧云从坐像，供人瞻仰。

汤鹏（约1644—1722）。祖籍徽州，幼年随家人来到芜湖，在铁匠铺当学徒。学成后自开铁作坊，在萧云从影响下创制铁画，技艺惊人。世人称赞铁画是"世罕得之"，"炉锤之功，前代未有也"，并说他"名与萧埒"。汤鹏铁画是我国民间工艺中的奇葩，成为我国文化宝库中的一份珍贵遗产。

黄钺（1750—1841）。祖籍当涂，出生于芜湖升平桥旧第。清乾隆庚戌（1790）科进士，曾任礼部尚书、户部尚书、军机大臣，官至一品。77岁获准荣归后定居芜湖。92岁辞世后，经皇上允准，在芜湖、当涂两地先贤祠均有供奉。著有《壹斋集》40卷，《画友录》（记录了与芜湖有渊源的72位画家的生平轶事）等。

（三）芜湖明清古城

1.芜湖明城

由于明初朱元璋"堕城罢戍"政策，规定"邑非附郡者不城"，必须是府一级行政机构所在的城市才能建城。芜湖只是太平府属县，自然不能筑城，因此芜湖在明初200年中一直没有城垣。明代芜湖商业、手工业、贸易的发展带来了城市的繁荣，也招来了日本海盗的垂涎。嘉靖年间（1522—1566），倭寇常扰沿海、沿江城镇，1559—1574年芜湖又多次出现抢掠和盗劫县库事件。为安全计，芜湖人决定筑城，并讨论了三个筑城方案：其一，城周1900丈，基本上恢复原宋城规模，因所需经费太多被否决；其二，城周300丈，仅将县署附近圈于城墙之内，因"城应卫民而非弃民"，也被否决；其三，城周939丈，这个折中方案最后被采纳。在原宋城的西南部也是当时的街市中心划出一个城圈，用"商民出大头，乡绅出小头，县衙少量投资"的办法修建明城。万历三年（1575）二月开工，先建了城门，历时六年，于万历九年（1581）完全建成。这座"市中之城"的城垣即后来的环城路。城周约2500米，城高约10米，城基厚约6米，城顶厚约4米。这座砖城用砖较大，厚7～10厘米，长34～37厘米。明城共设4座城门，东为宣春门，南为长虹门，西为弼赋门，北为来凤门，门上皆有城楼。其中，长虹门与来凤门尚筑有月城。另设3座便门，东有迎秀门，南有上水门和下水门。考虑文庙的风水，万历四十年（1612）又在城的东南角开了金马门。明城范围已较宋城大大缩小。芜湖明城应是芜湖古代城址与宋城略同的第五座城池。时人汪道昆在《县城碑记》中赞其"负山为郭，面江为堑，树屏翰，拥金汤，不劳而功多，不费而惠广，勿亟而事速成，殆亦百城之冠也"。

建芜湖明城之前，南陵筑过城。南陵在明武宗正德年间（1506—1521）先建造了城门，城墙工程采取乡民和富户分配包筑的方法。嘉靖四十二年（1563）十二月开工，第二年三月完工。城周六里，四面有城门，东曰宝宏，南曰福宏，西曰瑞宏，北曰灵宏。门上有城楼，四城门皆有月城，南北门另有水关。墙高二丈五尺，厚三丈，为砖包土城墙。万历九年（1581），又将城墙增高三尺。清康熙五十三年（1714）、乾隆二十九年（1764），城垣两度重修。

建芜湖明城之后，繁昌筑过城。县治原在滨江的新港镇，明英宗天顺元年（1457）迁至峨山西北麓。崇祯十一年（1638）二月开始筑城，第二年三月告成。城周三里二百一十二步，城高二丈三尺，有五门。另设二水关。此城建造曾得到芜湖县的银两帮助。

宋设无为军以来，"创营壁垒，两淮用兵，乃筑垣墉"，北宋末年筑有城墙。明洪武间（1368—1398）在原有城墙的基础上又建造成城，当时城周九里三十六步，高一丈二尺，址宽七尺，上广四尺。城墙外有壕，城墙上开有六门。此城后有多次倾圮，直到嘉靖三十六年（1557）城墙修成。城址入土二寸，外垒石三层，砖甃至顶。高二丈二尺有余，周一千四百九十一丈三尺有奇，楼座六，窝铺十二。

2.芜湖清城

芜湖清城即明城，是城址又一次的"原地踏步"。城内有了"填充式"发展，城门外有延伸，尤其是西门外已逐渐延伸至长江边。与明城相比，街巷的增加尤其明显。

在明万历三年（1575）芜湖筑城之前，宋城就有了不少街道。明城修筑后，街巷数量又有增长。查康熙《芜湖县志》知，到清康熙十二年（1673），芜湖城市街巷共有87条，其中城内有32条，城外有55条。古城之内，以县北大街为主干的街巷有7条，以县西大街为主干的街巷有11条，以县南大街、县东大街为主干的街巷各有7条。古城之外，"河北西街"（弼赋门外）以长街为主干的街巷有18条，"河北后街"有西湖埂、吉祥寺等街巷6条，宣春门外街巷6条，长虹门外街巷4条，金马门外街巷1条，迎秀门外街巷2条，东河沿大街有3条街巷。青弋江南岸有15条街巷："河南南街"有4条，"河南西街"有11条。

　　135年后，到嘉庆十二年（1807），据嘉庆《芜湖县志》记载，芜湖城市街巷增加了38条，达到125条。其中，古城内街巷增加了7条，达到了39条。古城外街巷增加了31条，达到了86条。其中，弼赋门外以长街为主干的街巷增加了15条，达到了33条；青弋江以南的街巷增加了8条，达到了23条（图2-1-5）。可见古城外街巷增加的数量比古城内的多，说明芜湖到了清代中后期城市从古城向外有了较大拓展，城市形态由临河的块状城市开始向沿河的带状城市转变。

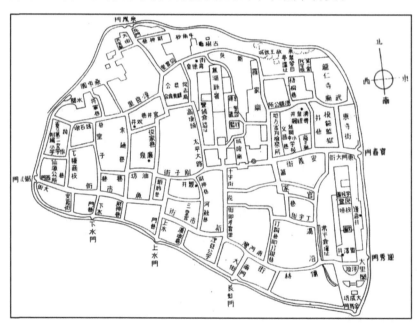

图2-1-5　清末芜湖老城区街巷分布示意图

　　从嘉庆十二年（1807）到民国八年（1919），据民国《芜湖县志》记载，这112年间芜湖城市街巷又增加了72条，达到了197条。其中，古城内街巷增加17条，达到56条；古城外街巷增加了55条，达到141条。古城外街巷增加的数量已远比古城内的多，说明芜湖到了清末民初主要自古城向西发展，已基本形成了带状的城市形态（图2-1-6）。

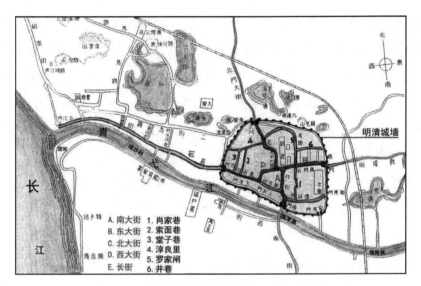

图2-1-6　清末芜湖主要城市道路分布示意图

　　到了近代，开埠后的芜湖城市形态又有新的变化：芜湖古城重点向西发展的态势又有加强，芜湖的城市形态已由沿河（青弋江）的带状城市向临江（长江）的"L"形带状城市演变。

第二节　芜湖古代建筑

一、远古及先秦时期的芜湖建筑

（一）旧石器时代的芜湖建筑

　　原始社会是人类社会发展的第一个阶段。原始人为了自身的生存必须适应自然界，甚至要与自然界作斗争。在此过程中，食物的来源可以依靠狩猎与采集，到了夜晚休息时要考虑安全，避免野兽虫蛇的侵袭，就得寻找居所。于是，人类最早的建筑活动就是寻找并加工合适的树干与天然洞穴。可以说，人类最早的建筑类型就是原始的居住建筑。在地势低洼地区，居于树上，即"巢居"。在地势高亢地区，便居于洞穴，即"横穴居"。从居无定所到居所略经加工的定居，这是一个漫长的过程。早期居住建筑的发展历程，世界如此，中国如此，芜湖也如此。芜湖繁昌人字洞遗址属于早更新世早期，即旧石器时代早期，距今200万—240万年，出土了距今200多万年前早期人类生产的石制品、骨制品，洞穴平均宽度8米，应是古人类当时穴居之处。距今80万—12万年中更新世芜湖金盆洞遗址和距今5万—10万年晚更新世南陵小格里遗址显示，古人类都选择在适于穴居的滨临河流、湖泊旁背风向阳的石灰岩溶洞中，过着以采集植物、捕捞鱼类和狩猎为生的生活。距今12000年左右，更新世结束，全新世开始，进入新石器时代，农业畜牧业出现，人类与自然界的关系由被动适应环境转变为利用和改造环境。

（二）新石器时代的芜湖建筑

随着劳动工具的进化，原始人的文化由蒙昧时期进入野蛮时期，逐渐出现了人工的"竖穴居"。其平面略呈圆形，剖面上小下大，又称袋穴。后逐渐进化成半穴居，穴口上用树枝等搭盖成遮蔽风雨的罩栅。到新石器时代晚期，人类在浅穴居上用木架和草泥建造了墙体，加上顶盖，最后发展成地面上的房屋。在多水潮湿地区由巢居发展成干栏式建筑，这是一种架空式建筑（图2-2-1）。

图2-2-1　浙江余姚河姆渡干栏式建筑

在芜湖繁阳镇峨溪河东岸的缪墩遗址，1988年发现成片的木桩、陶片、动物骨骼等。大量排列整齐的木桩，应是先民们居住的干栏式建筑柱桩遗存，年代距今约7000年。在芜湖南陵奎湖神墩遗址，这种干栏式建筑遗存也有发现，距今约6000—7000年[①]。这两处遗址与浙江余姚河姆渡遗址的干栏式建筑内涵基本雷同，时代也大体相当。干栏式建筑这种长屋脊、两面坡式草屋顶，高出地面底层架空的

---

① 芜湖市政协学习和文史资料委员会,芜湖市地方志编辑委员会办公室:《芜湖通史(古近代部分)》,合肥:黄山书社2011年版,第6-11页。

木构建筑，最初是用藤条或绳索绑扎的，然后逐步发展为榫卯结构，最后催生了中国古代"穿斗式"和"抬梁式"木结构建筑。

蒋公山遗址，位于芜湖弋江区大荆山采石场西边的蒋公山自然村，1956年在村庄西南角的一个山洞里，发现了一处距今6000多年的加工石器的作坊遗址，考古工作者在灰土和木炭下面，发现200余件瓦片、石料及磨制的各种石器，其中有石凿、石作、三孔石刀、石箭头等70多件。故宫博物院收藏了两件，安徽省博物馆和南京博物馆各收藏了一部分。磨制石器（有的还钻孔）和制陶业的产生同是新石器时代的标志。一定规模的作坊式加工石器，且设在山洞内，天然洞穴不只是提供穴居，还能作为作坊使用，这竟发生在6000多年前，意义重大。

（三）夏商周时期的芜湖建筑

先秦时期芜湖地区属古扬州地域，到战国时期，由吴入越，继而由越入楚，再由楚入秦，并入中华大一统的版图。其间，芜湖古代建筑活动开始活跃并有了明显发展。两大古城内外有多个居住群落的居住建筑和冶炼、制陶等手工业作坊。另外，城内还有行政管理、军事管理的公共建筑，以及祭坛和神庙。

牯牛山古城的建筑活动。长约3千米的夯土城墙的修筑，规模较大，筑于护城河外也很有特色。城墙取土主要来自开通护城河时的挖土，土方得以就地平衡。四处城门全是水门，并无陆门，国内少见。城内采取水道交通，说明已能造船、建桥。"千万间房屋"采用"土墙草顶"，说明已全面采用地面住所，并已采用版筑夯土筑墙技术。在最高最大的台地上应有管理等功能的公共建筑，鹅卵石铺就的"街心大道"可见已有联系各建筑的交通道路。冶炼区与制陶区的布置说明城市已有功能分区，且能自给自足地解决城内居民生活用具与生产工具的需求。

商周土墩墓遗址。土墩墓是商周时期中国南方土著民族独特的埋葬形制，始于商末，终于春秋晚期。这类墓主要分布在苏皖南部、浙江北部地区，以皖南（包括芜湖地区）土墩墓的年代最早，且最为集中，尤以大工山以东的漳河流域土墩墓年代最早，数量最多。墓墩顺山脊排列，不设墓坑，平地起堆，封土不加夯实，一般为一墩一墓。也有土墩石室、浅墓坑以及用卵石和沙石铺垫于墓底等形式，随葬品置于墓底中央。战国以后，土墩墓逐步被楚人的土坑木椁墓所替代。千峰山土墩墓群向西18千米是大工山铜矿遗址，向东1千米是牯牛山古城址，三处遗址发掘出土的器物完全相同，表明墓主人生前应是大工山矿区的采矿、炼铜工人或是牯牛山古城区的居民。漳河是联系三处遗址的交通纽带。

鸠兹邑古城的建筑活动。吴国在中江、水阳江、青弋江三江交汇处设鸠兹邑，在其治所筑城，不仅成为军事要地，还作为政治、经济中心。这里是中江上的一个重要渡口，西通长江、东通太湖，军事意义和政治经济意义显而易见。鸠兹邑治所设于此是合理的选择，何况这里还很可能是春秋中期之前的一处吴国都城，一定的建筑活动不可避免。长约1.4千米夯土城墙，规模较牯牛山古城小得多，但军事防卫功能重得多，所以城墙的厚度和高度要大得多。城墙的夯土内有绳纹板瓦，可以使墙体更加坚实牢固。有碎瓦可见，也证明了当时瓦片已多有使用。城门很少，东面甚至不开城门，且开的三个城门全是通陆路的城门。考古发掘有石器时代的石斧和商周时期的陶器残片，说明"早在筑城之前的商周时期已有人类居住"。"根据该城的面积和地理位置，这是一个含有军事性质的城堡"①。城外的河沟中发现春秋晚期的三柄青铜剑和一只木舟，反映了春秋时期此古城的军事功能明显。吴楚在芜湖沿江地区有过三次大战：鸠兹之战（前575）、鹊岸之战（前537）和长岸之战（前525）。鸠兹古城是吴国战时的重要依托。光绪《宣城县志》载："兵兴时尝扼隘于此。旧云吴楚相距，因山创城，形势逶迤，门阙俨然。""城内东部为一葫芦状大土墩，当地人称'雷山'，约5万平方米，与城墙中段连成一体；南、西、北三面呈斜坡状，南坡中央有圆形池塘，池塘东有古建筑遗迹，发现了方形石础及大量砖瓦碎片堆积"②。此"雷山"应是利用原有地形的高地远观城外，随时掌握敌情。

二、秦汉时期的芜湖建筑

关于秦汉时期芜湖的建筑活动，文献鲜有记载，这给研究工作带来一定困难。只能主要依靠考古资料作粗略介绍。

（一）汉城内古建筑

考古研究成果表明，位于今芜湖市区东约20千米的"楚王城"，不仅是春秋时期古鸠兹邑的城址，也是汉代芜湖县的县城。据考古发掘，"城内东部有一葫芦状大土墩……其表土层下为唐宋时扰乱层，厚50～100厘米，多见陶瓷片及瓷器；其

---

① 芜湖市档案馆:《芜湖历史区域变迁概要》,芜湖:安徽师范大学出版社2022年版,第20页。

② 郭万清:《安徽地区城镇历史变迁研究(下卷)》,合肥:安徽人民出版社2014年版,第392页。

下为秦汉时期堆积层，厚20～40厘米，曾发现大量条状梯形基石。西北角发现了3口井和若干红陶素面圆形排水管及少量蚁鼻钱等。……此城属战国晚期至西汉初期，大致相沿于汉末曾一度冷落，隋唐时期又在城内兴建。入宋以后逐渐废弃而用为墓葬地"[①]。由上可知，芜湖城在西汉时有过相当规模的建筑活动，在古城东部高地的南侧很可能建有大型建筑。

（二）考古发掘所知古建筑

1981年在芜湖市区神山口附近贺家园村考古发现西汉后期曹氏家族墓三座，其中一号墓主应是当时本地区的军事长官，有丰富的随葬品。除了不少铜器、铁器、陶器、玉器、漆器、滑石器外，还出土了两件长方体陶制房子（图2-2-2），"高9.5、面阔12、进深10.3厘米。屋脊两侧的屋面铺盖板瓦，房子正面开长方形门，前面屋檐下有走廊，房屋底下还有四根立柱，这种结构在考古学上称为'干栏式建筑'"[②]。此陶屋很可能是按比例缩小制作而成的，反映了西汉民间一般建筑的形态。推测实际房屋大约高4.75米（脊高）、面阔6米、进深5.15米。一般官员的住房肯定比这规格大，冥器陶制房子只是象征性的表示。但是可以判定西汉时期的住宅是朝南的，是抬高地坪的，也可能高架，像干栏式建筑。墙体材料不明，屋面清楚显示是悬山式双坡瓦屋面。考古报告中"走廊"的判断恐有误，应是廊下的高架木平台。

图2-2-2　西汉芜湖古墓陶屋

1984年，在市政协会议大楼施工现场（原六度庵遗址）发现一座东汉古墓，长方形墓室长280厘米、宽117厘米、深96厘米；砖长35厘米、宽17.5厘米、厚4.5厘米，是一种长形砖，四顺一丁砖砌墓壁，楔形砖砌拱券墓顶。砖的生产与砌筑已有一定水平。陪葬品中尤其珍贵的是一组庭院式房屋，形象地反映了当时庄园经济生活的状况，是墓主人生前现实生活缩影。庄园建筑的出现说明建筑质量有了提高，庭院式房屋的产生说明建筑形式有了变化。

---

① 谢小成：《芜湖县"楚王城"遗址调查简报》，《文物研究 第9辑》，合肥：黄山书社1994年版。

② 芜湖市政协学习和文史资料委员会，芜湖市地方志编辑委员会办公室：《芜湖通史（古近代部分）》，合肥：黄山书社2011年版，第43页。

（三）可移动古建筑

楼船，是一种具有多层建筑和攻防设施的大型战船。在汉代，楼船建造已进入大发展阶段。因外形似楼，故称楼船。船上建筑3～4层，高10丈（33.3米），可载1000人。楼船这种可移动的多层木结构建筑，既要抗风雨，又要抗震动，制造难度相当大，这在2100年前办到是很不容易的。每一层建筑都设有舱室、女墙和战格，作为士卒战斗的依托和防护设施。楼船多竖旌旗，以壮声威。西汉的造船中心有数十处之多，主要有长安、洛阳、巴蜀、长沙和洞庭湖一带，以及庐江郡、豫章郡等地。庐江郡境内的庐江水（即青弋江）就是造船条件最优越的地方，在此设有专门的"造船官"。这不仅说明了汉代芜湖造船业的发达，也标志着汉代芜湖木构建筑的先进。

三、三国至隋唐时期的芜湖建筑

从魏蜀吴三国鼎立，到两晋的延续、南北朝的对峙，芜湖地区始终是兵家必争之地。经隋唐的大一统，进入繁盛时期。到五代十国时，又经一番割据纷争。从总体上看，这几百年间，我国江南地区逐步成为全国经济的中心，芜湖也逐步确立了沿江商贸重镇的地位。

三国、两晋、南北朝，这300多年间在建筑上主要是继承和运用了汉代的成就。但是，由于佛教的传入，佛教建筑得以发展。隋唐时期，我国古代建筑进入成熟时期，木架建筑、砖石建筑、建筑装饰、设计和施工技术都有巨大发展。这一时期芜湖建筑活动也开始活跃，有了显著的成绩。

（一）我国最早城隍庙

城隍庙是祭祀城隍神的建筑。"城"，即古代都邑四周用作防御的城垣。有水环护的城堑称为"池"，即护城河；无水环护的城堑称为"隍"，也即护城壕[1]。"城"和"隍"合成的"城隍"原本指的是古代城池的防卫设施，后来古人将其神化为城市的守护神，称为"城隍神"，亦称"城隍爷"。城隍早在原始社会就已经出现，将城隍列入国家的正式祀典始于周代。为城隍神建庙则稍晚，始于三国时期。

---

[1] 郝铁川:《中国民间神研究》,上海:上海古籍出版社2003年版,第199页。

"芜湖城隍祠，建于吴赤乌二年（239）"，对城隍庙作出此记载最早的是宋代赵与时（1174—1231）的《宾退录》。我国《辞海》中"城隍"词条也明确指出："最早见于记载的为芜湖城隍，建于三国赤乌二年（239年）；北齐慕容俨在郢城（今河南信阳南）亦建有城隍神祠一所"。史传孙权建庙，先是在南京建了蒋子文土地庙，然后才在芜湖建了城隍庙。蒋子文曾为秣陵县县尉，先为其建土地庙；芜湖是其拱卫之城，接着建最早的城隍庙，顺理成章。之后，城隍庙的分布以江南为中心很快向四周城市扩散。

最早被列为芜湖城隍的是纪信，他是汉朝开国功勋。传说三国时名将周瑜、徐盛均被认为是芜湖城隍，但未见于史书。

芜湖鸡毛山三国城的城隍庙具体建在何处、形制如何，现已无从查考。可以确信的是：芜湖三国时期的城隍庙应建在三国城内，其形制应是芜湖宋城所建城隍庙的雏形。有人认为三国城的城隍庙就位于芜湖明清城隍庙位置，实在是一个大误会。城隍庙一般建于城内，且往往与县衙、文庙形成县城的"三大件"建筑。而明清城隍庙位置在三国时期还属城外，那要建庙就是建造保佑一方乡土平安的土地庙了。可以说，芜湖三国城的城隍庙是芜湖古建筑史的骄傲，也是中国古建筑史的一个亮点。

（二）夹水建坞濡须口

濡须口（今裕溪口），位于芜湖城北四褐山长江对岸。古濡须水即今裕溪河，自巢湖东出流经濡须山、七宝山两山之间，注入长江。两山对峙间，以"口"名，即濡须口。建安十七年（212），为阻魏军，孙权在长江西岸筑濡须坞，这是一项军事防御工程。夹水筑坞，"立栅守险"，是吴军沿江水寨的营寨，也是阻击魏国水军进入长江的一道防线。建安十八年（213），"草船借箭"的故事就发生在这里。至252年，40年间吴魏在此大小争战20余次，曹魏强大的军事力量，始终未能实现跨江灭吴的战略企图，可见孙吴构筑濡须坞这项军事防御工程的成功。

（三）蟂矶烟浪宁渊观

蟂矶位于芜湖城西南的长江对岸，处于长江向东转北的转弯处。蟂矶原四面环水，雄峙江中，突兀拔起，被称为"江心第一镜"。后因水道变迁，江沙淤积，与西岸连接，才成为伸入江中的半岛。民国《芜湖县志》卷三《地理志·蟂矶山》：

"在县西南七里大江溃，高十丈，周九亩七分。……每遇阴雨，烟波无际，故八景中有蟂矶烟浪之称。"同一县志卷四十《庙祀志·庙坛》附有同治五年（1866）杨荣炳《监修灵泽夫人祠祀》曰："……芜湖蟂矶山，古有灵泽夫人祠，制拟王宫，祀隆帝典，始建于晋代，历六朝以来千有年，所其间不知几经修理者，而庙貌乃巍然。至今风帆上下，词客骚人，留题壁上甚夥。中江名胜称第一焉。咸丰癸丑（1853），遭粤逆火，一炬而灰。……我宫保彭雪琴公……心焉伤之，……同治丙寅年（1866）宫保有事于建祠，命予举其政，……十一月二十二日丁丑告竣。"据其他资料知，唐代于矶上建有寺院，名水心禅院。宋徽宗游此，赐"灵泽"二字匾额，从此更名为"灵泽夫人祠"。宋政和年间（1111—1118）赐名宁渊观。后人在江东另建宁渊观后，此处改称宁渊上观（图2-2-3）。

图 2-2-3　晚清时期宁渊观

（四）芜湖最古吉祥寺

佛教自东汉传入中原，东吴时传至建业，孙权创建了江南佛教第一寺——建初寺。芜湖已建有一些简单的茅屋草舍供奉佛像，信徒们在此烧香拜佛。东晋时期（317—420），芜湖建成了第一座规模较大的佛教寺庙——吉祥寺。

吉祥寺位于濒临长江的鹤儿山麓，建于东晋穆帝永和二年（346），旧名永寿院，宋景祐二年（1035）赐名为吉祥院。元毁，明洪武三年（1370）重建。正统、成化间（1436—1487）建毗卢阁、钟楼、藏经殿、地藏殿，"胜前百倍"。清康熙三十三年（1694）复毁。雍正二年（1724）鼎建大雄宝殿、毗卢阁。咸丰间（1851—1861）毁于兵火。"同治、光绪间虽节次修建。光绪之季，寺山及余基遗失甚多"。至民国初年，"仅存后殿一座，两旁厦屋数间"。芜湖吉祥寺鼎盛时范围较广，南滨青弋江，西临长江，北至范罗山，东接街市。今已面目全非，仅留下萧云从《太平山水图》中的《鹤儿山图》（图2-2-4），可见一斑。

图2-2-4　萧云从《鹤儿山图》

（五）延续至今广济寺

与吉祥寺命运迥异的是芜湖广济寺，至今仍香火不断。

1993年版《芜湖市志·大事记》载："唐昭宗乾宁四年（897）在赭山建广济寺。初建时无名，在唐光化年间起名为永清寺。1009年改名为广济寺，太平天国时被毁。同治、光绪年间按原有规模重建。"广济寺相传为九华山地藏王行宫。寺内藏有"九龙背纽金印"一枚，保存至今。

广济寺在"文革"中被破坏，20世纪80年代修复。现为全国重点保护寺庙，国家4A级旅游景区"赭山公园"的组成部分，芜湖市文物保护单位。

四、宋元时期的芜湖建筑

两宋时期，里坊制改为街巷制，城市结构和布局因而发生了根本变化。随着手工业与商业的发展，建筑活动更趋活跃，建筑水平有了提升，"营造法式"开始推行，木架建筑采用了古典的模数制，建筑装修与色彩有很大发展，佛塔、桥梁等砖石建筑的水平达到新的高度，各种园林的兴盛带来了园林建筑的发展。到了元代，由于统治者实行民族压迫政策，城市建设与建筑活动滞缓。

芜湖自南唐昇元年间（937—942）重设县治后，滞缓了的建筑活动有所恢复。到了宋元时期，随着经济的持续发展，建筑活动日趋频繁，可以认为：芜湖宋城修筑后迎来了芜湖古代第一次建筑活动的高潮。

（一）三大建筑配套齐全

县衙、城隍庙、文庙，常被看作县城里的"三大建筑"，县衙作为地方行政管理机构的办公场所，城隍庙作为具有信仰意义的宗教场所，文庙作为具有象征性功能的教育场所，都很重要，不可或缺。它们是古代城市具有标志性意义的建筑，用现今的说法都属"形象工程"。三大建筑都占据城市的显要位置，三者之间总是互相呼应、紧密联系，且都以建筑群的形式出现，代表着这个城市的最高建筑规格、最高建筑标准、最高建筑水平。时代的风云变幻，加上木构建筑的难以经久，它们总是时建时修、时毁时建。因为它们与城市共存，所以绝不是可有可无的。

芜湖古代县衙建筑建县时应该就有，即何时设县何时就有县衙建筑。芜湖最早的县衙建筑如何，已难考证。就连芜湖南唐县衙都不详，更何谈芜湖汉代县衙。至于芜湖宋代县衙，肯定早于宋城的修筑。具体建于何处，可以推断：应与明代芜湖县衙一致。毁于何时，康熙《太平府志》卷十七《学校志·文庙·芜湖学宫》与民国《芜湖县志》都有明确记载："元至正乙未间，兵革洊兴，县遭焚燹。"芜湖宋代县衙毁于元代的1355年。

宋代芜湖城隍庙，民国《芜湖县志》有记载：城隍庙，"宋绍兴四年建。明洪武初封显佑伯。永乐八年，县丞周宗溥重修"。即宋代芜湖城隍庙建于南宋1134年，之前情况不详。之后276年间，一直在使用，直到1410年才有过一次重要重修。

宋代芜湖文庙，民国《芜湖县志》卷十七《学校志·文庙·芜湖学宫》有记载：文庙，"昔志称宋元符三年县令蔡观建，……崇宁二年，县令林修奉诏广拓学宫，……建炎初毁于火。绍兴十三年县令杨援重建"。即宋代芜湖文庙建于北宋1100年，1103年有较大扩建。20多年后的南宋初年（1127—1130）毁于火，1143年重建。之后又有过多次增葺，直至元至元十七年（1280）还有过重修。

（二）宗教建筑活动频繁

宋元时期，佛教最为盛行。芜湖有四大名寺：东有能仁寺，西有吉祥寺，南有普济寺，北有广济寺。吉祥寺始建于东晋永和二年（346），是芜湖最为古老的寺院。北宋时元丰八年（1085）有过重修。南宋初年，吉祥寺藏经有五千零四十八卷。元代毁于兵火，明初又重建。

广济寺始建于唐代乾宁四年（897），初名永清寺，宋初改名广济寺，历代有重修。北宋大中祥符年间（1008—1016）立经幢二。传唐代永徽四年（653）金乔觉（被认为是地藏菩萨化身）渡海来华时曾先在赭山结茅修持，且广济寺藏有唐肃宗至德二年（757）御赐金印，寺院名声在外。

东能仁寺即南唐古城院，宋代大中祥符元年（1008）易名为东承天院。政和间（1111—1118）迁城东。元废，明永乐间重建。西能仁寺在县衙后，即南唐罗汉院，宋政和元年与东寺同赐额。

普济寺在县南（青弋江南），旧名水西寺，北宋天圣九年（1031）改名普济寺。元毁。明初重建，草创南向。洪武丁丑（1397）改葺北向，以白马诸峰拱其后，长河一水其前。

此外，还有圆照寺（在范罗山，俗名铁佛寺，宋时建，咸丰间毁）、宁渊下观（在县西长街，宋隆兴二年赐额）、荆山寺（在大荆山，刻佛石壁）等。

（三）商业街道开始出现

我国古代商业街最早产生于宋代，芜湖毫不落后。只是芜湖没有经过唐代的坊市制，直接进入街巷制。所以历史上芜湖没有专事商业的封闭性坊市，一开始就是开放性的商业街市，由小到大，由短到长。

芜湖宋城已形成"十"字形的道路骨架，是以县衙为中心四面通向东、南、西、北四座城门而形成的交通性大街。出于防卫与治安需要，还要考虑地形与街景，四条大街并不顺直，且与城门都不直通。通向南门的是南大街，是位于县衙中轴线上的城市最重要的大街，出县衙正对花街，经南门湾转向后才是直通南城门的南正街，这条街道宋初已兼具商业功能。西大街宋初已出现鱼市、米市，商业功能渐显，是以后发展起来的长街商业街的雏形。芜湖宋城西大街也是兼作驿道的官道，出西城门后向西直达江口，至清代终成商业繁华的"十里长街"，成为古城最主要的商业街。可以说，芜湖商业街最早产生于北宋初年，当时只是处于起始阶段，但到宋末，花街与长街已有一定规模。

（四）欧阳玄定芜湖八景

欧阳玄（1283—1357），字原功，号圭斋。祖籍江西庐陵，生于湖南浏阳。元仁宗延祐二年（1315）进士第三名，延祐六年（1319）由岳州路平江州同知调太平路芜湖县尹（知县）。欧阳玄在芜湖任职期间，清理积案，迅速果断；体察民情，廉洁敬业；探寻胜迹，修葺保护。欧阳玄经过认真的实地考察，最后确定了"芜湖八景"，并一一赋诗题咏。这是对芜湖域内风光的第一次系统总结，宣传了芜湖的自然美景，增添了芜湖的历史文化底蕴。"芜湖古八景"，不仅有美好的自然风光，还有优秀的建筑景观，说明芜湖园林建筑在宋元时期有长足发展（图 2-2-5）。

赭塔晴岚。"山分叠巘接江皋，寺占山腰压翠鳌。"主要风景是赭山，重点建筑是赭塔。赭塔建于宋治平二年（1065），五层楼阁式砖塔。每当雨后，岚光缥缈，美不胜收。还有传为北宋著名文学家黄庭坚（1045—1105）读书处的滴翠轩、南宋淳祐年间（1241—1252）建的一览亭。

荆山寒壁。"青翠松杉一带长，雪峰倒影浸湖光。"主要风景是荆山石壁和荆山湖，以及青翠的松杉林。荆山曾名芜湖山，也是因芜湖水而名之。芜湖文庙金马门正对荆山，因此荆山又被当作芜湖的文笔峰。大、小荆山隔湖相对，状如娥眉，又称娥眉山。明嘉靖时建有荆山寺，寺后石壁上刻有数百尊佛像，荆山之景更佳。

玩鞭春色。"芜湖北望褐山苍，七宝鞭留此道旁。"玩鞭之典故，《晋书》有记载：晋明帝太宁二年（324），王敦拥兵芜湖，意欲谋反。明帝密知之，乃乘巴骏马，阴察敦营垒。帝刚驰离，敦从"日环其城"梦中惊醒，使五骑追帝，因传玩明帝遗鞭良久，帝由此获免。玩鞭亭建于宋元丰八年（1085），位于芜湖北郊二十里，因晋明帝遗鞭缓兵的故事及文人的题咏成为一景。

吴波秋月。"几回送客舣吴波，月上芜城夜若何。"宋隆兴二年（1164），青弋江口中江塔与接官厅之间建有吴波亭，张孝祥书额。吴波亭建于江岸，有石阶下至江边，是过往迎送和清秋赏月的极佳之处，因此成一美景。明黄簏《吴波秋月》诗曰："万顷玻璃一色秋，水光蟾影两悠悠。"

神山时雨。"只因行雨瓶无尽，翻觉凌烟阁未空。"神山位于城东北六里处，高二十八丈，连有赤铸山、大小火炉山和马鞍山。干将造剑淬剑于此，留有淬剑池、砥剑石、铁门槛、干将墓，还建有李卫公祠、志喜亭、罗汉寺。神山此景到清代已是荒冢野岭，1919 年重修《芜湖县志》时被"镜湖细柳"取代。

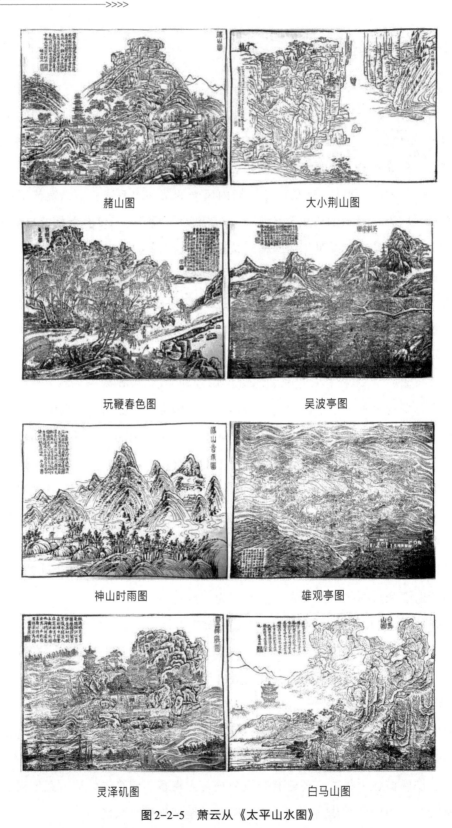

赭山图　　　　　　　　　大小荆山图

玩鞭春色图　　　　　　　吴波亭图

神山时雨图　　　　　　　雄观亭图

灵泽矶图　　　　　　　　白马山图

图2-2-5　萧云从《太平山水图》

雄观江声。"危亭屹立三生石，胜概雄吞万里江。"此景的景观建筑是雄观亭，南宋初年建，原名观澜亭。宋淳熙七年（1180）重建，张孝祥书"观澜"匾额。后亭毁。

蟂矶烟浪。"占断江南形胜地，海门何处觅金焦。"蟂矶位于长江芜湖段对岸，"每逢阴雨，烟波翻腾"。蟂矶庙，始建于晋代，唐时名水心禅院。宋政和年间（1111—1118）赐名宁渊观。明改建为灵泽夫人祠，祀三国时刘备夫人孙尚香（孙权之妹）。这里有过一段说法不一的传说。此景明末清初始见衰落，只存一对石狮和"江心第一镜"石坊。

白马洞天。"仙人邂逅此相逢，路入烟霞第几重。"白马山在县西南二十五里，高五十丈（今海拔123米）。上有宋代建的三圣祠，下有深广莫测的紫燕洞。元代此景兴盛一时，欧阳玄曾"几度攀萝寻胜迹"。明初三圣祠改名护明寺，成化年间重修。之后寺渐倒废。

欧阳玄定"芜湖古八景"意义深远，使芜湖美景盛名广传，知名度大大提升。

五、明清时期的芜湖建筑

明清时期是中国封建社会的后期，总趋势是由恢复、兴盛最后走向衰落。从明清建筑的发展来看，总趋势是沿着中国古代建筑的传统道路继续向前发展，获得不少成就，达到中国古代建筑史上的最后一个高峰，也留下了一批优秀的古建筑。芜湖由于地处要冲，辐辏八方，农业与工商业较为发达，已成为一个全国较为著名的城市，成为皖江区域的经济中心。芜湖明清时期的古代建筑活动较之宋元时期更为活跃，达到了芜湖古代建筑史上的最高峰。

明清时期的芜湖古代建筑，延续并发展了我国古代传统的建筑体系，提高了建筑材料、建筑技术与建筑艺术水平，丰富了建筑类型。下面按不同建筑类型进行简述。

（一）官式建筑

为了管理宫室、坛庙、官署、府第等建筑工作，在继承和总结古代传统建筑做法的基础上，根据当时熟练工匠的经验，在北宋崇宁二年（1103）颁行了"营造法式"，成为以上官式建筑的设计、结构、用料和施工的规范。"营造法式"总结了木结构建筑的技术经验，制定了模数，统一了结构与装饰的做法，按等级、大小和质量要求规定了功效和料例，指导了建筑活动，一直影响到明清两代。明中叶流传有总结江浙一带地方建筑和家具的著作《营造正式》。清雍正十二年（1734）又颁布了工部《工程作法》。

官式建筑采用大木作。大木指木构架建筑中的主要承重部分，如柱、梁、枋、檩、斗拱等。清式大木作法可分为大木大式和大木小式两类。大木大式一般用于宫殿、官署、庙宇、府邸中的主要殿堂，大木小式用于上述建筑的次要房屋和一般民居。

芜湖明清时期的县衙、城隍庙、文庙都属地方上的官式建筑。这"三大建筑群"的主要殿堂都采用了斗拱，是芜湖古代最重要也是规格最高的建筑，它们反映了芜湖古建筑的最高水平。

1.芜湖明清县衙

芜湖宋代县衙最早建于何时已难考证，但毁于元末至正十五年（1355），有明确历史记载。明清县衙具体位置应与宋城县衙一致，只是宋城县衙处于古城城中心偏西位置，而明城规模缩小后县衙位置便处于中心略偏北位置了。

自宋代至民国，芜湖县衙被毁3次，重建3次，重修4次，增建、增修5次，修葺3次。其中，明景泰四年（1453）有过一次大的增修，县衙已较完整。清代的几次重建与修建基本按明制（图2-2-6）。2021年11月开工、2023年12月竣工的芜湖县衙复建工程，基本按明中期前后的布局和风格设计。其中，谯楼（衙署前门）的台基为宋代的石砌台基原构，十分珍贵，2004年被安徽省人民政府公布为省级重点文物保护单位。

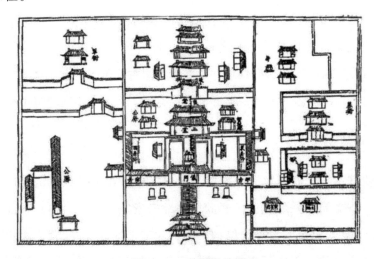

图2-2-6　芜湖县治图

2014年东南大学规划设计院曾做过芜湖县衙的总平面复原图及详细规划，2019年黄山市建筑设计研究院在此基础上完成了施工图设计，常熟古建园林有限公司承担施工。按设计复建后的芜湖县衙总用地面积6670平方米，总建筑面积约2500平方米（见彩页）。

芜湖县衙复建工程的总平面布局。此建筑群位于芜湖古城中心，中轴线南偏东2.13度。用地东西宽46米，南北长145米（图2-2-7）。此次工程只恢复县衙主轴线上的建筑，东、西辅带附属建筑未复建，故用地较清代县衙有所减少，只是四周另外留出了保护距离。总体布局将功能分区划分为三区：谯楼广场区，包括吴楚名区坊、清晏坊、安阜坊、旌善亭、申明亭、谯楼及承台等，南北长约45米；前衙区，包括仪门、班房、六房、戒石亭、大堂、赞政厅、銮驾库、穿堂、二堂、幕厅、库房、公廨，南北长约82米；后宅区，包括后堂（心闲堂）、县圃、德初堂、明远亭等，南北长约17米。

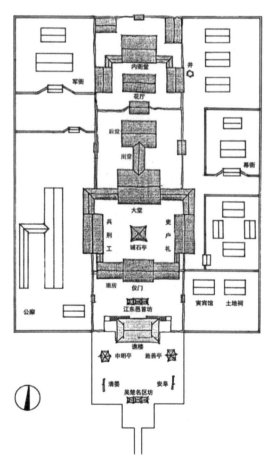

图2-2-7　芜湖县衙复原总平面示意图

中轴线上的建筑布局。自南至北为：吴楚名区坊—谯楼—仪门—戒石亭—露台—大堂—穿堂—二堂—后堂。用地地形为北高南低，竖向设计为北南高差2.4米。

主体建筑单体设计。大堂，亦称正堂，是县衙建筑群的核心建筑，按清康熙年间芜湖县衙形制：正堂三间……堂之左为銮驾库，右为赞政厅。堂后为穿堂三间，接后堂三间。即大堂（正堂）与二堂（后堂）通过穿堂连接，采取"工"字形组合布局。大堂是知县举行典礼、审理案件和处理重要政务的地方，内部空间较大，面阔三间，宽14米（中—中，下同）。进深10.5米，硬山屋顶，南檐高6.12米，北檐高6.28米，屋脊高11.97米。两侧赞政厅、銮驾库亦为硬山层顶，同为二开间，宽皆6.6米，深皆5.5米，屋脊高同为9.7米。大堂总宽28.7米，建筑面积299平方米。大堂北面正中的穿堂是知县预审及会客之处，竖向布置，面阔三间，宽8.4米，深4.8米，屋脊高6.41米，建筑面积47平方米。穿堂北面的二堂是知县退思、小憩之处，横向布置三间，宽12.48米，深8.7米。硬山层顶，檐高5.98米，建筑面积126平方米。

其他建筑单体设计。a.吴楚名区坊。三间四柱三楼，冲天柱式，总宽11.5米，总高11.25米。b.谯楼。如复建为重檐歇山顶，仍是面阔五间，进深四间，但四周设廊。屋脊升高至约13米（含承台）。c.仪门，面阔三间，宽11.6米（明间中缝处设门），进深二间，深6米，硬山屋顶。两侧班房也为硬山屋顶，同为面阔三间、进深三间，北侧有廊与仪门相通。仪门加班房总宽31.2米，合计建筑面积195.2平方米。d.六房，位于大堂前东西两侧，面阔同为四间，宽18米。进深6米，设外廊，硬山层顶，前檐高3.9米，后檐高4.9米，屋脊高7.52米，合计建筑面积280平方米。e.后衙堂（后宅）。此为知县眷属住处，较私密。面阔五间，两层建筑，硬山屋顶，堂前有平台，台前有水面。西侧假山上建有明远亭。

从这一建筑群的复建结果看，基本上复原了明代芜湖县衙中轴线上的布局，惟感谯楼广场面积偏小，"吴楚名区"坊应恢复，大堂前两侧"六房"和仪门也应复建，整个建筑群显得不够完整。

2.芜湖明清城隍庙

在鸡毛山古城内，建于东吴赤乌二年（239）的城隍庙早已不存。宋城城隍庙建于绍兴四年（1134），民国《芜湖县志》卷四十《庙祀志·城隍庙》有明确记载。芜湖宋代城隍庙新建后，直到清光绪三十二年（1906），多次被毁，多次重建，主要兴废活动累计12次。其中，明成化年间（1465—1487）的增修和清光绪六年

（1880）的重建最为关键。明清城隍庙的位置始终位于县衙的东南侧，两个建筑群紧邻的关系一直未变。

2014年，东南大学规划设计研究院曾做过芜湖城隍庙的总平面复原和总平面规划及详细规划。在此基础上，2019年黄山市华润轩古建装饰有限公司进行了芜湖城隍庙复建的施工图设计。2021年11月22日，承担施工任务的常熟古建园林有限公司开工建设，2023年12月竣工。复建后的芜湖城隍庙总用地面积3520平方米，总建筑面积约1600平方米（见彩页）。

芜湖古城城隍庙总平面布局。总用地东西宽48.87米，南北长约73米，功能分区划分为四个区：庙前广场区，布置有仪门及照壁；大殿区，布置有大殿及十王殿；寝殿区，布置有寝殿及后院；配殿区，布置有配殿及后院。前三区位于主轴线上，配殿区位于其东侧（图2-2-8）。

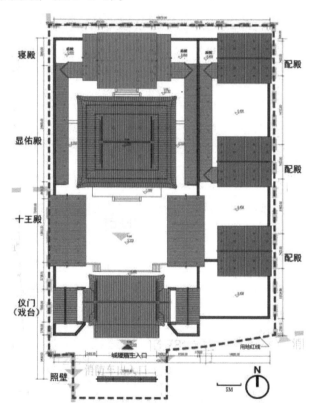

图2-2-8　芜湖明清城隍庙建筑群屋顶平面示意图

中轴线上的建筑布局。自南至北布置有：照壁—仪门（戏台）—大殿（显佑殿）—寝殿（娘娘殿）。室外地面结合地形由南向北逐渐升高，竖向设计为北南高差约2米。

主体建筑单体设计。大殿（显佑殿）是芜湖城隍庙的主殿，位于用地的核心偏北位置。平面近似方形，面阔三大间，进深四间，南北面为木隔扇门窗，东西面为木隔扇窗，另有四面外廊。总面阔 17.7 米，总进深 16.2 米。重檐歇山屋顶，檐下施以斗拱。下檐高 5.77 米，上檐高 9.59 米，屋脊高约 16 米（从室外地面算起）。殿前有月台，宽 9.68 米，深 4.84 米。该建筑出檐深远，下檐出挑 2.02 米，上檐出挑 2.76 米。建筑高度约 17 米，建筑面积约 280 平方米。

其他主要建筑单体设计。a.十王殿，位于显佑殿前东西两侧，相距约 18 米。均为面阔五间，宽约 14 米，进深二间，深 4.62 米。悬山屋顶，檐下施以斗拱，檐出挑 1.65 米。建筑高度 5.65 米，合计建筑面积 146 平方米。b.寝殿。位于显佑殿后，面阔三间，进深三间，另有南外廊，东西两侧各有朵殿，进深一间，另有南外廊。总面阔约 19 米，总进深约 8.8 米，悬山屋顶，檐下施以斗拱，檐出挑 1.83 米。建筑高度 7.15 米，合计建筑面积 158 米。c.配殿，位于显佑殿主轴线东侧，用地东西宽 14.88 米、南北长约 65 米。布置有前后三幢配殿，有院门与西面大殿区相通。各殿面阔皆为三间，阔 11.33 米。进深三间，另有南外廊，总进深 7.43 米，悬山层顶，檐下施以斗拱，檐出挑 1.65 米。建筑高度 7.15 米，合计建筑面积 158 平方米。d.连廊。总长度约 80 米，合计建筑面积 239 平方米，建筑高度 3.6 米。e.照壁。高 6.77 米，宽 12 米。

遗存建筑修复设计。2019 年芜湖城隍庙设计施工图时，尚存有仪门（戏楼）的木梁架、木楼板及屋面木基屋的清末遗构，只是南侧廊屋已不存。此次仪门复建工程基本上按方案设计图施工，恢复了南面入口处的廊屋，仍采取入口从戏台下穿过的处理手法。总面阔 30.25 米，总进深 11.3 米，建筑面积为 471 平方米。戏台部分仍为三开间，木梁架均是原构，仍为歇山屋顶。两侧厢房为单层，硬山屋顶。

此次芜湖城隍庙复建工程中轴线上建筑基本上按复原图恢复，在建筑形式上区别对待，仪门按清末光绪年间状态修复，仪门前影壁大致按日占时期旧照片面貌修复，而主体建筑大殿及其他建筑按南宋时期芜湖地方公共建筑形式复建，体现了芜湖城隍庙的发展历程。城隍庙建筑群的总体效果较好。只是现在的城隍庙用地面积已大为缩小，整个建筑群的建筑密度偏大，主殿与后殿距离偏小，整个用地毫无绿化，大殿不应改用石柱，庙前广场空间也明显不够，稍感不足。

3.芜湖明清文庙

文庙，又称孔庙，是奉祀孔子之庙。文庙建筑，是坛庙建筑中的一种重要类型。中国建筑史中坛庙建筑可分为三类，分别祭祀自然神、祖先和先贤。曲阜孔庙是全国最早的孔庙，孔子死后第二年（前478）就立庙。始建于元代的北京孔庙是规模宏大的皇家庙宇。各府县的孔庙也称学宫，也是各地儒学教官的衙署所在，可见文庙兼有教育职能。

芜湖文庙位于芜湖县衙的"东南一里许"，创立于北宋元符三年（1100），到明城筑城时原来文庙东部用地被城墙占去，用地明显缩小。当时文庙范围，民国《芜湖县志》卷十七《学校志·文庙·芜湖学宫》有记载："东至城根为界，北至东门大街为界，西以官沟沿、龙须沟为界，南至金马门外大河为界。"芜湖文庙南宋"建炎初毁于火，绍兴十三年（1143）……重建"。之后，700年间经过29次重修，其中明末崇祯三年（1630）的重修使芜湖文庙的规制基本完备。至清嘉庆八年（1803），芜湖文庙的规制已十分完备，惜"咸丰初兵毁，遗构荡然无存"。之后60多年，经同治、光绪年间直至民国三年（1914）的4次重建、重修，文庙才又"焕然一新"。科举制度废除后，芜湖学宫停办，这里先后办过芜湖县劝学所、襄垣学堂、襄垣高等小学校、私立襄垣中学、芜湖县立简易师范学校。1949年后开办芜湖师范学校。"文革"后改办五七中学，1978年改名芜湖市第十二中学。1982年，芜湖文庙大成殿被列为市级文物保护单位。1997年、2002年大成殿有过维修。为更好地保护文物建筑，2011年芜湖市第十二中学搬迁至城南。2012年芜湖大成殿被列为省级重点文物保护单位。

2014年，东南大学规划设计研究院曾做过芜湖文庙的总平面复原和复建工程的总平面规划，黄山大木古建筑设计有限公司在此基础上于2019年完成了施工图设计。常熟古建园林有限公司承担施工，2021年12月22日开工，2023年12月竣工。总用地面积16168平方米，总建筑面积2800平方米（见彩页）。

此次芜湖文庙复建工程恢复了一条自南至北约300米长中轴线上的建筑，依次为：金马门—大成坊—泮池—棂星门—大成门（戟门）—大成殿—明伦堂—尊经阁。

芜湖文庙复建工程的总平面布局（图2-2-9）。功能分区共划分为四个区域：遗址展示区（金马门、大成坊至泮池、四处保护遗址）；庙前广场区（棂星门至大成门、腾蛟坊、起凤坊）；文庙区（包括大成殿及东西廊庑）；学宫区（包括明伦堂、碑廊、尊经阁、启圣殿、观德亭）。其总体趋势是由南至北地面标高逐渐升高，建筑高度逐渐加高，竖向设计南北高差达1.4米。

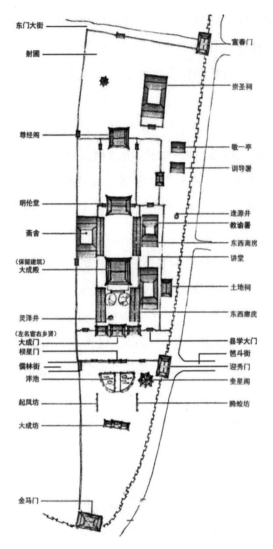

图 2-2-9　芜湖文庙复原总平面示意图

　　主体建筑单体设计。大成殿是文庙的主殿，处于文庙核心位置。自北宋至今已有近千年历史，曾两毁两建并多次重修。现存大成殿是同治十年（1871）重建，民国三年（1914）有过大修。此殿坐北朝南，偏东约3度，建筑平面近似方形。面阔五间，总宽16.87米。明间宽达6.04米，次间宽3.22米，梢间仅宽1.78米，明显缩小。进深五间，深16.455米。屋顶为重檐歇山顶，下檐高5.56米，上檐高9米，脊桁顶高14.4米。南墙为木隔扇门窗，北面在实墙上开三樘木隔扇窗，东西两面全为实墙并不开窗。殿前部两侧各建有碑亭。殿前设有月台，宽约17米，深约6.4米，高约75厘米。民国时期的大成殿中设有孔子牌位和高大的孔子塑像，孔子手捧笏板、头戴十二旒冠、身穿十二衮服。两侧奉有"四配"（颜回、曾参、孔伋、孟轲），"十二哲"（端木赐、朱熹等），"先贤"（左丘明、程颢等），"先儒"（董仲舒、诸葛亮、韩愈、范仲淹、欧阳修等）。殿中还高悬有清代四位皇帝的御书金字匾："万世师表""生民未有""与天地参""圣集大成"。2002年修缮屋面重新铺盖青筒瓦，正、戗脊吞头更换为鳌鱼，校正构架，更换腐烂构件，恢复太师壁装饰及神座，恢复同治光绪年间月台石栏杆，正面台阶重新梳理，御路重新铺装，保留两侧碑亭。

其他主要建筑单体设计。a.三处遗址：甬道遗址长18.36米，宽3.11米；状元桥遗址长12米，宽10米；棂星门遗址长12.74米，宽3.15~4.215米。b.泮池及大成桥：占地1417.5平方米。泮池按明嘉靖时期形态恢复，栏杆按清乾隆时期形态恢复。大成桥宽3.8米，长34.8米，三拱桥，按清顺治时期形态恢复。c.三处牌坊：大成坊，明崇祯三年（1630）创立时为木坊，清雍正九年（1731）易为石坊，乾隆四十四年（1779）又改为木坊，现按木坊恢复，四柱三楼冲天式，宽约10米，高约13米；棂星门，三间四柱冲天式石坊，宽9.56米，高6.56米，按明末时期形态恢复；腾蛟坊和起凤坊，单间两柱三楼式，宽4.2米，脊高8.95米，按清乾隆时期形态恢复。d.戟门：采用重檐歇山屋顶，屋宇高9.83米。面阔三间，进深二间，阔13.6米，深7.8米。脊缝三间都设门，分为前后廊。东紧贴名宦祠，西紧贴乡贤祠，皆为单檐歇山屋顶，也皆为面阔三间、进深二间，阔9.9米，深6米，前后檐均开门。整个建筑总宽33.44米，建筑面积232平方米。e.东西庑廊：位于大成殿前，皆9间，阔28米，进深8米，前有走廊。硬山屋顶，屋脊高6.26米。建筑面积共450平方米。f.明伦堂：设于大成殿后，明洪武二十九年（1396）重建，按此恢复，面阔三间，进深四间，阔与深都是11.55米，平面方正。硬山顶，屋脊高9.75米。东有祭器库，西有官书戒，皆单间，阔3.575米，深9.905米，也为硬山顶，屋脊高8.4米。整个建筑前有走廊相通，总面阔20.76米，建筑面积229平方米。设有斗拱。g.尊经阁：位于明伦堂后，明弘治十三年（1500）建，按此，面阔与进深皆五间，阔14.91米，深11.11米。前有走廊与碑廊连接。底层三面封墙，前设木隔扇门窗，一层四周有木隔扇门窗。外观为歇山顶带平座式楼阁，设有斗拱。

此次芜湖文庙复建工程，中轴线上建筑布局已较完整，原有古树与绿化基本保留，增植的树木与绿化效果较好，棂星门、甬道等几处考古发掘的遗址得到了有效保护。整个建筑群复建以芜湖地域传统公共建筑做法为主，文庙区采用清代乾嘉年间传统做法，学宫区主要建筑采用明代早期传统做法，庙前广场采用明末清初传统做法，都是把握得当的。然学宫区北部用地不足且建筑过密，大成殿两侧前廊庑后斋舍未建影响了文庙建筑群的完整性，棂星门石坊位置北移偏多、高度偏低影响了与两侧双柱石坊的空间效果，金马门复建的建筑形式、尺度、比例欠佳，尊经阁木柱不应改为石柱，留有些许遗憾。

（二）公共建筑

中国古代建筑史告诉我们，我国明清时期经济较为活跃的城市，往往建有会馆、会所、戏院、书院等公共建筑，既反映了某种专有的建筑功能，又提供了某种特有的公共活动场所。

1.会馆

会馆是中国封建社会中晚期民间社会组织形式之一，产生于明初，发展于嘉靖、万历时期，清代康乾至咸同年间达到顶峰，分布遍及全国[①]。同乡会馆是为客居外地的同乡人提供聚会、联络和居住的场所，还能"敦乡谊、齐物价、息争端、制良善"[②]。一些大的会馆还专门设有学塾，以方便同乡子弟就学。也有的大会馆内设戏楼，以供观戏娱乐。

明清时期，芜湖商人会馆纷纷设立，有的建在外埠，有的建于本地。早在明永乐十九年（1421），芜湖人俞谟（时任工部主事）在北京前门外长巷上三条胡同南侧捐资创建京都芜湖会馆，开创了我国会馆建筑之先。据民国《芜湖县志》卷十三《建县志·会馆》"京都芜湖会馆"条目记载：京都芜湖会馆用地方正，皆长"九丈八尺"（约32.7米）。院门最初在北侧，后改在南侧。清嘉庆时，"正厅向南三间，东西廊房六间，厅后向南三间"，还有东、西院，院中各有大椿树一株。"前后共计正偏各屋三十余间，堂构整齐，规模宏敞，井井如也"。之后，有毁有建，光绪十九年（1893）修建时正屋已改为五间。此会馆至今尚存，并于2012年定为北京市东城区普查登记文物，已挂牌保护。

在芜湖本地建造的会馆有20多所。据民国《芜湖县志》记载，最早的会馆是建于明季的山东会馆，"在芜湖县城外下一五铺，杭家山脚下"。原名护国庵，光绪时改称山东会馆。民国初年馆内曾设国民小学一班。规模最大、规格最高、影响最

---

① 陈蔚，张兴国：《"联谊与均益，祀神与合乐"——明清会馆建筑文化内涵与形态嬗变研究》，《新建筑》2011年第3期，第126页。

② 芜湖市地方志办公室，芜湖市商务局：《芜湖商业史话》，合肥：黄山书社2012年版，第143页。

深的是建于康熙十九年（1680）的徽州会馆，也叫新安会馆，先建在索面巷，后改在长街状元坊一带，还建有"新安大好园"。1914年于东首大院增建了大殿。约建于清中叶的有湖北会馆（在青弋江北面江口）、湖南会馆（在西门外升平铺，前抵河沿，后抵状元坊）。建于道光年间（1821—1850）的有庐和会馆（在北门城外西湖池旁）、旌德会馆（在北坛杏花村玉林庵）、山陕会馆（在下一五铺严家山下）、宿太会馆（在下一五铺鸡窝街，"未详何年建"）、潇江会馆（在长江边徽临滩）等。稍晚兴建的有：太平会馆（在西门内长街，1866年建，1907年开办小学一所）、潮州会馆（在江口驿前铺华盛街南端，1886年建，凡三重）、浙江会馆（在西门外石桥港巷内，1893年建）、福建会馆（在陶塘西，1886年建，有屋三进）、江苏会馆（在北廓铺花津桥西，1911年建，有平房31间）、广东会馆（在驿前铺来龙里，1889年建）、安庆会馆（在二街，1905年建，计屋四重）、江西会馆（在驿前铺，1871年建）、宁波会馆（在吉祥寺，1905年置）等。

芜湖的会馆建筑由各地的商人建造，带来了各地的建筑文化。会馆的建筑形式又大多与大型住宅相似，多为三重院落式。可惜的是，芜湖这么多的外地会馆竟未有实屋留下，给今天的研究带来了困难。从芜湖的会馆分布来看，大多分布在古城西门外至江口的长街一带，距离商业街区较近，有的甚至就在长街两侧，这是合理的，无疑对明清芜湖的商业发展和社会稳定起到了积极的作用。

关于会馆建筑的基本形制，最初的会馆多由私人捐赠，"以宅为馆"，如京都芜湖会馆；更多的是利用地方上原有祠庙、寺庙，"以庙为馆"，大量新修的会馆也基本参照先贤纪念祠庙建筑的形制布局。"'中轴对称、前后两进院落；前者以合乐，后者以祀神'成为会馆建筑的基本形制"[①]。这一特点从河南洛阳潞泽会馆就可看出，山门是"门楼倒座"，山门（大门）背后是乐楼（戏楼），正对祭祀用拜殿（正殿，也是看厅），两侧有厢房，有的还有配殿。第二进院落有后区殿堂，供少量人群聚集（图2-2-10）。另从北京安徽会馆总平面布局可以看出，清代中后期有的会馆以观演空间替代祭祀空间成为最重要的部分，会馆的规模也越来越大（图2-2-11）。

---

① 陈蔚，张兴国：《"联谊与均益，祀神与合乐"——明清会馆建筑文化内涵与形态嬗变研究》，《新建筑》2011年第3期，第128页。

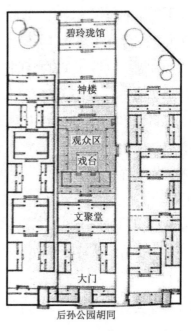

图 2-2-10 洛阳潞泽会馆　　　　图 2-2-11 北京安徽会馆总平面图

2.公所

公所，实际上就是同业会馆，多是商业、手工业行会会商的场所，总体布局仍近似住宅建筑。公所内通常设有本行业祖师爷的牌位，有的也有演戏酬神用的戏台。为了炫耀本行业的繁荣，行业公所都很讲究华贵的装饰。民国《芜湖县志》卷三十四《实业志·商会》载有七个公所：布业公所，在北门外一天门劳公祠，嘉庆以来即为布商聚会之地，后毁于兵火，光绪十七年（1891）重建；药业公所，即三皇宫，在古城内薪市街，建于1869年，1876年增建，共三进，大殿居中，祀伏羲、神农、黄帝三皇；杂货公所，在河沿曹家巷，创立于1893年，供有财神；米业公所，在江口横街，建于1894年；染业公所，在石桥港三条巷内，建于1896年；南市米业公所，在来远铺南街，创办于1908年；钱业公所，在西门城外百家铺，建于1907年。其他还有茶叶公所、鱼业公所、纱带业公所、剪业公所、水炉业公所、瓦作公所、木作公所、漆作公所等。

位于中长街的钱业公所。芜湖晚清时已是安徽有名的工商业城市，金融活动已很活跃。道光年间，票号、钱庄已各有10余家，经营业务由单一兑换扩展到存、放款。光绪元年（1875），芜湖设立了钱业公所，有7家钱庄加入。光绪年间，李鸿章之子李经方在芜湖开设了宝善长和恒泰两家官商资本钱庄。光绪二十年

（1894）以后，由于米市兴盛，钱庄发展到23家。当时的钱庄大多集中在长街的中心地段，除少数几家独资经营外，大多是合资经营。为了协调各钱庄的共同业务，光绪三十三年（1907）由本埠各钱庄捐资在中长街建造了钱业公所，这里便成为芜湖钱庄业者聚会、交易的场所①。钱庄的业务范围主要是存款、放款和汇兑，与各行业商户都有业务往来。钱业公所帮助各钱庄协调业务、制定规则，提供当日金融信息，确定当日兑换牌价，并挂牌对外公示。因此，钱业公所对于钱庄信誉及正常运转起着举足轻重的作用。

芜湖钱业公所位于中长街南侧，坐南朝北，偏西约28度。建筑为两层砖木结构，面阔9.6米，总进深35.5米。前后共有三进（图2-2-12）。第一进是门厅，中部入口处后退约2.5米，前面形成八字形门廊，是对外挂牌公示的地方。大门前尚有铁栅门一道。第二进是前厅，作为资金交易场所。第三进是后厅，作为办公和议事之处。门厅和后厅右侧各设木楼梯一座，可上二楼。前天井略小，后天井较大。靠河沿有后院，且有对外出入口。此公所空间高大，三进建筑皆有4排木柱，很有气势。整个建筑具有徽派建筑风格，可惜毁于长街改造。

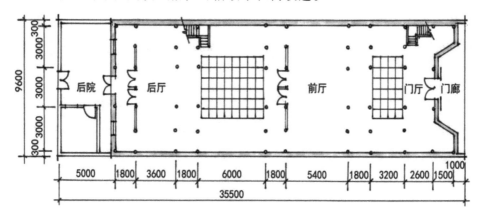

图2-2-12 芜湖钱业会所一层平面图

3.书院

书院集教学、研究和藏书功能于一体，是中国古代教育史和学术史上具有重要地位的教育组织形式。书院始于唐代，兴于宋代，发展于元代，全面普及于明清。唐玄宗开元六年（718），乾元院改为丽正修书院，集中进行修书和讲学活动，这被认为是书院的起始。唐末和五代期间，战乱频仍，官学衰败，有的学者避居山林，模仿佛教的禅林讲经制度而创立书院，这为宋代书院制度的盛行奠定了基础。历史

① 芜湖市地方志办公室,芜湖市商务局:《芜湖商业史话》,合肥:黄山书社2012年版,第71页。

上知名的白鹿洞书院等四大书院都形成于北宋时期。书院最初大多由私人设立，后来官府设立的书院逐渐增多。到元代，各路、州、府都设有书院。明代一度低落，复又兴起。清代的书院具有了明显的官方色彩。清光绪二十七年（1901），诏令书院改为学堂，结束了书院的历史。

书院建筑可以说"是民俗建筑和庙宇建筑的复合体，是一种以民俗建筑为主体，以庙宇建筑为重点，带有园林环境的乡土性文化建筑。它是一个多样性和多功能的建筑组群，是教育与学术研究相结合、培育人才、传播文化的基地。"[①]书院建筑布局严谨、中轴对称，讲堂、祭堂、藏书楼位于中轴线上，形成至少三进的序列，而学生斋舍和其他辅助用房则布置于两侧。具体布局，可考虑环境、适应地形、根据需要做出适当变化。同时，书院建筑出自民间匠人之手，吸收了地方建筑的特色；它由文士们主持修建，又显示出典雅的文化格调。

芜湖书院始于南宋，兴于明代，发展于清代。天门书院，创建于宋淳祐六年（1246），位于东梁山东面的大信镇（当年属太平府当涂县，今为芜湖市大桥镇），是芜湖最早设立的书院，距今已近800年。也是安徽省最早设立的一批书院之一。淳祐九年（1249），宋理宗为之亲书"天门书院"牌匾。书院设山长、堂差、堂长、直学、司计各1人，四斋长谕各1人，生员以50人为限额。有书库、粟仓。后多次重修，并增建有先贤祠。进入元代后渐废。

民国《芜湖县志》载有芜湖明代开办的两所书院。一所是阳明书院：在县河南南坛门左。明隆庆间（1567—1572），府通判胡汝砺署县事，偕知县倪汤建。一所是求仁书院：在县治东，明万历间（1573—1620）知县廖同春建。两所书院一在城南，一在城东，都在古城外，选址是合适的，布局是合理的。两者距今已近500年，书院具体情况已难知晓。

芜湖书院到了清代有较大发展，仅康乾年间就开办有4大书院。第一所是滴翠书院："在城隍庙东，即义学。康熙三十二年（1693）知县纪统立，乾隆十四年（1749）知县李识蒙易今名。日久颓敝，规制仅存。嘉庆三年（1798）宋观察镕复建义学于索面巷。"第二所是荆山书院："在县河南小荆山奎星阁前。乾隆十三年（1748）修学时，建斋舍数椽，可为东南讲习地。"第三所是龙门书院："在县南关外。乾隆年间（1736—1795）署县事张异卿捐建。"第四所是中江书院："在河南蔡庙巷内。乾隆三十年（1765）李观察世杰率邑绅创建。"（图2-2-13）以上四所书

----

① 白新良：《中国古代书院发展史》，天津：天津大学出版社1995年版。

院一处设在古城内，三处设在青弋江以南，咸丰时俱废。

图2-2-13　鸠兹古镇里的中江书院

到同治时，创建鸠江书院："在县城外河南。同治二年（1863）巡道吴坤修建，九年（1870）移建城内巡道署东（即芜采营署，今为地方审检厅），光绪初更名中江书院。二十一年（1895）关道袁昶建尊经阁，阁上储藏经籍，阁下立先觉、正气、遗爱三神龛，崇祀皖南诸名贤，并创建经义、治事两斋，为诸生讲习之所。光绪二十九年（1903）关道刘树屏改设皖南中学，附设小学堂"，民国后改名芜关中学校和芜关小学校。书院的使命已尽，学校教育到近代又进入了一个新的阶段。

（三）商铺建筑

商铺，又称店铺、店肆，泛指各种商店。中国古代城市的商业活动，唐代以前实行里坊制，商业集中于市，设有各种专业商店，有专门官员管理；供应居民日常生活食用品的杂货店，则在坊内沿街设置。宋代以后实行街巷制的城市中，专业商店演变为按行业相对集中沿街建店的行业街，有的街还设有集市。史载宋代开封城有果子行、马行、牛行、竹竿市，临安有药市、珠子市、鱼行。元大都有米市、面市、牛市。明清北京有猪市、马市、灯市等。芜湖古城宋代起就有了鱼市、薪市、竹器市，以后又有米市等。明清时发展成专业性的商业街：鱼市街、薪市街、花街、米市街，还有打铜巷、铁锁巷、索面巷等。明清芜湖最主要的综合性商业街有两条：一条是南大街，一条是十里长街。

1.南大街商业街

南大街由花街、南门湾、南正街三段组成，总长约360米，是古城内最主要的一条道路，大致呈南北走向。此街始建于北宋，兴盛于明清，沿街皆为两层为主的商铺（见彩页）。

（1）花街商铺。位于南大街北端，街长约190米（宽4～7米），基本上为南北走向，向北经过十字街直通县衙。这是一条以竹木篾器业生产和销售为主的特色商业街，也是一条制售各式花灯的节庆娱乐街。各店多为一至两开间，少有三开间，但进深都较大。可惜花街建筑多已不存，大多为2019—2020年复建。

（2）南门湾商铺。从花街南端折向东偏南，其走向是由西北到东南，这段街长约45米，宽约3～4米，称为"南门湾（街）"。向前延伸约40米可接儒林街，若折向南偏西就是南正街。南门湾店铺也多为一至两开间，但面阔大多4米左右，进深略浅于花街，多为10～20米。这段商铺业态多样，较有名气的是百年老字号"顾家酱坊"。这里现存的基本上都是老建筑，如7、9、11、13、15、36、38号都已被列入第三次全国文物普查不可移动文物目录。

（3）南正街商铺。南正街几乎与南门湾垂直，南端较北端偏西约60度，其走向是由东北到西南，正对南城门长虹门，长约80米，宽约3～5米。店铺尺度都较大，多以三开间为一单元而联排组合，每开间3～4米，有的店铺临街面做了跨度大到7米的月梁。进深浅的只有7米，深的超过20米。底层高度一般为3.2～3.8米，高的达4.5米（如20、22号）。业态也很多样，著名的百年老店有1869年开办的"沅记胡开文墨庄"。南正街商铺基本上也都是老建筑，其中20、22、23号已被列入第三次全国文物普查不可移动文物目录。

经过2023年芜湖市历史建筑普查与认定，花街有6个店铺、南门湾有6个店铺、南正街有11个店铺被列入应保护的历史建筑名单。

2.长街商业街

芜湖长街，是芜湖最古老的商业街之一，更是芜湖规模最大的商业街。长街肇始于宋初，形成于明代中期，繁盛于清代，最后形成"十里长街"硕大的商业街区。

在长街发展史上，明万历三年（1575）城墙的修筑是一个重要的时间节点，在此之前，长街主要位于古城内，西大街（包括米市街、鱼市街）是长街商业街的主要部分。在此之后，由于"划长街于城外"，弼赋门至江口中江塔这一段成为长街商业街的主要部分，商铺便集中分布在城外长街。到清末，长街已形成完整的商业街区，成为古代芜湖的商业中心地区（图2-2-14）。

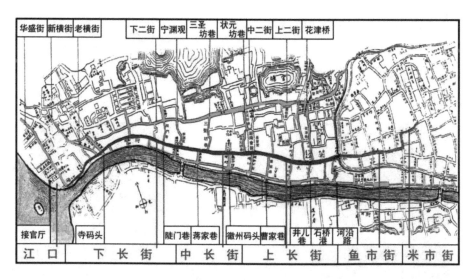

图 2-2-14 清代芜湖十里长街平面图

明清长街的建筑类型可分为两大类：一般商业建筑和特殊商业建筑。前者有普通的各种商店和有特色的专业商店，后者有会馆建筑、公所建筑、钱庄建筑等非销售营业性建筑。长街商铺或是前店后库，或是前店后坊（作坊），而大多是前店后宅、下店上宅，这实质上又集居住建筑、仓库建筑和生产性建筑于一体。

明清时期长街街区从东到西较著名的建筑有：弼赋门城楼、太平会馆、江苏会馆、金隆兴牛肉店、浙江会馆、染业公所、胡开文墨庄、湖南会馆、科学图书社、张恒春国药号、徽州会馆、钱业公所、赵云生剪刀店、宁渊观、驿丞廨、宝成银楼、沈义兴铁花铺、广东会馆、米业公所、潮州会馆、李公馆、接官厅、中江塔等。

下面重点介绍几个有影响的长街建筑。

1）胡开文墨庄

墨庄创始人是绩溪上庄人胡天柱（1742—1809）。他于乾隆四十七年（1782）将先前在屯溪开办的采章墨店更名为胡开文，品牌越做越响。其孙胡贞一（1829—1899）于咸丰二年（1852）来到芜湖，先是在南正街创设了胡开文沅记墨庄，同治元年（1862）将店址迁到鱼市街。光绪十六年（1890）又迁到上长街井儿巷口，业务发展到全盛时期，在九江、南京、汉口等地都设了分店。1909 年，胡贞一之孙胡文妍（1887—1956）继业，墨庄成为拥有 44 名职工的大型手工工场，成为安徽制墨业的后起之秀。胡开文沅记墨庄的总平面布局是前店后坊，店面北临长街，店堂内有陈列产品的分类橱柜，有售货的柜台，有接待的桌椅。后面是三个生产车间，还有库房等附属用房，南临河沿街处还设有门面房。墨庄用地狭长，宽约5米，长近90米，共有六进建筑。东侧为井儿巷，开有两处出入口。可惜此墨庄连一张照片都没有留下，只能从芜湖徽商博物馆展示的胡开文沅记墨庄的外景与内景，得到一些直观印象（图2-2-15、图2-2-16）。

图2-2-15　胡开文沅记墨庄外景展示　　　　图2-2-16　胡开文沅记墨庄内景展示

2）芜湖科学图书社

芜湖十里长街，过去不只是一条商业活动兴盛的商业街，同时也是一条传播过新文化、新思想的文化街。光绪二十九年（1903），徽州绩溪人汪孟邹（1877—1953）来到芜湖，在徽州会馆东邻的中长街20号创办了芜湖科学图书社。这是安徽第一家书店。店面位于一幢有十余开间的连排楼房的最西一个开间，东边隔壁两开间曾分别开过祥泰纸号和周茂盛五金号。此楼坐北朝南，偏西27度，建筑大约建于1880年（图2-2-17）。汪孟邹在亲友帮助下，托芜湖同乡会的介绍租下了这间

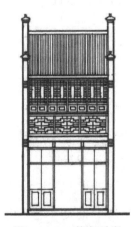

图2-2-17　芜湖科学
图书社立面图

楼房。汪孟邹的侄子汪原放（1897—1980）13岁时曾在此当过学徒，他在《回忆亚东图书馆》一书中，回忆其前身芜湖科学图书社时写道："科学图书社的门面不阔，只有一开间，阔不会有两丈，而长倒有十倍左右。"①回忆的大致不差，该书店面阔只有3.8米，而总进深达45米，近乎1:12。该建筑的平面布局是前店后宅，前后共有四进。第一进是店堂，出售新书、杂志及仪器文具，进深达7.8米。第二进是批发部，也是管账和管事的办公之处。楼后设有木楼梯，二层可通邻街楼层。第三进楼房是后宅，北端设有木楼梯。前三进建筑间设有前小后大的两座天井。第三进

① 汪原放：《回忆亚东图书馆》，上海：学林出版社1983年版，第9页。

建筑后有一小后院，最后一进平房是厨房。芜湖科学图书社占地面积184平方米，建筑面积250平方米。

这座小楼除了建筑本身的艺术价值之外，更重要的是它的历史文物价值，在开办的三四十年中，科学图书社不仅成为"新文化的媒婆"，也是革命者聚会之处。刘希平、高语罕、李克农、阿英等常来此，王稼祥就读于圣雅阁中学时，也常利用课余时间来此购书。1904—1906年，陈独秀来芜时曾寄住在后楼上，白天到皖江中学堂和安徽公学教书，晚上便在小楼上编写《安徽俗话报》（半月刊）。可惜这幢极有历史文物价值的建筑在长街改造中被拆除。

3）张恒春国药号

芜湖的医药事业，明清时期较为发达。明万历元年（1573），即设有"芜湖县医学"。万历年间，休宁人汪一龙在西门外长街创设了正田药号，字号"永春"，比北京同仁堂（1669年创建）开办得还早。在芜开办200余年，声名远播。可惜药店早已不存，只可查到《影像芜湖》书中的一张永春药店的照片（图2-2-18）。

图2-2-18 长街上汪一龙的永春药店

清代芜湖中药店多有开设，到光绪二十八年（1902）已开设22家。比较有名的有张恒春、王天成、朴同泰、陶仁和等药号。张恒春国药号嘉庆五年（1800）创设于安徽凤阳，其第三代传人于道光三十年（1850）迁来芜湖，先设店于金马门，后又先后移至西门内鱼市街和上长街西端的湖南会馆对面，同治六年（1867）再迁至中长街东端状元坊巷对面。此店是张家购地后自行设计兴建的，施工三年方才竣工。建筑坐南朝北，偏西26度。平面布局为前店后坊，临长街有三开间的高大门墙，石库大门（灰色石框、黑漆门扇），金字招牌（门头匾额上书"张恒春"三个大字），十分壮观（图2-2-19）。进店后是宽而深的店堂，明间前部空间加到两层楼高度。两侧是长长的药柜和高高的柜台，备有1200种以上的药材。店堂后是中药加工场，自制丸、散等各种成药。后沿紧靠青弋江，水路直通长江，进出货十分方便。该建筑内外都体现了徽派建筑特色。1923年前后是张恒春国药店的兴盛时期，资金已达30万银圆。到1947年，虽鼎盛期已过，但店内职工仍有84人。可惜该店在长街改造中未能幸免。

图2-2-19　张恒春国药店外景

4）芜湖宝成银楼

银楼即银器店，主要出售自制的银首饰，如银项圈、银手镯等。建筑的平面布局常为前店后坊，自设加工作坊。至于金首饰、钻石、珠宝、戒指等贵重饰物，多由沪宁大商铺购进出售。金银首饰不仅是贵重装饰品，也可以保值，成为储蓄的一种重要方式，所以银楼生意十分兴隆。

1864年开设于长街的宝成银楼是芜湖的第一家银楼，为宁波人朱锦棠创设。此后，1906年，江苏人张叔藩又在中长街陡门巷上首开设了宝庆银楼，规模与宝成银楼不相上下。到民国时期，芜湖陆续开设的大小银楼有二三十家，基本上设在下长街和中长街。

朱锦棠原在汉口宝成银楼工作，后集资来芜，购买了下长街一幢房屋，修建成三开间门面。宝成银楼创设时，资金约5000两纹银，开业时备有金首饰200两，银首饰数千两，足够门市供应，实力十分雄厚。前店有营业员二三十人，后厂有工匠三四十人，杂工十人左右。由于工匠技术高强，冶炼、雕花、嵌钻、镶宝、刻章，手艺都很讲究，不但式样美观，而且质量成色有保证，所以顾客川流不息，销路甚畅。此外，也兼营黄金买卖。一天的营业额，进出黄金首饰数十两、白银首饰数百两，获利至厚。

从网上查得一张上海宝成银楼历史照片（图2-2-20），是仿照"四柱三间牌楼式"传统的店面设计。许知为《芜湖的银楼业》一文中有段描写："朱锦棠开设的宝成银楼，门楼装饰得像宫殿一样，飞檐翘角、伸向街心上空，盘龙刻凤，朱漆描金，高挂金字招牌，金碧辉煌，起了招徕顾客的作用。"这段描写的内容与照片倒是十分一致的。宝成银楼的立面处理，一层为三开间实墙上中间开了大门，两边是低窗台窗，都宽大而精致，窗前还做有花格式铁栏杆；二层三个开间是有着精美雕刻的三层五扇木排窗；底层顶部和二层檐下都有"美人靠"式出挑（下部还做有挂落），屋顶檐下竟然做了斗拱，木装修可谓精美绝伦。关于宝成银楼内部，"店堂内的楹联牌匾，油漆光亮，茶几陈设，古色古香"，"店堂着色，全部楹柱门窗屏几贴金，描龙画凤，金碧辉煌，令人眼花缭乱，宛似置身金色宫殿之中"，可见内部装饰设计同样精美华丽。这些做法，听说芜湖其他银楼也尽力仿效。

图2-2-20　上海的宝成银楼

3.芜湖明清商铺建筑特色

芜湖明清商铺是商业街区的最基本单元，整个商业街区采取分层次的布局：街区—街坊—单体商铺。交通组织的结构是主街—支巷—院落。由主街直接进入院落，或是由支巷进入院落。如南大街商业街区分为花街与南正街两个商业街坊，长街商业街区分为上长街、中长街、下长街三个商业街坊。南大街与长街除了主街外都有若干支巷。商业街坊的建筑布局，一般前面是沿街商铺，后面是居民住房（主要由支巷进入）。每个沿街商铺都各自成为一个独立的建筑单元。芜湖商铺的主要建筑特点可归纳如下。

1）商铺常为院落式，多采用二、三进建筑

按使用功能可分为三类布局：小型商铺常为前店后居（前面营业后面居住）或下店上居（楼下营业楼上居住），中型商铺常为前店后库（前面是营业店堂，后面是存货仓库，二层居住）或前店后居（前面营业后面居住），大型商铺常为前店后坊（前面是营业店堂，后面是生产作坊，居住在二层）。按建筑开间可分为单开间与多开间两种，小型商铺均采取单开间，面阔常为3～4米；大中型商店常采用多开间，一般不超过三开间，这样一条街可以容纳更多的商户。

2）多采用传统的砖木结构建筑体系

芜湖商铺的结构体系多采用我国传统的砖木结构建筑体系。大多采用穿斗式木梁架，局部采用抬梁式木梁架。穿斗的柱径常在120～180毫米，抬梁的柱径常在200～280毫米。一层沿街店面常用减柱做法，以一根大梁承托，显得店堂宽敞。一层多方砖地面，二层皆木楼板。上二层皆为木楼梯。一层高度常为3～4.3米，二层高度常为2.4米以上。檐口高度常在6米以上。商户间外墙多为空斗砖墙（下部砌有石墙或实心砖墙），顶部多为马头墙。屋面常在木椽之上设望板、望砖（也有苇箔、席箔），上铺小青瓦屋面。进入近代以后，少量店铺采用了新的结构体系——砖混结构。承重结构采用砖墙、砖柱，有的还用了钢筋混凝土承重梁、钢筋混凝土楼梯，甚至钢筋混凝土平屋面。

3）多采用徽派建筑风格

芜湖商铺的建筑风格具有皖南地域建筑特色，深受徽派建筑影响，具有较浓郁的徽派商铺建筑风格，这也形成了长街主导的建筑风格。芜湖进入近代以后，城市开埠，对外开放，洋货涌入，新的商业经营理念进入，融入了西方的建筑文化，出现了少量欧式建筑和中西合璧式建筑，使芜湖长街的建筑风貌多元化，商业街显得基调明晰且形式丰富多样。

芜湖长街沿街商铺立面形式可归纳为三类：多为二层有悬挑，檐柱两层到顶，挑檐檩下设吊柱，支撑吊柱的挑梁下有雕刻精美的斜撑，二层挑出有利于商业街遮阳避雨；也有檐柱为上下两层的通柱，无出挑，二层檐口出挑加大，也能起到遮阳避雨作用；还有一层带有披檐，一、二层位于同一垂直面上，结构虽简化但同样也能起到遮阳避雨功用。店面的设置，一层常为可装拆的木板拼板门，也有少量的临街隔扇门窗，二层常为连排槛窗，窗下多饰有各种花格或车木栏杆。当然，少量的店铺出于内部功能需要，店面采用了较为封闭的开有门窗的实墙，如当铺、钱庄以及有些药房。长街立面的生动变化更在于各种不同形式的招幌和匾额，各具特色，丰富多彩。

（四）居住建筑

住宅，在任何时代都是最主要的量大面广的建筑类型。《中国大百科全书：建筑·园林·城市规划》载：中国在先秦时代，"帝居"也好，"民舍"也好，凡是住宅皆称"宫室"；从秦汉起，"宫室"才专指帝王居所，而"宅第"专指贵族的住宅，一般民居为"舍"；近代则将宫殿、官署以外的居住建筑统称为"民居"。

明清时期，民居的类型与数量都有增加，等级制度明显，"庶民庐舍不过三间五架，不许用斗拱，饰彩色"。不同地域、不同民族的民居做法各有不同。在汉族民居中，最有代表性的是北方四合院和南方天井式民居。

此时期芜湖古城典型民居结构为穿斗式木构架，圆柱扁作梁，木楼梯、木楼板、屋面木基层、小青瓦屋面，室内分隔用木板墙，一层地面有木地板、方砖、青砖席纹等多种，室外铺地一般用石砌或砖砌。总平面布局为天井式多进建筑，室内空间向内院开敞，多采用木质门窗扇。住宅外围都较为封闭，多采用空斗砖墙，下部用石砌或实砌砖墙，出屋面山墙多用马头墙。住宅的临街巷出入口有重点装饰，大门多为石砌门框的石库门做法，大门上装饰有各式门罩。有的大门为避免垂直面街，入口处做了斜向处理。芜湖明清民居的做法多受徽派民居影响。具体民居实例列举如下。

1.花街潘家"宫保第"

这是花街中部西侧一处重要的建筑遗存，曾是江南河道总督、加封太子少保衔的潘锡恩的府邸。潘锡恩（1785—1867），泾县茂林潘村人，嘉庆十六年（1811）

考中进士，道光二十八年（1848）告老还乡，后定居芜湖。推测此府邸建造于1848—1860年，由前楼和后楼两部分组成，均为两层带天井徽派建筑。前楼为府邸，后楼为内宅，都有单独出入口。中间有一花园式院落，东通前楼，西通后楼。

前楼坐西朝东，东临花街，便于接待，两进，"口"字形平面，面阔15米，总进深约28米，中有天井，后有内院。入口设在东北角，为不正对花街，大门做了斜向处理。此楼平面特殊处是在通常的三开间南侧又增加了一个开间。正对天井的正厅为更显开敞，采用了减柱法，使用了跨度达到10.21米的"冬瓜梁"。后楼坐北朝南，远离街道的喧闹，适于居住（图2-2-21）。后楼为"工"字形平面，南北两侧都有长约12米的天井。主楼为五开间，基本上采用对称式布局，四角皆有厢房，总面阔22米，总进深19米。入口设在东南角，左侧就是前天井，正对开有8扇隔扇门的正厅。潘家"宫保第"建筑群，高墙深宅，建筑规模大，建筑标准高，建筑装修华丽，尽显高级邸宅的气派。

图2-2-21　潘家"宫保第"后楼

2020—2023年前后楼先后进行了维修，现在分别作为茶室、酒吧使用，得到了较好的保护和利用（见彩页）。

2.萧家巷季嚼梅故居

季嚼梅故居位于萧家巷南段的西侧原3号，始建于清中晚期。最初房主是孙泽余，1934年8月，国民党高级将领季嚼梅买下这处房产。季嚼梅抗战期间积极抗战，1943年曾任远征军司令部高级参谋（中将）。抗战胜利后，季嚼梅不愿同室操戈，卸任后回芜定居。季嚼梅故居由两部分组成。东楼坐西朝东，面阔四间，长14.7米，大门开在临街的东南角，西侧有外廊，楼梯设在走廊北端的外侧。西楼坐北朝南，面阔五间，长19.5米，南侧有1.7米宽外廊，廊中部靠外侧设有木楼梯。东西两楼平面布局均为外廊式，这在芜湖古城民居中并不多见，是一处典型案例（见彩页）。这组建筑最初规模较大，主体建筑曾是"四水归堂"式"回"字形平房，规格较高，惜早已不存。

3. 萧家巷张勤慎堂

张勤慎堂位于萧家巷16号，为19世纪60—90年代洋务运动积极参与者吕福堂所建。时任两江总督张之洞（1837—1909）曾为之亲题匾额。1920年吕福堂全家搬离芜湖，张海澄购下此房，改堂号为"张勤慎堂"（图2-2-22）。该建筑坐北朝南，略偏西。面阔三间，总宽约14米，进深三进，总长约27.3米，占地面积约380平方米，建筑面积约345平方米。南立面很有特色，大门开在正中间，门向略西斜，有风水上的考虑。石门框上方有嵌砌的长方形石匾，原来悬挂有楠木匾额。大门两侧次间只在底层开窗。墙下为条石墙裙，墙顶檐

图2-2-22　维修后的张勤慎堂

部有数层叠涩，其间还有一道水波纹砖饰，整个立面显得古朴典雅。第一进门厅建筑是单层单坡屋顶，后二进都是两层双坡屋顶，第三进是主体建筑，高度及体量均比第二进要高大得多。

4. 缪家大屋

缪家大屋位于芜湖古城内花街东侧44号，原设有安放缪家祖先牌位的祭堂。该建筑为两层砖木结构，抬梁式木构架建筑，大约建成于清嘉庆后期，承袭有明代建筑的遗风。梁部装饰十分精美，天井廊屋上拱轩形制尤为特别。缪家大屋原为四进三层建筑，现存建筑仅为第三、四两进，中间有天井，设有"走马楼式"回廊（图2-2-23）。建筑坐西朝

图2-2-23　维修后的缪家大屋

东，面宽三间，总宽10.23米，总进深约26米，建筑面积为518平方米。建筑内部

有八根粗壮的楠木柱，十分珍贵。生于官宦世家的晚清乐理学家缪阗曾居于此处。

（五）寺、塔建筑

1.芜湖广济寺

关于广济寺，民国《芜湖县志》载：广济寺。在县北赭山。唐乾宁中建，光化元年（898）署名永清。宋大中祥符间（1008—1016），改广济，门外石经幢二：一题大中十二年（858），一题祥符六年（1013）。明景泰间（1450—1456），吉祥寺僧宏德重修。清乾隆二十一年（1756），徽绅戴天溥、汪昭和等募修。嘉庆三年（1798）僧越江募修。咸丰时毁。同治、光绪间（1862—1908）节次重修。上为地藏殿，仿照九华制度，石阶高耸，两旁护以铁链，寺右为滴翠轩，轩后为赭塔，规模宏敞，推为名胜。世传金印，宝若连城，凡朝九华者必先于此进香，以俗又称"小九华"故也。由上可知，芜湖广济寺始建于唐，明代有过重修，清代乾嘉时有过募修，咸丰时毁，同治、光绪时又重修。另据1993年版《芜湖市志·大事记》载："唐昭宗乾宁四年（897）在赭山建广济寺。初建时无名，在唐光化年间起名永清寺。1009年改名为广济寺，太平天国时被毁。同治、光绪年间按原有规模重建"。由上可知芜湖广济寺始建于897年，定名于1009年。同治、光绪年间的广济寺是按原有规模重建的。此时面貌，《芜湖旧影 甲子流光（1876—1936）》一书中两张1903年前后广济寺的老照片，展示得十分清楚。我们从不同角度看到在一条明确的主轴线上，从南到北、从低到高有四座佛教建筑：山门、延寿殿、大雄宝殿、地藏殿，中轴线顶端是广济寺塔。值得注意的是，除了大雄宝殿采用了重檐歇山屋顶，其他三殿都是硬山层顶，这和九华山寺庙的建筑风格是一致的，与"九华行宫"定位相符。这种规制一直延续到"文革"，与龚佛龙《芜湖佛教史拾零》文中的描述是一致的[①]。

"文革"期间，广济寺遭到严重破坏，佛像被打碎，文物被偷盗，藏经仅存残本，殿宇僧房被改作工厂。落实宗教政策后，归还寺产，政府拨款重修庙宇、佛像，广济寺逐渐恢复旧观，1983年被国务院确定为全国重点保护寺庙。2001年，政府投资在九华山路西侧兴建了面积为1.4万平方米的九华广场，成为广济寺主入口前的广场。2020年以后，广济寺进行了多次改建、扩建。主轴线上的变化是山门移至广济寺东南角，面对九华广场，原山门处布置为天门殿，原药师殿移至地藏殿

---

① 《安徽文史资料全书·芜湖卷》，合肥：安徽人民出版社2007年版，第777-778页。

东侧。除了中轴线，东、西两路布局也已完善，钟楼、鼓楼、东西厢房、僧舍、斋堂、藏经楼、后山门等建筑都有建设，西侧建有上山的无障碍通道，山门后复建了放生池，进山门后北侧又新建了巨幅铜浮雕墙"地藏菩萨事迹图"（高4米、长40米），丰富了广济寺的佛教文化（图2-2-24）。

图2-2-24 广济寺

2.广济寺塔

此塔位于广济寺地藏殿后，也称赭塔。建于北宋英宗治平二年（1065），迄今已近千年，是一座珍贵的芜湖现存北宋古塔。历代均有修缮，最近的一次维修是在1996年（1997年竣工），恢复了一直缺损的塔顶。广济寺塔为楼阁式砖塔，平面为六角形，底层边长为3.6米，塔五层，高约26米。塔体底层层高较高，二至五层有平座。砖饰仿木斗拱承托各层挑檐，角部起翘不高。自下而上逐层有明显收分。塔内结构为交错布局的穿心式台阶，回廊式塔室。塔檐、斗拱、窗棂等物件均为砖砌仿木式样，有宋代建筑特色（图2-2-25）。每层六面相间开有三窗，隔层错开开窗位置。内外墙面均嵌有砖雕佛像。塔内供奉一尊神兽塑像，

图2-2-25 20世纪30年代
广济寺塔

名为"谛听"，相传是新罗王国王子金乔觉当年渡海南来的坐骑。"赭塔晴岚"，在芜湖古八景与新十景中均列首位。此塔依山拥寺，气势雄伟，"每当雨后，岚光缥缈"，久负盛名，诗人多有题咏。广济寺塔1981年被安徽省人民政府公布为省级重点文物保护单位，2019年被国务院公布为第八批全国重点文物保护单位。

3.中江塔

中江塔位于青弋江与长江交汇处的河口北岸，始建于明万历四十六年（1618），竣工于清康熙八年（1669），从明末到清初，历时52年。此系镇水之塔，原为七

层，"工未竣或谓与工关有碍，折损二层"（见民国《芜湖县志》），实际上主要原因是地基承载力较差，又加上后来乾隆十五年（1750）的一场大火烧毁了两层，再未恢复始观（图2-2-26）。现存中江塔为五层楼阁式砖塔，局部有木结构。平面为八角形，底层边长为4.1米。通高43.7米，其中塔刹高10.16米，每层真假窗洞各四，窗侧左右各有一灯龛。第一层现已大半沉入观景平台下，已看不见完整的五层，原塔第一、二层之间的挑檐也难以恢复。现第二至五层的挑檐均为仿木的砖砌斗拱承托，角部均有明显起翘。塔内第一、二层为石梯，第二至五层为依壁木梯。

图2-2-26　1909年中江塔

古有"盆塘塔影"，与"芜湖古八景"齐名。今有"双江塔影"，1999年被评为"芜湖新十景"之一。中江塔1987年、2009年有过两次维修，1982年被列为市级重点文物保护单位，2004年被公布为省级重点文物保护单位。

4.东能仁寺

能仁寺是芜湖四大寺院之一。原有东、西两个能仁寺，尤以始建于南唐的东能仁寺影响最大。北宋时苏（轼）黄（庭坚）在此都留有墨宝。此寺历经兴废，明清时期多有增修。抗战期间，殿宇被毁。新中国成立初改建为胜利电影院。2002年芜湖市佛教协会在古城内南菜市改建能仁寺大殿一宇。2023年又在此重新建了带有斗拱的能仁寺大殿（图2-2-27）。

图2-2-27　芜湖能仁寺复建大殿

5. 铜佛寺

"天门中断楚江开，碧水东流至此回。"诗仙李白的《望天门山》脍炙人口，千古流传。天门山也有了"第一诗山"的赞誉。天门山位于芜湖市北郊长江边，也称博望山、东梁山，海拔81米，濒江而立，与西梁山隔江相望。因此，也有天门山是东、西梁山的合称之说。两山夹江，犹如大门，素有"长江锁钥"之称，为历代军家战略要地。

铜佛寺位于天门山北麓，背山面江，气势宏伟。相传当年金乔觉过江后曾从此经过。唐朝时佛教兴盛，这里建了铜佛寺，后因战火而毁废。直到明朝又重建铜佛寺，因用稀有金属凤白铜做成的佛首精致逼真而闻名于世。咸丰三年（1853）遭毁，1913年复建。"文革"时期，又被拆毁。20世纪90年代，重建铜佛寺，恢复了香火（图2-2-28）。时任中国佛教协会会长赵朴初亲笔题写"天门圣境"四个大字，镶嵌在大雄宝殿门楼上。1999年，"天门烟浪"被评为"芜湖新十景"之一。

图2-2-28 天门山铜佛寺

第三章　芜湖近代城市与建筑发展史略

1840年的鸦片战争，揭开了我国近代史的序幕。清末民初，是芜湖由传统城市向近代城市转型的重要时期。这种转型不仅是在古代城市基础上发生的，也是在外来因素的作用下被强行推动的。芜湖的近代时期，无论是城市性质、城市功能，还是城市结构，乃至城市形态、城市建筑，都有很大的变化和发展。

1937年卢沟桥事变后，抗日战争全面爆发。同年12月10日，芜湖成为安徽第一个沦陷的城市。自此，芜湖城市遭到极大破坏，进入畸形发展时期。1937年是芜湖近代发展史的一个重要分界点，因此，将芜湖近代城市与建筑发展史划分为全面抗战前的顺利发展阶段和全面抗战后的曲折发展阶段。

1911年的辛亥革命，结束了两千多年的封建专制统治。这是重要的年代节点，把全面抗战前的顺利发展阶段又划分为初步发展期和快速发展期。1945年抗日战争胜利，中国面临着两种命运、两种前途的抉择。这也成为重要的年代节点，把全面抗战后的曲折发展阶段划分为畸形发展期和发展凋零期。

第一节　芜湖近代城市

一、全面抗战前的芜湖城市（1876—1937）

（一）初步发展期（1876—1911）

1.1876年前的芜湖城市

1）我国沿海沿江若干城市对外开埠对芜湖的冲击

1840年英国发动了侵略中国的"鸦片战争"，此后强迫中国签订了许多不平等条约。1842年《中英南京条约》签订，广州、福州、厦门、宁波、上海五处被辟为对外通商口岸；1858年《中英天津条约》签订，又开辟了牛庄（后改营口）、登州（后改烟台）、台南、淡水、潮州（后改汕头）、琼州、汉口、九江、南京、镇江等十处通商口岸。这些城市的陆续开埠，给芜湖带来很大冲击。1858年签订的《中英天津条约》中有一条特别的内容：外国传教士可以到内地自由传教。这便成为西方国家传教士自此以后可在中国内地广为传教的依据，为西方国家对我国进行文化渗透开了"绿灯"。

2）西方国家在芜湖的宗教传播

早在西方国家用武力轰开清朝国门之前，宗教传播方式的文化渗入早已悄然进行。西方宗教在华传播的历史可追溯到唐代，但规模较大的传教活动是在明末清初。清初，传教士首先进入安徽建堂传教的地点有五河、安庆、池州和徽州。在1774—1875年的江南教务统计表上注有"芜湖堂口"，可见此时传教活动已进入芜湖。太平天国运动曾冲击过西方传教活动，但自1864年太平天国运动失败以后，直到1876年芜湖开埠，约12年的时间，西方传教士对安徽又恢复了大规模的扩张行动，出现向南发展并以布局沿江城市为主的态势。安庆、芜湖、宣城遂成为神父、教堂和教徒集聚的城市。进入芜湖的基督教宗派是安徽省内最多的。如圣公会在1850年前后来芜在狮子山顶建了一座主教办公楼；宣道会在1852年前后来芜在河南（指芜湖的青弋江以南地区）大巷口购地建了教堂、礼拜堂和住宅；基督会

1865年来芜,先在薪市街,后迁鱼市街设立了教堂和宣道所;卫理公会在1870年前后来芜在二街购得民房改建为教堂以传教;公信会同时来芜购买新市口附近一处门面房改做教会会址;来复会约在1876年在凤凰山和范罗山分别建了中学和教堂。此时的芜湖虽尚未开埠,却已被传教者捷足先登。西方传教士在芜湖的传教活动,既带来了中西文化的交流,也引起了中西文化的冲突,这在芜湖近代城市发展中有明显反映。

3)太平天国运动对晚清芜湖的影响

咸丰元年至同治三年(1851—1864)的太平天国运动,是反对清朝封建统治和外国资本主义侵略的农民战争,波及大半个中国。安徽,尤其是安徽的沿江地带,是其开辟最早、历时最久和最为巩固的根据地。1853年1月太平军占武昌,2月沿江而下,夺九江、安庆,中旬进占芜湖,势如破竹。3月19日占领南京,定都后易名天京。从此,为了保卫天京,太平军在芜湖地区与清军展开了长达十年之久的鏖战。其间,1856年一度被清军夺回,1860年太平军重占芜湖,1862年终失守。由于太平天国与清军的反复争夺,芜湖的城市发展遭到非常严重的破坏。"十里长街全毁于太平天国之战,肆廛为墟。"芜湖的近代城市发展至少延缓了十年进程,商业贸易彻底中断,城市人口锐减到不足两万人,农村土地大量荒芜,作为稻米集散中心的城市功能大为减弱。此时芜湖的市面尚不及澓港和湾沚两镇兴盛。

太平天国运动初期,西方列强虚伪地宣布"中立"。1854年5月28日,美国新型战舰苏斯奎汉那号访问芜湖,太平军表示"希望用这类轮船在这段航道上进行商业贸易"。外商或外商代理人常携带大量现银深入皖南山区收购茶叶。英国宝顺洋行船只曾在芜湖停泊六个月之久,试图与太平军进行鸦片交易,但未取得预期的成功。1858年《中英天津条约》签订后,西方列强立即摘下了"中立"的面具。

4)洋务运动对芜湖的影响

洋务运动是19世纪60—90年代,晚清洋务派进行的一场引进西方军事装备、机器生产和科学技术以维护清朝统治的自救运动。其指导思想是"自强""求富""师夷长技以制夷""中体西用",随后中国出现了第一批近代工业,在客观上对中国民族资本主义的产生和发展起到了促进作用。

1861年初,清政府设总理各国事务衙门,作为总理洋务的中央机关。洋务派从"强兵"考虑,首先创办军事工业。1861年,曾国藩在当时安徽的省会安庆设立内军械所,洋务运动拉开序幕。1862年,李鸿章在松江(上海)设立弹药厂;1865

年，李鸿章扩大上海洋炮局为江南制造总局，同年他又将苏州枪炮局迁至南京扩充为金陵制造局。为了培养翻译和外交人才，清政府于1862年开办了京师同文馆，这是清末最早的"洋务学堂"。为了培养人才，1872—1875年清政府先后派出四批共120名幼童赴美国留学。

1870年，李鸿章任直隶总督兼北洋通商大臣。1872年，李鸿章在上海创办轮船招商局（官督商办），这是洋务派创办的第一个官督民营企业，打破了外国轮船公司的垄断局面。1873年，轮船招商局在芜湖设立行栈，为申汉线办理客货运输业务。1876年，招商局在芜湖设立轮运局。轮船比起过去的木帆船，有了极大的进步。英商太古轮船公司到1877年芜湖开埠后才在芜湖设栈，此后，外国船商便接踵来芜开办航运。

随着洋务运动的开展，中国近代矿业、电报业、邮政业、铁路运输业等行业相继出现，近代纺织业、纸业、印刷业、制药业、自来水业、电业等也得到发展，这些都使城市发展到近代以后产生了很大的变化。

5）芜湖近代城市的萌芽

鸦片战争后，中国社会发生了深刻变化，沦为半殖民地半封建社会。由于芜湖开埠稍晚于沿海、沿江若干城市，其近代化进程略微滞后。但是在近代中国社会性质转变的大背景下，芜湖也慢慢开始了向近代社会变迁的历程。直到1877年芜湖被辟为通商口岸而对外开埠，芜湖近代城市的建设才正式揭开了帷幕。因此，1840年至1876年可视为芜湖近代城市发展的萌芽期。

2. 城市发展概况

经过两次鸦片战争，清政府先后开放了14个通商口岸，但欧美等国并不满足，又提出了扩大口岸开放的要求。1869年10月23日中英双方在北京又签订了《新修条约》，规定增开温州、芜湖两个口岸，但由于只提及洋人可居住设栈、加征鸦片进口税等，未提及可以开采煤矿、修筑铁路等，英商自然不满，英国政府因此未批准此条约。1876年9月13日，英国借马嘉理事件，强迫清政府签订了《中英烟台条约》，开放宜昌、芜湖、温州、北海为通商口岸，大通、安庆、湖口、沙市列为外轮停泊地点和上下货的"寄航港"，允许英国派员驻寓重庆，查看川省英商事宜。自此，芜湖与宜昌、温州同时开埠，皆沦为半封建半殖民地的港口城市。

1）芜湖开埠与租界区的划定

芜湖地处长江下游南岸，南倚皖南山区，北望江淮平原，地理位置十分优越，是长江中下游的一个重要港口，也是一处重要的物资集散中心，早就受到各国列强的觊觎。《中英烟台条约》中开埠的四个城市都设立了海关，但只有芜湖同时设立了租界，可见各国列强对芜湖的"重视"。

1877年4月1日，芜湖海关开关，正式对外开埠。同时通过《租界约》划定芜湖西门外陶沟至弋矶山沿江一带滩地，作为英国专管租界，面积119亩。初期并无外商前来投资，直到1882年英国怡和洋行欲租用陶沟北侧一块用地，但此地长久以来被宿太木商堆放木材，矛盾始终无法解决。1901年，美、法、俄、日等国也要求尽快在芜湖设立租界。1902年拟出《芜湖通商租界章程》草稿，因多有分歧，经多次修改，1904年中英才正式签订《芜湖各国公共租界章程》，专管租界变成公共租界。1905年5月16日，清政府外务部批准该章程。同年6月28日，举行租界开辟仪式，芜湖租界正式开辟。此时，距《中英烟台条约》签订已有29年之久。

在《芜湖各国公共租界章程》中，芜湖租界范围又有扩大，南起陶沟，北到弋矶山麓，西至大江边的沿江地带，东至普潼塔（狮子山麓），共计用地719亩4分（图3-1-1）。《中英天津条约》签订后于1861年设定的镇江英租界面积为142亩，九江英租界面积为150亩，可以看出，与其他地方的用地规模相比，芜湖租界要大得多。按《芜湖各国公共租界章程》规定，租界内巡捕、道路、码头、沟渠、桥梁等各项工程，皆由中国自办，所以芜湖租界并没有设立工部局和会审公廨之类的殖民统治机构，实际上租界内的行政管理权和警察权等均归中国所有。由此可以看出，芜湖租界实质上为公共通商场、外国人居留地，只是租界内可行使领事裁判权，外国商民如触犯了中国刑律，由"监督（指芜湖关监督）照会领事馆惩办"，而领事馆总是包庇、纵容外国人。

因铁路建设需要，芜湖租界用地有过一次微调。1904年，芜湖商绅奏请清政府，准其招收商股，自办芜（湖）广（德）铁路。1905年安徽省铁路公司在芜湖成立，要求租用紧靠陶沟以北的滩地，以作建设铁路办事处和兴建江边车站之用。英国怡和洋行以先租为由，坚决不允。几经交涉，1906年3月商定各占一半（共计170多亩），铁路公司占南段，怡和洋行占北段，问题最终得以解决。

1876年，美国旗昌洋行的轮船首先在芜湖停靠，英国太古轮船公司、德国亨宝公司相继来芜经营航运。1877年，芜湖第一个经营鸦片的洋行开业。1881年，英国怡和洋行设立机构，其后，旗昌洋行、亨宝洋行也相继设立机构。1894年，英国人开设书信馆。1895年，日清轮船公司设立机构，并在关门洲外设置两只趸船。

1908年，英商太古公司建成芜湖最早的栈桥式码头。至19世纪末20世纪初，各国在芜湖设立的洋行有：英国的怡和、太古、鸿安、罗森、卜内门、和记、亚细亚等十几家，美国的美孚洋行等数家，日本的三井、三菱、铃木、前田、日清等十几家。这些洋行大量推销鸦片、洋纱、洋布、煤油等"舶来品"，一般还兼营运输业务。这些洋行在长江边都设有专用码头、趸船，还建有各种堆栈、仓库。

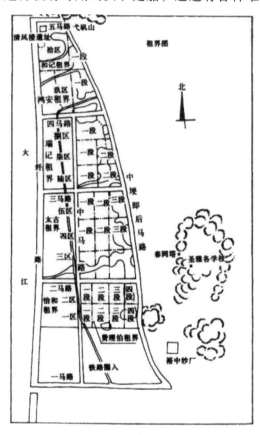

图3-1-1 1910年芜湖租界图

开埠后芜湖由转口贸易变为直接对外贸易，大大促进了芜湖经济的发展。芜湖租界的设立使芜湖城市加快了向西临江发展的态势，城市规模明显扩大，城市用地由老城向西扩展的建成区达2.4平方千米。

2）芜湖米市的形成与发展

芜湖地处安徽产粮中心，长江两岸及巢湖周围是省内重要的稻米产区，产量较多且米质优良。芜湖便利的水运条件使其成为著名的粮食交易集散中心。嘉庆、道光年间（1796—1850），芜湖就兴起了一定规模的砻坊业，有着良好的粮食加工基础。芜湖被辟为通商口岸后，李鸿章奏准清政府将镇江七浩口米市移至芜湖，进一步促进了芜湖米市的形成。1877年，李鸿章奏准将镇江米市迁至芜湖，到1882年以后芜湖米市已成为中国近代著名的四大米市之一。1895年，安徽省在芜湖设立米捐局，之后江苏省也在芜湖设立米捐局，严禁偷税、私运米粮出境，米市更得以顺利发展。20世纪初，芜湖米市进入繁荣时期，形成了巨大的米业市场，主要集中在江口和沿河一带。芜湖市大米输出速度增长很快，1877年仅出口10万石，1898—1904年稻米"出口数量多至五百余万石，少则三四百万石"，时人形容芜湖的稻米是"堆则如山，销则如江"。到1905年，芜湖大米输出量达到843万石，已成为全国四大米市之首。芜湖米市经销的大米主要来自省内，湖南、江西、湖北、四川等地也有部分大米运到芜湖后转口销售。米粮出口渐成芜湖出口大宗。1899年大米出口占总值的82.8%，最高时达91.3%，一般维持在80%左右。大米主要销往上海、广州、潮州、汕头、宁波、福州、天津、烟台、青岛、威海等地。直接外销数量不大，主要销往日本、爪哇等地。

米市的发展带动了相关行业的迅速发展，1908年计有米号40户，米行40户，小市行约50户，砻坊约70户。机器碾米业发展到9家。

芜湖大米的进出主要经由水路，米市的兴盛也使芜湖成为安徽省的水运中心。平时停泊在芜湖的民船在600艘以上，每年进出芜湖的民船均在10万艘以上。芜湖大米运往国内各商埠主要靠大轮，当时每年进出芜湖的轮船在4000艘上下，轮船吨位达700万吨。

米市的兴起极大地促进了安徽及芜湖米粮产业的发展，各地粮食种植面积不断扩大，进一步促进了农产品商业化。米市的兴起更是刺激了商业的繁荣，促进了银钱业、布业、烟业、百货业、饮食服务业等的发展。

据统计，20世纪初芜湖经商者约5万人，计3000户，其中较大的商贾有200户，俱为米商。芜湖米商有广帮、潮帮、宁帮和烟帮等诸帮，各帮在芜均设有多处米栈，并设有各自的会馆。

这一时期芜湖市区的人口增长较快。开埠前人口只有4万人，1882年达6万人；根据当时海关估计，1891年市区人口近8万人，1901年达10万人。芜湖无论是单个城市人口数量还是城市化水平都高于当时的省会安庆，成为清末民初安徽省最大的城市。这与芜湖米市的兴起不无关系。

3）开埠后的社会发展

（1）新式机构的产生。

城自治公所的设立。20世纪初，为了筹办宪政，从国家、省到地方，分别设立了资政院、咨议局及地方自治机构。1910年8月，芜湖成立城自治公所，主要从事宣传教育、医药卫生、慈善事业、公营事业等工作。

地方审判厅、检察厅的创办。为了将司法从行政分离出来使其专门化，全国设立了大理院、高等审判厅、地方审判厅、初级审判厅四级法院。1910年冬，芜湖地方审判厅和地方检察厅创办，合称地方审判检察所，还推进了狱制改革，实行审监分离。1911年9月，皖南罪犯习艺所改名为模范监狱，使监狱与工厂相结合，体现了人道主义思想，在某种程度上反映了时代的进步。

警察机关的建立。1901年9月，清政府谕令各省设立巡警。1902年底，芜湖将原有保甲局及保卫营改编为巡警总局。1903年，创办消防队。1909年，将巡警总局改为警务公所，民国以后又改为地方警察厅。

（2）海关、邮政、金融机构的设立。

海关的设立。1877年4月1日，芜湖海关建立，被定为三等海关，由税务司管理关务，专征轮船装运的进出口货物税款。芜湖海关的设立，使转口贸易变为直接对外贸易。海关进出口贸易总额1888年比1878年增长了18倍，进口贸易税收1905年比1878年超出36倍，可见贸易总额和税收都有很大增长。

邮政机构的设立。近代邮政是在原来驿铺和民信局基础上发展起来的。1876年已有民信局，为民众传递信函和商包，且有上至武汉、下至上海的远途传输能力。1896年，李鸿章奏定在通商口岸试办邮政局，3月芜湖邮政总局成立，是安徽邮政史上第一个邮局，也是全国35个邮局之一。总局设于芜湖海关附近，由海关税务司兼办，分局设于长街徽州会馆。1898年开始邮政发行《皖报》，1904年对外埠发行《安徽俗话报》，1909年邮政总局开办了快递信函和挂号业务。

金融机构的设立。1906年，裕皖官钱局（银行）成立芜湖分局，标志着芜湖近代新式金融机构的产生。但芜湖旧式钱业仍占主体，30多个钱庄仍然存在，钱业发展到高峰。1908年，户部银行改组为大清银行。1909年9月，在芜湖设立分行，这是芜湖最早的中央银行机构。1903年，美国商人曾在芜设保险公司，这是芜湖最早的保险公司。

（3）商务总会的设立。

芜湖各行业公所的创立较早，清嘉庆年间就开始陆续设立，而商务总会于光绪三十一年（1905）才由十三帮（广肇、米业、钱业等13个公所组成）的商董共同筹建，设在西门外花津桥。1906年经安徽省劝业道工商部批准，正式成立。这是安徽省成立最早的商会。李鸿章侄子李经榘被推为首任总理。下辖52个行业会所，1915年并入总商会，到1918年入会注册者有750多家，澛港、方村、清水河各镇均有分会。

行业公所及商务总会实现了由传统行会向现代社团的过渡，在社会事务方面发挥了重要作用，如助建皖赣铁路，赞助城市公益事业（如重建利涉桥、创办万安救火会、修建二街、赈灾等），维护商民利益，创办学校（1913年总商会创办私立乙种商业学校）等。

3.新式教育的产生

晚清"新政"的教育改革。1901年，清政府宣布改书院为学堂，要求省城设大学堂或高等学堂，各府厅直隶州设中学堂，各州县设小学堂。1902年颁布"壬寅学制"，1903年颁布"癸卯学制"，1905年9月废除科举制度。

新式教育机构的设立。1904年清廷设立学务大臣，1905年设立学部（民国时改为教育部）。1904年安徽省管理教育的机构是学务处，后改为学务公所，民国时先后改为教育司、教育厅。1906年省一级设提学使司，专管全省教务，府厅州县设立劝学所。芜湖县劝学所在停办的原县学署设立，20世纪20年代后县级机构改为教育局。

新式学校的诞生。芜湖自办的新式教育出现较晚，是在改造传统书院的基础上发展起来的。1765年创办的中江书院，1895年改造后增设实用学科，初具近代学校的雏形。1903年改为皖南中学堂并附设小学堂，同年底，迁至大赭山，易名为皖江中学堂（俗称赭山中学），开芜湖官办近代中小学之先河，是安徽省最早的独立中学。1904年冬，革命党人李光炯将创办于湖南长沙的安徽"旅湘公学"迁回芜湖，更名为安徽公学，此校成为培养革命青年的摇篮。校址在二街米捐局巷内，除开设普通中学班外，1905年又增设了速成师范班。1906年在河南西街设立公立芜湖县师范学堂。1908年设立安徽全省公立女子师范学堂蒙养院。1909年成立的皖江法政学堂，是芜湖高等教育之先声。其他新式学校还包括：公立襄垣小学（1905年创办），庐和公立小学校（1906年创办），泾县旅芜高等小学校（1907年创办），徽州旅芜国民小学（1907年创办）。至1908年，芜湖有小学堂17所（其中官办5所，乡绅捐资兴办6所，教会私立6所）。

教会学校的设立。1870年基督教美国传教士创办男、女两所小学。1879年天主教创办男、女教理小学各一所。1896年，在状元坊创办育英学堂。1897年创立广益学堂，1903年迁至石桥港，更名为圣雅各中学，设中、小学两部，1909年在狮子山购地造房，设圣雅各中学高中部，石桥港分校旧址遂成为初中部。1903年来复会在青山街后巷15号创办育英学堂，1906年改称萃文书院，1921年发展为萃文中学。1907年中华基督会在后家巷太平大路设立励德小学。

芜湖新式教育的发达程度当时位居全省前列。五四运动前后，芜湖县城有小学校30所，普通中学7所，师范、职业学校4所，还有小学附设幼儿园。

4.近代工业的兴起

随着以机器生产为主要特征的近代工业的出现，芜湖以它优越的经济、地理条件，吸引着各地商贾和民族资本家来此设厂，成为安徽省近代工业之冠。芜湖近代工业产生于19世纪末，主要是民族商办工业。

面粉公司的创办。1890年，民族资本家章维藩等建芜湖益新米面机器公司，因受厂址、注册等各种阻挠，直到1894年才开工投产，投产后生意很好，供不应求。这是安徽省内最早的民族资本主义企业，也是我国最早开办的机器面粉厂之一。1906年更新机器，扩大规模，新建了一幢三层制粉大楼。

电灯公司的创办。1904年民族资本家吴兴周发布招股创立电灯公司广告，1906年集资创办芜湖明远电灯股份有限公司，购地、购设备并建设厂房，1908年建成发电，首先为大马路（今中山路）和长街一带的商户、居民提供了电力。此厂开创了安徽省的电力工业史，在当时长江流域华人自办的电厂中，仅晚于镇江（1904年建成发电）。

矿业公司的创办。1878年，繁昌等处开始开采柴煤。1898年，商人王希冲在芜湖开设晋康公司，开煤矿11处，以繁昌南乡五华山矿区最大，产量居安徽省之首。铁矿开采起步于明末清初，芜湖亦为安徽最早。1911年发现繁昌桃冲铁矿，1913年成立了裕繁铁矿公司。

机械工业的创办。1900年，镇江人胡志标创办福记恒机器厂，标志着近代芜湖机械工业的产生。接着又有王福记、同兴、吴永昌等三家机器铁工厂开设。

机制砖瓦厂的创办。芜湖手工生产砖瓦历史悠久，多为个体手工作坊式的土窑焙烧砖瓦。1906年，李鸿章之子李经方在四褐山创办兴记砖瓦厂，制砖瓦机从英国进口。此为安徽省内机制砖瓦之始。

其他尚有1904年创办的泰昌肥皂厂，1905年创办的裕源织麻公司和锦裕织布厂。一些小型的铁工厂、电焊厂、榨油厂、化肥厂等也陆续开办。

芜湖近代工业虽发展较早，在安徽省处于领先地位，但总体上发展不快，资本不足，设备技术也不是很先进，与沿海地区相比尚有差距。由于工业资本投资相对周期较长、风险较大，芜湖投资环境一般，有实力的投资者较少在芜湖投资建厂，制约了芜湖近代工业的发展。

5.市政交通的发展

近代城市的市政和交通建设是社会进步和城市文明的一个主要标志。芜湖由于开埠较早，市政设施和交通工程方面都有一定的发展。但1876—1911年芜湖尚处于近代市政、交通的起步阶段，尚未使用自来水，用水全部采用井水、湖塘及河水，也没有系统的排水设施。发展相对比较突出的是轮船客运。

电信。芜湖电信业的发展特点是先有电报后有电话。1883年，芜湖设立了省内最早的电报局之一（二等电报局），架设了三条有线电报线路，西通长江上游215里，东通长江下游150里，南通湾沚60里（宣城、徽州方向），全长425里。与先后铺设的沪宁线、宁汉线接通。不久，大通、安庆等地也纷纷成立了电报局。1914年以后，芜湖开始使用电话。

路灯。初为煤油路灯，安装始于1903年。白炽路灯安装于1908年明远电厂建成发电后，仅限于大马路、长街一线。到1912年，路灯共有331盏（市区电灯总数为4000盏）。

城市道路。20世纪初，租界区首先进行道路建设，开通了东西向的一至五马路，南北向的沿江大马路（原滨江路），中马路（今健康路）和后马路（今吉和北路）。1876年古城城墙拆除，建成环城马路（1932年有拓建）。1902年设立马路工程局，开始修筑以碎石路面为主的近代马路。同年建成大马路和二街。1909年建成国货路。

桥梁建设。建设桥梁主要是为了解决青弋江两岸交通联系。1897年芜湖商会筹措经费在通津桥重建新舟十三艘，联为浮桥。1900年在宁渊观码头架设木桥，名为利涉桥，1907年被大水冲垮，1908年重建。1906年商办安徽铁路公司拆除老浮桥，建成青弋江铁路大桥（1937年被日军炸毁）。

轮船客运。轮船客运始于1871年，每周有三个航班。1873年官督商办的轮船招商局"永宁"号轮，首航申汉线，由芜湖行栈办理过芜客运业务。1898年商办立生祥小轮公司，首辟芜湖至巢县、庐州定期客运航线。此为地方轮船客运之始。此后，芜湖轮运业相继兴起，营运航线逐渐向长江、内河延伸扩展。至1911年，以芜湖为起讫点的轮船客运航线有16条，长约1691千米。沿长江，上可至九江，下可达南京；循青弋江，可达宣城、郎溪、宁国；走裕溪河，可至巢县、合肥。从此，轮船客运代替了木帆船客运。乘轮船进出境旅客1910年达64.45万人次，比1890年增长17倍多。据统计，1873—1908年，在芜轮船企业有27家，运营申汉线的是四家大公司（太古、怡和、大阪、轮船招商局），其他23家主要运营以芜湖为起讫点的16条航线（始航时间为1895—1908年）。

（二）快速发展期（1912—1937）

1911年的辛亥革命，结束了两千多年的封建专制统治。从民国建立到抗日战争全面爆发的这一时期，芜湖发生了巨大变化。经济上，商业贸易繁荣，工业领先发展，已成为近代安徽的经济中心。社会文化上，在五四新文化运动影响下，芜湖的近代文化和教育有了新的发展。城市建设上，近代化进程有所提速，城市形态有较大变化，近代建筑活动进入兴盛时期。由于处于半殖民地半封建社会，城市发展仍然存在危机。

1.政治变革对芜湖城市发展的影响

1）辛亥革命与民国建立

1911年10月10日，武昌起义爆发，湖北军政府成立。紧接着，湖南、陕西、山西、云南、江西等省份先后宣布独立。11月8日，安徽宣布独立，成立军政府。11月9日，芜湖历史上第一个资产阶级政权机构——皖南军政分府宣布成立。1912年1月1日，孙中山就任临时大总统，宣布中华民国临时政府成立。孙中山领导的辛亥革命终于推翻了清王朝，结束了两千多年的封建专制统治，从此中国跨入了新的发展时期。中华民国成立后，1912年4月6日，芜湖军政分府奉令撤销，民政统一由省府管辖。

袁世凯篡夺政权后，孙中山被迫辞去临时大总统职位。孙中山辞职以后，于1912年10月18日由上海乘"联鲸"号军舰沿长江流域考察，先到安庆，后到汉口、九江。10月30日清晨来到芜湖考察，当晚离开芜湖赴上海。之后，孙中山根据他对芜湖的考察，在《建国方略》中对芜湖建设提出设想，其中"使芜湖成为工业中心，建设芜湖长江大桥"这两个设想现在已经实现，沟通芜申运河的设想也已实施。可见，孙中山先生的思想对芜湖城市发展影响深远。后来，为了纪念孙中山先生，大马路改名为"中山路"，又建设了"中山桥"和"中山纪念堂"。

2）北洋军阀统治下的芜湖

1912年3月10日，袁世凯在北京就任临时大总统，窃取了辛亥革命的果实，中国进入北洋军阀统治时期。从此，袁世凯、段祺瑞、冯国璋、曹锟、张作霖等军阀相继掌握兵权与政权，长达16年之久。从1913年"二次革命"失败至1927年3月国民革命军北伐到安庆，芜湖人民处于黑暗的北洋军阀统治之下，历时14年之久。

北洋军阀统治时期，安徽建立都督府，省军事首脑先后被称为"都督""督军""督办"等，民政首脑先后被称为"民政长""巡按使""省长"等。从1914年起，安徽分设安庆、芜湖和淮泗三道，形成了省、道、县三级制度。芜湖道治设在芜湖县，依前徽宁池太广道辖县，管辖芜湖、繁昌、当涂、广德、郎溪、歙、黟、休宁、婺源、祁门、绩溪、宣城、南陵、泾、太平、旌德、宁国、贵池、铜陵、石埭、东流、秋浦、青阳等皖南23县。芜湖县被列为甲等县。在芜湖设了道尹公署、镇守使公署。1915年芜湖设立了警察局，成立了高等法院第二分院和地方检察厅、审判厅。1918年，在东内街清千总署旧址创建了安徽省第二监狱。

3）新文化运动中的芜湖

芜湖的新文化运动，是在陈独秀影响下发展起来的。早在1904年3月31日，陈独秀在安庆创办《安徽俗话报》，同年夏天来到芜湖续办《安徽俗话报》（由芜湖科学图书社印刷发行），播下了新思想、新文化的火种。芜湖新文化运动从陈独秀1915年于上海创办《青年杂志》（后改为《新青年》）发起新文化运动开始，延续至五四运动的数年间。马克思主义早期传播者刘希平、高语罕来到安徽省立第五中学（简称"五中"）任教后，五中成为芜湖乃至安徽新文化运动的策源地。1919年冬，恽代英应五中校长刘希平邀请来芜湖作了题为"青年运动的道路问题"的讲演，对青年的鼓舞很大。1914年同时进入圣雅各中学读书的李克农、阿英，1917年进入五中读书的蒋光慈等人就是在新文化运动的影响下，以芜湖为起点，走上了革命的道路。

1925年5月，芜湖发生了一场声势浩大的反帝反奴化教育学潮，提出了"收回教育权、反对奴化教育"的口号，在王稼祥等人组成的学生自治会组织下实行了全体罢课。最后这场学生运动取得了胜利。同年10月，将近500名学生坚决脱离教会学校，进入芜湖新办的两所中学，一是民生中学（设在大官山），一是新生中学（设在澛港）。两校皆为中共地下党组织筹建。

4）北伐战争与南京国民政府统治时期的芜湖

在中国共产党的推动下，1926年7月，国民革命军开始了反帝反封建的北伐战争。1927年3月6日，北伐军进占芜湖。蒋介石发动"四一二"反革命政变，在南京成立"国民政府"。芜湖也发生了"四一八"反革命事件，芜湖的中共党团活动被迫中止。1927年大革命失败后，在中国共产党组织下发起了农民运动。1928—1935年，安徽爆发了数十次武装起义。1927—1928年，芜湖地区也爆发了农民武装起义，后被地方反动势力镇压。

1928年8月废道存县，芜湖县仍为甲等县，直属安徽省。1932年国民政府推行行政督察专员公署制度，形成省、行政督察区（专区）、县三级政区。当时安徽分十个行政督察区，芜湖县先后属于第二、第九、第六区等。

2. 城市发展概况

1）近代工矿业的发展

由于辛亥革命推翻了清王朝的封建统治，提高了民族资产阶级的地位，民国政府也颁布了一些有利于资本主义工矿业发展的条例，中国的民族工业得到了长足发展。尤其是1914—1918年第一次世界大战期间，西方帝国主义忙于战争，输入中国的舶来品有所减少，从而减轻了对中国民族资本主义的压力。战争期间国际钢铁价格猛涨，更是刺激了国内投资矿业的积极性。在这样的大背景下，芜湖的近代工矿业得到了较快的发展。

从芜湖近代工业结构来看，主要以棉织业、粮食加工业等轻工业为主，电力、矿业等重工业为辅。从芜湖近代工业在省内的地位来看，可以说处于领先地位。据1912年不完全统计，芜湖商办工业注册资本占安徽全省商办资本的55.31%，已占到一半以上。从芜湖近代矿业产量来看，可谓名列前茅。据统计，20世纪20年代中期安徽铁矿产量一度占全国各主要铁矿产量的三分之一，居全国第二位，芜湖铁矿产量几乎占安徽全省的三分之二。

（1）裕中纱厂的创办。1912—1937年，是芜湖棉织业发展兴盛时期。芜湖棉织业兴起于19世纪末，但仍处于手工阶段。民国初，规模有所扩大。到北伐战争时，发展加快。棉织业机坊由30多家发展到500多家，拥有机台近2000张。到1937年，机坊发展到1000家以上，拥有各种机台5000张左右。由于一战时期，外国棉纱棉布输入锐减，国内出现棉贱纱贵的局面。芜湖周边盛产棉花，交通又十分便利，官僚豪绅陈惟彦看准时机，1916年领衔创办裕中第一纺织股份有限公司。厂址选在狮子山东南侧，纺织机器向英国订购。官商合办的裕中纱厂于1919年5月正式投产，成为安徽近代设立最早、规模最大且一直延续下来的机器纺织厂。工厂生产以纺纱为主、织布为辅，效益一直较好。1922年以后，由于帝国主义和封建主义的压迫，尤其是受到日本棉纱的排挤，经营效益因开工不足而日益降低，到1931年无奈租出。

（2）明远电厂的扩建。1906年创办的芜湖明远电灯股份有限公司，到1915年已为各机关和商店安装了4200盏照明电灯，并为180余盏街灯提供电力。1925年扩建，又购进德国西门子厂制造的640千瓦汽轮发电机组1台，英国拔柏厂生产的锅炉3台，经营规模有所扩大。1928年，1520千瓦汽轮发电机组又建成发电，已可为13000盏电灯供电，也为新建的工厂企业提供了更多的电力。当电业经营有所发展后，吴兴周又相继参股建设恒升机器厂、恒茂五金号、恒升里房地产公司、安徽银行、江南汽车运输公司、百货公司、生生延记电镀厂、天香斋食品商店；独资创办芜湖电话局，还计划在屯溪建水电站。吴兴周成为安徽实业界的巨头，有名望的民族资本家，1920年当选为芜湖总商会副会长。1925年，吴兴周还将徽州会馆所属的小面馆扩建为徽州菜馆，初名"同鑫楼"，后更名"同庆楼"，设有前楼后厅，前楼供应特色小吃，后厅专门办理高档宴席，成为名噪一时的餐饮名店。

（3）化工厂的创建。1920年，吴兴周集资在大砻坊创办大昌火柴股份有限公司，同年7月建成大昌火柴厂，年底试车生产，1921年起正式开工生产。这是安徽最早的一家火柴厂，也是长江下游地区一家规模较大的火柴厂。1919年还创办芜湖毕昌碱皂厂。1921年又创办了华福化工社，生产肥皂、雪花膏、蛤蜊油等产品。

（4）机械修配业的出现。近代工业兴起后，逐步出现了机械修配业。1918年同福泰翻砂厂，1919年恒升机器铁工厂、协成机器厂，相继创建。到1935年，私营铁工厂增加到7家，其中恒升机器铁工厂在新中国成立后逐步发展为能生产重型机床的大型国有企业。

（5）荻港桃冲铁矿的开采。1912年2月21日，广东人霍守华在芜湖设立裕繁铁矿股份有限公司，总公司设在上海，分公司设在芜湖，在繁昌北乡桃冲设矿厂。1914年，日商开始染指。1916年，裕繁公司与日商天津中日实业公司订约合办，该矿每年开采的铁砂全数被日本贱价买去。1918年10月28日，桃冲至荻港码头铁路专用线建成通车，全长8.8千米。自此，桃冲大量优质铁砂外流日本。1918—1936年，裕繁公司运往日本的铁矿石达345万吨。据1928年统计，全公司总人数

2700多人。20世纪20—30年代，繁昌桃冲铁矿年产量仅次于辽宁鞍山、湖北大冶，居全国第三位。

（6）芜湖益新面粉厂制粉大楼的重建。1906年建的一幢三层制粉大楼，1909年毁于一场大火。后又扩大投资，购置英国全套新型制粉设备，1916年在原址上重新建起了一幢四层制粉大楼，年产量30万袋面粉，其产品"飞鹰"牌面粉驰名全国。章维藩在创办益新面粉厂的同时，曾与桐城商人吴龙元共同集资，于1913年在当涂创建了宝兴铁矿，盈利甚丰。抗日战争全面爆发后，于1937年9月停产。

2）近代商业和金融业的继续发展

民国时期，芜湖商业和金融业有进一步发展，芜湖仍然是安徽最大的商业城市。抗日战争前的芜湖，已成为安徽省的金融中心。

（1）对外贸易的发展。到20世纪初，外商在芜湖开设的洋行已有20多家。其中主要有英国的怡和、太古、鸿安、亚细亚等洋行，日本的三井、三菱、铃木、大阪、日清等洋行，美国的美孚、德士古等洋行。他们开设的洋行、商店几乎遍布全市并把芜湖作为他们倾销商品和掠夺的市场。尤其是英、日、美三国的商品和金融，几乎控制了芜湖整个市场。1919年以后，日本在芜湖的势力已超过英、美等国。据统计，1931年芜湖进出口总额比1911年增长1.53倍。与开埠时期相比，1919年进出口总额增长30倍多，1925年进出口总额增长40倍还多。可见，1912—1937年芜湖对外贸易已有较大发展。输入洋货主要是纺织品和日用品，重工业品不多，鸦片已禁止进口。稻米出口，仍占农产品出口首位。羽毛出口数量有回升。禽蛋出口数量进一步上升，1928年位居全国第二位。菜籽、花生、棉花出口数量分别为全国第一、第三、第二位。

（2）近代商业的继续发展。20世纪20—30年代前期，芜湖商业进入又一个兴盛期。此时的芜湖已形成众多商业街区。长街进入鼎盛时期，号称"十里长街闹市"，"市声如潮、至夜不息"，驰誉大江南北。长街涌现出一大批商业公司与驰名大店，六七百家店铺中，老店、名店约占七分之一。同时，二街、国货路、陡门巷、沿河路、中山路、四明街（今新芜路）、吉和街等也都形成各有特色的商业街市。商业繁盛，商业街市进一步增多。到1932年，芜湖商业共有44个行业、2026家商店，店员学徒约1万人，加上流动商贩，从业人口占当时芜湖总人口的十分之一以上。据统计，1932年芜湖商业资本远远超过工业资本，是其8.4倍多。由于商业的繁荣，芜湖成为安徽省最重要的贸易中心和物资集散中心。

（3）芜湖米市的由盛到衰。1876—1925年，是芜湖米市发展的兴盛期。但民国以来，赋税增多，运费加重。1912—1918年，粮食出口一度减少，每年200万石左右。1918年和1919年两年，产米省份连续获得大丰收，至1919年米粮出口突增至800余万石。之后直到1925年出口数量仍在600万石左右。1926—1937年，芜湖米市处于衰退期，年出口米粮都在250万石以下，逐步走向衰落。只是这一时期米粮贸易在商业营业额中的比重依然较高，据1932年统计，米粮业营业额仍占58%左右。芜湖米粮业衰退除了因捐税过重、运费过高外，还受到铁路运输分流影响。1936年粤汉铁路通车后，芜湖米市场多为湘赣米所取代。还有一个重要原因就是洋米的对华倾销，作为产粮地区的芜湖当时已有大量洋米进口。1922年芜湖进口洋米6220石，1930年进口竟达180509石，1935年尚进口65069石。

（4）金融业的兴盛。米市的兴盛带动了钱庄业的发展。钱庄的业务范围主要是存款、放款、汇兑。米粮业依赖钱庄贷款，调剂资金，钱庄资金的投放也以米业为大宗，彼此有密切的依从关系。1821年芜湖钱庄仅十余家，1894年发展到23家，1912—1930年芜湖钱庄业进入兴盛时期。除少数几家独资外，大多是合资经营。1921年芜湖钱庄增至30多家，绝大多数设于长街，进入高峰期。1931年先遇水灾后遭旱灾，钱庄业随米市衰落而纷纷倒闭。到1936年仅存4家，钱庄业发展落入低谷。

我国近代银行是帝国主义入侵后的产物。最早在中国设立银行的是英国丽如银行（1845年设立），到1913年中国已有外商银行21家。我国最早自办的银行是1897年设于上海的中国通商银行。芜湖设立最早的银行是1909年设立的大清银行芜湖分行。民国之初，政局动荡，芜湖银行亦变动无常。大清银行解散后，1912年安徽军政府设立安徽中华银行，总行设在安庆，芜湖设有分行（地址在二街），1914年停业。1914年，北洋政府在各地恢复金融机构，中国银行首先在芜湖建立分号，发行中国银行纸币，其前身是1909年成立的大清银行芜湖分行。此银行大楼新楼1926年始建于二街，次年竣工。1914年9月，中国交通银行芜湖支行设立。20世纪20年代末至30年代中期是芜湖金融业兴盛时期。北伐战争后，芜湖银行再易其主。1929年2月，国民党中央银行芜湖支行设立（地址在华盛街），1935年5月改称分行。1934年，豫鄂皖赣四省农民银行皖分行由安庆迁至芜湖，1935年4月改称中国农民银行芜湖分行（仍为省行）。全面抗日战争前是商业银行兴旺时期，地方性银行增多。1915年，上海商业储蓄银行芜湖支行设立，不久停业，1930年3

月复业（地址在中长街三圣坊斜对面）。1929年春，安徽商业储蓄银行在芜湖设立，1934年春因资金周转失灵而停业。1929年8月，中国实业银行在芜湖华盛街设办事处，9月正式开业。1936年1月，安徽地方银行在芜湖中长街成立，安庆、蚌埠、屯溪均为分行。由此可以看出，芜湖的金融业形成了由大官僚资本控制的大银行、地方官僚资本控制的地方银行、传统钱庄"三足分割"的局面。

3）近代文教、宗教事业的发展

（1）社会文化的发展。

五四运动前，芜湖的社会文化总体上还比较落后，缺少文化设施。1903年，徽州商人汪孟邹在芜湖长街创办的科学图书社，是安徽第一家新式书店，从创办到1937年停业的30多年里，对新文化的传播和马列主义的宣传都做出了一定的贡献。之后在芜湖陆续开办的皖江书店（1912年创办）、商务印书馆（1922年创办）、中华书局（1925年创办）、世界书局（1927年创办）、大德堂书局（1930年创办）等，也促进了新文化和科学知识的传播。1921年，安徽省立芜湖通俗图书馆成立。1922年，芜湖鼓楼书报社成立，开创了公共阅报读书事业。1923年，芜湖图书馆建立（铁锁巷商校内），还在文庙内设立芜湖县立民众教育馆。1927年，成立书业公会。其中芜湖通俗图书馆，1926年停办后1928年又复建，并易名为安徽省立第二通俗教育馆，1930年再次改名安徽省立第二民众教育馆（第一民众教育馆设在安庆，第三民众教育馆设在蚌埠），承担皖南20个县民众教育事业的辅导。该馆1936年曾出刊《新民》月刊，并在芜湖皖江日报办《新民众》副刊。

关于戏剧活动，民间流行的地方戏是梨簧戏和目连戏。民国时期真正影响大的戏剧是话剧。话剧的前身是"新剧"，又称"文明戏"。我国最早的话剧团体是1910年在上海成立的新剧剧团"进化团"。1911年春，该团来芜湖在大戏院演出了两个多月，影响很大，尤其是令当时的一批青年知识分子耳目一新。9月，在芜湖大马路临湖戏茶楼成立了安徽最早的民众业余新剧团体"迪智群"新剧社，我国著名电影、话剧表演艺术家王莹的舅舅就是该团的一名主要演员。虽然该团1912年就停止活动，但影响久远。直到五四运动以后很长一段时期，话剧在芜湖各个学校时有演出。芜湖涌现出阿英、王莹等著名的剧作家和演员。另外，京剧、歌舞、魔术等也进入芜湖市民文化生活。其中，京剧爱好者最多。1931年11月，成立芜湖国剧研究社，12月成立芜湖艺术促进社。该社原设在上长街基督教青年会礼堂，演出场所有东寺庙小戏园、芜湖大戏院（建于1902—1906年）等。后来陆续建成的演艺场所有 1912 年建成的佛光大戏院，1921 年建成的基督教芜湖青年会影戏部，1928 年建成的芜湖电影院、广寒宫电影院，1937 年建成的小娱乐戏院、新安剧场。

1895 年，法国人发明电影，翌年传入上海。芜湖最早放映电影是在 1908 年，西方传教士当时放映过外国无声电影。1921 年，位于上长街原湖南会馆处的基督教青年会影戏部，对外营业正式放映了芜湖的第一场电影。放映的是从上海引进的无声电影，如《火烧红莲寺》《白蛇传》等。随后电影又传入蚌埠、安庆、大通等地。芜湖最早的专业电影院是 1928 年落成的芜湖电影院（后改名为光明电影院）、国民电影院（位于进宝街湖北会馆）、明星电影院（位于二街太阳宫附近）、广寒宫电影院（位于双桐巷）。1930 年前后，电影在芜湖得到了普及。

（2）教育事业的发展变化。

明清时期，芜湖主要由书院和私塾进行传统的儒学教育。晚清以后，芜湖开办了近代学堂。各类学堂的数量，以省会安庆最多。民国建立后，芜湖教育发生很大变化。1912 年，学堂改为学校，停办了 1906 年设立的芜湖县劝学所。1914 年县设视学员，1918 年恢复县劝学所。1921 年，安徽省在芜湖设立商埠义务教育事务所，推行城区义务教育。1925 年 10 月，成立芜湖县教育局，并贯彻教育部颁发的新学制，将小学由 7 年制改为 6 年制，将中学由 5 年制改为 6 年制。

幼儿教育方面。1913 年 2 月，安徽省立第二女子师范学校（简称"二女师"）附设幼稚园。其后，毓秀、励志、广益等与少数县立小学相继创办幼稚园。1928 年春，"二女师"改办省立第二女子中学（简称"二女中"，高中部为师范科），附设实验幼稚园。1930 年，有县立幼稚园 3 所。1934 年，有县立幼稚园 1 所，私立幼稚园 2 所。

小学教育方面。原来的小学堂改称小学校。五四运动前，芜湖城区及近郊有小学 30 余所，到 1930 年前后已有公私立小学 80 多所。1921 年开始有小学义务教育，1926 年出现女子小学。芜湖第一所近代小学是 1909 年开办的两斋小学。该校位于芜湖县白沙圩胡家湾村（今湾沚镇西 12 千米），以胡氏宗祠为校舍，教师是本族中从洋学堂毕业的青年，采用黑板、粉笔上课，开设语文、算术、艺体和英语课程，是一所真正意义上的新型小学，一直办到 1937 年 11 月才被迫停课。我国著名的历史学家、古文字学家胡澱咸就毕业于此校。

中等教育方面。五四运动前，芜湖有普通中学 7 所，师范、职业学校 4 所。到 1925 年前后，有普通中学 15 所，加上师范、职业学校共有 20 多所。1927—1933

年，先后又创办私立伟亚中学、励德女学（初中部）、中山公学（中学部）等7所中学。影响较大的中学有：①安徽省立第五中学。1912年皖江中学（前身先后为中江书院、皖南中学堂、皖江中学堂）易名为安徽省立第二师范学校，1914年易名为安徽省立第五中学。1927年"四一二"事变后停办，1928年重办，更名为安徽省立芜湖初级中学。1929年秋，添设高中，改称安徽省立第七中学。1934年又改名为安徽省立芜湖中学，最后演变为现在的芜湖市第一中学。②芜关中学。1914年，在皖南中学堂旧址复办芜关中学（前身为皖南中学堂附设小学堂），校址在今井巷与罗家闸之间。1929年春建怀爽楼。1934年，改芜关中学为私立中学，同年5月开办女子班，全校有500多名学生。抗战期间迁入歙县，坚持办学。1945年10月迁回芜湖，1952年并入芜湖市第二中学。③广益中学。原名圣雅各中学（前身为广益学堂），是一所教会中学。1925年因反奴化教育学潮一度停办。1927年，圣雅各中学复课后校名改为广益中学。男子部在狮子山（芜湖解放后改名为芜湖市第十一中学），女子部在石桥港（芜湖解放后改名为芜湖市第十中学）。抗战时期迁至泾县茂林。④萃文中学。位于凤凰山（前身为萃文书院）。抗日战争时期迁至重庆，抗战胜利后返回原址。芜湖解放后改名为芜湖市第四中学，现为安徽师范大学附属中学。

职业教育方面。五四运动前只有两所职业教育学校。一所是1912年由安徽公学改办的甲种实业学校，1914年改名为省立第二甲种农业学校（简称"二农"）。商科分出，另立第一甲种商业学校（简称"一商"，不久停办，1919年复办）。一所是1913年由公立模范两等小学校改成的乙种商业学校。五四运动后，1928年"一商""二农"合并成立省立第二中等职业学校（简称"二职"），分设农、商两部。1934年，"二职"改名为省立芜湖高级农业职业学校（简称"高农"），商科停止招生。此外，1919年办有芜湖私立职业学校；1921年办有公立安徽职业学校，校址在高长街，设机械、木漆两科；1923年办有皖芜私立工艺学校，校址在范罗山扶风里，设化学工艺、染织工艺两科；1924年前后私立华中中学一度办为华中体育学校；1935年9月创办的私立内思高级工业职业学校（简称"内思工职"），由西班牙天主教耶稣会创设，校址设在雨耕山，有电机、机械两科。抗日战争前夕，普通中学停办三分之二，减至8所，其中教会学校占一半。但私塾仍未停止办学，仅市区就有200多所。中华人民共和国成立前，芜湖私塾尚有70多所。

（3）宗教活动的开展。

民国时期，芜湖宗教已形成佛教、基督教、天主教、伊斯兰教、道教五教并存的局面，各教均有自己的活动场所，组织形式也较完备。其中以佛教、基督教、天主教最盛。

芜湖天主教一直属于江南教区，1895年成立芜湖总铎区后，芜湖成为安徽天主教的主要基地。1921年9月26日，江南教区划分为江苏和安徽两个代牧区。安徽代牧区座堂设在芜湖，统辖安徽全省三道（芜湖、安庆、淮泗）教务。1929年，安庆、蚌埠两教区从芜湖代牧区分离出去，芜湖教区大为缩小，只辖芜湖、当涂、宣城、郎溪、广德、宁国、绩溪、青阳、铜陵、泾县、无为、和县、含山、巢县等24县。1937年又从芜湖教区划分出屯溪教区。当时，芜湖天主教尚有北坛天主堂和河南天主堂两个分堂，以及位于租界内的芜湖圣母院，主教公署和大官山上的一座供传教士避暑歇夏之用的二层楼房。1923年开办内思男女小学各一所。1929年开办若瑟诊所，至1936年每年就诊人数在8万人以上。

基督教各宗派派系繁多。据统计，1842—1932年，基督教各宗派到我国传教的达154个，仅在芜湖一地传教的基督教宗派就有11个（其中9个宗派是由英、美派来的）。芜湖是安徽省基督教创办最早，派别、信徒最多的地方。这些传教士来到芜湖后，首先强占山头，作为安身居住和传教之所。如圣公会占据了狮子山和周家山，卫理公会占据了弋矶山和青山，内地会占据了小官山，宣道会占据了大官山，来复会和基督会则占据了凤凰山和范罗山。各教会为了便于广泛传教，在芜湖兴办了许多学校、医院、诊所。以上教会以圣公会最为活跃。19世纪70年代末美国圣公会差派传教士来芜湖，1890年前后在芜湖成立了中华圣公会皖赣教区，下设圣雅各教堂（位于花津桥石桥港）、圣爱女修道院（位于周家山，曾为新华印刷厂、海军某部营地）、圣爱堂（1916年建成的礼拜堂）等分支机构，主教办公楼设在狮子山上。创办于狮子山上的圣雅各中学在20世纪二三十年代已形成完整规模。卫理公会1887年在弋矶山创办的芜湖医院在1912—1937年有很大发展，1929年秋，蒋介石曾参观医院并为医院题字和捐款。来复会在凤凰山创办的萃文中学在20世纪二三十年代也已具完整规模。

芜湖民众多信佛教，佛寺众多。据记载，迄民国初年，芜湖共有庙坛52所、寺观138座。但到抗战时期，仅存完整的广济寺一所，成为佛教活动的主要场所。广济寺有"小九华"之称，迄今已有1300多年的历史。清咸丰年间（1851—1861）毁于兵火，同治、光绪年间（1862—1908）几度重修。寺内滴翠轩，曾是北宋文学家黄庭坚在芜时读书会友之处，多次兴毁，现存建筑为民国早期所建，1982年公布为市级文物保护单位。民国前，芜湖尚有道观48所，最著名的是位于古城内的城隍庙，是道教的主要活动场所。位于古城北门外的清真寺，始建于1864年，1902年有扩建，礼拜大殿、讲堂等宽敞完备，为伊斯兰教信众提供了很好的活动场所。

4）李鸿章家族在芜湖的房地产开发

清廷重臣李鸿章是中国近代史上一个极为重要的人物。李氏为合肥望族，发迹后在合肥购置有大量田产。据说李府最盛时期在合肥有田257万亩（一说50万亩）。这些土地采取万亩建仓的办法，委以亲朋直接管理。李鸿章家族在芜湖拥有大量房地产的主要是李鸿章长子李经方、次子李经述、三子李经迈，以及其六弟李昭庆和四弟李蕴章。

从芜湖开埠到1931年，是李氏家族在芜投资房地产的主要时期，他们同时涉足一些工商业。其开发房地产的方式是先成片购买当时还是城郊的空地、荒山、荒滩，或购买私人的田园，然后开辟街道、马路，先建楼房，形成整块、整条的街区，收取房租、地租。也有购私人房屋加以改建或拆除新建，也有出租地皮给别人建房，住满若干年后收归李府所有，也有见缝插针式的房屋建设。开发形式很多，发展甚为迅速，几乎遍布老市区和新市区。沿河路、长街、二街、三街、渡春路、新芜路、中山路、吉和街、华盛街及河南富民桥等地区的地皮房屋，全部或绝大部分都归李府所有。此外，还兴建了不少李府自用的房屋与花园，如"钦差府"（李经方居住，位于华盛街）、"三大人公馆"（李经榘居住，位于镜湖东路）、"五大人公馆"（具体居住人不详，位于沿河路）等深宅大院，大花园、景春花园、长春花园、柳春园、西花园等私家花园。

清代风行堂名，李氏家族在芜设有许多堂号，分归李府各房。如"李漱兰堂"属李鸿章长子李经方名下，"李蔼吉堂""李志勤堂""李固本堂"分属李鸿章次子李经述、三子李经迈和六弟李昭庆名下，"李通德堂"属四弟李蕴章四子李经达名下。其中，以"李漱兰堂"的房地产最多，"李蔼吉堂""李志勤堂"次之（长街和弋江桥至中山桥一带），"李固本堂"（上二街、柳春园一带）也不少。

李经方（1855—1934），字伯行，李鸿章长子。1890—1892年，任驻日公使。1895年李鸿章赴日议和遇刺后，李经方出任钦差全权大臣。1910年任出使英国大臣。辛亥革命后，李经方寓居芜湖（六中校舍就是他当年的住宅）。李经方带领他的家族在芜经商，开设当铺、磨坊、洋行、保险公司，售五洋商品，开办利济轮船公司。此外，他还大量投资房地产，逐渐开发形成了二街、三街、吉和街、沿河街、集益里、中山路、新芜路等成片的商业区和住宅区，具体数字已无从查考。据资料记载，19世纪50年代"李漱兰堂"捐赠办学的房产有276幢，分布在芜湖市区28条街道和里巷，占地约299亩，建筑面积约22万平方米。这只不过是李府在芜湖房地产中的一小部分而已，可见其全盛时期在芜湖投资房地产的庞大规模。李经榘（1860—1933），字仲洁，李鸿章六弟李昭庆三子。他是中国第一任驻英国公使郭嵩焘的女婿，是李氏家族中最早来芜湖的人员之一，居住在"三大人公馆"（李家人称"小花园"，现为芜湖市第八中学）。李经榘一生未踏入官场，他不仅在芜经商，开办过"宝善"钱庄、"鼎玉"当铺，还拥有很多房地产。他任中国轮船招商局芜湖行栈经理，又被公推为芜湖商务总会首任总理。李经叙（1864—1909），李昭庆四子，居住在"四大人公馆"（李家人称"长春花园"，后为芜湖市青少年体校）。

李氏家族在芜湖近代进行的房地产开发，对城市功能的完善、城市面貌的改善，以及城市建设方式的改变都起到了积极的作用。

5）市政、交通设施的继续发展

（1）邮电。1912年，大清邮政局改为中华邮政局，1914年，安徽邮政管理局设于省会安庆，各地设邮政局、所。邮局分三等，每等又有甲、乙两级。芜湖邮政局是当时省内唯一的一等甲级局，属苏皖区。1934年，实行邮电合设。1935年，苏皖邮区实行分管。芜湖电信从1883年设二等电报局开始，到1921年已可与镇江、南京、采石、当涂、宣城、屯溪、荻港、大通、殷家汇、安庆、九江等地直接通报。1927年，可与京沪同线直达通报。1928年，芜湖电报局增设短波无线电台，为芜湖无线通信之始。1929年，南京政府建设委员会在芜湖北平路（今北京路）开设商用无线电台，与上海、南京、汉口通报。后开办了两家民营广播电台，即大有丰无线广播电台（1933年开办）和亨大利无线广播电台（1934年开办）。1934年，芜湖电报局与商用电台合并。1935年、1936年，又陆续加装了至安庆、屯溪两路快机。至此，芜湖电报通信已初具规模。芜湖电话业务，民国以后才建立。1914年，军警、官署首先安装电话。1915年，芜湖本地商人王揭慎联合商股集资创办了芜湖电话公司，1921年交通部接管经办，在中二街新建了芜湖电话局。1927年城内电话容量已达700门，实装用户512门。1936年准备将城内电话扩容至1000门，后因抗日战争全面爆发，1937年被迫停工。

（2）轮船客运。民国时期，芜湖轮船客运比清末有更大发展。1911年，以芜湖为起讫点的航线有 16 条，长 1691 千米；起讫点不在芜湖的航线有 4 条，长 392 千米。到 1934 年，以芜湖为起讫点的航线增至 26 条，航程增至 2339 千米；起讫点不在芜湖的航线增至 18 条，长 1359 千米。一战以后，芜湖有 11 家小轮公司，到 1933 年只有小轮船 26 艘。到 1937 年，芜湖轮运公司达到 29 家，船舶 63 艘。小轮航线主要有芜湖至庐江、南京、南陵、安庆、宣城、无为、石牌等。一战期间，外轮在芜湖贸易活动明显减弱，直到 1918 年以后，外国轮船吨位才逐年回升，到 1922 年以后所占比重竟超过 80%。外轮数量、吨位均远远超过华轮，长江航运为外国人所控制。这一时期，芜湖港的建设继续在自青弋江口起向北至弋矶山麓止 3.5 千米的江岸内发展。1917 年，中国招商局芜湖分局开始兴建码头。1919 年，英商相继在芜湖修建驳岸。1926 年，中国招商局芜湖码头建成。到 1933 年，在芜湖口岸的码头已有 19 座，其中华商占 9 座，外商占 10 座。据统计，芜湖港乘轮船进出境旅客人数 1890 年只有 3.75 万人次，1900 年达 8.17 万人次，1910 年竟高达 64.45 万人次，至 1923 年为 51.95 万人次，1924 年为 46.71 万人次，只有小的波动。其中，短程各站人数占 60% 以上，去上海的约占 27%，去武汉的约占 7%。旅客人数的不断增加，既反映了芜湖城市人口流动的情况，又表明芜湖城市在区域经济中影响力的扩大。

（3）市内交通。20 世纪 20 年代开辟了中正路（今新芜路）、吉和街，30 年代修建了新市口路、北平路（今北京路）、中江路、铁路基（今黄山路）和环城路等道路。1936 年国货路加铺沥青路面，为芜湖第一条沥青道路。市区尚无公共汽车，主要交通工具是人力车（即"黄包车"），1922 年有人力车 600 余辆，从业人员约 2000 人，出租车行五六家。

（4）公路。①芜屯路（芜湖—屯溪）。1926 年商营宣芜广长途汽车股份有限公司租用铁路路基，建芜湖至湾沚公路 34 千米，当年通车运营。经营芜湖至湾沚、宣城至湾沚客运，有 10 辆载客汽车。1934 年 4 月，安徽省公路局改线新建，1935 年 1 月全线通车，全长 273 千米，由芜屯车务管理处经营客运，有汽车 43 辆。②芜宁路（芜湖—南京）。始称"京芜公路"，由两省分建。1928 年动工，1933 年全线通车，全长 97 千米。由吴兴周开办的京芜西段长途汽车公司经营芜湖至当涂、芜湖至南京客运，有汽车 12 辆。③芜合路（芜湖—合肥）。1928 年冬合肥到巢县段开工，1929 年 6 月通车，时称"合巢公路"。1946 年通巢县到裕溪口段，时称"合裕公路"。④芜青路（芜湖—青阳）。1936 年动工，后因抗日战争全面爆发，工程中断。

（5）铁路。20世纪初的中国，全国有2.5万余千米铁路线，90%以上控制在帝国主义列强手中，于是爆发了收回铁路权利运动，各省商办铁路公司相继建成。安徽商办铁路公司也于1905年成立。自此，芜湖铁路走上艰难历程，因筹划多变，时建时停。①皖赣铁路芜湖—贵溪段。1906年12月动工，1911年建成芜湖至湾沚32千米路基及桥涵，并铺轨6千米，后因无资续办而停工。1933年铁道部将路基权收回，转让给江南铁路公司续建，1934年11月25日竣工通车。1937年，国民党为阻止日军进攻，毁坏铁路，炸毁桥梁，全线中断。②江南铁路"京芜段"（南京—芜湖）。1934年8月，兴建芜湖至孙家埠段（86千米），1935年4月通车时称江南铁路"京芜段"，1949年后改称"宁芜线"。③淮南铁路（田家庵—裕溪口）。1934年3月开工，1936年1月1日通车。

（6）航空。20世纪20年代末期，上海飞往汉口的沿江民用航空线——沪汉航空线，经停南京、九江两地。1930年，中国航空公司又开辟沪蓉航空线，年底在安庆、芜湖先后设立航空站，设水上停机场，上下乘客。1930年12月23日，中国航空公司芜湖航空站正式成立并投入营业，揭开芜湖民航第一页。当时是水上飞机，可在水面和陆地起降，除货物外可搭载8名乘客。芜湖成为最早一批建有民用航空站的城市之一。1934年修建湾里飞机场，最初只能起降着落轻型螺旋战斗机。1937年12月10日，日军占领芜湖后重新修建成军用机场。1945年，日军投降撤退时，机场全部炸毁。

6）全面抗战前芜湖的城市规划与城市布局

（1）芜湖近代城市规划。1932年，芜湖县政府曾制定城市建设规划。该规划运用城市功能区的规划思想，将芜湖规划布局为六个功能区：①工业区。分两片，一片位于弋矶山北至小港口，已有招商局大轮码头、堆栈修船厂、三井堆栈、美孚洋油栈等；一片位于河南自旧营盘至南关一带，已有米厂、面粉厂等。此两处面积广阔。②新市区。自弋矶山南沿租界及海关，至范罗山麓。这里华洋杂处，交通便利。③平民住宅区。自保兴埠（今黄果山、团结路）至大小官山一带。这里接近新市区及工业区，用地充足。④行政区。陶塘（今镜湖）附近。这里位置适中。⑤风景区。自小官山、赭山至四柱牌坊段。这里自然环境较好。⑥商业区。如长街、二街、吉和街、河南街等处。这里商业已经繁荣，乃原有商业区，拟逐渐加以整理。该规划从当时实际考虑，指导了20世纪三四十年代芜湖城市建设。但规划范围偏小，功能分区也未涉及古城区，属于就事论事的实用性规划，尚缺乏长远的规划考虑。

1935年12月，安徽省土地局曾绘制"芜湖街市分段图"（图3-1-2），从图中可知当时已有划分"地块"的意识。将河北从西到东划分为105个地块，将河南从东到西划分为34个地块，总共139个地块。这是当时市区的范围。地块划分依据主要考虑地形地貌，有的按照道路划分。地块大小为1～10公顷，形状大多不规则。此图很有价值，注有很多地标名称，需进一步认真研究。

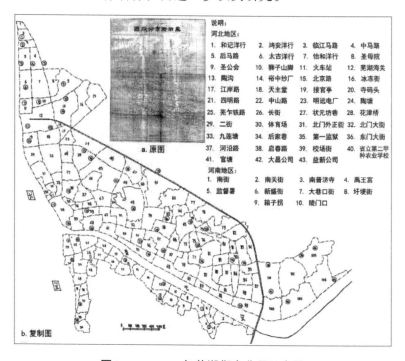

图3-1-2　1935年芜湖街市分段示意图

（2）全面抗战前芜湖的城市布局。全面抗战前的芜湖城区实际上已形成一些新的城市功能区，如新的工业区、商业区、居住区以及租界区。城市布局可概括为四个片区：①古城区（包括东门外）。古城内以居住为主，有行政管理区，也有商业区，是一处综合功能区。东门以外已有部分工业布局。此区位于城市东部。②租界区。此区位于城市西部临长江地区，20世纪初开始有远离古城区的跳跃式发展。③青弋江以北地区，俗称"河北"区。此区有较大的填充式发展，逐渐填满。西端江口地区紧邻租界区，随着中山路、新芜路、吉和街等道路的开辟，发展很快。此区以居住、商业为主，间有工业布局（如狮子山以东）与行政办公（如镜湖北侧），也是一处综合功能区。④青弋江以南地区，俗称"河南"区。沿着青弋江呈线形发展，功能以工业为主，间有居住、商业与行政办公。以上四个片区的逐渐形成，表明全面抗战前的芜湖新老市区已连成一片，城市主要在青弋江北侧发展，但已开始跨越青弋江向南蔓延式发展（图3-1-3）。

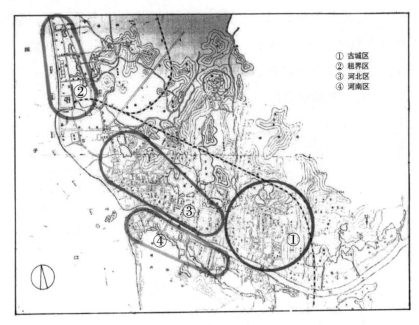

① 古城区
② 租界区
③ 河北区
④ 河南区

图3-1-3 全面抗战前芜湖城市布局示意图

7）城市规模与城镇体系

（1）芜湖城市规模。关于城市人口规模，据当时县警察厅调查，1915年芜湖城区人口为92627人（17876户）。另据民国《芜湖县志》统计数字，"城乡总计41249户，男女各项人丁共计235166口"。按此推算，芜湖的城镇化率在民国初年已超过35%。无论是城市人口总数还是城镇化率都高于当时的省会安庆，成为当时安徽人口规模最大的城市。据当时的芜湖海关估计，芜湖城区人口1921年为126945人，1931年增至140554人，1934年又增至170251人（比当时的省会安庆人口多45000人）。

关于城市用地规模。难以查到有关确切数据。金式、管天文《近代芜湖城市建设述略》文中有"据1929年4月《市区图说》称市区全部面积共18.2平方公里"，不知是否确切。笔者认为，此数据可能偏高。对20世纪30年代中期芜湖城市用地规模，笔者作以下估算：古城及以东以北地区约有2平方千米，租界区及紧邻地区约有1平方千米，青弋江江北其他地区约有5.5平方千米，河南地区约有1.5平方千米，合在一起城市用地共约10平方千米，建成区面积最多6平方千米。

（2）芜湖城镇体系。芜湖腹地十分广阔。芜湖凭借居于全省水道中心的地位，汇集长江南、北支流，将皖中和皖南连为一体，大部分地区受其辐射。"从康熙初年到民国初年,(芜湖)大小市镇从10个增为18个,显见此一地区商贸活动逐渐开展的情况。"历史悠久的名镇有湾沚镇、弋江镇、澛港镇、石硊镇、方村镇、荻港镇、西河镇等。民国时期兴起的有濮家店、清水河、官陡门等。其中,澛港镇"多砦坊、为粮米聚贩之所,商旅骈集、汛防要地",距芜湖仅7.5千米。方村镇跨河两岸,"人烟繁盛,商业砦坊居多",在县东南20千米。清水河镇"自万顷湖开垦后","遂增繁盛"。石硊镇"埂接南陵为驿路,今驿裁而镇如故",在县南17.5千米。湾沚镇,早在西汉初年就"盐艘鳞集,商贩辐辏"。弋江镇,早在春秋战国时期就是显扬于江南的名邑("宣邑")。荻港镇,早在西汉时期就是春谷县治所在。此外,尚有南板桥市、石冈市、山口市、二十里市、孤汀市、东陡市、河上桥市、老鸦山市、十里牌市、蜈蚣渡市、丝竹港市、南坝寺市、南陡门市等集市围绕,这些市镇和集市距芜湖县城大多在25千米范围以内。因此,在20世纪30年代初就形成了以芜湖为中心的由"城市—市镇—集市"构成的城镇体系(图3-1-4)。

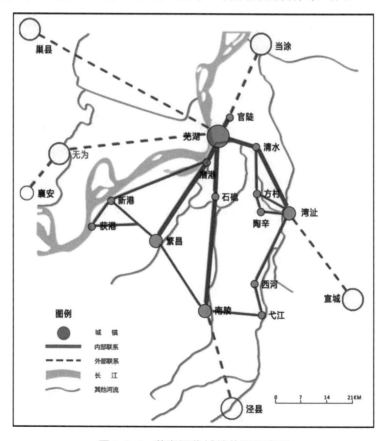

图3-1-4 芜湖近代城镇体系示意图

二、全面抗战后的芜湖城市（1938—1949）

（一）畸形发展期（1938—1945）

抗战时期，日本侵略者对芜湖人民进行残酷的殖民统治和经济掠夺，芜湖社会、经济遭到严重破坏，城市陷入畸形发展。

1.日军占领后对芜湖的破坏与掠夺

1937年12月10日，芜湖被日军占领，先于南京沦陷，是安徽省第一个沦陷的城市。从1937年12月5日起，日本侵略军派飞机连续三天对芜湖狂轰滥炸，炸沉英国轮船两艘（大通号、德和号），长街、二街一片火海，浓烟烈火笼罩整个城市20余天，城市遭到严重破坏，房屋毁损无数，死伤万人以上。芜湖沦陷后日军采取野蛮的"三光"政策，对芜湖实施了长达半个月之久的烧杀抢掠，随即对芜湖实行残酷的法西斯统治。

日军主要驻扎在赭山、狮子山、范罗山和飞机场。在赭山设立了警备司令部，修建了三座楼房做兵营。日军占领裕中纱厂后先是拆毁、劫走机器，一度将其改成伤兵医院，继则实行"军管理"，委托裕丰纺织株式会社经营管理，1940年后实施"以华制华"政策，改为"中日合办"。益新面粉厂"军管理"后改名为"华友面粉厂益新工场"，生产的面粉统一由日军分配。明远电厂设备几乎被破坏了一半，被日本华中水电株式会社占据。大昌火柴厂等也被日本人侵占。日军还对繁昌、当涂两地的矿产进行掠夺性开采，把芜湖米市当作其抢夺粮食的主要来源地。

2.国民党县政府的流亡与汉奸政权的建立

芜湖沦陷后，国民党县党部流亡至南陵县的俞家埠，繁昌县政府先后迁往赤砂乡的八分村、泾县的章家渡。南陵县政府流亡多处，最后落脚在刘唐乡（今烟墩乡）。1938—1942年，安徽由原10个行政督察区重新划为9个，芜湖属第六区，专署驻泾县。

1938—1945年，日军先后扶植了"芜湖地方治安维持会""伪地方自治委员会""伪芜湖县公署""汪伪县政府"等4个伪政权。伪政府实权实际上为日本顾问及日军驻军长官所掌握。伪政府建立后，进行了亲日卖国、反共反人民的罪恶活动，对人民进行政治迫害和经济剥削。

由于皖南山区地势险要，日军一直未能侵入。1938年8月组建的新四军军部设在泾县云岭，共计万余人。活动地区东起芜湖、宣城，西至青阳大通镇，宽约100千米，纵深约60千米，成为钳制日军出入长江交通的一个重要侧翼。新四军在皖南前线取得了无数次战争胜利，有力地打击了敌人，直至1941年1月6日"皖南事变"爆发。

3.日伪时期的芜湖城市状况

1）日军推行的奴化教育使芜湖教育凋敝不堪

芜湖沦陷前，3所省立中等学校，有的流离至湘西，有的迁贵池后又停办（安徽省立第五中学）。私立中学中，1所辗转巴蜀（萃文中学），3所内迁皖南（芜关中学、建国中学、广益中学），2所停办。1938—1939年，原有教会办的中等学校5所相继开学（内思中学、毓秀中学、励德中学等），其中1所职业学校（怀让护校，1942年停办），日伪当局办有普通中学2所、商业中学1所。1941年，城区有小学11所。1945年春，有小学34所，其中县立小学设高级班的仅7所，共11个班。日军在学校推行法西斯奴化教育，小学增设日语、东亚新秩序等课程，中学规定日语为必修课。沦陷期间，尚有私塾86所。芜湖教育，大不如前，凋敝不堪。因社会动荡不安，学校时停时续。

2）日军控制的文艺事业病态发展

1939年，建成芜湖大娱乐戏院（以演出京剧为主，后改名芜湖大戏院）、芜湖新新大戏院（以演出京剧与扬剧为主），又设立芜湖庆华戏院。另外几家，如光明戏院（也叫光明电影院）、娱乐大戏院（今和平大戏院旧址）、艺术大戏院（今书画院附近）、中江大舞台（今中长街状元坊口）、复兴大舞台（今中山路大众电影院旧址）和佛光电影院（原旌德会馆旧址），上演、上映的除歌颂日本军国主义的剧目和电影外，还充斥着大量的荒唐、怪诞、恐怖和诲淫诲盗的内容。1939年秋，在万安路（今新芜路）新建了一座东洋建筑式样的电影院（日本人设计），取名"东和"，后又称东和剧场，专门为日军放映日本片。

3）日占时期新型供水系统的建设

1938年1月，日军为供应自己的军队营房、领事馆及附属洋行用水，在裕中纱厂内建了一套日产约50吨的小型供水系统。1939年4月，日军把这套供水系统移交给日商经营。日商接收后，把市内供水与供电部门合并，成立了华中水电株式会社芜湖营业所，同年开始向市内少数居民供应自来水，每日供水量仅四五十吨。这是芜湖开始使用自来水之始。1942年，日商在太古码头建造一套日产2800吨的供水系统，1945年8月，日本投降前夕基本建成。

4.日军垄断的商业、金融业的畸形发展

由于日军实施"以战养战"政策，对经济进行统治和垄断。对外贸易方面，进出口物资统一由日商经营。1939年，芜湖有日商约70家，由三井洋行、吉田号、瀛华洋行等日商进行控制。沦陷时期，米市渐趋低落，年输出量最多不超过100万石，完全由日军控制。商品销售方面，日军不但垄断五洋（洋油、洋皂、洋烛、洋火、洋烟），还垄断了芜湖的纱、布、食油、盐等贸易。日军还从抢购粮食、土产、各种工业原料，倾销大批日本剩余物资和各种日用品，以及重征商税三个方面对芜湖进行商业掠夺。

芜湖沦陷后，中央银行、中国银行、交通银行、农民银行，以及地方银行、商业银行纷纷撤离停业。1938年春，日伪南京政府成立的华兴银行在芜设立机构，推行华兴券与日军用票。1941年8月，伪中央储备银行在芜设立办事处。随着市场渐趋繁荣，钱庄陆续开业，到1941年9月，钱庄已有32家，银行增至4家（华兴银行芜湖分行、安民银行芜湖分行、日商开设的台湾银行芜湖支店、伪中央储备银行芜湖办事处）。到1943年8月，钱庄增至48家，银行增至7家，庄号质当银楼统计约120家。

5.日军控制的工矿、交通业的强行掠夺

日军对芜湖工矿业的掠夺和控制采用"军管理""委托经营""中日合办""租赁""收买"5种手段，一般多是前3种手段。所谓"军管理"，就是企业由日本军方占领和管理，大多委托给日本的工商企业代为经营，都是为军方服务。裕中纱厂、明远电厂等企业即如此。所谓"委托经营"，就是日军指派日本浪人或资本家自行经营，军方不予干涉，如益新面粉厂、大昌火柴厂等企业即如此。所谓"中日合办"，就是日本军方或资本家强行投入少量股金，获取实际上的操纵权和经营权，中方资本家只是傀儡、附庸，名为"合办"，实为独占。裕中纱厂后期由"军管理"改为"中日合办"，变成永久性占有的"中一纱厂"。所谓"租赁"，就是由日本商人租办企业。繁昌县桃冲铁矿裕繁公司即"中日合办"企业，由于资不抵债，日商华中矿业公司采取"商租"形式侵吞桃冲铁矿，日本人安部四方任矿业所所长管理铁矿，直到抗战胜利。1940—1941年，桃冲铁矿有30万吨矿石运往日本。1942年因太平洋战争爆发，海运中断，才停止运出。1945年日本投降，桃冲铁矿被强占的

历史才终于结束。

航运交通方面，日军占领芜湖后，设立了东亚海运株式会社芜湖支店等9家航运机构，控制了芜湖的航运。铁路交通方面，宁芜线铁路全线被华中铁道株式会社霸占8年。公路交通方面，1938年，芜青公路芜湖至繁昌段简易通车。1939年，芜宁公路被日军修复通车。同年，芜湖至湾沚段的芜屯公路草修通车。各公路运输线皆由日伪开办的汽车运输行组织运营。航空交通方面，湾里飞机场经日军扩建，常驻飞机100多架。1945年日军撤退时，机场被炸毁。

（二）发展凋零期（1946—1949）

1945年抗日战争胜利到芜湖解放这一时期，芜湖经济有短暂的复苏，城市建设略有发展。但是由于遭到国民党政权的统治和掠夺，这一时期芜湖政治腐败，经济衰败，社会混乱。后国民党发动全面内战，使芜湖经济再次陷入危机之中，城市发展滞缓。

1.国民党政府统治的恢复

1945年8月15日，日本正式宣布无条件投降。9月9日，在南京举行受降仪式。10月初，驻芜日军和日侨撤尽。10月12日，国民党军队开进芜湖接防，并接收日本军用物资。紧接着出现了国民党中央与地方省府（新桂系）争相接收的局面。时任安徽省政府主席、第十战区司令李品仙亲自坐镇芜湖主持接收，借此大发横财。

1945年9月，流亡的国民党芜湖县政府迁回芜湖旧治所。10月，筹建国民党安徽省第六行政区行政督察专员公署，辖芜湖、宣城、郎溪、广德、当涂、繁昌、南陵、泾县等县。11月1日，成立芜湖市政（府）筹备处，已有建市设想。1946年1月，芜湖市政筹备处编制了《芜湖市政实施计划概要》，对建造中山纪念堂、商场、菜市场、平民住宅、公共厕所等建筑，重建利涉桥，设置公用轮渡，开辟新马路，翻修旧马路，种植行道树，修复公园，整修体育场，改设市医院，设立图书馆等方面进行了规划，并提出如何实施。1946年8月7日，成立芜湖市政建设委员会，代替了市政筹备处。1947年春，因市县地区划分争议，芜湖市政建设委员会裁撤，芜湖建市未实现。

2.解放战争的推进及芜湖解放

抗日战争胜利后，国民党挑起内战，进入解放战争时期。1946年初，国民党因军事进攻的失败和人民反内战运动的高涨，被迫与共产党进行重庆和平谈判，同时积极准备发动内战。由于芜湖是国民党统治的重点地区，国民党地方部队重重设防。1946年初，设立京沪警备司令部芜湖城防指挥部和安徽省第六行政区保安司令部。1947年春，中国人民解放战争开始转入战略反攻。1947年夏，刘邓大军挺进大别山，至11月下旬已建立33个县的民主政府。1947年4月，国民党设立首都卫戍司令部江芜区警备部，1948年3月，又设立芜湖指挥所。1948年11月，淮海战役打响。1949年1月，淮海战役胜利结束，紧接着拉开了渡江战役的序幕。3月，蒋介石派出第二十军到芜湖接防，4月，又派国民党第九十九军增援。1949年4月20日，南京国民政府拒绝在《国内和平协议》上签字，毛泽东、朱德签发了"向全国进军的命令"，拉开了渡江战役的序幕。21日，解放军解放了繁昌，22日，解放了南陵，23日，芜湖与南京同时解放。从此，芜湖进入崭新的历史阶段。

3.文化教育事业缓慢恢复

抗日战争胜利后，大小官吏忙于劫收敌伪财产，忽视教育，各级学校恢复缓慢。

小学教育。1946年上半年，城乡小学先后恢复上课。1948年9月，芜湖有县立小学16所，私立小学32所，在校学生9000多人。私塾也逐渐增加到200余所。

中等教育。抗战胜利后迁芜复校的有三所：私立静文中学（1940年创办于重庆），安澜纪念学校（1943年创办于广西全州，迁芜后改办安澜高级工业职业学校），春霖中学（1944年创办于四川铜梁）。原省立芜湖中学复办第三年改名为安徽省芜湖高级中学。截至1947年9月，在芜湖复校或建校的中学共15所（学生3129人），其中省立中学2所，县立中学1所，私立中学5所，教会中学7所。中等教育较抗战前有所发展。1948年冬，安徽长江以北地区先后解放，皖东北部分中学奉命南迁，省教育厅在芜筹办青弋临时中学，容纳学生2200余人。临时中学多至17所，名为办学，实为收容。

职业教育。除安澜高级工业职业学校外，省立立煌高级商业职业学校迁芜（定名为省立芜湖高级商业职业学校）。1945年12月，私立内思中学恢复为工业职业学校。1946年，怀让护士学校复校。同年7月，开办私立三益初级商业职业学校（由旅芜泾、旌、太三县同乡会在老浮桥南首开办）。1947年，芜湖县私立商会初级商业学校开学。私立安徽职业学校在原址废墟上重建校舍复校。至1949年春，芜湖有7所中等职业学校，学生828人。

师范教育。1946年冬，芜湖设县立简易师范学校。1949年3月，改名为芜湖县立师范学校。

高等教育。1946年10月，设在立煌县的安徽省立安徽学院迁来芜湖赭山山麓（其前身是1941年8月设立的省立临时政治学院，1942年下半年改名安徽省立师范专科学校，1943年9月扩大为安徽省立安徽学院），学生有700多人。芜湖解放后，安徽学院先与从安庆迁来的国立安徽大学合并改组成立新的安徽大学，以后发展为今天的安徽师范大学。

文化艺术事业。1946年，重建安徽省立芜湖民众教育馆。同年，建成中山纪念堂电影院。1948年建成大华电影院。当时尚有国安电影院、同乐戏场、娱乐大戏院、新新大戏院等文化设施。

4.金融业与商业短暂复苏后又迅速衰落

1）国民政府对金融业的控制与掠夺

抗战胜利后，国民党当局实行"劫收"政策，清理日伪金融机构，停止伪中储券的流通，法币重返芜湖，官僚资本重新控制了芜湖的金融市场。1945年底，全部停业的钱庄又纷纷筹备营业。到1946年2月，开业或试营业的钱庄达54家，默许经营的"地下钱庄"有80多家。国家金融机构"4行2局1库"相继恢复。1946年复业的有中央银行、中国银行、农民银行三家芜湖分行，以及1943年已回芜、战后恢复营业的交通银行芜湖支行。中央信托局和邮政储金汇业局两个芜湖办事处，也在1946年复业。中央合作金库芜湖支库1947年复业。地方银行有安徽省银行（1948年迁芜）、芜湖县银行（1945年12月成立）。商业银行先后复业的有上海商业银行和中国实业银行两家芜湖支行。还有先后开业的中国平安、中兴产物、民安产物等保险公司。这些官僚资本控制的金融机构通过放款取息、滥发纸币、兑换伪币、收购农副产品等手段大发横财。到1949年3月，金圆券贬值到不如废纸。在恶性通货膨胀和苛捐杂税双重压榨下，市场经济萧条，钱庄、商店陆续停业，金融业一片乱象。

2）商业的短暂繁荣与迅速衰落

抗战胜利后，芜湖商业纷纷复业，1945—1947年曾一度繁荣，达到或接近战前水平，少数行业还得到较快发展。芜湖商会所属有绸布业、百货业、钱庄业、粮食业、竹木业、茶叶业、烟业、客寓业等54个同业公会。各业会员众多，如1946年百货业有会员133家，1948年绸布业有绸布店124家。但好景不长，随着国民党政权政治、经济、军事全面崩溃，物价上涨，囤积居奇、投机倒把应运而生，捐税过重使商贾经营困难，市面萧条。此时，美国商品大量输入，西洋货代替了东洋货，"美货变成了美祸"，外货充斥市场，国产货无力竞争。到1948年底，长街已全无往日繁华景象。到新中国成立前，芜湖虽有私营商户3739家，但大多奄奄一息。1945—1949年，芜湖米市处于低落时期，出口米量未超过200万石，只占鼎盛时期四分之一。1948年输出量仅70余万石。

5.交通、邮电、工矿业短暂复苏后又陷入危机

1）交通

国民党为尽快抢占敌占区，1945年11月成立了安徽省公路局，急于恢复被破坏了的交通。同年底，交通部公路总局一局在芜湖设第二工程处。1947年改称芜湖工程处，下设芜湖、屯溪两个养路总段，逐渐恢复了芜屯路、芜青路芜湖至南陵段。芜湖汽车总站、新市口分站恢复运营。1家国营和5家私营汽车运输公司经营客货运输，开行南陵、青阳、宣城、黄池、河沥溪及南京、景德镇等地。后因战乱，公路失养失修，汽车运输萧条。在抗战期间，芜宣段的铁路站轨毁于兵火，仅京芜线通车。抗战胜利后，国民政府拆迁京芜线轨、枕，抢修津浦线，中断运输2年2个月，直到1948年9月1日，京芜线才恢复通车。

航运方面，抗战胜利后接收了日伪航业，成立安徽省运输管理处芜湖航运总站。1945年10月18日，恢复国营招商局建制，成立芜湖办事处，恢复了运输。在四大家族控制下，1948年更名为国营招商局轮船股份有限公司芜湖分公司。此时以长江大轮为主的三北公司也开始经营航运。1945年至1948年4月，芜湖民营小轮公司先后计有53家。芜湖解放前夕，招商局芜湖分公司业务基本停顿。航运业由55家减为26家，船舶由145艘减为85艘，航线减至10条，航运渐趋萧条。

2）邮电

抗战胜利后，国民政府交通部在芜设立电信局，并在县政府设电信管理处，为地方电信之始。此阶段芜湖邮电通信事业发展缓慢，仅有电报电路6条、长途电话电路8条，长途电话交换机50门，市内电话容量400门，实装280户。

3）工矿业

1946年6月，裕中纱厂转卖给上海申新公司，至1947年下半年才恢复到最高时期的生产量，但1948年产量又下降，1949年近乎停产。1946年10月，明远电厂发还给私方后勉强支撑，到1949年4月已是奄奄一息。三丰、益新、华昌、美隆四家民族资本面粉厂，1946—1948年先后破产、停业。日商在太古码头建的日产2800

吨的供水系统，接收以后几度更名，1949年9月成立安徽省芜湖自来水厂，日供水量仅1423吨，用水户578户，吃水人口不足2万人。还有火柴厂、肥皂厂、华福工业社、惠源冰厂、王理清牧场等5个轻工业企业均已面临绝境。繁昌县桃冲铁矿因无力开采，仅在矿山设保管所。矿山千疮百孔，成为一个难以恢复生产的烂摊子。到解放时，芜湖的工业只剩下"两个半烟囱"，即明远电厂、裕中纺织厂和益新面粉厂。

三、近代芜湖的城市形态与城市景观

（一）近代芜湖的城市形态

1.与安徽省其他城市的比较

新中国成立时，芜湖市区人口约17万人，市区面积约11.8平方千米，建成区面积约7平方千米。1945年11月1日，芜湖市筹备处应省府要求勘察市区，绘制地图，以备申报建市需要。勘察结果上报时称：市区人口已超过20万，所属区域东西长约3500米，南北长约4000米，周长15000米，面积约21000市亩。实际上，所报数字略有偏高，可见建市的迫切心理。可惜因种种原因，建市计划未能实现。

新中国成立前安庆是省会城市，市区人口约7.88万人，市区建成区面积约3.6平方千米。城市形态为古城范围内的块状形态。

蚌埠是因交通优势而发展起来的新兴城市，市区人口约20万人，市区面积约4.7平方千米。城市形态为淮河南岸的带状形态。

1952年才成为省会城市的合肥，当时称合肥县，县城人口6万~7万人，城区面积约7.5平方千米。城市形态为古城范围内的块状形态。

与以上三个安徽省主要城市相比，大体上可以说，芜湖是安徽省内近代发展较快、规模最大的城市，无论是市区面积，还是建成区面积，在省内都是首屈一指。笔者保存有一本中华民国三十七年（1948）七月一日出版的《中国分省新图》，其中《江苏与安徽》附有6张市区图，分别是上海、南京、苏州、镇江、芜湖与安庆。由此可见芜湖在近代中国城市中的地位。

2.近代芜湖的城市形态

芜湖明末清初的城市形态基本上仍是以古城为主的块状形态，至清末由于长街的发展，成为古城沿着青弋江向西发展的"一"字形带状城市。芜湖开埠后的迅速发展，城市形态发展为从江口起又沿着长江向北转角式发展的"L"形带状城市。至新中国成立前，芜湖城区少量向南发展，大量向东北方向作蔓延式扩展，城市形态又由带状向大块状的形态演变。

（二）近代芜湖的城市景观

1.沿江景观

芜湖是临江城市，沿江景观尤为重要。芜湖古代主要临青弋江，临河景观较为重要。到了近代成为开埠城市，长江交通发达，沿江景观更显重要。芜湖古代江景最重要的标志是天门山、蟪矶庙和中江塔，到了近代，江景最显要的标志是江边老海关大楼、鹤儿山上天主教堂、狮子山上圣雅各中学和弋矶山上芜湖医院这四组建筑群。从船上观望，城市的识别性很强。

2.山水景观

芜湖是山水城市，多山多水，城区内山水景观的代表是赭山与镜湖。这两处景观古代已经形成，"赭塔晴岚"与"镜湖细柳"早已闻名遐迩。到了近代又有发展，都建设成为城市中心的公园。自然山水与城市环境交融在一起，显得生机盎然。城市中心地区有这一山一湖，得天独厚，彰显芜湖城市特色。

3.街巷景观

芜湖是一座有着悠久历史的城市，有发育很好的古城区；芜湖又是一座近代在省内得到率先发展的城市，古代街巷众多，近代新辟街道也不少；芜湖又是古代和近代商业皆繁盛的城市，街巷景观十分丰富，充满生气。十里长街在近代有长足发展，中山路、新芜路、二街等新型街道一一兴起，反映出近代芜湖商业城市的繁荣景象（图3-1-5、图3-1-6、图3-1-7）。

图3-1-5　解放前夕中山路　　图3-1-6　解放前夕新芜路　　图3-1-7　1939年新芜路东路口

第二节　近代芜湖建筑

1876—1949年，近代芜湖建筑的发展很有特点。对应近代芜湖城市的发展，建筑活动的四个分期是一致的，也分为全面抗战前后的两个阶段。只是全面抗战前芜湖城市由初步发展期进入快速发展期，而芜湖建筑经过鸦片战争后的萌芽期很快进入迅速发展期并进而发展到鼎盛期。

近代的芜湖建筑活动，同全国一样，较之于古代有了很大进展。随着城市近代化的进程，城市功能更加多样，建筑类型日益增多；城市经济向前发展，建筑技术日益提高；城市文化更加丰富，建筑艺术日益加强。城市发展顺利时建筑活动频繁，城市发展受挫时建筑活动凋零。

近代芜湖建筑本身最大的变化，是两大建筑体系的建立。旧建筑体系，或称传统建筑体系，继续发展；新建筑体系，或称近代建筑体系，开始建立。近代建筑功能产生近代建筑类型，新型建筑材料推进了新的建筑结构，新型的设计和施工队伍运用了近代的建筑艺术和建筑技术，也产生了新的建筑形式。

一、全面抗战前的芜湖建筑（1876—1937）

（一）迅速发展期（1876—1911）

1.建筑发展概况

1）国内外发生的大事

主要有：①1876年9月13日，《中英烟台条约》签订，芜湖与宜昌、温州、北海同时被辟为对外通商口岸。②19世纪60—90年代的洋务运动使得我国建设了最早的一批近代工业建筑。③1894年7月25日，中日甲午战争爆发；1895年4月17日，签订《中日马关条约》，中日甲午战争结束，割让辽东半岛、台湾全岛及附属各岛屿、澎湖列岛给日本，开放沙市、重庆、苏州、杭州为商埠，同时解除机器进口的禁令，允许外国人在中国就地设厂。④1900年5月28日，英、德、俄、法、美、日、意、奥八国联军侵华战争爆发，7月14日攻占天津，8月14日攻占北京，

12月27日清政府照允八国联军提出的《议和大纲》十二条。⑤1904年2月8日，日本突袭旅顺，日俄战争爆发。⑥1905年9月2日，清政府决定自次年起废止科举，继续推行1901年开始的教育改革。⑦1911年10月10日，武昌起义爆发，各地纷纷宣布独立，相继成立军政府。

2）芜湖城市发展的大事

主要有：①1876年，芜湖开埠和划定租界区；1905年6月28日，芜湖租界正式开辟。租界区的建设带动了濒江地区的发展，促进了老城区向西拓展。②1882年，芜湖米市正式形成，并得到快速发展。米市的兴起带动了芜湖运输业、金融业、商业、服务业、建筑业等各业的发展。③1902年，芜湖设立马路工程局，这是芜湖最早的城市建设管理机构。同年开辟了大马路（今中山路）和二街，扩大了商业街区，加上原来繁盛的长街，使得古城区和租界区连成一片。④1905年，在李经芳、李经榘（李鸿章家族）的策划下，成立了芜湖商务总会，20世纪初商户已达3000余户，经商者达5万人，芜湖成为安徽的商业中心。⑤李鸿章家族对芜湖房地产的大量开发，明显地扩大了芜湖的建成区。⑥至1911年，芜湖市区人口约9万人（县警察厅调查1915年城区人口为9.26万人），市区面积约4平方千米。

3）近代建筑的类型

主要有：以英驻芜领事署、英商太古洋行等为代表的办公建筑，以天主堂约瑟堂、基督教圣雅各堂等为代表的教堂建筑，以益新面粉厂、明远电厂等为代表的工业建筑，以及大量建设的居住建筑、商业建筑。

2.重要建筑实例

1）英驻芜领事署（1877）（图3-2-1）

1876年《中英烟台条约》签订，将芜湖辟为通商口岸。第二年，就在距长江不到700米，海拔36米高的范罗山山顶建造了英驻芜领事署，这是芜湖最早的一幢规模较大、规格较高的优秀近代建筑。芜湖领事署的建馆速度在全国各通商口岸中位居前列。

英驻芜领事署为两层砖木结构（局部有砖混结构），建筑面积约918平方米（不包括阁楼）。建筑坐北朝南，南偏西15度。平面近似正方形，面阔约24.08米，进深约19.07米。平面布局基本对称，南、西、东三面均有深达3.5米的外廊，南面有主入口，另两面有次入口，北面有通往内院附属建筑的出口，四个出入口都开在正中间。从南面主入口登上五级石阶，步入门廊，两侧房间的突出部分对空间有所围合，很有特色。进入大厅后，又有一个设有壁炉的放大成八角形的空间，可进行一定规模的活动，别具匠心。大厅东、西两侧各有两间设有壁炉的接待和办公用房。大厅后部有制作精美的三跑木楼梯通向二层，楼梯平台下有通向后院的门斗，门斗两侧是厨卫等附属用房。一层平面的西北角尚设有一座内部使用的带有铁栏杆的钢筋混凝土楼梯，可直通二楼及阁楼。二层平面与底层相似，中间的大厅面积略有缩小，西侧两个大房间的空间显得完整。在雨耕山领事官邸未建的十年间，二楼作为领事的住宿之处，所以布置有起居室和带卫生间的卧室。从二层楼梯间北侧的过厅向北可通向长达13.46米的外阳台，阳台栏杆由石材拼装而成。阁楼层由互通的三个空间组成，既是贮藏室，又是瞭望室，通过老虎窗可向四面眺望。一、二层各主要房间开向外廊的门是由半玻门和百叶门组合的双层木门，而阁楼的老虎窗是由玻璃窗和百叶窗组合的双层窗。

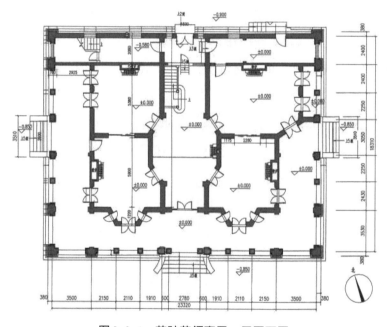

图 3-2-1 英驻芜领事署一层平面图

英驻芜领事署的建筑尺度较大，底层层高为4.64米，二层层高达到4.84米，檐口高度为9.74米，屋脊高度为14.79米。各主要房间采用木地板，卫生间和一、二层的外廊都采用了红黑两色相拼的高级地砖。底层大厅因公共活动的需要，采用了花岗岩地面。

英驻芜领事署的外立面特别精致，其建筑造型采用了当时在我国租界区内流行的"券廊式"，亦称"殖民地式"的建筑形式。英驻芜领事署的券廊处理别有特色。

南立面强调券廊，每层都用了9个连续拱券，有大有小，区别对待，分别对应大厅、券廊和内部的主要功能房间，可谓内容与形式的高度统一。为了更加突出主入口，这里还设计了双柱。另外两个侧立面基本对称，都是底层用了6个连续拱券，也是有大有小，区别对待。这样，三个重要立面主次分明、重点突出、相得益彰。该建筑的清水外墙面处理也与众不同，南、东、西三个立面以红砖为主，砖柱以红砖包角砌筑，其间在竖向上用青砖错缝砌筑，显得清秀挺拔。柱有砖柱和石柱，拱也有砖拱和石拱，它们的组合和变化，使立面显得生动。檐下的齿状装饰处理和柱头的重点装饰使建筑更添生气。北立面是背立面，以青砖砌筑，只在窗楣和门套上用红砖加以装饰，别具一格。该建筑的屋面也处理得丰富多彩，采用有短脊的四坡顶瓦楞铁皮屋面，修缮时改用了红瓦。屋面上8个老虎窗特别醒目，采用"后巴洛克式"的手法作了重点艺术处理，成为整个建筑的画龙点睛之笔。屋顶上高耸的红砖砌筑的五个壁炉烟囱，也成了重要的建筑语言，其顶部设计特别精细。总之，英驻芜领事署的建筑设计显得华丽而庄重（见彩页）。

此楼由英国建筑师设计，平面紧凑，造型精美，内外装修及施工质量均属上乘。2004年，英驻芜领事署被安徽省人民政府公布为第五批省级重点文物保护单位。2012年，芜湖市旅游投资公司对该建筑进行了整体修缮。2013年，英驻芜领事署旧址被国务院公布为第七批全国重点文物保护单位。

2）圣雅各教堂（1883）（图3-2-2）

芜湖圣雅各教堂位于花津路东侧，1883年由基督教圣公会建造。芜湖基督教圣公会来源于美国，不仅办理芜湖的传教事务，还管辖皖赣教区圣公会的传教事务。1850年前后，美国圣公会派传教士韩仁敦主教来到芜湖，主持皖赣教区事务，在狮子山山顶建造了一座主教办公楼。芜湖基督教圣公会的开创者是美国传教士卢义德，他来芜后即在二街石桥港购地建造了现存的这座圣雅各教堂。

圣雅各教堂大致坐西朝东，平面呈"T"字形（内部空间呈拉丁十字形），简洁实用。南北最宽处约16米，东西总长约28米，建筑面积约389平方米，可容纳800多人参加活动。此教堂为对称平面，东端有一个主要出入口，中部南、北各有一个次要出入口，西端南、北还各有一个教职人员出入口。内部空间较大，跨度为9.6米，进深方向共有6间，近讲坛处两侧有侧厅。圣堂两侧有高大的尖拱形窗。

圣雅各教堂为哥特式建筑风格，采用砖木结构。建筑立面朴实，外墙采用灰色青砖清水式砌筑，仅在窗台处用红砖砌出线条，窗顶尖拱也采用红砖起拱，窗间墙和西山墙处用红砖砌出菱形图案。建筑造型中对钟塔进行了重点处理。位于建筑东端的钟塔共有四层，底层是主入口，顶部是高耸的四棱锥形尖塔，塔顶是十字架标志。为与大尖塔呼应，在教堂"T"平面的六个角均设了带十字架的小尖塔，皆以红色饰面。

图3-2-2　圣雅各教堂

圣雅各教堂曾于1986年、1998年、2005年多次进行维修，塔楼正立面及部分墙体线条做了水泥拉毛，其主体结构仍保留原样。2010年，由于花津桥建设需要，花津路加宽，圣雅各教堂整体向东平移了10米，保存完好。2012年，芜湖圣雅各教堂与基督教外国主教公署、芜湖基督教牧师楼等建筑，被安徽省人民政府合并公布为第七批省级重点文物保护单位。2017年上半年，对其又进行了一次整体修缮。

3）英驻芜领事官邸（1887）（图3-2-3）

1877年建造英驻芜领事署后，为了改善领事署官员的居住条件，1887年在距离范罗山不远的雨耕山上，建造了英驻芜领事官邸。

该领事官邸为两层砖木结构，坐北朝南，建筑面积约713平方米。建筑平面近似正方形，面阔约20.2米，进深约17.7米。一、二层南面和西面均有外廊，南廊深约2.8米，西廊南半部深约3.2米，北半部深约2.4米。官邸南面正中略偏东有主入口，西面北端有次入口。两入口处均有台阶6步，室内外高差1米。从南入口进入南廊后穿过门斗进入门厅。门厅设计成"刀把"形，使得西廊南宽北窄，既合理利用了内部空间，又增加了南面走廊的面积。门厅两侧布置有客厅和带卫生间的卧室，均有壁炉。门厅后部有醒目而精致的三跑木楼梯。二层为领事、副领事居住用房，平面布置与一层大同小异，只是东端住宅平面有所变化。值得一提的是，主楼梯东侧还有一小型楼梯间，其一层既可与门厅相通，又可向北与东北侧附属建筑（今已不存）相通，向上也可另行登临二楼，疑为保卫与后勤人员专用楼梯。

图3-2-3　英驻芜领事官邸（摄于1911年）

领事官邸仍采用"券廊式"，拱券的起拱高度较小。现在保存的建筑已改成平梁，已非原貌，建筑表现力有所降低。原来建筑的外墙是清水青砖墙，后来做了外粉刷，呈现效果也有所改变。该建筑三个角部的廊柱，原来是由二至三个细柱组成，既稳重又秀气，后来改成大的"L"形柱，效果不如以前。该建筑的屋顶为带有短脊的四坡顶，为灰色瓦楞铁皮屋面。因屋顶坡度不大，故未设阁楼，有四个壁炉烟囱突出屋面。整个官邸造型显得简洁朴实。

《芜湖旧影　甲子流光（1876—1936）》一书中载有一张《1887年英驻芜领事官邸建筑群平面图》，实际上这是一张总平面图。从图中可知：总用地外形并不规则，系依雨耕山的地形地貌而定。领事官邸主体建筑位于山顶，黄海标高为22.8米，总用地东面地形较陡，很快降低到11米左右。南面从山顶平台先降至19.8米，到围墙处已降至14.8米。北面坡道略陡，到围墙处降至16.2米。西面坡度先陡后缓，先急降至16.3米，到围墙处再降到14.7米，再向西130米左右到吉和街已降到黄海标高12米。总用地面积约0.8公顷。总平面建筑布局：领事官邸位于山顶中部，其东北侧为附属用房。东北角建有治安官住所及办公室，西北角院门处建有佣人房兼门卫房，东南角院门处也建有门卫房。用地外围情况：西院门外有道路，北经青山街可通英驻芜领事署西大门，南行转西通吉和街可至天主教堂。东南角处院门外10余米即交通路，可通英驻芜领事署南大门。

2014年，为了建设雨耕山文化创意产业园，对英驻芜领事官邸进行了整体修缮，该建筑得到了保护和再利用。

4）天主堂（1895）（图3-2-4）

1874年，天主教传教士法国人金式玉来到芜湖，先在沿江购得一片土地建造了几间简陋的小屋，用于传教。1878年3月，金式玉又买进了附近的一片土地，扩大用地后正式建造了住宅和教堂。1886年，金式玉又购得半个鹤儿山，意图在此正式建造住院及圣堂。1887年动工建造住院，即现在的"神父楼"。1889年6月，在江南教区倪怀纶主教主持下举行了天主堂的奠基礼。1891年5月，发生了轰动全国的"芜湖教案"，正在建造中的圣堂被焚毁。事态平息后，第二年开始重建教堂，至1895年落成，时称"圣约瑟大教堂"。

图3-2-4 天主堂（摄于1934年）

当时并未建造教堂顶部的钟楼，也未见教堂顶部山花上的耶稣塑像。直到1931年才加建了钟楼顶部的穹隆，天主堂主立面终于完整。同时，祭堂后部增建为二层，扩大了更衣室等用房。耶稣塑像的安置时间据推测应是在1935—1948年。

芜湖天主堂总体上属砖木结构，砖墙承重，木屋架，瓦屋面。局部有砖石结构、砖混结构。基本平面为拉丁十字形，五廊型巴西利卡式。主体属单层建筑，局部有两层，钟楼为四层。建筑总宽约26米，总长约37米，建筑面积约1500平方米。

该建筑所处地势较高，坐东朝西，面对长江。西端入口前有一石砌大平台，宽约 2 米，长约 17 米。通过十级踏步登上高约 1.5 米的大平台后，有三樘大门可进入教堂，中门宽约 2 米，边门宽约 1.6 米。教堂内纵向有四排高大的八角形石柱，分隔出五个空间。中间通廊空间最为高大，跨度约 6.8 米，高约 14 米。两个次间通廊宽约 3.5 米，高约 6.4 米。两个边廊宽约 3.1 米，稍低，分有隔间。空间大小的变化突出了中央通廊。设有祭坛的横廊跨度与高度均与中央通廊相同，又增加了教堂内部主要空间的连续性和完整性。教堂室内天花均由半圆形拱券和交叉拱券组成，形成了一定的宗教氛围。此教堂设耶稣养父圣约瑟、圣母玛利亚、圣子耶稣三座祭台，均有彩色塑像。教堂内壁上方还有 40 幅描绘圣经故事的精美彩色宗教画，使教堂的宗教氛围更为浓烈。

芜湖天主堂为法国罗曼式建筑。西立面是主要立面，横、竖两个方向均采用了三段式的设计手法。横向分为左、中、右三段，竖向分为底层、中间层和顶部三段。中段底层是教堂的主要入口，尺寸较大，门框线角层层后退，两侧有简化了的科林新式双柱，门头是半圆拱形。二层有三联式假拱窗，拱下有圆柱，其上是大直径的圆形玫瑰窗。屋顶山尖上矗立着 5 米高的耶稣塑像（原为铜质，现为汉白玉）。左右两边是完全对称的塔楼。顶部是钟楼，上有穹隆顶，顶上有大型镂空十字架，最高处约 30 米。塔楼的角柱使教堂具有挺拔感，塑像与穹隆顶丰富了教堂的轮廓线。芜湖天主堂的南、北两个侧立面相似，基本对称，对应于教堂内部边廊的立面是由花岗岩石块壁柱分隔的四个开间，各间开有拱形扇，清水青砖砌筑墙体，下有花岗岩石砌筑勒脚。

1982 年、1993 年对其进行过两次维修。2004 年进行了大修，基本恢复历史原貌（只是清水青砖墙面未能复原），同年被安徽省人民政府公布为省级重点文物保护单位。2013 年 5 月，天主堂与其附属建筑神父楼、圣母院、主教公署、修士楼一起，被国务院合并公布为第七批全国重点文物保护单位。

与国内现存天主教堂比较，芜湖天主堂有如下特点：①建筑年代较早，1895 年就基本建成并投入使用。而上海徐家汇天主堂 1904 年始建，1910 年才落成。②属国内现存少有的罗曼式风格教堂建筑之一。如 1887 年建成的北京西什库教堂，1888 年建成的广州石室圣心大教堂，1903 年建成的天津望海楼教堂等均属哥特式风格教堂。③教堂规模较大，形制较高，为五廊型，与华东第一教堂徐家汇教堂相同，故有"华东第二教堂"之称。同为罗曼式教堂的天津西开教堂则采用的是三廊型。

5）清真寺（1864—1902）（图3-2-5）

芜湖清真寺位于上二街与上菜市（巷）交叉口的西南角，始建于1864年，扩建于1902年。抗战时期寺房大部损坏，后经教友筹资得以修复。2013年对芜湖清真寺进行了整体勘察、测绘，完成了维修设计，之后对清真寺北侧原有古建部分进行了整体全面的修缮，基本上恢复了清末时期的原貌。

现存的芜湖清真寺北侧主体建筑部分为中国古典建筑风格，总体为矩形平面，有东西轴线，南北对称。东西长约27.44米，南北宽约11.82米，占地面积约324.34平方米。这一部分的出入口设在礼拜殿和对殿之间天井的南侧，通过南侧的门厅进入，门厅东面的清真寺大门原来采用的是徽派建筑风格。西面是礼拜殿，坐西朝东；东面是对殿，坐东朝西。其间的内院东西两侧是两殿的外廊，为避风雨，两廊中部有方亭连接，亭的两侧天井，各有一个约0.7米深，长3.93米，宽2.97米的水池。走廊地面与水池皆用条石铺砌。对殿面阔三间，进深两间，设有西外廊，建筑面积约68平方米。西面木隔扇，明间8扇，两次间各6扇，通高约3.25米。礼拜殿面阔三间，进深三间，设有东外廊，建筑面积约139平方米。东面木隔扇，明间6扇，两次间各4扇，通高约3.26米。两殿的明间均采用抬梁式梁架，次间山墙处均采用穿斗式梁架，皆为硬山式双坡屋顶，蝴蝶瓦屋面。两殿露明部分的木构件全部髹漆红色。两殿0.3米厚的山墙连成通长的马头墙。位于礼拜殿西端的讲坛为阿訇领诵《古兰经》时使用。西面山墙加厚至约0.63米，内置经龛。讲坛与礼拜殿皆为架空式木地板，上铺绿色地毯。

图3-2-5　清真寺

芜湖清真寺是皖南地区重要的穆斯林活动场所，2005年，被芜湖市人民政府公布为市级文物保护单位。

6）芜湖大戏院（1902—1906）（图3-2-6）

芜湖开埠后，随着商业及米市的兴盛，"茶楼酒肆、梨园歌馆环绕镜湖"，遍布二街。至清光绪末年，芜湖戏园业已较发达。据考证，1902年开辟大马路后，李漱兰堂就在这里建造了一座大戏园，最初名为永庆茶园。当时的茶园即戏院，演戏为主，卖茶为辅。凳椅可坐近千人，可见戏院规模之大。1912年10月30日，孙中山先生在这里向芜湖各界人士发表了演讲。20世纪30年代易名为芜湖新华大戏院，并进行过维修改建，设了花楼包厢，特等对号、头等对号、二等正座、三等正座等座位等级，成为当时很正规的戏剧演出场所。抗日战争胜利后，一度易名为青年剧场。1947年后曾改称同乐剧场。1950年4月，改名为大众电影院，结束了戏剧演出历史，成为专业电影院。1954年夏，芜湖遭遇百年不遇的洪涝灾害。大水退后，芜湖大戏院老建筑全部被拆除，在原址新建了钢筋混凝土结构的大众电影院。

图3-2-6　芜湖大戏院

20世纪三四十年代的芜湖大戏院，坐西朝东，面对中山路。原来较宽敞的木结构门厅已被压缩至6.9米宽，深度仍为13.1米。两边建筑改成了沿街商店和旅馆。此时的大戏院门厅已是二层砖木结构，门厅前后均设有铁栅门，门厅内设有售票室。整个剧场可容纳观众近2000人，建筑面积达2800平方米。改建后的舞台增设了两侧的副台，后部又加层设置了两层的演员宿舍和化妆室。为增强音响效果，舞台木质台板下架空倒置了九口大缸，以助共鸣。剧场的结构形式采用大空间的砖木结构，中间主跨跨度达到15.5米。两旁木柱林立，上有木桁梁、木屋架、瓦屋面。两边的围护外墙实砌到底，无门无窗，场内采光、通风依靠屋顶上部的通长气楼解决。

芜湖大戏院的立面造型如同洋式店面。底层为整间大门洞，便于人流进出场。西式檐部有齿状装饰线脚，上部为中间高两边低的女儿墙，顶部尚有烦琐装饰。整个立面体现出芜湖近代剧院建筑中西结合的建筑风格。

建于1902—1906年的芜湖大戏院，比之于1908年建造的上海"新舞台"、1914

年建造的北京前门外西柳树井大街的"第一舞台",规模更大,在我国近代新式戏曲剧场建筑史上有着一定的地位,虽今已不存,也应载入史册。

7)芜湖海关税务司署(1905年前)(图3-2-7)

此楼位于范罗山山顶英驻芜领事署东侧略低处,两楼相距约44米,地形高差约7米,有台阶式坡道相通。该建筑朝向正南,平面近似正方形,面阔约19.98米,进深约16.66米,建筑面积约666平方米,为两层砖木结构。芜湖海关税务司署平面布局与英驻芜领事署很相似,只是做了简化。一、二层平面均设有东、南、西三面外廊,走廊宽度皆为2.55米。底层南外廊中部设有出入口,经过三级台阶穿过走廊即可进入净宽为2.52米的长条形门厅。门厅后部有上二层的两跑木楼梯,楼梯北侧设有门斗,可通雇员住所等附属建筑的后院,门斗两侧是卫生间等附属用房。一层门厅两侧各有两间设有壁炉的办公室,且前后都可以互通,也都有两樘通走廊的双扇门。二层平面与底层相似,只是用途不同,为设有客厅、卧室、卫生间的两套住房。

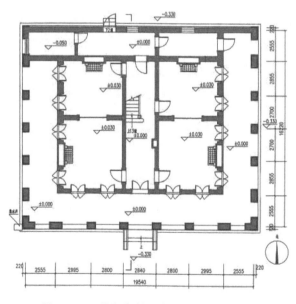

图3-2-7 芜湖海关税务司署一层平面图

芜湖海关税务司署的规模略小于英驻芜领事署。一层层高约4.48米,二层层高约4.09米,檐口高度约8.88米,屋脊高度约13.23米。办公室、住房为木楼地面,走廊、卫生间为水磨石地面,底层门厅为大理石地面。此建筑未设阁楼,屋顶内部空间并未利用。屋顶为带短脊的四坡瓦楞铁皮屋面,屋顶坡度较缓,仅有25度。

芜湖海关税务司署的造型设计较为简洁。南立面一、二两层均为七个连续拱券，只是两端拱跨略小。底层拱为半圆形，二层拱高减小、拱脚加长，使立面显得更加生动。两个侧立面均为上下两排六个连续拱券，处理手法同正立面。北立面为背立面，只作简单处理。外墙面为混水砖墙，白色粉刷墙面。整体造型庄重典雅。2012年对其进行了整体修缮。

8）皖江中学堂（1903）（图3-2-8）

皖江中学堂位于大赭山西南坡（今安徽师范大学赭山校区内），1903年官办。其前身是创办于清乾隆三十年（1765）的中江书院，原位于青弋江南岸蔡庙巷，1870年迁址到城内东内街梧桐巷。袁昶任徽宁池太广分道道员时，扩建中江书院，1903年底学校迁至大赭山，更名为皖江中学堂，是安徽省最早的独立中学。1912年更名为安徽省立第二师范学校，1914年改名为安徽省立第五中学，成为安徽省最早建立的省立中学之一。中国近代史上许多著名人物在此留下足迹，如陈独秀、刘希平、高语罕等人都曾在此任教。皖江中学堂旧址用地呈长条形，东西宽约20米，南北长约80米。建筑朝向受地形影响，依山势从西南向东北逐渐升高，建筑朝向南偏西约45度。其建筑布局很有特色，校舍均为平房，砖木结构，采取三进院落式。第一进位于用地南端，大门前有一平台，从东侧道路登20级石阶（分两跑）可上。进校门后是一三合院，三面有外廊，建筑内设有门房等附属用房。向北登10级石阶（两跑）即进入第二进院落，是一高于第一进院落约1.5米的大平台，向东有16级（两跑）石阶经圆洞门可通校园东侧的道路。向北上6级石阶可进入五开间的办公用房，面阔约20.6米，进深约11.6米。此为校园内的主体建筑，位置居中，视野开阔。南北侧均设有外廊，南廊较宽，约有2.3米，北廊较窄，仅1.3米，20厘米粗的木檐柱高约4米。从中间2米净宽的过道（北端有6级石阶）可进入第三进院落，此院落内东、西两侧均是七开间的教室，北侧是五开间的教室，南侧有"T"字形的室外空间，可供学生进行课间活动。用地面积约1600平方米，建筑面积约850平方米，面积虽不大，但布局紧凑，经济实用，校园书香氛围浓厚，还带有过去书院建筑的余韵。现存的皖江中学堂旧址只是原校址的极小部分，最初的校舍规模要大得多，校园面积也要大得多。2005年12月，芜湖市人民政府公布皖江中学堂暨省立五中旧址为市级文物保护单位。2019年3月，被列为省级重点文物保护单位。2022年经过维修，此文物建筑得到有效保护。

图3-2-8 维修后皖江中学堂旧址鸟瞰

9）圣雅各中学博仁堂（1910）（图3-2-9）

1897年，美国基督教中华圣公会传教士卢义德租赁华圣街房屋创办广益学堂。1902年在石桥港圣雅各教堂旁兴建校舍，1903年学堂迁入新址后更名为圣雅各中学。1909年卢义德又在狮子山头购地造房，1910年教学大楼建成后圣雅各中学迁此设立高中部，石桥港旧校址遂成为初中部。王稼祥、李克农和阿英曾先后在圣雅各中学就读。

圣雅各中学位于狮子山顶。现存博仁堂、义德堂、经方堂三幢建筑，保存完好。2004年10月，圣雅各中学旧址被安徽省人民政府公布为第五批省级重点文物保护单位。2013年5月，圣雅各中学旧址被国务院公布为第七批全国重点文物保护单位。

图3-2-9 圣雅各中学博仁堂西南面景观

博仁堂位于狮子山顶的南端，坐北朝南，平面近似于"王"字形，以塔楼和楼梯间为中轴线，东西两边基本对称。通面阔约42.02米，通进深约17.3米，建筑面积约1800平方米。主体部分为三层砖木结构，主要安排为教室，有少量办公室。南面有券廊式短外廊，联系楼梯间与各个用房。西端突出部分为三开间的拱券外廊，可眺望江景。东端三楼中间两榀窗的窗外设有附墙钢梯，可供紧急疏散时使用。建筑中部开间宽约6米，进深约13.6米，北侧约7.6米是四层高楼梯间，底层前后通校园，第四层通阁楼层。南侧6米是塔楼，一半平面突出于墙外，层层与楼梯间相通，底层是门廊，二至四层是办公室，四层现有木梯可上五层，又另有较陡的木梯可通过屋顶检修孔直上屋脊平台。塔楼的五六层是钟楼层。塔楼细部设计华丽，底层大门两旁有西方古典柱式，顶部屋面富于变化，塔楼不仅丰富了建筑的轮廓线，也成为整个建筑的构图中心，建筑外墙通体为红砖清水墙，屋顶为深色瓦楞铁皮屋面。整个建筑显得美观大气，处理得最精彩的当属屋顶。建筑主体部分屋顶坡度约40度，由两坡屋面与四坡屋面相互穿插，塔楼部分屋顶坡度约65度，坡度较陡。在四坡屋面形成的方形四棱台塔楼上又从四面插入两坡尖顶，造型特别丰富。塔楼顶部也做了带铁质栏杆的平台，与屋脊平台互为呼应，实为锦上添花。

10)"小天朝"（1890年前）（图3-2-10）

"小天朝"位于芜湖古城内儒林街48号，原是李鸿章送给侄女的陪嫁房。此建筑坐北朝南，南偏西12度。面阔五间，总宽约18.93米，进深四进，总进深约60.01米，建筑面积约2318平方米。包括后花园，总占地面积约1600平方米。"小天朝"由前后两部分组成，南部为第一、二进建筑以及前院、前天井，是府邸；北部为第三、四进建筑，以及后天井、后花园，是后宅。东西立面采用带有徽派马头墙的通长墙体连成一片，很有气势。

"小天朝"的入口院门开在前院的东侧。第一进建筑进深约6.93米（轴线尺寸，下同），为五开间，明间宽约4.13米，次间宽约3.33米，稍间宽约3.75米。明间为穿过式门厅，前后设门，其他开间有3.8米高杉木天花板，当作房间使用，南墙砖砌，无窗，北墙为木隔扇门及槛窗。前天井进深较大，有8.27米，东西两边有单坡顶的廊庑。第二进建筑是主要建筑，进深增加至8.96米，开间尺寸同第一进建筑。中间三开间为前厅，是家庭聚会与接待宾客之处。东西两稍间是用木板壁隔开的房间，北侧是板壁，南侧有通向前天井的木隔扇门。第二进建筑大厅为抬梁式结构，三架梁、五架梁造型优美，驼峰雕刻极为精美，南立面一排隔扇门和槛窗，做工精细，尽显主体建筑的气派。从"小天朝"前部进入后部要经过双重窄天井，分隔两个窄天井的墙体中间留有一门。从第二进建筑通过连廊即可进入北部后宅，中间是面积较大的后天井，四周为两层建筑，对称布置。第三、四进建筑基本相同，均为五开间，明间宽约4.8米，分别为中厅和后厅，是起居空间，也作客厅使用。次、稍间宽约3.4米，皆为居住用房，木隔扇门均开向后天井，第三进建筑南面墙体上开窗，而第四进建筑北面墙体上不开窗。后天井东、西两侧是较宽的三开间单坡顶廊庑，分别设有上二楼的木楼梯。二层平面与一层平面几乎相同，只是沿后天井四周设有回廊。

图3-2-10　"小天朝"后天井

"小天朝"是芜湖古城内一处规模宏大、布局合理、很有特色的徽派建筑群。2012年，安徽省人民政府公布"小天朝"为省级重点文物保护单位。2021年6月至12月，对其进行了全面修缮，已恢复昔日风貌，可惜后院面积有缩小，两侧有特色的步道也未能留存。

11）段谦厚堂（1908）（图3-2-11）

段谦厚堂位于芜湖古城内太平大路17号，原为"吴维政堂"。清代大臣吴廷斌（1839—1913）1908年安家于此，建起了吴维政堂。传至其孙吴继椿时，于1925年卖给了段君实。堂号后改为"段谦厚堂"。

段谦厚堂占地面积很大，大致呈矩形，东西宽约32.39米，南北长约54.2米，总用地面积约1806平方米。这一规模庞大的建筑群由前院、中院、后院和侧院四部分组成，总建筑面积约1689平方米。大门开在东侧的太平大路，后门开向西侧的后家巷。段谦厚堂的总体布局很有新意。前院位于用地的南部，东西长约32.39米（轴线尺寸，下同），南北宽约13.48米。大门位于前院东面的中间，门楼墙面稍有后退，形成"八"字形空间。进入大门后，二层楼高的五开间前厅建筑成为对景，并分隔成东庭和西花园两个空间。通过连廊式花园向北皆可进入中院和侧院前

4.68米宽的前夹道。中院是一"目"字形平面的二层砖木结构建筑，面阔七间，长约26.12米，进深八间，进深约18.2米。中间三开间是厅堂，是整个段谦厚堂的主体建筑，空间最大，规格最高，面积近110平方米，檐口高度达6米。两侧是书楼，规模也很大，共有16间，底层层高约4.34米，中院横向设有三个天井。

沿着中院的中轴线，向北经过2.4米宽的后夹道，即可进入后院。因后院是宅院，属居住空间，又无后花园，便增加了天井的面积。后院建筑也是砖木结构，七开间，但进深较中院浅，深约15.44米。楼下12间住房的隔扇门开向天井，楼上12间住房的隔扇门开向天井四周的回廊。中院、后院东侧的侧院安排单层的附属建筑，有三处直接通向段谦厚堂外的边门。

图3-2-11　段谦厚堂外景

段谦厚堂作为芜湖古城内规模较大的建筑群，是一组典型的高墙深院徽派风格建筑群。2011年，此建筑被列入芜湖市第三次全国文物普查不可移动文物目录。经过一年多的修缮，2023年基本上恢复了原貌，只可惜有特色的前院未能恢复。

除以上建筑，还有基督教牧师楼（1883）、天主教神父楼（1893）、芜湖医院专家楼（1900年前）、英商太古洋行办公楼（1905）、芜湖益新面粉厂三层制粉大楼（1916）、芜湖明远电厂老发电厂房（1907）、美孚石油公司仓库及办公用房（约1910）、清末官府、伍刘合宅等建筑（图3-2-12至图3-2-15）。

图3-2-12　基督教牧师楼西南面

图3-2-13　天主教神父楼（1934年摄）

图3-2-14　芜湖医院专家楼　　图3-2-15　美孚石油公司仓库及办公用房（1933年摄）

（二）发展鼎盛期（1912—1937）

1.建筑发展概况

1）国内外发生的大事

主要有：①1911年辛亥革命后清王朝灭亡，1912年1月1日中华民国成立。袁世凯篡夺政权后，中国进入北洋军阀统治时期，长达16年之久。②1914年第一次世界大战爆发，1918年11月11日，第一次世界大战结束。中国民族资本伺机得到较大发展。③1927年"四一二"事变后，南京国民政府成立。④1921年7月，中国共产党第一次全国代表大会在上海召开，中国共产党正式成立。1927年8月1日，中国共产党领导了南昌起义，打响了武装反抗国民党反动派的第一枪。⑤1931年"九一八"事变后，日本帝国主义占领东北，建设了伪满洲国的政治中心长春，沈阳、哈尔滨、大连、旅顺、鞍山、抚顺都变成了殖民地城市。日本企图把东北作为侵略中国的基地。

2）芜湖城市发展的大事

主要有：①各国外商及宗教势力不仅在租界区内，更多地在租界外占地建房，建公司，开洋行，设工厂，造教堂，办医院，建学校，大肆开展建筑活动。各国轮船公司几乎垄断了芜湖的长江运输业，芜湖成为外国资本主义工业品的倾销地和农土产品以及各种物资、原料的供应地。②从1914年起，芜湖成为安徽"三道"之一，芜湖道治设在芜湖，管理皖南23县，芜湖县被列为甲等县，在省内政治地位得到提高。1916年，芜湖城市人口已有9.26万人。南京国民政府成立后，1928年废道存县，芜湖仍为甲等县，直属安徽省。1932年，实行督察专员公署制度后，芜湖列为十个行政督察区之一。③近代工业、矿业有较大发展，近代商业、金融业继续发展，到全面抗日战争前夕芜湖已成为全省的金融中心。④芜湖米市进入兴盛期，1926年以后逐渐衰落。⑤李鸿章家族在芜湖的房地产开发进入高峰期。⑥ "十里长街"商业进入鼎盛时期，外国商品也打入长街市场。⑦芜湖近代教育全面推进，幼儿教育、中小学教育、职业教育、师范教育，均有较大发展。⑧近代交通发展很快，除了航运与公路交通，铁路及航空运输均有起步。⑨城市各个功能区已经出现，西临长江的沿青弋江发展的带状城市形态已经形成。1932年，开始城市建设规划的工作，将芜湖规划布局为六个城市功能区。1935年，开始芜湖各用地的地块划分，将全区划分为139个地块（其中河北105个地块，河南34个地块）。⑩全面抗日战争前，芜湖市区人口约有17万人，市区面积约10平方千米，建成区面积约6平方千米。

2.重要建筑实例

1）公署路郑宅（民国初年）（图3-2-16）

此宅位于芜湖古城内公署路东侧66号。商人郑耀祖于民国时期建造，此人后来去了台湾。芜湖解放后，这座老宅成为教师住宅，最多时有五六户住户。郑宅整体用地面积约416平方米，住宅位于用地东部，西部是庭院。总体布局是前院后宅，从西面南侧院门进入庭院后，再经过一道院门才能进入后宅。该宅为二层石库门式住宅，典型的"三间两厢式"户型，但已由联排式改为独立式，东西两侧可以开窗，居住更加舒适。房主是商人，见多识广，此宅未采用徽派民居内天井式的传统住宅平面，而借鉴了上海、武汉等城市兴起的石库门式新型住宅平面。石库门照例采用花岗石门框，门头上有砖拱，其上还有跳砖装饰，大门也照例是两扇黑漆木门。进入石库门就是宽约4.27米（轴线尺寸，下同）、深约3.09米的小天井。迎面是气派的8扇隔扇门，进入"客堂"后，两侧是"厢房"和"后厢房"，正面板壁后是上二层的两跑木楼梯，楼梯间外有卫生间。二层平面与此相仿，中间称"前楼"，两侧是卧室，一层卫生间上面是阳台。楼梯继续向上可至阁楼层，共三间，中间一间南面开有2米宽老虎窗，两侧房间东、西向分别开有圆形窗。此楼为砖木结构，局部为砖混结构，青砖清水墙，木楼地面，小青瓦屋面，硬山双坡屋顶。底层层高约3.98米，二层净高约3.2米。立面造型中西结合，所有门窗做有跳砖门楣、窗楣，一、二层间立面上做出跳砖腰线，硬山墙顶未做马头墙而做了弧顶、斜脊相组合的跳出线条，石库门上方做了西式花瓶装饰栏杆，整个造型显得亲切宜人。2011年，公署路郑宅被列入芜湖市第三次全国文物普查不可移动文物目录（见彩页）。

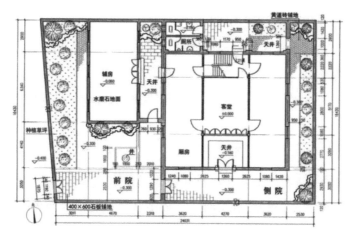

图3-2-16 公署路郑宅一层平面图

2）萧家巷翟家花园（民国初年）（图3-2-17）

此宅位于萧家巷主巷与西支巷相交处的西北角，由原19、21、23号三幢独立式住宅组成。房主翟其清，泾县翟村人，17岁离家追随孙中山，后加入同盟会，进入黄埔军校，成为第六期学员。20世纪30年代，他从一商人手中买下这组住宅。东面一幢坐西朝东，面阔三间，宽11.28米，进深9.4米；中间一幢坐北朝南，也是面阔三间，宽12.1米，进深9.36米。这两幢都是徽派建筑风格，但东临萧家巷主巷的那幢是两层砖墙承重的住宅，南临萧家巷支巷的是砖木结构住宅。这两幢都是前有天井后有庭院。西边一幢标准较高，坐西朝东，前有庭院，采用中西合璧式建筑风格。东侧有西式券廊，清水砌筑西方柱式圆柱，栏杆也为西方花瓶形式装饰。三幢独立式住宅朝向不同，建筑风格各异，却能组合成一组完整的住宅建筑群，在芜湖古城中并不多见。

图3-2-17 翟家花园外景

3）萃文中学竟成楼（1912）（图3-2-18）

1903年，芜湖基督教来复会美国传教士毕竟成在青山街后巷15号造了两间房屋，创办了育英学堂。1906年改名萃文书院。约在1910年以前，改名为萃文学堂。1921年改名为萃文中学。2005年萃文中学旧址被芜湖市人民政府公布为市级文物保护单位。

萃文中学地处铁山余脉之凤凰山，校园占地面积较大，约70亩。总平面外形不规则。西侧地势较为低平，山势从西南到东北逐渐由黄海标高10米升高至23米。校园建设并未大动土方，而是因地制宜，依山就势，将校舍布置在19米和21米的两个台地上，使校园置于林地、花园之中。19米高台地上，教学大楼竟成楼朝向西南，与办公楼呈"L"形垂直布置，围合出一个设有旗台的小广场。21米高台地上，大礼堂与鸿藻堂、尔敦堂平行布置，面向东南，可俯视铁山脚下的广场。萃文中学的校园在20世纪30年代就已形成完整规模。

图3-2-18 萃文中学竟成楼

萃文中学的主要教学楼竟成楼，是凤凰山校区最早建造的一幢建筑。具体建成于何时，一直难有定论。通常认为此楼建成于1912年，据笔者考证，竟成楼可能是1908年开工，1910年建成。竟成楼坐东朝西，朝向南偏西62度。平面采用简单的矩形，长约24.87米，进深约15.77米，入口处的楼梯间向前突出约2.2米，底层有设柱的钢筋混凝土大雨棚。此楼为三层砖混结构，建筑面积约1219平方米（不包括阁楼和门廊）。平面布局采用内廊式，每层设教室四间，教师休息室一间（外设有凹廊）。底层层高约3.6米，楼层层高约3.3米。楼梯为"二合一"式钢筋混凝土结构楼梯，木楼地面，局部有水磨石地面，屋盖结构为木屋架，上做四坡瓦楞铁皮屋面。屋面坡度较陡，内部阁楼做储藏之用，四面开有老虎窗。立面采用对称式构图，楼梯间处做重点处理。外墙原采用清水红砖墙（水泥砂浆饰面为后加），一、二层之间有腰线。整个建筑带有欧式风格。

4）芜湖模范监狱（1918）（图3-2-19）

光绪三十三年（1907），清政府实行狱制改革，审监分离，要求各地改造旧式监狱，建设新式监狱。因芜湖原旧式监狱规模较小无法改造，便于1918年在东内街清千总署旧址建设了安徽第二监狱。由于芜湖税源充足，监狱一次建成，也称芜湖模范监狱，成为安徽省当时设施最齐全、设备最先进的新式监狱，也是我国很早建成的为数不多的模范监狱之一。

芜湖模范监狱是占地面积较大、建筑规模也较大的建筑群。东临东寺街，南临东内街，西临梧桐巷，北临井巷。东西宽约80米，南北长约180米。南侧偏西设有正门（表门）。

图3-2-19　芜湖模范监狱大门

模范监狱分外区和内区。外区有门卫室、待见室和看守室、监狱事务所办公室等。事务所西面是女监，东面是病监。外区北面设有炊所、粮库、浴池等各种附属用房。内区位于狱区的西部居中，四周有高约6.6米的青砖砌筑的厚实围墙。围墙内主体建筑是男监房，平面呈"十"字形。正中间是八角形楼，俗称八角楼。一层是监视处，西南角设有木楼梯。二层是教诲室，三层是瞭望室，屋顶为八面攒尖顶。以此八角楼为中心，东、南、西、北四个方向通过楼梯间连有四幢监房（俗称号房），对称设置。该监狱为两至三层砖木结构，外墙为清水青砖墙，底层层高约3.35米，水泥地面，二层高约2.75米，木楼地面。底层主要关押未决犯，中间放风面积较大。二层主要关押已决犯，只能在二层的走廊上放风。两层监房互不相通，均分别通往楼梯间。监房屋顶为两坡硬山顶，机制青平瓦屋面。顶部设有通长气楼，解决天井的采光通风。芜湖模范监狱主体建筑的建筑面积约2400平方米。模范监狱的内区四角设有四幢工场，使犯人在押期内学得一技之长，这也是新式监狱的先进之处。2012年，安徽省人民政府公布芜湖模范监狱为省级重点文物保护单位。2017年对此建筑进行了全面维修（见彩页）。

5）芜湖海关税务司职员宿舍楼（1919年前）（图3-2-20）

此楼位于范罗山顶英驻芜领事署西南山腰处，宿舍楼为两层砖木结构，矩形平面，面阔约28.16米，进深约13.49米，建筑面积约776平方米（不包括阁楼）。仅东南、西南两面设置外廊，既组织了内部交通又可作阳台使用，还起到了遮阳的作用。西端是带眷职员住户，一、二层各住一户。底层住户由西北角通过门斗单独入户，二层住户由北侧室外楼梯另行入户。东端两层皆为单身职员宿舍，每层各有宿舍3间，另有合用卫生间。单身宿舍底层居住职员由南北两个方向出入，二层居住职员有内外两座楼梯可以上下。该宿舍楼为砖混结构，屋顶为四坡顶瓦楞铁皮屋面，走廊为水磨石地面，居住用房为木楼地面。利用屋顶内空间设计有阁楼，宿舍楼东、西两部分皆有木楼梯可上阁楼存物或瞭望。

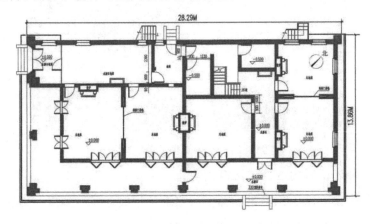

图3-2-20　芜湖海关税务司职员宿舍楼一层平面图

芜湖海关税务司职员宿舍楼建筑造型设计得亲切宜人。外墙为丁顺间砌的清水红砖柱，墙面也是丁顺间砌，但顺砌的是红砖，丁砌的是青砖。一、二层皆为六开间柱廊，未处理为拱券，只在走廊东山墙处做了砖砌拱券。立面上两层通高的砖柱做了凹凸处理，楼层栏杆下0.67米高横梁做了复杂的线条处理。檐下梁和栏杆下梁的白色饰面与红色墙面互相衬托，有一定的表现力。南面屋面上的两个老虎窗与两个壁炉烟囱，也使立面生色不少。2012年对其进行了整体修缮。

6）芜湖海关关廨大楼（1916—1919）（图3-2-21）

芜湖自1876年被辟为对外通商口岸以后，于1877年2月18日设立海关，定为三等海关，4月1日正式开关，称为"芜湖关"，是我国近代设立的第16个海关。

现存的芜湖海关关廨大楼始建于1916年，选址在陶沟南侧，与租界区很近。历时三年，于1919年7月14日正式建成，耗费关平银19.4万两。此楼位于长江岸边，坐东朝西，面对大江。大楼为砖木混凝土混合结构，建筑面积约831.68平方米（不包括阁楼）。主楼两层，西、南、东三面有柱廊，平面近似正方形，面阔约21.94米，进深约18.86米。塔楼五层，位于主楼西立面中部，一半插入走廊，一半突出墙面，平面为正方形，边长为5.5米。沿江马路旁的西入口是主入口，穿过塔楼即可进入南、北两个营业大厅。东面走廊对应塔楼处设有门斗，是次入口，应为内部人员使用，可直接进入营业大厅。二楼是办公用房，西面经过塔楼内楼梯登临顶层瞭望室，江景尽收眼底。

图3-2-21　芜湖海关关廨大楼（2023年摄）

芜湖海关关廨大楼外墙为清水红砖墙，建筑整体由沉稳的主楼和高耸的塔楼两部分组成。四个立面都具有表现力。西立面是沿江立面，也是主要立面，采取以塔楼为轴线的对称式，高与低的对比产生了丰富的建筑轮廓线，同时主楼柱廊的"虚"与塔楼墙体的"实"互相衬托，使建筑显得十分庄重。做了重点建筑艺术处理的塔楼特别引人注目，方形平面四个角在立面上做了变形处理。下面两层角部墙面稍稍后退做成假柱，柱顶有塔形装饰，第三层以上各层都做成抹去角的八角形。另外，做了重点部位的细部处理。一是将建筑入口处一层的门和二层的窗统一处理，其上增加的圆窗周围又做了细致的装饰。二是将三、四层立面做重点处理，在四个圆形钟面上方加上突起的拱形装饰，拱檐下有齿，拱脚下也有装饰。三是在塔楼顶部将第五层的墙体虚化，更利于瞭望。同时，加上八棱锥形的塔尖，既使立面更完整，也是很好的收头处理。其他立面设计得也很精致，主要是重点处理砌柱和檐下的线条装饰。从侧面看，由于塔楼在主楼之前，增加了建筑的动感。芜湖海关关廨大楼矗立江岸，已成为芜湖近代标志性建筑之一。

图3-2-22　芜湖海关关廨大楼
（1934年摄）

20世纪80年代末，笔者在武汉有关单位曾查阅到一张《芜湖旧海关房产地盘图》。从图中可知：①芜湖海关总用地面积约3.3公顷（合49.5亩），南北宽约170米，东西长约195米（扣除沿江马路宽度）。②总用地分南北两个部分，北部占地约三分之二，用于海关建筑群，南部占地约三分之一，用于足球场。③海关大楼位于北部用地两端的中间，其北面是码头房、货栈和水手住房，南面是外班洋员俱乐部。海关大楼东面是巡江事务处（监察长住宅）、未婚关员宿舍和已婚验货员宿舍。20世纪80年代，以上的附属建筑大多尚在，今均已不存。

2004年，芜湖海关关廨大楼被安徽省人民政府公布为第五批省级重点文物保护单位。2019年被国务院公布为全国重点文物保护单位。2008年、2023年先后两次对其进行了整体修缮，总体修缮效果较好，可惜塔楼顶上的尖顶没有恢复，建筑形象不够完整，留下了一点遗憾。

7）芜湖益新面粉厂制粉大楼（1916）（图3-2-23、图3-2-24）

芜湖米市的形成，促进了米粮加工企业的产生。1890年，民族资本家章维藩抓住时机创办了芜湖益新米面机器公司。1894年开工投产。三年后，直到1897年5月才经清政府正式批准注册。该厂是安徽省最早的近代民族资本企业，也是我国最早开办的机器面粉厂之一。1906年更新机器，进口设备，另建了一幢三层砖木结构制粉楼。1909年此楼毁于一场火灾。1916年，四层制粉大楼在原址上重建竣工，恢复生产。

这幢制粉楼按生产工艺流程要求采取多层工业厂房形式，受当时经济和技术水平限制，仍采用砖木结构。该楼坐东朝西，单跨八开间，跨度约10米。北端五开间为制粉车间，开间宽度约2.5米；南端三开间为清麦车间，开间宽度约2.7米。制粉车间从一层到四层分别为装包间、磨粉间、筛子间、分级间，阁楼层为集尘器间。清麦车间从下到上分别为毛麦间、清麦间、净麦间，阁楼层为着水间。各层之间由垂直提升井运输。底层层高约5米，楼层层高约4米，建筑总高度约21米。四层合计建筑面积约1035平方米（不包括外廊），另有安置设备的阁楼层约231平方米。外墙为带壁柱（0.77米×0.12米）的青砖实砌清水墙，墙体厚度逐层减薄。底层墙厚0.72米，以上各层分别为0.6、0.52、0.42米。内部下面三层尚有木柱（0.29米×0.29米）承重。所有墙体均用"糯米稀"砌筑，墙基下打有木桩。各层楼面皆为木楼板。屋顶为梯形屋架，瓦楞铁皮屋面。屋架内空间为阁楼，前后两坡屋面上各开六个老虎窗采光。

图3-2-23　芜湖益新面粉厂
制粉大楼东北角

2012年益新面粉公司旧址被公布为芜湖市重点文物保护单位。2014年被列入安徽省政府"861"重点项目计划，依托益新面粉公司旧址，建设大砻坊创意园。2016年大砻坊工业创意文化园开园。

图3-2-24　芜湖益新面粉厂
制粉大楼西北面

8）英商亚细亚煤油公司办公楼（1920）（图3-2-25）

此建筑位于铁山南部半山腰，是英商亚细亚煤油公司建于1920年的办公楼，隶属南京亚细亚煤油公司。建筑朝向东南，是为了适应场地西北高东南低的地形。建筑平面不够规整，由西楼、北楼、南楼三部分组成，总建筑面积约2178平方米。西楼与北楼、南楼室内的标高相差半层。大楼入口设在西楼西南角斜墙面上，面对前面的广场。进入大楼后是一过厅，向右直接通南楼的一层，向左上半层后进入门厅。门厅东侧有一座单跑楼梯，下半层可通北楼的一层，另有两座单跑楼梯，分别上半层后可进入北楼与南楼的二层。北楼与南楼的一层和二层虽楼地面相平，但并不相通。这是一种非常巧妙的交通组织设计，非常少见。南、北楼的西侧均设有封闭式走廊，南楼东侧尚设有长、短两处阳台。西楼门厅的楼上设有大会议室。此建筑为两层砖混结构，原为清水青砖墙。北楼与南楼的主体部分是统一的四坡顶屋面，机制红瓦屋面，其余为平屋顶。

图 3-2-25 英商亚细亚煤油公司办公楼鸟瞰

此建筑平面迂回曲折，富于变化，有现代建筑色彩。铁山山顶上有一幢公司的住宅，欧式建筑风格较为明显，惜已不存。芜湖解放后，煤油公司办公楼作为铁山宾馆的一栋客房楼，被称为"烟岚楼"，一直使用至今。1958年，毛泽东、刘少奇、朱德曾先后下榻烟岚楼，使此楼更添纪念意义。20世纪八九十年代曾多次对此楼进行过维修。2011年对其又做了重新装修，外观及主体均未改变，保存状况较好。2017年10月，此建筑被芜湖市人民政府公布为市级文物保护单位。

9）太古洋行洋员宿舍（20世纪一二十年代）（图3-2-26）

该建筑位于芜湖原租界四区一段，中马路东侧，距西南方向的太古洋行办公楼不远，是一幢由高水平建筑师设计的花园式小洋房。此洋员宿舍为两层砖混结构，清水红砖墙，木楼梯，木屋架，机制红平瓦屋面，局部钢筋混凝土结构。此楼坐北朝南，建筑平面不规则，东西总宽约14.2米，南北总进深约17.5米，建筑面积约550平方米。

此洋员宿舍的建筑布局灵活多变。南侧设有主要入口，采用平面为"L"形的不规则门廊，从东侧次入口也可进入。室内大厅又是一个呈"L"形的平面，可直接进入大小6个房间，其东侧设有三跑木楼梯，两处突出的墙角进行了切角处理。一层平面东北角是客厅，西南角是共用一个弧形阳台的两卧室。客厅与卧室均设有壁炉，客厅和主卧室还带有三角形落地突窗。二层平面与一层相仿，阳台与落地突窗处理同一层，只是门廊上层空间处理成了带花架的露天阳台，另外则是在西侧北面第二间增设了上阁楼层的木楼梯。由于屋顶坡度较陡，约40度，阁楼空间较大，面积约100平方米，四面开有共七个老虎窗，改善了阁楼层的通风采光。建筑的东南角设置了"八角楼"，成为观景瞭望之处，其北侧还紧贴一处屋顶露台。此楼的造型设计更是独具匠心，尤其是屋顶的组合富于变化。四坡屋顶是其主体，南面插入一两坡顶，西面又插入一三坡顶，加上高耸的"八角楼"的八脊攒尖屋顶，建筑轮廓线丰富多变。立面设计上用了一些西式建筑的符号，如入口处带柱头和柱础的方柱，带花瓶装饰的阳台、露台的栏杆，带米字形栏杆装饰的门廊，陡峭的屋顶，高耸的塔楼和壁炉的烟囱，有进有退的墙面，有高有低的屋面，这些都凸显了此建筑的艺术价值。特别要提到的是洋员宿舍底层门廊和阳台的地坪采用的是当年产自英格兰的六角形高级彩色瓷砖，至今仍绚丽夺目，十分珍贵，为这幢建筑增加了一处亮点。

图3-2-26　太古洋行洋员宿舍西南面景观

2021年镜湖区启动了百年历史建筑复活计划，2021年10月开工，2022年10月竣工，这幢百年建筑得以恢复，周围环境也得到彻底整治。

10）芜湖医院院长楼（约1925）（图3-2-27）

笔者推断该院长楼建于1925年前后，此时病房大楼也已动工，同时施工的可能性较大。

该建筑坐西朝东，朝向为南偏西约9度，位于医院病房大楼西南侧山腰处。此楼所处地形北高南低，标高约低于病房大楼8米，东侧有路可与医院内部道路相通。建筑主体部分为两层砖木结构，平面形状为矩形，南北宽约14.1米，东西长约

16.3米。下有地下室，墙体为毛石，墙厚约0.63米，用水泥砂浆砌筑。北面有采光天井，同时设有下地下室的室外台阶。地下室南面墙体露出南侧坡地，可直接对外开窗。建筑顶部利用屋顶空间设有阁楼层，四面均开有较大的老虎窗。东面中部主入口处设有两层高门廊，长约6.1米，深约3.4米。底层门廊带有传达室，二层为凹阳台，其屋顶为通阁楼层的露台。总建筑面积约730平方米（包括阁楼层，未计地下室）。第一层经门廊进入门厅，南、北两侧是客厅和办公室，西侧是处于建筑正中间的间接采光楼梯间，再向西则是过厅，南设卧室，北有卫生间，西有通往室外的后门。一层层高约3.25米，二楼平面与底层略有不同，西北角设计了一间带卫生间的卧室。

图 3-2-27　芜湖医院院长楼

　　院长楼建筑造型与病房大楼同为欧式风格，简约、典雅，都是红墙红瓦，色彩处理一致。在设计上，对东面入口处的门廊做了重点处理，加上北面的凸窗，西面突出外墙面的高耸壁炉烟囱和突出屋面的四个方向上的老虎窗，使得整个建筑造型显得生动而富于变化。

　　11）芜湖医院病房大楼（1927）（图3-2-28）

　　此建筑位于弋矶山北麓，楼前室外地坪标高海拔约30米。大楼坐北朝南，朝向为南偏东17度。此建筑由上海布莱克·威尔逊建筑设计公司的美国建筑师Mckim、Mead、White（麦克姆、米德和怀特）设计。建筑布局紧密结合地形，前为三层，后为六层。上面三层是各科病房，男女分设，顶层是特别病房。大楼底层有环形车道可直接抵达大门前。二层从抬高1米的广场台地通过16级室外大台阶可直接登临。穿过二层楼的门厅，正对的是礼拜堂，反映出教会医院的特点。下面三层从上到下分别是厨房层、洗衣房层和锅炉房层。负三层的锅炉房，北侧有直接通向室外的两个单独出入口。负二层的洗衣房，东侧有室外单跑楼梯下达负三层的室外地面，上至负一层的厨房间。门厅北侧的电梯和楼梯贯通上下五层楼，是整个建筑的交通枢纽，建筑东、西两端还各有一座辅助楼梯。该病房大楼上面三层，平面形状类似"门"字形。中间的一"横"是主体，长约67.6米，进深约11米，其中部向北伸出约19米，是北翼（六层），既满足使用要求，又增加了结构的稳定性。其东、西两端均向南伸出约23米，为东、西两翼（三层），既考虑了功能需要，又减小了建筑长度，且围合了建筑前的室外空间。楼内设备较为先进，当时已经装有自备发电机，贯通五层楼的蒸汽升降机（相当于后来的电梯），电器开关操作的护士呼唤系统、冷热水系统、集中供暖系统，并拥有X射线机等大型医疗器械及完善的手术室，这在当时全国范围内都算是先进的。芜湖医院在20世纪二三十年代就成为长江中下游颇有名气的医院，曾与北京协和医院共同享誉南北。

图3-2-28　芜湖医院病房大楼（1936年摄）

该病房大楼采用砖混结构，总建筑面积约5474平方米，清水红砖墙，钢筋混凝土楼梯和楼板，水磨石地面，木屋架，红色机制平瓦屋面。建筑造型采用了外形反映内部功能的处理手法，不做过多装饰。建筑形式按欧式建筑设计。芜湖医院的屋顶设计是将主体部分设计为四坡顶，其两侧与北翼用两坡顶与四坡顶相贯，而东、西两翼设计为带有西式栏杆的可上人的平屋顶，做成了西方式样的屋顶。重点处理中部南入口和北翼，是建筑立面设计的另一个手法。首先从楼前绿化庭院的规划上将其作为中轴线上的对景，抬高的庭院隔开了环形车道的干扰，入口处的宽大台阶增加了建筑的气势也突出了入口。两层楼高的西方柱式和山花更标明了这是一幢"西方式样"的医院建筑。北翼立面从江面上看很显眼，因有六层高度，本身就显得挺拔，加上悬山式两坡顶和山墙面的凸窗处理，更增加了建筑的表现力。

2011—2012年芜湖医院旧址有过修缮，至今保存完好。2012年，被安徽省人民政府公布为省级重点文物保护单位。

12）中国银行芜湖分行大楼（1927）（图3-2-29）

1909年，芜湖最早设立的国家银行是大清银行芜湖分行，这也是大清银行在安徽开设的第一家分支机构。1912年中华民国成立后，大清银行改称中国银行。1914年，大清银行芜湖分行改称中国银行芜湖分行。

1922年，计划在位于二街中段北侧的大清银行芜湖分行原址上建设的新银行大楼，由我国近代著名建筑师柳士英先生设计。1926年6月1日破土动工，1927年5月20日竣工建成。该工程由上海中南建筑公司建造、上海华海建筑公司监工。

此楼坐北朝南，面对二街，楼前设有铁制空花大门。登上六级花岗石台阶，穿过高大的门廊和过厅，便可进入宽敞的营业大厅。大厅面积约250平方米，高度约5.6米，相当于两层楼高。大厅后有上建筑后部办公室的台阶，也有直通后院的门。办公用房也有两处通向后院的出入口。营业厅顶层设有大会议室。金库设在建筑后部的半地下室，层高约2.6米。建筑风格采用当时银行建筑流行的带有折衷主义色彩的西方古典式。立面设计，竖向、横向均采用典型的三段式构图。沿街门廊有四根约8.8米高的西方古典爱奥尼柱式，挺拔隽秀，檐部及勒脚都有复杂的古典装饰线角。整个外墙面为水刷石墙面，门廊基座及踏步用花岗石砌筑。为遮挡主体建筑的坡顶屋面，正立面墙体与门廊的顶部做了跌落式女儿墙。20世纪80代年女儿墙上尚有红五角星标志。此楼侧立面、背立面设计精致，如东侧面的外梯和背立面的后门。此楼内部设计也很精细，营业大厅内有四根纤细的圆柱，柱头设计得十分华丽。

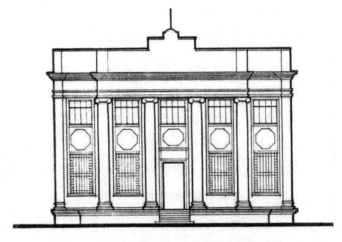

图3-2-29　中国银行芜湖分行大楼立面图

芜湖中国银行大楼总体上为砖混结构，但内部用了不少木结构，如木楼梯、木楼板、木屋架。建筑面积约1200平方米（不包括地下室），临街面宽约18米，建筑进深约30米，正立面高度约14米。建筑尺度并不算大，却设计得构图严谨、比例匀称、外观宏伟，是芜湖的一处优秀近代建筑。

芜湖沦陷后，该建筑1938年被日商所占，不久顶层遭焚毁。抗战胜利后，中国银行芜湖分行奉准于1946年4月4日复业，大楼旋即重修。修复工程由森昌泰营造厂承建，"阅时四月"至9月完成，"始复旧观"。芜湖解放后，该建筑由中国人民银行芜湖支行接管，至1985年5月，人民银行改制，此建筑划归新成立的中国工商银行。2011年中国工商银行芜湖分行对此楼进行了维修，2012年11月完工。

2005年，芜湖中国银行旧址被芜湖市人民政府公布为市级文物保护单位。2012年，被安徽省人民政府公布为省级重点文物保护单位。

13）天主教圣母院（1933）（图3-2-30）

圣母院由芜湖天主教会创办，西班牙人设计监造。该建筑位于今吉和北路北端的西侧。1931年动工兴建，历时两年，1933年建成。此楼又称修女楼，系修女学习、布道之所。这里曾做过育婴堂、贫民小学、内思女子中学和难民收容所。圣母院坐南朝北，偏东约9度，三层砖木结构，局部砖混结构。规模和体量均较大，看起来是三层，加上地下层和阁楼层，实际上是五层。一至三层安排主要使用功能，建筑面积约3130平方米。下面的半地下室，下沉0.7米，层高约2.3米，北外廊、半地下室四面均开有较大的高侧窗，建筑面积约1160平方米。合在一起，总建筑面积约4290平方米。建筑平面是对称平面，形状类似倒下的"王"字形，一"竖"是建筑的主体部分，进深约9.4米，一层有封闭式北外廊，二、三层转变成中间内廊，这种走廊位置的转换做法很少见，"三横"中的东、西两"横"南北向均突出3.9米。中间一"横"向北突出也是3.9米，而向南突出多达16.8米，这是为了满足较大面积的祭堂需要。大楼的出入口有三处，均设在北面。正中间是主入口，通过11级直跑两跑式石砌台阶进入一层门厅，正对的是面积近200平方米的礼拜堂。左右均有2.1米宽的走廊，走廊尽端分别设有宽大的楼梯间，下可通半地下堂，上可通阁楼。两边走廊的中间还分别设有次入口，11级石砌踏步一跑而上。从室外直接进入半地下室的出入口现在有九处，各个方向均可进入，分布均匀。半地下室北廊两端和中部这三处是进出的主要通道。在第三层北面中部尚有一座上阁楼层的专用木楼梯，净宽1.4米，直角形两跑。阁楼层内部分隔较少，是一面积近千平方米的较大空间，因只设了七个老虎窗，通风、采光较差，只能作为储藏空间。圣母院立面主要处理手法是清水青砖墙面，檐下、腰线、窗头、窗台等处用清水红砖砌筑，形成横向分隔线条，使建筑稳重而有生气。由于建筑长达77.4米，作为主立面的北立面做了重点处理，采用"五段式"构图，打破长墙面的单调。中间主入口的这一段用4根通高的扶墙柱将墙面分为三间，中间加宽以突出尖拱形大门。门前是带欧式栏杆的石砌大台阶，提升了气势。门上是起拱很小的四个连续拱形窗，窗侧均有圆柱，加强了艺术表现力。顶部是类似马头墙造型的四步式平斜结合的山尖，丰富了建筑的轮廓线。1951—2015年，该建筑作为芜湖市第一人民医院病房大楼使用。1977年和2008年对其进行过维修。2012年，圣母院被安徽省人民政府公布为省级重点文物保护单位。2013年，圣母院旧址与天主堂、神父楼、修士楼旧址一起，被国务院合并公布为第七批全国重点文物保护单位。2022年发现半地下室结构需进行加固，进行了全面维修，又拆除了后装的电梯间的屋顶部分，恢复了圣母院屋顶的最初面貌。

图3-2-30　天主教圣母院

14）天主教主教楼（1933）（图3-2-31）

主教楼亦称主教公署，位于原芜湖租界区二区二段，后马路（今芜湖市区吉和北路）两侧。建于1933年，曾是芜湖代牧区首任主教西班牙人胡其昭（1923年正式就任芜湖教区主教）和继任主教西班牙人蒲庐（1928年来芜，1936年正式就任芜湖教区主教，1952年离芜）的寓所和办公处。当时在主教楼南面种下的九棵广玉兰，今已粗壮高大，被芜湖市人民政府公布为芜湖的名木古树。

主教楼坐南朝北（略偏东），主入口设在北侧，面对主要道路，次入口设在南侧，通次要道路。主、次入口均偏于建筑西部，当时东侧并未设出入口。该建筑是砖混结构，看起来是两层，实际上是四层。一、二层安排主要使用功能。建筑面积约861平方米。加上下面的半地下室和上面的阁楼层，总建筑面积约1644平方米，非常经济实用。建筑平面为长方形。横向共有七开间，每开间约3.7米，只有西端一间加大为5.1米，总长度约27.7米。东端设有外廊，兼起阳台作用。纵向南、北两面是房间，中间是约2.75米宽的内廊，总宽度约15.55米。底层安排有客厅，也有客房。二层是办公室和卧房，还设有小圣堂。此建筑除了南侧偏西处设了专上二楼的木楼梯外，在北侧中间又专设了上阁楼的楼梯间，为踏步宽1.2米的四跑式木楼梯。阁楼层西端收进一开间，成为六开间，仍设内廊，屋顶为四坡顶。为解决每个房间的采光通风问题，开了十个宽而深的老虎窗。地下室为半地下室，开有高侧窗，下沉约0.5米，层高约2米，西侧正中有出入口。以上各层层高均较高，一、二层层高约4米，阁楼层高约3米。主教楼立面处理简洁，中西结合，偏欧式。主要处理手法是采用清水青砖砌筑，在檐下、腰线、门窗头、窗台等处用清水红砖砌筑，形成横向线条，每间墙柱略突出于外墙，形成竖向线条分隔。加上坡屋顶上的十个老虎窗，建筑造型处理得既生动又亲切。东立面迎街，功能需要的外廊形成深深的阴影，6根通高廊柱十分醒目。廊券起拱极小，水泥栏杆采用了西式花瓶式样。五开间柱廊一般中间较宽，因这里对应的是内廊，反而稍窄，内外一致，表里如一。南、北立面处理手法相同，东端一间是空透的外廊，西端一间处理成单坡顶屋面，非对称处理。中间五间窗户做了重点处理，一层窗头略微起拱，二层做成略尖的双联拱形窗，而窗楣处理手法两层一致。

图3-2-31　天主教主教楼

芜湖解放后，此楼一直为芜湖第一人民医院使用，至今保存完好。2005年12月，芜湖市人民政府公布主教楼为市级文物保护单位。2008年有过一次维修，2017年初，改变建筑用途时又做过一次认真修缮。2013年被国务院公布为全国重点文物保护单位。

15）芜湖中山堂（1934）（图3-2-32）

此建筑位于大赭山主峰（海拔84.7米）南侧次峰的山腰处（海拔51.7米），西邻广济寺。1933年，开始开辟赭山公园，同年在南山腰始建皖南图书馆，1934年建成，解放初期改为"中山堂"。

该建筑坐北朝南，平面为矩形。南面有主入口，东西两面的中部设有外廊，分别有次入口。内部为一大空间，四角各有一个约21平方米的小空间。虽为单层砖木结构，建筑高度较高，外檐高约5米。外墙原为清水红砖墙，后改为水泥拉毛饰面并刷以浅土黄色，木门窗，木屋架，机制红平瓦屋面。屋顶组合颇具匠心，立体部分是两坡顶，南、北两端都设计为简易的四坡歇山顶，丰富了整个建筑造型，也形成各个立面不同的视觉效果。

为了更好地保护和利用此建筑，芜湖市人民政府将中山堂改造工程列为2000年拟办的40件具体实事之一。指导思想一是"三不变"（主体结构不变、内部空间不变、屋顶形式不变），功能内容仍定为陈列展示，并进行了功能完善，南端增加了入口门廊，北端增加了办公和接待用房。二是建筑修缮与周围环境的整治相结合，规划了南入口广场。修缮工程完工后效果较好。把纪念孙中山先生的芜湖中山堂当作文物建筑更好地加以保护和再利用是十分必要的。

图3-2-32　芜湖中山堂（修缮后）

16）内思高级工业职业学校（1935）（图3-2-33）

1934年，芜湖天主教总堂从英国人手中购买了位于雨耕山的英驻芜领事官邸及附近大片土地，在离天主堂东南约100米处原英驻芜领事官邸南侧开始建造教学大楼，由西班牙籍传教士蒲庐主持施工，1935年12月16日竣工，创办了芜湖内思高级工业职业学校。领事官邸成为学校的办公楼。学校设有电机、机械两科，男生部设在雨耕山，女生部设在江边的天主教圣母院内。还附设有小学，有男生220名，女生184名。内思高级工业职业学校成为当时芜湖规模最大的私立教会学校。2011年，镜湖区政府对其进行了修缮，现成为雨耕山文化产业园的核心建筑，并获得安徽省级文化产业示范基地、安徽省级特色商业示范街区、4A级旅游景区等荣誉称号。2012年，内思高级工业职业学校旧址被安徽省人民政府公布为省级重点文物保护单位。2019年被国务院公布为全国重点文物保护单位。

内思高级工业职业学校教学楼背靠雨耕山，依山而建，坐北朝南，朝向南偏东只有4度。该建筑采取分散体量的手法，虽占地较大但布局灵活，总面阔约94米，总进深约65米（不包括实习车间），总建筑面积约11481平方米。其建筑规模庞大，功能众多，包括教室、实验室、实习车间、图书馆、大礼堂、办公室等用房，采用集中布置的规划手法，既节约用地又使用方便。该建筑主体部分为四层砖混结构，局部五层。第一层是储藏用等辅助用房，层高较低，约2.6米，其他楼层是主要功能用房，层高较高，约4米。南入口为主入口，设有混凝土露天外台阶，从中间上，后两边分，再通过两跑式台阶登上同一个平台，便可进入教学楼第二层的主门厅。北入口为次入口，这里地势高于南入口室外地坪约8米，从雨耕山上可直接进入教学楼的第三层，教学楼西面有辅助入口，通过南北两面上的室外台阶可登上狭长的敞开式外廊，可直接进入第二层。东面则可通过室内楼梯和室外长长的台阶下到山脚下的操场。操场标高比教学楼南入口处的室外地面还要低约3.8米，比教学楼北入口处的室外地坪要低约11.8米。两个内院的标高比二层楼面略低。从上可知，此教学楼的设计紧密结合地形，巧妙布置出入口，合理组织水平和垂直交通，可谓独具匠心。

内思高级工业职业学校教学楼平面形状大体上呈"日"字形。北面一排西半部是内廊式教学楼，安排了18个班的教室，东半部是实验楼。南面一排封闭外廊式教学楼，同样安排了18个班的教室。两排建筑之间，东西端和中部，在三处设置了连廊、楼梯间及各种辅助房间，其中以中部连廊最宽，净宽达4米，这里正对整个建筑的南、北出入口，人流量最大。两排建筑与三个连接体之间围合成东、西两个内庭院，成为学生们课间休息与活动的室外空间。此外，在这组建筑的东北角是两层东西向的实习车间，东南角是四层高度的礼堂与图书馆。人流较多的礼堂设在底层，有两层高度的空间，上部有三面回廊。礼堂楼座后部有直通室外的露天疏散楼梯，两侧回廊也可直通二楼教室的走廊。礼堂上的第三层是同样有着两层高度空间的图书馆，也有三面回廊。整个建筑的功能分区合理，动静分设，交通联系方便，又互不干扰。

图3-2-33　内思高级工业职业学校教学楼

内思高级工业职业学校教学楼采用清水青砖外墙，配以暗红色木门窗和红色机制平瓦屋面，显得艳丽。该建筑为中西合璧式建筑。墙面突出垂直线条，屋面采用硬山两坡顶。南立面作为主立面，重点处理主入口，中间三开间突出于两边教室墙面，又升起为五层，顶部平屋顶做了西式栏杆，底层入口处做了气派的西式外台阶。加上多处山墙顶部的徽派马头墙式样，中西文化得到很好的融合。

除以上建筑外，民国初年建设了雅积楼、太平大路4号俞宅、环城南路7号民居等一批居住建筑，还有芜湖天主教修士楼（1912）、萃文中学校长楼（1912）、项氏钱庄（民国初年）、芜湖裕中纱厂主厂房（1918）、芜湖裕中纱厂办公楼（约1918），芜湖基督教华牧师楼（20世纪20年代初）芜湖基督教狮子山牧师楼（约20世纪20年代）、芜湖基督教圣公会修道院（约20世纪20年代）、芜湖医院沈克非陈翠贞故居（1922）、圣雅各中学义德堂（1924）、芜湖明远电厂扩建后新发电厂房（1925）、上海商业储备银行芜湖分行（1930）、芜湖铁路老火车站站房楼（1934）、芜湖圣雅各中学经方堂（1936）等建筑（图3-2-34至图3-2-42）。

图3-2-34　天主教修士楼

图3-2-35　萃文中学校长楼

图3-2-36　圣雅各中学义德堂

图3-2-37　老火车站站房

图3-2-38　裕中纱厂主厂房

图3-2-39　沈克非、陈翠贞故居

图3-2-40　圣雅各中学经方堂　图3-2-41　上海商业储备银行芜湖分行　图3-2-42　明远电厂发电厂房

二、全面抗战后的芜湖建筑（1938—1949）

（一）畸形发展期（1938—1945）

1.建筑发展概况

1）国内外发生的大事

主要有：①1937年7月7日，日军发起卢沟桥事变，抗日战争全面爆发。中国沿海、沿江大部分通商口岸和经济最发达的地区沦陷，建筑活动总体上陷入衰退和停滞。②1938年，德国侵占奥地利和捷克，1939年进攻波兰，第二次世界大战全面爆发，各交战国的民用建筑活动几乎全部陷于停顿。③1945年8月6日，美国在日本广岛投下第一颗原子弹；8月8日，苏联对日宣战；8月15日，日本宣布无条件投降。

2）芜湖城市发展的大事

主要有：①1937年12月10日，日军占领芜湖后，先是破坏，后是掠夺，芜湖遭到近8年的残酷统治。②国民党政府流亡，在日军操纵下伪政权成立，城市畸形发展。③1945年10月10日，驻芜地区日军投降，国民党占领芜湖。

2.重要建筑实例

日军侵占芜湖后，非法强占原有较好的建筑，随意改造和利用。日本洋行、商店林立，鸦片烟馆和赌场遍布。主要为日军服务的影剧院、洗澡堂、照相馆等也多有开设。这一时期建筑活动不多，主要有：

1）日本制铁株式会社芜湖支局建筑群（约1938）

1938年以后，日本制铁株式会社在日占时期于芜湖太古租界区三区设立，位于中马路以西，面积约11亩，是日本侵华、掠夺芜湖的一个历史见证。至21世纪初尚存两层楼房四幢，北面一幢是办公楼，中间一幢是小住宅，南面两幢是生产车间。厂区建设显得仓促，生产车间规模不大，办公楼设计简单，只有小住宅经过精心设计。抗日战争胜利后，改作他用。

（1）日本制铁株式会社生产车间（图3-2-43）。两幢生产车间平面相同，皆为两层砖混结构，两坡顶悬山屋面。车间一幢坐北朝南，一幢坐南朝北，围合成生产区。平面为长方形，长约22.2米，宽约8.6米，建筑面积约382平方米。中间一间是楼梯间，宽仅2.8米，两侧车间长度皆为9.5米，三个出入口合有一个长雨棚，背立面墙外有两个砖砌排气井，突出于屋面。开窗面积较大，楼梯间开竖长条形窗，外墙粉石灰砂浆。

图 3-2-43　日本制铁株式会社生产车间

（2）日本制铁株式会社办公楼（图3-2-44）。办公楼坐北朝南，两层砖木结构，两坡顶悬山屋面。平面为矩形，面阔约19.44米，进深约12.64米，建筑面积约491平方米。办公楼位于用地北边，所以设计为南入口。建筑长向是七开间，楼梯间位于东面第二开间。楼梯是双跑木楼梯，楼梯位置靠后，前面成为门厅空间。东侧是南北三间办公室，西侧有内廊，南北两面是办公室，南面办公室皆设有壁炉。二层平面与一层平面基本相同。立面设计简洁，仅入口处做有突出墙面的门窗套。外墙粉混合砂浆，勒脚处粉水泥砂浆。

图 3-2-44　日本制铁株式会社办公楼

（3）日本制铁株式会社小住宅（图3-2-45）。小住宅应是高管人员住房，位于办公楼南面，围合成厂前区。此楼坐南朝北，两层砖木结构，也是两坡顶悬山屋面。平面近似方形，面阔约10.35米，进深约7.8米，建筑面积约201平方米。此楼平面按日本人生活习惯设计，从北入口进入后设有玄关，一侧是卫生间，另一侧是楼梯间和厨房，厨房还有直接对外的单独出入口。楼梯间对面是客厅和餐厅，也均有各自通向南院的出入口。餐厅与厨房的隔墙上开有投递窗口。此楼尺度不大，布局紧凑。二楼南北用房之间用木隔墙分隔，东北角是两个卫生间，西北角是次卧室。南面是用木壁橱分隔的两间主卧室，东南角的主卧室南面设有内阳台，东面设有凸窗。此楼外墙为浅绿色水刷石饰面，门框线等处贴有深棕色外墙装饰面砖。此楼重点处理了北立面，入口处有雨棚，门旁上方有照明灯饰。墙面门窗布局自由，错落有致。此小住宅设计颇有水平，拆除颇为可惜。

图3-2-45　日本制铁株式会社小住宅

2）芜湖东和电影院（1939）（图3-2-46）

该电影院位于新芜路中段，坐南朝北，由佐佐木设计事务所的日本建筑师酒村设计。此人还设计了中山纪念堂、复新银行等建筑。日军占领芜湖后，先在此开设了一座酒吧间，1939年秋修建成了一座电影院，名为东和电影院。电影院设座600席，建筑面积约850平方米。开业的头两年，只为日军、日商和汉奸服务，之后才对一般市民开放。该建筑采用砖混结构，木屋架，铝皮屋面。入口柱廊右侧设有专门兑换日币的窗口，需持日币方可进入门厅内售票处买票。影院立面简洁，顶部女儿墙中部突起。入口处有高大台阶，中有两根粗壮的圆柱，其后装有铁栅门。立面上部开有两排横向长窗，电影院入口两旁有陈列橱窗。整个立面并无烦琐装饰，有现代建筑风貌。1945年国民党接收后更名为国安大戏院。芜湖解放后改造为人民电影院。

图 3-2-46　芜湖东和电影院

3）侵华日军驻芜警备司令部营房（约 1939）（图 3-2-47）

1937 年 12 月 10 日芜湖沦陷后，日军驻芜警备司令部设在赭山，占用了芜湖中学校舍，驻扎了一个联队。1939 年前后，日军在赭山南麓建造了三幢二层楼房。每幢楼房北面还建了单层的附属用房，另外还有马厩。日本投降后，该建筑成为国民党宪兵教导第四团的营房。1949 年 12 月，国立安徽大学从安庆迁来芜湖，与安徽学院合并组成新的安徽大学，这三幢营房即改造成大学校舍和办公用房，更名安徽师范大学后仍继续使用。直到 20 世纪初，该校在基建过程中，拆除了一号、二号营房及马厩等附属用房，现在只存有三号营房。

图 3-2-47　三号营房西南面

日军在建设三幢营房时，因时间紧迫，急等使用，采用了标准化的设计方法，进深统一确定为 16.6 米（轴线尺寸，下同）。建筑中间设有 2.5 米宽内廊，两面皆是 6.02 米进深的房间，南侧设 2.06 米宽的外廊。房间开间宽度统一定为 3.75 米，楼梯间开间宽度统一定为3.15米,楼梯间两旁的房间开间宽度统一定为3.7米。再采用单元式的组合方式,建造成三幢砖混结构的营房。一号营房是由两个单元对称拼合而成,每个单元由十二开间组成,楼梯间位于中间,整个建筑全长约89.1米,建筑面积约3047平方米。一号营房坐北朝南,朝向南偏西34度,面对后来建的运动场。一号营房西南方约100米处是二号营房,此单元由十开间组成,也是楼梯间位于中间,整个建筑全长约37.3米,建筑面积约1276平方米。二号营房坐北朝南,朝向南偏东38度,与一号营房近乎垂直。二号营房西侧相距约14米处与其排成一排的是三号营房,此单元由十一开间组成,楼梯间位于正中间,整个建筑全长约41.05米,建筑面积约1404平方米。

三幢营房均是清水青砖墙,除一层、二层房间为木楼地面外,其他为水泥地面,钢筋混凝土楼梯,外墙厚0.5米,砖柱断面为0.5米×0.84米,南入口两边砖柱加大至0.5米×1.1米。底层砖柱顶部为砖砌拱券,二层砖柱顶部为钢筋混凝土梁。二层外廊为钢筋混凝土栏杆。木屋架,两坡悬山屋顶,机制青平瓦屋面。三幢营房底层内廊的东西两端都设有直接对外的出入口。从历史照片可见,营房的南北房间每两开间设有壁炉一个。现存三号营房虽不见屋顶烟囱,但外墙仍可见烟囱的墙体。

此建筑虽系侵华日军所建营房,但也记录了一段近代历史,仍有文物建筑价值,2011年被列入芜湖市第三次全国文物普查不可移动文物目录,至今保存完好,仍作为办公用房继续使用。

(二)发展凋零期(1946—1949)

1.建筑发展概况

1)国内外发生的大事

主要有:①1946年1月10日,签订停战协定,停止内战。②1946年5月14日,国民政府开放南京、芜湖、九江、汉口四埠。③1948年11月6日,淮海战役打响,安徽省长江以北城市先后解放。④1948年12月,国民党安徽政府由合肥迁安庆,之后又迁至屯溪。⑤1949年4月20日,中国人民解放军发起渡江战役,23日晚解放南京,24日凌晨2时许,占领国民党"总统府",象征着中国人民革命取得了决定性的胜利。芜湖、安庆也于23日获得解放。⑥1949年10月1日,中华人民共和国成立,中国历史进入现代史的新阶段。

2）芜湖城市发展的大事

主要有：①抗战胜利后，由于政局不稳，金融市场混乱，民族工商业衰落，米市更趋于没落，但服务性行业得到一定发展，城市向消费型方向转变。②1945年11月1日，成立芜湖市政筹备处，已有建市设想。1946年8月7日，成立芜湖市政建设委员会，加快建市进程。1947年春，因种种原因，该机构被裁撤，芜湖建市计划未能实现。

2.重要建筑实例

这一时期无大规模的建筑活动，建筑类型多为中小型的公共服务性项目，如会堂、旅馆、饭店、澡堂、理发店、照相馆、洗染店、商场等，也有不少沿街的商铺建筑。重要建筑活动有：

1）芜湖中山纪念堂（1945）（图3-2-48）

此建筑位于春安路与北京路交会处的丁字路口，坐东朝西，正对北京路，南临镜湖。抗日战争胜利后，为纪念孙中山先生和庆贺抗战胜利，筹建了中山纪念堂。1945年秋冬之际开始建造，1946年8月正式落成，由芜湖郁顺记营造厂承担施工。其资金来源主要以清理出的日伪资产为主，加上地方财政拨款以及地方社会名流、富商大贾的私人捐助。另外，拆除青弋江南岸道台衙门建筑的近3000根木材用到此处。因经费不足和工期限制等原因，对原设计有所改动，不然会更加壮观。

图3-2-48　芜湖中山纪念堂

该建筑为砖混结构、砖墙、木屋架，瓦楞铁皮两坡屋面，屋顶上安置有6个排气通风筒。观众厅跨度约18米，舞台前设有乐池，池座两侧各有三个安全门，皆通向露天走廊（外砌有半人高空透围墙）。楼座两侧向舞台方向延伸约20米，宽不足2米。观众厅楼上下共设座1000余席。观众厅西端的二层门楼，楼下是门厅，楼上办公，长约30米，整个纪念堂建筑面积约1500平方米。纪念堂所处地势较高，从春安路经十多级石阶方能登上建筑前的广场，再上五级踏步才能进入宽约15米的门廊。门廊处立有4根水磨石大圆柱，采用西方古典爱奥尼柱式。顶部露台设有栏杆。两层楼的墙面上开有均匀分布的长窗，檐部女儿墙的中间写有"中山纪念堂"的字样，顶部人字形山墙遮挡了其后的两坡屋面。为打破山墙的单调，用垂直线条划分并步步升高，中间插有木质旗杆。

芜湖解放后，芜湖中山纪念堂改名为"解放剧场"。1952年下半年，芜湖市总工会接收后进行了维修，开办成了"工人俱乐部"，1955年上半年对该建筑进行了改建，扩大了门厅，改建了门楼，改造了舞台，观众厅的长条木椅换成了翻板木椅，平楼座改成阶梯楼座，观众座席增加至1138座。

1983年新建八层高的新门楼，工人俱乐部改名"工人文化宫"。1995年，北京路向东延伸，工人文化宫被拆除，芜湖中山纪念堂痕迹不存，只给芜湖人民留下了一段记忆。

2）基督教外国主教公署（约1946）（图3-2-49）

该建筑位于狮子山山顶的西北部，约建于1946年，是芜湖基督教第二任主教、美籍传教士葛兴仁的住所。这里曾建有美籍传教士韩仁敦的住所，今已不存。

葛兴仁主教公署坐北朝南，北面是山坡，南面是台地。主体部分为两层砖木结构，歇山顶屋面。面阔四间，长约15.36米，东端两间后退1.8米，第二开间为楼梯间，南北分别设有主次出入口。进深两间，宽约10.46米。结合地形，西端下设有架空层，稍高于室外地面。东北角附属部分为单层，悬山顶两坡屋面。南开间比北开间后退1.8米，内与主体部分相通，外有东向单独出入口。两部分建筑面积合计约342平方米。建筑造型采用中式建筑形式，外墙为清水青砖墙面，屋面为机制灰色平瓦屋面。建筑处理手法平面有进退、立面有错落，形成造型的变化。

图3-2-49 基督教外国主教公署

此建筑现为王稼祥纪念园陈列用房。北侧利用地形高差有较多扩建，陈列馆主入口改至北侧。

3）芜湖基督教中国主教公署（约1946）（图3-2-50）

该建筑位于外国主教公署东南不足百米处的山腰，约建于1946年，是中国主教陈建真的住所。坐北朝南，偏西19度，为两层砖木结构。平面规整，呈南北方向略长的矩形。面阔两间，长约8.96米。进深三间，长约11.64米。南面一开间为单层，三坡屋面，西南角是入口门廊，南、西两面可进。北面两二开间为两层，悬山顶两坡屋面，西北角房间一分为二，南间为楼梯间。利用屋顶空间设计有较大面积的阁楼层，开有长条形单坡老虎窗。所以看上去是两层，实际为三层。两部分建筑面积合计约270平方米。建筑造型基本上采用中式建筑形式，外墙为清水青砖墙面，屋面为机制灰色平瓦屋面。建筑处理手法形体有高低、墙面有突出（楼梯间与壁炉烟囱）、门廊有凹进，形成造型的变化。此建筑现为王稼祥纪念园藏馆的管理用房。

图3-2-50　基督教中国主教公署

纵观芜湖近代建筑活动，两种建筑体系并存，中西两种建筑风格同现，发展走向是由兴盛到凋零。芜湖近代建筑的分布有以下几个特点：①主要分布在新市区和租界区；②大多临近长江和青弋江；③外国人尤其是外国教会所建造的建筑大多分布在市区内的各个山头上。

第四章　芜湖现代城市与建筑发展史略

1949—2019 年，是现代芜湖经历沧桑巨变、取得迅猛发展的 70 年。其间的 1978 年，是划分这一发展阶段的关键之年。1978 年 12 月，党的十一届三中全会召开，我国进入重大历史转折期，从"以阶级斗争为纲"转变到"以经济建设为中心"，从封闭与半封闭转变到对外开放，也开始从高度集中的计划经济体制向社会主义市场经济体制转变。因此，本书将芜湖现代城市与建筑发展史划分为改革开放前和改革开放后两个阶段。

第一节　芜湖现代城市

一、改革开放前的芜湖城市（1949—1977）

（一）初步发展期（1949—1957）

1.1949—1950 年的芜湖城市

1949 年 4 月，中国人民解放军继辽沈、平津、淮海三大战役之后，发动渡江战役。20 日 21 时，解放军在今芜湖市三山区夏家湖首先突破江防，抢滩登岸成功，占领了繁昌、铜陵、澔港等地。24 日凌晨 4 时，解放军从老浮桥（今弋江桥）进入芜湖市区，芜湖宣告解放，由此进入新的发展时期。27 日，芜湖市军事管制委员会成立。5月10日，芜湖市人民政府成立。5月12日，中国共产党芜湖市委员会成立。5月12日，芜湖县人民政府成立，自此市县分治。7月，皖南人民行政公署由屯溪移驻芜湖。8月，芜湖市设立环城、长街、新芜、河南、郊区五个区（见彩页）。

芜湖市1949年全市市区面积11.8平方千米，建成区面积7平方千米，年初人口172780人，年末人口19.09万人。城市建成区范围：东抵赭山东麓—袁泽桥一线，南至芜青公路，北至弋矶山—赭山北麓一线，西至长江东岸。另从1950年印制的《芜湖市全图》文字说明可知：据1950年4月份统计，住户170860人，公共户9685人，水上户4087人、流动人口40537人，总计225169人。市区面积约为14平方千米，图中尚注有：市区东西长约3500公尺，南北长约4000公尺。图中数字与政府统计数字有所不同，仅供参考。另查《芜湖五十年》统计资料部分可知，1949年末芜湖人口数为28.04万人。

从1949年芜湖的经济结构看，这时的芜湖是一个以个体工商业为主体的小商品经济较为发达的消费型城市，绝大多数是个体手工业和小资本工商业。个体手工业有2173户，占私营工业总户数77%，且基本上是家庭式作坊。全市私营商业84个行业共5461户，固定摊贩2404户。此时，芜湖的经济结构还处于前工业化阶段。

从1950年芜湖的社会结构看，全市统计人口174191人，其中工人占13.7%，商人占6.8%，店员占4.57%，自由职业者占1.4%，独立劳动者占1.9%，无业人员占4.6%，机关职员占1.98%，军警占0.78%，学生占9.48%，城市贫民占4.11%，农民占1.3%，船工占1.65%，渔民占0.39%，家庭妇女（男）及老人占23.63%，儿童占20.1%，另有宗教人士、资本家等。这种社会结构是不合理的，既不利于社会的稳定，也难以实行大规模的社会动员，需进行强有力的整合。

2. 城市发展概况

1）地方经济恢复时期（1949—1952）

这几年，从军管会到市委、市政府的成立，再到镇压反革命、土地改革、抗美援朝和"三反""五反"运动，维护了新生的人民政权，促进了经济的恢复和初步发展。

芜湖工商业的发展在近代处于安徽省领先地位，但到1949年初均已凋敝。工业只剩裕中纱厂、益新面粉厂、明远电厂和一些小工厂、小作坊。商业繁盛的十里长街风光不再，城市中心中山路、新芜路一带也破败不堪。1949年7月，在5家公营工厂（铁工厂、榨油厂、火柴厂、碾米厂、自来水公司）和4家公私合营工厂（染织厂、江南火柴梗片厂、新新棉花轧花厂、面粉厂）的基础上统一组成了皖南企业公司。同年5月，组建国营芜湖市贸易公司，8月扩大为皖南贸易公司。在公有制经济带动下，合作制经济也有发展，到1950年底全市合作社已有26个，社员人数已占全市人口的7.5%，私营工商业也得到扶持和调整，使市场日渐繁荣，私营商业营业额显著上升，芜湖又成为皖南地区的商贸中心及周边农副土特产的重要集散地。

2）第一个五年计划时期（1953—1957）

1953—1957年，芜湖进入有计划的社会主义建设和社会主义改造时期，也是我国实施第一个五年计划的时期。通过五年的努力，芜湖顺利实现了对农业、手工业和资本主义工商业的改造。到1956年6月，全郊区已合并为15个社会主义性质的高级形式的合作社，全市手工业已组织起71个生产合作社，私营工商业、交通运输业也实现全面公私合营或合作化。自此，芜湖市初步建立起了经济体系和工业体系。在实行社会主义改造的同时，芜湖迎来了社会主义建设的高潮，顺利完成了"一五"计划。到1957年，全市工农业总产值达到20406万元，比五年前增长2.75倍；财政收入增长1.3倍，基本建设投资增长8.45倍，城市年末总人口增至26.45万人。

经过经济恢复和社会主义改造，芜湖的经济结构发生巨大变化，到1956年底逐步建立了53家分布于各个行业的工业企业（其中国营企业12家），初步奠定了芜湖工业发展的基础。私营商业全部为国营和公私合营所取代，几千户小摊贩也逐步纳入了合作化经济的轨道。至此，分散的多种经济形式并存的小商品经济结构，为单一的以国有经济为主，以合作制经济为辅的社会主义经济结构所取代。社会结构也有巨大改变。95%以上的社会成员进入社会主义各种形式的经济组织之中，成为社会主义的劳动者。社会成员中不同的身份逐步为工人、农民这两大阶级所吸纳，社会结构实现了有序化、简洁化，为社会的稳定和发展打下了坚实的基础。

3.城市建设概况

1）管理机构及设计、施工队伍

1949年6月，芜湖市人民政府建设科成立，接管和主司城市建设事项。1950年7月1日，芜湖市建筑公司筹备处成立。1951年5月2日，芜湖市第一建筑工程公司成立。1953年5月，建设科改为建筑工程局，设基本建设、规划设计等五个股室和赭山陶塘管理处。1954 年 10 月，建筑工程局改为建设局。1956 年 5 月，建设局改为城市建设局。

1954 年 3 月，芜湖市第一建筑工程公司设计室成立，成为芜湖第一家专业设计单位（后发展为芜湖市建筑设计院）。此前，芜湖较大型工程项目由建设单位所隶属的部门组织设计，小型工程由施工单位的技术人员设计，难以适应建设发展需要。1955 年 9 月，芜湖市建设局测量队成立，成为安徽省第一个城市测绘专业机构（后发展为芜湖市勘察测绘设计研究院）。1956 年，经过社会主义改造，集中芜湖原有的 47 家私营营造厂和原市木瓦建筑生产合作社，成立芜湖市修建公司（后发展为芜湖市第三建筑工程公司）。同年，芜湖市水电安装公司成立。

2）道路、桥梁

1949 年，芜湖市区共有城市主要道路 18 条，长约 30 千米，大多为碎石路。另有街坊巷道约 200 条，长 79.5 千米，为条石和碎石路面。1950—1957 年拓建环城路、镜湖路、吉和街，辟建九华山路、劳动路、康复路、中山南路、江岸路、沿河路、砻坊路等为碎石路面，改建中山路、北京路为水泥混凝土路面。

芜湖素有"半城山半城水"之说，因地形原因，路网为不规则的自由式。只有新市口出现五条道路会于一处的放射式，这是近代芜湖受到西方城市规划设计手法影响所致。以新市口为城市的重要节点，西侧北京西路直通江边码头，北侧狮子山路通火车站和弋矶山可往城北地区，南侧吉和街通青弋江口，东偏南侧北京路经中山路向南过中山桥通往青弋江以南城区、向东通往古城区，东北侧宁芜公路通往南京，可谓四通八达。

20 世纪中叶以前的芜湖主要在青弋江以北地区发展，青弋江成为芜湖跨河发展的一道"门槛"。最早只有老浮桥沟通青弋江南北，十分不便。老浮桥位于芜湖古城长虹门（南门）之外，过桥即达河南的"南关"，这是明清徽商通过南陵县境内从旱路来往于徽州与芜湖的必经之地。老浮桥始建于南宋初年以前，1169 年之前张孝祥曾组织大修。到明正德九年（1514），又经官府重修，并易名为"通津桥"。民国《芜湖县志》记载："通津桥旧名便民桥，在长虹门外。联舟为梁，横亘长河，以通往米，盖境中要路也。"因浮桥安全无保障，常"溺马杀人"，被人视为"老虎桥"。1956 年 11 月，芜湖市人民政府决定在此重新建桥，1957 年 10 月 10 日动工，至 1959 年 4 月 18 日建成通车，更名为弋江桥。桥长 83.6 米，是芜湖市建设的第二座钢筋混凝土桥梁。

1958年以前沟通青弋江南北的另一座桥是位于江口不远处的中山桥。中山桥原是木桥，1947年修建，后被洪水冲毁，1951年开始建钢筋混凝土结构桥，1953年建成通车，是芜湖市建设的第一座钢筋混凝土大桥。桥长55.8米，宽9米。其高程为：河床0.5米，梁底11.76米，桥面12.71米。此桥连接了中山路和中山南路，成为沟通芜湖城市南北的主要通道。

3）其他市政工程

（1）防洪、排水。

芜湖市襟江带河，长江干线由南至北经过市区，青弋江自东向西横贯市区，市区内湖塘众多，地势低洼，每当雨季，排水不畅，易积涝成患。1949年以前，芜湖市区没有堤防。据史志记载和历年水位记录，1426—1949年，芜湖遭受水患达53次（较大的有14次），平均十年就有一次水灾。1949—1957年，芜湖遭受过两次洪灾。第一次是1949年6月到8月，芜湖长江水位达11.66米，圩堤溃尽，市区淹没三分之一。倒塌房屋117430间，受灾居民达10624户，合计4.28万人口。交通阻塞，停工停业，损失惨重。芜湖县境内先后决大小圩口37个，淹没农田22.492万亩（占全县农田一半）。芜屯路至清水大桥段被淹。汽车停驶。第二次是1954年5月至8月，芜湖遭受罕见的特大洪水。芜湖段长江水位高达12.87米，市区水深2米多，持续2个月之久。市区受灾面积达9平方千米，占全市总面积64%。受灾人口17.4万人，其中市区12万余人。冲毁房屋32610间，其中市区6260间。

1955年3月，芜湖市区沿江沿河防洪工程建设委员会成立，开展了防洪工程建设。国家投资建造了江岸钢筋混凝土防水墙，全长2200米。梯形基础上墙高5米，墙顶标高14.46米，设有码头闸门16处，排涝泵站3座。同时修建了青弋江北岸防洪土堤，全长12850米，设通道闸13处，排涝泵站6座。这些基础工程抵御了多次大洪水，确保了人民群众的安全。

芜湖老城区排水主要依地势自然流入江河湖塘，至1949年，城区排水沟仅有29.5千米，全为砖沟、条石盖沟和明沟。20世纪50年代，始安装中山路、新市口排水管道。1955—1957年新安装管道12.3千米，初步形成城区排水管网系统。

（2）供水、供电。

1938年以前，工业与居民用水全部采用井水、湖塘水和江河水。抗日战争期间，日军在裕中纱厂内建了一套日产约50吨的供水系统。1942年，日商在太古码头（今一水厂内）建造了一套日产2800吨的供水系统，1945年基本建成。1949年，用水户仅578户，人口不足2万人。1952年，水厂兴建了范罗山水库。1956年，扩大了自来水供应范围，供水人口达13万人。1956年以后，日供水5000吨以上，仍不能满足市区生产和生活用水的需要。

芜湖是安徽省最早使用电力的城市。1908年，芜湖明远电灯公司2台120千瓦发电机正式投产，开始向用户供电，为大马路及长街一带供电照明。到1928年，芜湖电力工业发电装机总容量达2410千瓦，居安徽省之首。到1949年，售电量296.5万千瓦时，其中工业用电占37.5%，生活用电占62.4%，交通用电占0.1%。1952年，将南京电力引来芜湖，结束了芜湖市区一直由单一电厂供电的历史。1955年开始由市区向郊区辐射供电。到1957年，售电量达1925.7万千瓦时，其中工业用电占79%，农村用电占1.5%，交通用电占1.1%，生活用电占17.4%。

（3）公共交通。

1949年以前，城区交通主要靠人力车、轿子。1949年，尚存花轿行5家，每家有轿子5—6乘。市民出行，大多步行。人力车为市区客运起过一定作用。1950年尚有人力车1150多辆，人力车工人1500余人，此后逐年减少，1966年基本消失。

新中国成立后，为改善市区公交状况，方便群众生活，1953年成立了"芜湖市区公共汽车小组"。10月1日，芜湖市发出安徽省第一班市区公共汽车。当时仅有5部营运车辆，21名驾驶人员，试行营运线路1条，长7.5千米。1958年4月16日，在原市区公共汽车小组基础上，组建了芜湖市公共汽车公司，拥有车辆11辆，营运线路2条，线路长度24千米。芜湖市内公共交通良好起步。

（4）公园建设。

镜湖公园，位于市中心，由大、小镜湖组成。大镜湖俗称"陶塘"，小镜湖原为"汪家田"。宋代张孝祥"捐田百亩，汇而成湖，环种杨柳芙蕖"，成为芜湖一大风景名胜。"镜湖细柳"为芜湖八景之一。近代，李鸿章家族在镜湖周围建了大花园，还有景春花园、柳春园、烟雨墩、西花园等。1945年曾重修镜湖，加宽环湖路，片石驳岸，栽植柳树。1947年春，成立"陶塘公园管理处"。1949年，芜湖市政府成立"陶塘区生产事业管理处"，后改为"赭山陶塘管理处"。同年10月，重铺环湖路碎石路，青砖路沿改为水泥预制块路沿。1952年辟建"陶塘公园"。1957年改名"镜湖公园"，在疏浚大镜湖的同时开辟了"三八公园"。

赭山公园，位于市中心，与其南侧的镜湖公园相隔不远，由大、小赭山组成，土石殷红，故名。宋代以后，赭麓寺庙庵堂林立，"赭塔晴岚"也成为芜湖八景之一。1934年开办"芜湖公园"。1945年11月，恢复了公园管理处。新中国成立后，经过多年规划和绿化等建设，1958年建成基本完善的赭山公园。

4.城市总体规划概况

1）1957年以前的城市初步规划

城市总体规划是城市发展、建设最重要的法定性规划，是对一定时期内城市的经济和社会发展、土地利用、空间布局以及各项建设的综合部署，也是管理城市的重要依据与手段。我国改革开放前，国家实行计划经济体制，城市总体规划基本上是社会经济发展规划的具体化。

1952年8月，成立建筑工程部，主管全国建筑工程和城市规划及建设工作。同年9月，建筑工程部召开全国第一次城市建设座谈会，会议提出"城市规划是国民经济计划工作的继续和具体化"。会议要求各城市都要开展城市规划，并对全国城市进行分类。第一类为重工业城市（8个），第二类为工业比重较大的改建城市（14个），第三类为工业比重大的旧城市（17个），第四类为一般城市（上述39个城市以外的城市，以维持为主），芜湖、合肥等均在其列。至1957年，全国176座城市已有150多个城市编制了初步规划或总体规划，其中国家审批的有太原、兰州、西安、洛阳等15个城市。《芜湖市城市建设志》载："1951年开始，芜湖市人民政府对城市建设和发展，已有初步规划。"按此规划，"一五"期间，芜湖市市区内建设了劳动路，由市区向南辟建了中山南路，向东拓建了康复路，1958年又从市区向四褐山新建了长江路，基本上拉开了城市道路骨架。

2）1957年开始编制城市总体规划

1956年我国正式颁布施行《城市规划编制办法》，这是中国城市规划史上第一个技术性法规，也是当时我国编制城市规划的唯一指导性法规，对我国城市发展起到了重要作用，只是当时受"苏联模式"影响，有一定的局限性。当时城市规划分为总体规划（包括初步规划和总体规划两步）和详细规划两个阶段。

（二）曲折发展期（1958—1977）

1.城市发展概况

1）发展波动时期（1958—1965）

芜湖社会主义改造完成以后，进入社会主义建设时期。可是，前一阶段芜湖市社会经济严重受挫。直到1962年中共中央召开"七千人大会"后，继续贯彻"调整、巩固、充实、提高"的"八字方针",芜湖市经济才开始得到恢复和发展。到1965年,芜湖轻工业比重上升了70.5%,日用工业品货源增多。商业开放了集市贸易,恢复了多种所有制形式,市场趋于繁荣,还建设了冶炼厂、纸版厂等大中型骨干企业,兴建了裕溪口港、发电厂等一批交通运输、供电、邮电等基础设施。这些成绩为芜湖继续确立城市的区域中心地位奠定了基础。这一时期芜湖的城市人口有所增加,由约26万人增至约33万人;城市范围有所扩大,建成区面积由7平方千米扩展为22平方千米。

2)发展受挫时期(1966—1977)

1966—1977年,芜湖的社会经济发展遭受到严重的挫折和损失。1967年、1968年,芜湖经济持续下滑。1974年,芜湖经济遭受重创,当年工农业总产值比上年下降10.3%。1975年全面整顿后,芜湖经济开始好转。"文革"期间,一些重点项目得到了建设。如1972年6月16日国家建委在芜湖筹建白马山水泥厂(1981年12月第一条生产线建成投产);1966年5月化工厂建成投产;1969年10月芜湖市无线电元件厂建成投产(1972年改为无线电一厂);1970年4月安徽省重点工程芜湖钢铁厂2号高炉动工,6月28日建成投产;1971年3月筹建芜湖铜网厂,1976年6月建成投产。芜湖经济发展虽有曲折,但总体上还是有一定的发展,1976年全市工农业总产值24.1亿元,比1965年增长1.3倍。这一阶段,芜湖城市发展虽屡屡受挫,但在极其困难的情况下仍坚持生产,使经济得以维持并有所发展。

2.城市建设概况

1)工业建设推动城市发展

1958年,中国进入第二个五年计划的发展时期。1958年5月,中共八大二次会议通过了"鼓足干劲,力争上游,多快好省地建设社会主义"的总路线,客观上促进了芜湖工业的发展,使其从一个商业性的消费型城市变为一个以工业为主导的生产型城市。1949—1953年,芜湖仅有54家较大的工厂,而在1958年这一年就新建、扩建了200多家骨干企业,初步奠定了以后芜湖工业大发展的基础。1958年,芜湖工业产值超过了农业产值,城市人口也大幅度增长。人口规模的猛增,使一个小城市变为中型城市。工厂的大量建设,工业区的成片出现,搭起了城市的骨架,为芜湖后来的城市发展打下了基础。

这一时期,芜湖新建成的工业企业主要有:1958年4月,芜湖钢铁厂筹建,被列为全国10个中小型钢铁联合企业基本建设重点之一;7月,芜湖东方纸版厂建成投产，芜湖市灯芯绒厂也建成投产，芜湖市天锦丝绸厂动工兴建；8月，芜湖冶炼厂正式投产，芜湖市公私合营张恒春药厂成立；12月，公私合营第一铁工厂扩建为地方国营红旗机床厂（后发展为重型机床厂）。1959年，芜湖钢铁厂发展很快，3月轧钢车间动工（1971年4月建成投产），5月炼钢车间动工（1972年7月建成投产），11月高炉开工兴建（1969年8月建成投产），这一年还先后建成投产了芜湖市跃进橡胶厂、芜湖市联盟化工厂（1985年9月转产改为芜湖染料厂）等。

1962年开始继续贯彻"调整、巩固、充实、提高"的"八字方针"，把优先发展重工业调整为按农、轻、重顺序发展经济。芜湖工业仍有发展，建成项目主要有：1963年11月，建成芜湖市印铁制罐厂；1966年，建成芜湖市陶瓷厂、芜湖市化工厂；1967年，建成芜湖市船用机械厂；1969年，建成芜湖市无线电元件厂（1972年改为无线电一厂）、肥皂厂；1970年，建成芜湖钢铁厂2号高炉、芜湖造船厂拆解第一艘万吨轮（1972年建立芜湖市拆船厂）；1971年，筹建芜湖铜网厂（1976年建成）；1972年，国家建委筹建芜湖白马山水泥厂；1976年，芜湖水泥船厂建成中国第一艘日供水2万吨的水厂船；等等。

2）市政交通促进城市发展

（1）道路、广场。

1958—1977年，芜湖的道路建设主要有三个特点：一是提高了不少道路的路面等级，由碎石路面、混凝土路面改为沥青路面，如新芜路、北京西路、吉和街、江岸路、中山南路、环城路、砻坊路、棠梅路等；二是新辟或拓建道路，包括长江路、褐山路、芜钢路、康复路、团结路、芜宁路、芜屯路等，不少是因工业发展的迫切需要而建；三是建成首批道路广场。

长江路：自劳动路至四褐山这一带发展为工业区，新建了南北向城市道路，时称"工业干道"。1958年先修南段，从劳动路至广福村，长3817米；1959年修建北段，自广福村至四褐山，长6197米，12月底建成通车，全长10014米。当时路宽11米，其中车行道宽6米。1966年自劳动路至解放西路长2363米路段，拓宽为13.4米的沥青路面。1981年将工业干道命名为长江路。1985年底，又将长江路南段拓宽为40米，成为当时芜湖最长、最宽也最直的城市主干道。长江路的建设对芜湖城市的北向发展发挥了非常重要的作用。

新市口广场：位于5条道路的交会处，由20世纪30年代修芜宁路时辟建的小型广场发展而成。1971年拓建，广场直径达96米，面积7235平方米，中心岛直径

30米，车行道宽28米，人行道宽2—6.8米。中心岛花团锦簇，曾是芜湖一处标志性景观。

（2）过江轮渡。

1959年4月18日弋江桥建成通车后，加上1953年重建的中山桥，这一时期青弋江南北城区的联系问题已基本解决。原青弋江铁路桥，1973年修建皖赣铁路时得到大修。市区内修建的有长江路一号桥、胜利桥等。

渡船作为连接城区的水上交通工具，曾起到重要作用。青弋江芜湖段渡口仍有宝塔根、徽州码头、石桥港、大砻坊、"芜湖渡"等5处，长江芜湖段尚有裕溪口至四褐山、曹姑洲，八号码头至二坝两处主要渡口。火车轮渡始于1958年。8月5日成立芜湖长江火车轮渡段，8月10日开工，10月31日通航。此为简易轮渡，北岸为二坝镇，接淮南线。南岸位于弋矶山地段，接宁芜线等。1985年建成第二火车轮渡。同年10月31日，芜湖裕溪口至四褐山长江汽车轮渡也正式通航，时称"四裕轮渡"。1975年11月25日，芜湖长江汽车轮渡由四褐山至裕溪口迁址到弋矶山至二坝，并于12月1日正式通航。原四裕轮渡停运。在长江大桥建成之前，汽车轮渡是连接长江南北的重要途径，曾被称为"浮动大桥"。火车、汽车轮渡建设为芜湖以后的跨江发展吹响了前奏。

早在国家制定"一五"计划时就规划建造"武汉、芜湖、南京"三座长江大桥，1958年12月10日成立芜湖长江大桥建桥委员会，1959年建桥人员与器材陆续进场，但因故被迫中止。芜铜铁路1971年3月全线建成通车，淮南铁路新的终点站芜湖北站（位于二坝）1977年6月建成，对芜湖的城市发展也起到重要作用。

3. 从建置沿革看城市发展

1949年5月10日，芜湖市人民政府成立，由南京市代管，与皖南、皖北人民行政公署平级，作为起点这个规格定的是较高的。7月3日，中共中央华东局决定，皖南人民行政公署由屯溪移驻芜湖市。8月6日，芜湖市改为皖南人民行政公署直辖市，兼芜当专区（1949年5月13日至1950年5月25日）驻地。1949年10月1日，中华人民共和国成立，芜湖市仍属皖南人民行政公署。当时芜湖市范围包括：芜湖县以北，扁担河以西，直抵江边的8个乡。1952年8月25日，安徽省人民政府正式成立，同时撤销皖南、皖北人民行政公署，芜湖市直属安徽省。这一时期，芜湖市在安徽省内地位较高。

1958—1965年芜湖市建置的变化：1958年2月27日，和县裕溪口镇划入芜湖市。6月21日，芜湖市改属芜湖专区。11月27日，芜湖市和芜湖专区合署办公，以芜湖专区名义，直属安徽省。1959年3月22日，芜湖县撤销，并入芜湖市。1960年1月14日，芜湖专区、市分开，芜湖市属省、专区双重领导。芜湖县保留县名义，属芜湖市郊区。5月，裕溪口镇改为裕溪口区。1961年4月13日，芜湖市升为省辖市，同时芜湖专区分为芜湖、徽州两个专区。1962年12月5日，芜湖市又改属省、专区双重领导，1963年8月，芜湖县迁驻澛港镇。1965年5月25日，芜湖市改为由芜湖专区代管。7月14日，经国务院批准，芜湖市改为芜湖专区辖市。这一时期芜湖市经历过两次由省辖市降为专区辖市的变化。

1966—1977年芜湖市建置的变化：1971年3月1日，芜湖县治由芜湖市区迁至湾沚镇。3月29日，芜湖专区改地区，芜湖市仍由芜湖地区代管。1973年2月25日，芜湖市升为省辖市，仍为地区驻地。截至1973年底，全市面积为134平方千米（其中长江水面16平方千米），全市总人口为37.44万人。

从1949—1977年芜湖市建置沿革可以看出，这时的芜湖市仅是一个带有郊区的芜湖市，还不是一个有着完整城镇体系的城乡一体化的芜湖市。

4.城市总体规划及重要项目选址

1）芜湖市的早期城市总体规划

1963年、1965年，芜湖市先后作了两次城市总体规划的修改和补充。早期规划建设过程中，由于项目选址不够科学，导致布局混乱。例如，把大量排放污水的印染厂设置在新建第二水厂的上游；由于铜网厂选址不当，影响了长江路的畅通；四褐山地区大多数企业沿江各建水泵房，既增加了投资，又影响了长江岸线的合理规划使用等。

2）1958年芜湖长江大桥的选址

这是一段少有人知的往事。早在20世纪50年代，国家基于战备需要，决定建设芜湖长江大桥，并同时批准了修复皖赣铁路和建设鹰厦铁路。1957年10月武汉长江大桥建成后，铁道部将芜湖长江大桥列为"二五"计划的一项重要任务。当时可供选择的桥位有弋矶山、广福矶、四褐山和荻港共4个方案。最后审定的是广福矶方案，也就是几经变动40年后才终于建成的芜湖长江大桥的桥址。1958年12月10日，芜湖长江大桥建桥委员会成立，征用了桥头施工用地，搭建了百余间施工用房，运来了部分施工机器和千余吨钢材，基本完成了线路和大桥水下地质勘探，也完成了大桥结构设计和桥头方案设计。就在大桥即将正式开工建设之际，江苏省和南京多次向中央报告要求将长江大桥改在南京市建设。其理由：一是投资省；二是江苏南京经济基础和技术力量均较强；三是南京地质条件较好。因此，经反复研究，中央于1959年6月同意改在南京建桥，南京长江大桥最终于1968年12月建成。于是，我国第二座长江大桥与芜湖擦肩而过。

3）1973年芜湖铁路枢纽编组站的选址

芜湖铁路枢纽站场建设，是芜湖市20世纪70年代初国家批准建设的重要项目，其选址方案从1973年开始争论长达8年之久。后经过多轮研究探讨，先是否定了"神山方案"，又调整了"大和塘方案"，终于在"小杨村方案"上达成了共识。1981年9月，国家建委与铁道部鉴定委员会在芜湖召开了芜湖铁路枢纽方案最后一次研究会，确定了"小杨村方案"，既满足了铁路方面的使用和技术要求，又未影响到城市总体规划的合理布局。1983年5月，小杨村编组站一期工程开工，翌年4月竣工。至1985年末，日均编解车数达957辆。

二、改革开放后的芜湖城市（1978—2019）

（一）加速发展期（1978—1998）

1.1978年的芜湖城市

1978年，全国开展了真理标准问题大讨论。这场讨论极大地促进了人们的思想解放，为历史转折准备了思想条件。芜湖市首先继续开展揭批"四人帮"罪行的斗争，下半年，全市开展了"实践是检验真理的唯一标准"大讨论，推动了干部群众的思想解放运动。同时，大力恢复文化、教育、科技和经济秩序，使各项工作走上正轨。

1978年12月18日至22日，党的十一届三中全会召开，会议在思想、政治、经济和组织方面作出一系列重大决策。全会提出"一个中心和两个基本点"（以经济建设为中心，坚持四项基本原则和坚持改革开放），概括了党在社会主义初级阶段的基本路线，同时确定了发展国民经济新的指导思想和"调整、改革、整顿、提高"的新"八字方针"（原来的"巩固、充实"换成了"改革、整顿"）。党的十一届三中全会实现了新中国成立以来党和国家历史上具有深远意义的伟大转折，它标志着党和国家从此进入以改革开放和社会主义建设为主要任务的新时期。现代芜湖城市也从此进入一个崭新的发展阶段。

2.从区划调整看城市发展

1980—1990年,芜湖市的行政区划有过几次较大的调整,对芜湖的城市发展有过不小的影响。

1980年2月23日,经国务院批准,安徽省将芜湖地区行政公署迁驻宣城县城关镇,并改名为宣城地区行政公署,所辖芜湖县改属芜湖市。芜湖县的地域原来就与芜湖市紧紧相连,分置31年后终于成为芜湖市的属县,这对市、县的共同发展都是十分有利的。此时,芜湖市辖有1县(芜湖县)和6区(镜湖区、新芜区、马塘区、四褐山区、裕溪口区、郊区),市域范围有所扩大。

1983年6月7日,芜湖市增辖原宣城地区行政公署的繁昌、南陵、青阳3县及九华山管理处,当涂县的大桥公社划入芜湖市郊区。1985年,芜湖市设镜湖、新芜、马塘、四褐山、裕溪口和郊区6个区(19个街道办事处、7个乡);辖芜湖、繁昌、南陵、青阳4县和九华山管理处,市域范围大大增大。

1988年8月17日,国务院批准安徽省调整区划,青阳县(含九华山风景区)划归池州地区。此后,芜湖市辖3县的建置延续了23年直到2011年才有变化(见彩页)。

3.城市发展概况

1)改革开放起步时期(1978—1989)

这一时期芜湖市按照中央要求,首先在思想领域拨乱反正。从1978年4月起平反了冤假错案。1979年,下迁农村的中等学校回迁芜湖,教师也一同回城。下迁农村的市属卫生机构都陆续回城和恢复重建,近百名医护人员也回到原来单位工作。到1981年,上山下乡的25679名知识青年,被招工回城。从1985年起,下放居民返城约5000人。有关政策的调整和落实,有效推动了社会各阶层人员的积极性,促进了社会的安定团结。

这一时期,芜湖市辖县以后,在推进农村经济体制改革中,实行家庭联产承包责任制,实施农村流通体制的改革,大力发展乡镇企业,到1988年全市乡镇企业已发展到63322个,同时加强农田基本建设和农业科技推广,提高了土地产出率,增加了农民收入。芜湖农村同全国各地一样,自1958年建立人民公社以后,实行的是"政社合一","三级所有,队为基础"的管理体制。到1984年市属所有人民公社全部改为乡(镇),"生产大队"也一律改为行政村。

1984年10月10日，中共中央印发《关于经济体制改革的决定》，提出建立有计划的商品经济体制，芜湖市启动了城市经济体制的改革。从1986年开始，按照所有制和经营权分离的原则，首先进行生产经营管理制度改革，全面推行经济责任制。通过不断强化企业管理，一批企业达到省级先进水平。1989年芜湖造纸网厂等13家企业被批准为安徽省先进企业。同时，芜湖市启动了商业流通体制的改革，到1988年底，全市已有13家大中型商业企业与市财政局签订了三年承包合同（占大中型企业总数的75%）。通过一系列改革，芜湖市逐步建立起以国营商业为主导，多种经济形式，多种经营方式，多条流通渠道，少环节，开放式的流通体系。此外，芜湖市在发展城市集体经济，解决劳动就业问题，实行"利改税"，横向经济联合等方面也取得了一定成就。

2）改革开放推进时期（1990—1998）

芜湖市对外开放是在党的十一届三中全会把对外开放作为一项基本政策以后。1978年经国务院批准，芜湖市被列为对外开放城市之一，揭开了芜湖对外开放的序幕。1980年2月，国务院批准芜湖港为国家一类口岸，从此打开了芜湖通往世界的大门。芜湖成为安徽出口发运基地。1980年4月1日正式开办外贸运输业务，芜湖港翻开外贸出口新的一页。1982年，芜湖被列为全国16个明星城市之一。1984年2月，经国务院批准，芜湖成为全国118个乙类对外开放城市之一。1985年，芜湖对外开放进一步升级，被国务院批准为全国甲类对外开放城市。1990年7月，安徽省委、省政府确定芜湖为"开发皖江，呼应浦东"的战略重点和突破口。1991年10月，全国人大常委会批准芜湖港对外国籍船舶开放。1992年，芜湖被国务院批准为沿江开放城市和外贸自主权城市。不久，国务院批准设立国家级芜湖经济技术开发区。这一系列进程，标志着芜湖进入"走向全国，走向世界"的新的对外开放发展时期（见彩页）。

为了推动对外开放，除了加强软环境方面的建设，芜湖市在硬环境建设方面也做了大量工作。如1986年投资近亿元兴建了朱家桥外贸码头，可以同时停泊两艘万吨海轮，年吞吐量可达152万吨；1987年投资1亿元建成了铁道部重点工程小杨村编组站，可日编组2000辆；1990年新建了火车站和日发送1万人次的汽车站；还拓宽了芜湖市区通往黄山、南京和合肥等地的对外道路；紧接着陆续建成了6.8千米的二环路、1.6万门程控电话、3000线长途程控和宁汉光缆芜湖工程、无线电话、安徽南北微波通信以及日产10万立方米的水煤气工程。

由于在税收、土地使用、经营管理、外汇管理以及审批环节等方面，对"三资"（中外合资、中外合作、外商独资）企业的种种优惠政策，"三资"企业得到初步发展。1984年11月，"三资"企业联谊人造水晶有限公司首先入驻芜湖。此后，美国、德国、日本、泰国、马来西亚等国家和地区的客商纷至沓来。到1992年5月，芜湖引进"三资"企业37家。此外，利用外国政府贷款也成效显著。如利用挪威政府贷款，1996年建成的杨家门自来水厂一期工程，日供水15万立方米，成为芜湖市最大的自来水厂。

4.城市建设概况

1）城市建设管理与规划勘察设计

芜湖市的城市建设管理：1949年芜湖市人民政府下设有建设科（建设科先后改为建筑工程局、建设局，1956年改为芜湖市城市建设局），1975年12月成立基本建设委员会（下设城建管理科），1979年9月8日曾成立"芜湖市城市规划领导小组"（下设办公室），1983年11月成立芜湖市城乡建设环境保护局，1984年10月改为芜湖市城乡建设环境保护委员会（简称"市建委"，下设城建管理科），1991年成立芜湖市规划管理处（隶属市建委），1992年成立芜湖市规划局（2002年更名为芜湖市城市规划局）。地市建设管理机构日趋完善，特别是1999年成立芜湖市规划委员会，由市长担任主任委员，计委、建委、规划、交通、环保、国土、房管及各县、区政府负责人为成员。规划委员会下设规划设计专家组、建筑设计专家组、市政设计专家组以及园林与雕塑设计专家组，定期对全市重大规划项目进行集体审理，体现了规划决策的合理性和民主性。

芜湖市的勘察设计单位在这一阶段发展较快。至1999年，全市（含3县、驻芜单位）共有勘察设计单位38家。3家较大的市属设计单位是：①芜湖市规划设计研究院。1984年5月成立，设计资质为规划编制甲级，建筑设计及市政设计乙级。②芜湖市建筑设计研究院。1984年12月由原芜湖市建筑设计室更名而来，设计资质为建筑设计甲级，工程勘察乙级。③芜湖市勘察测绘设计研究院。前身为芜湖市测量队，1989年发展为芜湖市勘测管理处，1993年10月更名为芜湖市勘察设计院，1993年更为现名，设计资质为测绘甲级，工程勘察乙级（2002年获甲级）。

芜湖市的城市总体规划：1983年完成第一轮《芜湖市城市总体规划（1983—2000）》，于1983年5月经安徽省人民政府批准实施。1993年完成第二轮《芜湖市城市总体规划（1993—2010）》，于1994年10月经芜湖市人大常委会审议通过，

1996年3月经安徽省人民政府正式批准。之后，编制了镜湖、赭山、城北、裕溪口、城南等5个分区规划。

2）市政建设与公用事业

（1）道路与桥梁。

这一阶段芜湖市区道路开始全面改造，改扩建道路近20条，主要有康复路、弋江路、褐山路、芜石路、芜钢路、狮子山路、华盛街、新安路、镜湖路、赤铸山路、解放路、九华山路、利民路等，其中利民路全长1880米，经过1984—1985年和1999年两次改造，宽40米，沥青路面，成为青弋江以南东西向的一条主要城市道路。新建道路近10条，路幅大多在40米以上，主要有延安路（今银湖路）、芜南路、港湾三路、二环路、神山大道、中和路、鞍山南路（东段）等。其中，延安路南段长2357米，1987年6月开工，1988年9月竣工；北段至解放路口，长863米，1987年8月1日开工，12月31日竣工；路宽40米，快车道为300号混凝土路面，慢车道为沥青路面。随着向北的延伸发展，此路成为城中地区的一条南北向的城市主干道。

这一阶段道路立交桥在芜湖市多有建设，主要有：①长江南路立交桥（1987年2月—1997年7月）。位于芜湖市铁路轮渡处，为铁跨公立交桥。引道全长630米，机动车道宽12米，非机动车道宽4.5米，人行道宽3.25米。②赭山东路立交桥（1987年10月—1990年6月）。位于宁芜线与道路斜交处，为铁跨公框架桥。主桥26米，地道桥全长651米，人行桥长31米，引道长651米。桥身最高处6.7米。③天门山路立交桥（1988年12月—1989年10月）。位于天门山东路与宁芜铁路的化鱼山站北端道岔平交桥，为三孔铁跨公地道桥。中孔净高5米，边孔净高3.5米。主体框架分作1座三线桥、3座双线桥、4座单线桥，共8座。主桥与铁路线路斜交，引道分快车道（长672米）、慢车道（长606.75米）和人行道三部分。④马饮公铁立交桥（1997年4月—1998年4月）。位于马塘区澛港镇十里村境内，全长564米，宽21米，为28孔跨径20米的简支空心板桥梁，铁路净空6.8米。

1982—1998年，接连新建了跨越青弋江的三座大桥：①中江桥（1982年11月—1984年5月）。由九华中路跨青弋江至南岸九华南路口，是芜湖市在青弋江流经城区江段建造的第三座钢筋混凝土桥梁。全长330.6米，桥面净宽24米，桥两端设有旋转式桥梯。南北两岸均有长约百米的引桥，尚有338.5米的北岸引道和长275.9米的南岸引道。此桥连接芜湖南北交通主干道，交通流量很大。②袁泽桥

（1989年12月—1991年11月）。北起二环路，南接利民路，由芜湖市规划设计研究院设计。大桥主孔设计为钢筋混凝土钢拱钢梁体系，不设风撑的下沉式系杆拱桥。全长518.7米，其中主桥长175米，桥面宽26.1米，主跨75米。③中山桥（1997年4月—1998年10月）。在原桥位置改建，为系杆拱式钢筋混凝土桥，由芜湖市规划设计研究院设计。全长306米，主跨径60米，梁底标高为14.42米（符合五级航道标准）。主桥面宽23.1米，引桥面宽20.5米。

市内建的其他桥梁有位于银湖路中段跨越保兴捍的红梅桥（1987年7月—1988年1月）和位于芜湖市中级人民法院门口的天门山西路桥（1987年7月—1988年9月）。

（2）公园与广场。

此时的市级公园赭山公园和镜湖公园已建设完成，区级公园汀棠公园和四褐山公园已基本建成。①赭山公园。面积35.33万平方米，周长4.5千米，大赭山海拔84.8米。1986年以来每年均有不同程度的修建改造，儿童乐园建于1982年，健身广场占地3000平方米，动物园1985年以后有较大提升，大赭山顶1989年建了舒天阁。赭山公园2000年被评为国家AA级公园。②镜湖公园。水面15.33万平方米，湖滨绿地3.6万平方米。1993—1998年又有改造提升，增设了游船码头。镜湖东路、南路沿岸进行了景点改造。③汀棠公园。位于九华中路，面积75.33万平方米，其中水域面积约33.33万平方米。1982年开始兴建，1984年10月1日建成并正式开园。公园内有玩鞭亭、沿湖长廊、海棠园、茶花园等景点，还有两个湖中小岛。汀棠公园2002年被评为国家AA级公园。④翠明园。位于大赭山南端西麓，东北侧是铁山宾馆。面积约0.61公顷，是一座具有江南园林特色的仿古园林。1982年筹建并动工，1983年10月1日建成开放。⑤四褐山公园。位于市西北四褐山，面积53.33万平方米，海拔132米。"褐山揽胜"是"芜湖新十景"之一。这里有三国时"江南第一烽火台"等历史景点，1986年以后开始投资建设。

这一阶段兴建了两个广场：①两站广场。芜湖市火车站、汽车站两个建筑之间形成的交通绿化广场。总平面呈矩形，面积43180平方米。1992年9月开工，1993年4月建成，成为城市的门户广场，有4500平方米的地下商场。②迎客松广场。位于城南，西起九华南路，东至芜石路。东西长420米，南北宽40米，总平面呈长条形。1997年3月开工，7月竣工。

（3）其他交通、市政建设。

长江轮渡：芜湖火车轮渡经过 25 年的建设于 1985 年 8 月 2 日建成通航，位于简易轮渡上游，由渡轮、栈桥码头、靠船墩架以及两岸站场、线路组成。其建成后大大减轻了津浦线、沪宁线和南京长江大桥的运输压力，发挥了华东路网南北第二通道的作用。此外，弋矶山到二坝的汽车轮渡、芜湖港 9 号码头至二坝至蛟矶的客运轮渡仍在运行。小机帆船客渡还有曹姑洲渡口、东梁山渡口等。这些都是权宜之计，真正解决问题还是要在芜湖建设长江大桥。1992 年 7 月国务院批准芜湖长江大桥立项，1995 年 5 月批准可行性研究报告，1996 年 8 月批准开工报告。1997 年 3 月21 日，铁道部、安徽省人民政府共同批准成立芜湖长江大桥有限责任公司。3 月 22日，芜湖长江大桥举行了隆重的开工典礼，芜湖长江大桥建设提上日程。

供水、供气：1982 年 7 月，兴建三水厂（水上水厂），日供水量达 3 万立方米；1991 年 11 月至 1993 年 2 月，利民路水厂一期工程建成，日供水量 10 万立方米；1993 年 12 月至 1996 年 9 月，杨家门水厂一期工程建成，日供水量 5 万立方米，实现了从取水、净化到送水的全过程自动化。杨家门水厂总规模为日供水量 30 万立方米。芜湖市煤气第一期工程 1982 年 3 月动工，1984 年 1 月开始向市区首批管道煤气用户供气。二期工程 1987 年 11 月开工。至 1993 年，芜湖市供气总量达到 1926 万立方米。管道煤气用户增加到 2.5 万户。三期工程 1993 年 11 月开工，1998 年 7 月建成投产，缓解了气源紧张的状况，且提高了用气质量。

公共交通：1986 年，芜湖公交营运线路有 11 条，公交车 196 辆。至 1999 年，公交运营线路增加到 34 条，在册车辆达到 489 辆，公交优先理念已逐步建立。

城区防洪：1992 年 4 月，安徽省人民政府批准《芜湖市城市防洪规划》，1992—1995 年实施了一期工程。城北片对中江塔至弋矶山南 2.86 千米钢筋混凝土防洪墙，弋矶山以北 17.1 千米土堤进行了加固；兴建了中江塔至弋江桥段 2.17 千米多功能防洪墙；对弋江桥至铁桥 670 米钢筋混凝土防洪墙进行了加固。城南片对原杨毛埂头至三米厂江堤 1.1 千米钢筋土混凝土防洪墙进行了加固，1998 年将澛港至杨毛埂 5.5 千米土堤改建为钢筋混凝土防浪墙；将青弋江河堤三米厂至弋江船厂 2.8 千米改建为钢筋混凝土防洪墙，1998 年将弋江船厂至松园路口 2.5 千米土堤改建为钢筋混凝土防洪墙。

3）房地产开发

1990 年起，国家把房地产作为拉动经济增长的支柱产业优先发展，房地产业迅速崛起。1993 年，芜湖市提出"改造旧城、建设新区"，开始了长街改造，先后建成了百龙商城、莲塘小区等。1995年"打通一环路",80多个开发企业参与了94处地块的开发。1996—1997年,园丁小区、沿河小区、湖滨小区、三园小区、迎春组团等国家安居工程先后竣工。1997年开始经济适用房建设,至1999年共完成34个建设项目,竣工面积达23万平方米。

4)创建芜湖经济技术开发区

1990年7月,芜湖自办经济小区,以城北0.5平方千米为起步区,初期规划面积为4平方千米。1993年4月4日,国务院批准设立芜湖经济技术开发区。1996年开始,芜湖经济技术开发区进行了行政管理体制改革的准备及改革方案的拟定,1997年安徽省委同意实施此项改革试点方案,芜湖经济技术开发区得以顺利发展。

从《1994年芜湖市区图》中可以看出,此时的芜湖市中心地区,北至解放路(今天门山路),东至二环路(今弋江路),南至利民路,西抵长江边,这一范围内的城市道路系统已基本完善,城市建设已基本完成。城市向北、向南、向东发展已势在必行(见彩页)。

5.第一轮规划:《芜湖市城市总体规划(1983—2000)》的编制

1)编制概况

1980年10月,国家建委召开了全国城市规划工作会议,讨论通过了《中华人民共和国城市规划法(草案)》,要求全国各城市在1982年底前完成城市总体规划和详细规划的编制。同年12月,国家建委正式颁布了《城市规划编制审批暂行办法》和《城市规划定额指标暂行规定》,使城市规划的制定有了新的技术性法规。至1986年底,全国已有96%的设市城市完成了城市总体规划。

1978年8月,芜湖市邀请时任北京大学地理系主任侯仁之教授率师生来市里协助工作,在原有规划的基础上,重新编制了芜湖市城市总体规划。1980年、1983年两次行政区划调整后,芜湖市下辖芜湖、繁昌、南陵、青阳4县及九华山管理处。全市总面积4498平方千米,人口214.78万人。市区面积203平方千米,其中建成区面积25.4平方千米,郊区面积177.6平方千米。市区人口为49.17万人,其中城市人口38.58万人,郊区人口10.59万人。1983年对原来的城市总体规划再次作出调整与修订,正式编制了《芜湖市城市总体规划(1983—2000)》,同年5月12日,安徽省人民政府作出了《关于芜湖市总体规划的批复》。1984年底,芜湖市规划设计研究院在编制城市总体规划图集时,又进行了局部调整和完善,使之更适应城市建设的需要。如:增加了作为开辟经济开发区的城市备用地;根据批准的芜湖铁路枢纽二期工程初步设计，修改了铁路外绕线的位置；相应调整了部分道路的走向；修订了近期建设规划；等等（见彩页）。

2）主要内容

此轮芜湖市城市总体规划成果共分为三个部分：城市概况，城市现状及区域概况分析，总体规划（图集）。图目如下：《芜湖市地理位置图》《清末芜湖城厢图》《一九四九年芜湖市区图》《芜湖市城市用地评定图》《芜湖市城市用地现状图》《芜湖市城市道路交通规划图》《芜湖市城市园林绿化系统图》《芜湖市城市环境质量评定图》《芜湖市城市环境治理规划图》《芜湖市城市给水规划图》《芜湖市城市排水、防洪、排涝规划图》《芜湖市城市电力、电讯规划图》《芜湖市城市煤气工程规划图》《芜湖市城市人防工程规划图》《芜湖市郊区规划示意图》。

（1）城市性质、规模和发展方向。

城市性质为长江中下游的水陆交通枢纽和内外贸易港口，以轻纺工业、商业为主，工贸并举，城乡结合，具有对外开放诸多优势的城市。到2000年城市人口控制在50万人以内，用地规模50平方千米。城市逐步向东、向南发展，在规划布局上有一定的弹性，保留发展备用地。

（2）城市布局。

芜湖市西跨长江，南越青弋江，随着历史演变，城市逐渐沿青弋江西移，再向北沿长江发展。当时，市区已发展为北至四褐山，南至桂花桥，沿长江19千米，纵深2至5千米的带状形态。城市布局形成各自独立、大小不等的五个组团：以煤港为主的裕溪口区，以大中型工业为主的四褐山工业区，以货运外贸码头为主的朱家桥、齐落山区，市中心及近郊工业区，青弋江南岸地区。此外，各片都尚有发展余地，前马场约4平方千米规划为对外开放的经济开发区。

（3）对外交通。

航运：芜湖是对外开放港口，可用岸线29.2千米，当时已利用20.2千米。根据深水深用、浅水浅用原则，合理分配岸线。原八至十号码头为客运站，在朱家桥辟建万吨级以货轮及对外贸易为主的新港，裕溪口煤港将继续扩建。铁路：芜湖是淮南、宁芜、皖赣、芜铜和拟建的宣杭等5条铁路交会的枢纽，在小杨村兴建二级四场编组站；新建火车客运站；扩建化鱼山货运站；铁路与长江路、延安路、解放路、芜宁公路、芜屯公路、芜钢路等道路相交均建立交桥；保留四褐山和广福矶两处长江大桥桥位用地。公路：芜宁、芜屯、芜合、芜南等4条公路入城地段按一级公路标准扩建；新建长途汽车客运总站及城南客运站。航空：利用湾里军用机场设施，开辟国内民用航线。

（4）市区交通。

16条主要道路，总长29.89千米，建成区城市干道密度只有1.7千米/千米²，人均道路面积仅有0.56平方米，主要交通干道南北向3条，东西向4条。有跨青弋江的城市桥梁3座，规划再建4座，拟建与铁路的立交桥8座。全市规划主要道路总长度达116.26千米，干道密度达2.32千米/千米²，人均道路面积6.55平方米。

3）几点反思

第一，受当时城市发展条件的设计水平限制，城市性质定位为"水陆交通枢纽和内外贸易港口"，表述不够准确；"以轻纺工业、商业为主的城市"，期望值偏低，眼光不够长远。

第二，城市发展方向确定为"逐步向东向南发展"，判断有误，实际上是向北有所发展。

第三，作为重大工程项目，芜湖长江大桥的桥位图示没有充分反映早在20世纪50年代就完成的大桥选址论证成果，只绘出四褐山桥位而没有绘出当时推荐且最后按此实施的广福矶桥位，是不妥的。

6. 第二轮规划：《芜湖市城市总体规划（1993—2010）》

1）编制概况

1984年国务院颁布《城市规划条例》，为现代中国提供了第一部城市规划基本法规。1989年12月26日，全国人大常委会通过的《中华人民共和国城市规划法》，成为我国第一部现代城市规划法。至此，我国城市规划工作进入法治轨道，开始从改革开放前"城市规划是国民经济计划的继续和具体化"向适应社会主义市场经济体制转型，城市规划观念、内容、方法、手段都发生了深刻变化。

随着改革开放的推进，第一轮芜湖市城市总体规划已无法适应社会经济发展的需要，也不能适应中共芜湖市委提出的"全方位开放，综合性改革，突破式推进，超常规发展"的要求。此外，芜湖市城市建设管理大大加强，贯彻执行《中华人民共和国城市规划法》更加得力。第二轮《芜湖市城市总体规划（1993—2010）》从1991年8月开始，历时2年4个月，由芜湖市规划设计研究院编制完成，北京大学城市规划设计中心为规划咨询单位。1994年10月，芜湖市人大常委会原则通过，1995年4月正式上报安徽省人民政府，同年10月9日通过安徽省城市规划审查委员会审批，1996年3月26日此轮总体规划正式获批（见彩页）。

2）主要内容

此轮芜湖市城市总体规划成果包括"文本"和"图则"。城镇体系规划部分共分12章，内容包括：总则，市域城镇的区域条件与经济基础，城镇化水平预测，城镇发展条件评价，城镇体系发展战略，等级序列，规模结构，职能结构，空间网络结构，芜湖市的地位，基础设施发展规划，市域环境保护规划。城市总体规划部分共分10章，内容包括：总则，城市性质和发展规模，城市总体布局，城市道路交通，园林绿地，文物古迹与环境保护，市政基础设施，城市防灾与郊区规划，近期建设规划，城市建设用地发展评价。图则共有29幅规划图，内容包括：芜湖市市域位置，市域城镇体系现状，发展条件评价，城镇体系规划，城市用地现状，用地评价，城市总体规划，城市建设用地分等定级，城市郊区规划，城市近期建设规划，芜湖经济技术开发区近期建设规划，等等。

（1）城镇体系规划部分。

1988年8月，国务院批准安徽省调整区划，芜湖市的青阳县（含九华山风景区）划归池州地区，此后芜湖市仅辖芜湖县、南陵县、繁昌县3县。1994年8月15日，建设部发布《城镇体系规划编制审批办法》，要求各市人民政府组织编制市域城镇体系规划，并纳入城市总体规划，以指导城市总体规划的编制。城镇体系规划的内容成为此轮城市总体规划的一大特点。

芜湖市域城镇体系序列规划为六级：芜湖市将建设成为市域一级中心城市；获港成为市域二级中心城市；繁昌、湾沚、南陵为市域三级中心城市；大桥、三里、火龙岗、新港、澛港、三山、清水、弋江、峨桥等为市域四级城镇；未列入四级及以上等级的其他县、市属建制镇为市域五级城镇；市域六级城镇为建制镇以下的一般乡镇。

城镇化水平预测：市域总人口在2000年和2010年分别控制在246万—280万人和290万—294万人，到2010年，市域城镇驻地总人口达154.37万—161.67万人，城镇化水平为53.23%—54.96%。

芜湖市的地位：随着华东第二通道的开通和长江公铁两用大桥的兴建，芜湖将成为华东地区仅次于上海、南京的第三个水陆交通枢纽，是沿江对外开放城市，黄山风景区的主要门户，将成为沿江地区的中心城市之一，将发展成为安徽省经济中心城市。

（2）城市总体规划部分。

规划区范围：614平方千米（其中长江以东552平方千米，长江以西60平方千米，江心曹姑洲2平方千米）。规划城市建设用地109平方千米。城市性质：长江中下游主要交通枢纽，安徽省现代化的工贸、港口城市。到2010年，建成全省的经济中心。城市发展规模：规划到2010年中心城市人口130万—150万人，使芜湖市成为长江沿线宁汉之间的最大城市。主城区人口规模2010年城市人口90万—100万人，流动人口25万—30万人。城市形态与规划结构：芜湖市为典型的沿江带状城市形态，南北22千米，东西5—6千米，城市主城区共分为5个片区。长江东岸4片：城南片、赭山片、银湖片、城北片。长江西岸1片：裕溪口片。

功能分区：城南片重点发展商贸和无污染工业，建设芜南路工业走廊；赭山片是全市的政治、文化、商贸、游乐中心，主要是生活居住区；银湖片以外贸港口和外向型产业为主，工贸技全面发展的城市副中心；城北片以发展冶炼、发电、造纸、化工等大中型企业为主，旅游、商贸兼顾的工业区；裕溪口片以煤炭及建材、化肥等转运为主体，同时发展造船、化工机械等工业。城市道路交通：路网结构在原有"三纵七横"的城市干道网基础上扩展为"四纵十横"的方格状道路系统，规划城市道路网密度为6千米/千米^2，人均道路面积11.36平方米。外部高速公路在合芜、宁芜高速公路修通后，为建设芜杭、芜铜高速公路作准备。预留轻轨交通用地，为远景建设轻轨作准备，保留四褐山桥位及上桥线路为芜湖长江二桥（公路桥）桥址。

近期建设规划：芜湖长江公铁两用大桥1996年开工建设，2000年建成通车，完成10平方千米芜湖经济技术开发区建设；规划市级体育中心，成为举办省级运动会以及全国、国际比赛的现代化体育运动场所；建设市广播电视中心；建设中山路步行街等特色鲜明的商贸街区；开辟6平方千米可住20万人的6个生活居住新区；建成临江桥和花津桥，改造中山桥；等等。

3）几点回顾

第一，实践证明，这一时期城市发展方向定为"主要向北，也能向东、向南发展"是合适的。

第二，规划要求位于城市中部的军用机场远期搬迁是有眼光的，从城市发展需要和机场本身安全出发都是合理的。

第三，此轮总体规划的超前性考虑不够，2000年时已显现规划滞后于建设的情况，2000年调整版芜湖市总体规划将2010年人口规模由100万人调至130万人，城市发展调为"向南向北发展"，城市路网结构由"四纵十横"调为"六纵十五横"，城市结构由五片区结构调整为三大功能区结构（城北工业区、城中商贸区、城南行政区）。

第四，此轮总体规划在文物古迹保护尤其是古城保护方面较为薄弱，致使历史景观破坏较多。

第五，通过此轮总体规划的实施，大批城市公共设施和市政基础设施建成，但将镜湖区建成城市副中心的愿望并未实现，城南行政区也未建设，而是建设了高教园区。

（二）快速发展期（1999—2019）

1.1999年的芜湖城市

1999年，中华人民共和国成立50周年。50年来，芜湖人民在党的领导下，艰苦创业，奋发图强，使古老的江城焕发出勃勃生机，社会经济各项事业取得迅速发展，城市面貌发生巨大变化，一个多功能、外向型的现代化城市雏形已初步展现在皖江之滨。

1998年，芜湖全市总面积已有3317平方千米，其中市区面积230平方千米。1998年末，芜湖全市总人口215.1万人，其中非农人口67.94万人，城市化率为31.58%；芜湖市区人口62.81万人，其中非农人口49.58万人，城市化率为78.94%。芜湖市已从以城、郊立市，发展为设有鸠江、镜湖、新芜、马塘4区，并辖芜湖、繁昌、南陵3县的城市。1998年全市完成地区生产总值181.1亿元，较1978年增长7.3倍；工农业生产总值334.8亿元，增长11.2倍；社会消费品零售总额61.97亿元，增长20.5倍。到1999年，芜湖市尽管在前一年遇到了特大洪涝灾害，但仍保持了国民经济持续健康发展的势头，结构调整取得一定成效，经济运行质量有所提高，改革开放向前推进，在国有企业产权制度改革的同时，集体企业的改制工作有序展开，民营企业也得到发展壮大。1999年，全市完成地区生产总值194亿元，较上年增长11%；完成财政收入24.62亿元，按同比口径增长12.8%；城镇居民人均可支配收入5650元，增长46%。城市建成区面积由33.6平方千米扩大到37平方千米。城市形态发展为沿江发展的典型带状城市，此时的芜湖市域东西两端最长距离约72千米，南北两端最长距离约100千米。

2.城市发展概况

1）改革开放加快发展时期（1999—2010）

这一时期是"九五"规划的后两年和"十五""十一五"规划实施的时期，芜湖的改革开放继续深入，城市发展速度加快，城市建设步伐加大，建设活动更加活跃。

（1）评定芜湖新十景。

芜湖县尹欧阳玄曾主持议定芜湖八景：赭塔晴岚、荆山寒壁、玩鞭春色、吴波秋月、雄观江声、神山时雨、蟂矶烟浪、白马洞天。清乾隆《芜湖县志》将八景绘图编入，民国《芜湖县志》仍载有古八景，只是将"神山时雨"换成"镜湖细柳"。时至20世纪90年代末评定芜湖新十景时，古八景多已不存。1997年4月，芜湖市9个文化相关部门组成"芜湖市十景评选及系列活动领导小组"，由一位副市长任组长，下设办公室，并成立了由9名专家组成的评审组。经过现场踏勘调研，查阅历史资料，最终确定以下芜湖新十景：赭塔晴岚、镜湖细柳、赤铸青锋、玩鞭春色、双江塔影、天门烟浪、褐山揽胜、西山灵石、马仁云壁、陶辛水韵（图4-1-1）。前七景均在芜湖市区，后三景分别在南陵县、繁昌县、芜湖县。1999年7月，最终评定结果公布，前后历时两年之久。芜湖新十景虽均为原有景点，却有了新的内涵。芜湖新十景的评定不仅是芜湖文化事业的重要事件，促进了芜湖旅游业的发展，也对芜湖的社会经济发展产生了一定的作用。自此，"新十景"成为芜湖的一张重要名片。

图4-1-1　芜湖新十景

（2）芜湖长江大桥建成。

芜湖长江大桥，1992年7月国务院批准立项，1995年5月批准可行性研发报告，1996年8月批准开工报告，1997年3月22日举行隆重的开工典礼，经过3年的艰苦奋战，于2000年9月30日顺利建成通车。芜湖长江大桥是全国第一座公路、铁路两用斜拉桥，是我国20世纪在长江上建设的最后一座公铁两用大桥。芜湖长江大桥的兴建，不仅实现了芜湖人民朝思暮想的愿望，也实现了孙中山先生在他所著《建国方略》中提出的要在芜湖兴建长江大桥的构想。芜湖长江大桥的建成是现代芜湖里程碑事件，对长江三角洲地区以及安徽省和芜湖市的经济发展产生了重要作用，改变了皖江南北两岸一江分隔的局面，为芜湖城市的跨江发展创造了条件，把芜湖建成长江流域宁汉之间最大的区域中心城市也因此成为可能。

（3）2006年的行政区划调整。

2006年2月9日，芜湖市域内进行了一次较大的行政区划调整，将芜湖县所辖清水、火龙岗两镇，繁昌县所辖三山、峨桥两镇划归芜湖市，将湾里镇的莲塘、广福社区划入新的镜湖区，将原区属大桥镇整体划入芜湖经济技术开发区。自此，芜湖市除仍辖芜湖、繁昌、南陵3县外，尚辖镜湖、鸠江、弋江、三山4区。镜湖区辖吉和路、北京路、弋矶山、汀棠、天门山、镜湖、东门、北门、赭山、赭麓、荆山11个街道办事处；鸠江区辖官陡、湾里、清水、四褐山、裕溪口5个街道办事处；弋江区辖中山南路、利民路、弋江桥、马塘、澛港5个街道办事处和南瑞等3个社区及火龙岗镇；三山区辖三山、保定、龙湖3个街道办事处和峨桥镇。芜湖市区面积由2001年的230平方千米扩大到720平方千米，建成区面积由68平方千米扩大到95平方千米，市区人口由2001年的65.88万人增至89.54万人。芜湖市区面积的扩大为城市"北扩南拓东进"提供了发展空间。

（4）城北地区"北扩"有成效。

芜湖市经济技术开发区发展壮大。1993年4月，国务院批准设立芜湖经济技术开发区。至1996年底，开发区面积扩至6平方千米，基本实现了道路、通信、供电、供水、供热、供气、排水和场地平整"七通一平"，1998年区内9条道路陆续开工建设并建成使用，2001年龙山路、港湾东路和凤鸣湖大桥先后竣工。芜湖经济技术开发区新一轮总体规划2001年编制完成，规划总面积达到55.78平方千米，新增建设用地20平方千米。到2002年，开发区开发面积达16平方千米，建成房屋面积200余万平方米，建成投产工业企业175家，其中"三资"企业90家。2002年6

月，国务院批准在开发区内设立芜湖出口加工区，这是中西部地区中等城市第一个出口加工区，规划面积3平方千米，起步区1.1平方千米。至2002年底，加工区基础设施建设接近完工。到2010年，芜湖经济技术开发区实现地区生产总值320.8亿元，同比增长20%。至2010年底，开发区共有各类企业1197家，其中工业企业514家，建成投产规模以上工业企业240家，其中"三资"企业93家，包括18家世界500强企业、37家国内上市公司和一批知名跨国公司。

芜湖长江大桥综合经济开发区（简称"大桥开发区"）开始建设。2001年，安徽省人民政府批准设立大桥开发区，规划面积9.71平方千米。2002年7月，芜湖市委、市政府进一步明确了大桥开发区"以形成生态环境为主要目标，以旅游休闲、商务商贸为主要功能，以'国内领先、国际一流'为标准，营造现代化、园林化、生态型的优美城市形象"。2008年4月18日，华强旅游城"方特欢乐世界"主题公园开园营业。2009年12月区划调整后，原繁昌县新港镇的高安、义合、矶山、草山、裕民、白象等地划归大桥开发区开发建设。规划调整后的大桥开发区总面积约43.7平方千米，人口3.2万人，重点发展化工、物流等产业（后有调整）。

（5）城南地区"南拓"有进展。

芜湖高新技术产业开发区（简称"高新区"）升级。2001年2月6日，高新区设立时，规划面积10平方千米，区内规划有光电子工业园、新材料工业园、综合加工园及汽车零部件工业园等。截至2005年底，投产企业53家，实现工业总产值16亿元。2006年4月，高新区被安徽省人民政府批准为省级开发区，并进入国家发改委公布的第五批达到审核标准的省级开发区名单。2010年9月26日，国务院批准芜湖高新区升格国家级开发区。高新区实现了历史性跨越，规划控制区面积扩大到32平方千米。2010年，园区实现生产总值100多亿元，工业企业销售收入308.8亿元；拥有各类企业300多家，其中高新技术企业59家，拥有各类研发机构27个。芜湖高新区成为安徽省高新技术产业的重要基地，皖江高新技术产业带的龙头，是我国中部地区投资环境好、市场化程度高、创新要素活跃的区域之一。

芜湖高教园区创建。按规划在城南地区九华南路以西、大工山路以南、峨山路以北、长江南路以东兴建的芜湖高教园区，用地面积4.52平方千米，可容纳6万至8万学生在此学习和生活。2002年高教园区规划通过专家评审，园区主要道路开工建设，安徽师范大学、芜湖职业技术学院、安徽商贸职业技术学院、芜湖信息职业技术学院、皖南医学院等高校先后入园，建设前期工作积极推进。2002年10月19

日，1477 名大学生入住安徽中医药高等专科学校新校区，标志着城南高教园区第一所高校正式投入办学，为高教园区建设发挥了示范和带头作用。安徽师范大学新校区用地面积约 160 公顷，2002 年 10 月 29 日至 11 月 1 日总体规划设计及单体方案设计评标会议选定中标方案，2004 年一期工程落成。芜湖职业技术学院新校区用地面积约 40 公顷，总建筑面积 21.12 万平方米。到 2004 年，高教园区初具规模，有 2 万学生入驻。

（6）城东地区"东进"有开端。

2005 年开始编制《芜湖市城东政务新区中心区详细规划》，规划用地面积 10 平方千米。2006 年 2 月 9 日，芜湖县清水镇（除荆山外）划入鸠江区，芜湖市城东地区增加了城市发展空间。《芜湖市政府新区详细规划》进行招标，6 家规划设计单位参加了竞标。12 月 25 日至 27 日，评标专家审查后确定了规划设计的中标方案。2007 年 7 月，通过了城东新区中心地块的控制性规划及政务文化中心建筑设计方案。12 月 29 日，芜湖市政务文化中心正式开工建设，核心区用地面积 6.6 平方千米。其后，核心区建设项目陆续顺利推进。2008 年编制的《芜湖市城东新区概念规划》，对城东新区的规划目标、空间利用、城市设计等做了深入研究和策划。到 2010 年，芜湖市政务文化中心建成交付使用，其南侧的中央公园也基本建成。核心区启动带动了此后的城东新区建设。

（7）厚积薄发，硕果累累。

2010 年芜湖市顺利完成"十一五"规划各项目标，社会经济持续快速健康发展。"十一五"期间，固定资产投资年均增长 40.7%，地区生产总值年均增长 16.3%。汽车及零部件、材料、电子电器 3 大支柱产业不断壮大，高端装备、光电光伏、新材料、智能家电 4 个战略性新兴产业加快培育，金融、现代物流、文化创意、服务外包、旅游 5 个现代化服务业竞相发展，产业结构不断优化，核心竞争力明显提升。2010 年全市实现地区生产总值 1314 亿元，比上年增长 18.2%，人均地区生产总值突破 7000 美元。全社会固定资产投资为 1120 亿元，比上年增长 35.5%。市区建成区面积增加 40 平方千米，城镇化率达 65.2%，5 年间上升 10.9 个百分点。

2）改革开放稳步发展时期（2011—2019）

时值"十二五""十三五"规划实施时期，党的十八大、十九大召开以后，紧密团结在以习近平同志为核心的党中央周围，坚定不移沿着中国特色社会主义道路前进，践行新发展理念，坚持稳中求进，芜湖的社会经济保持了较快发展势头（见彩页）。

（1）区划调整助力跨江发展。

2011年是"十二五"发展的开局之年，也是行政区划实现历史性重大调整之年。8月22日，经国务院批复同意，安徽省撤销地级巢湖市及部分区划调整，其中无为县划归芜湖市管辖，和县沈巷镇划归芜湖市鸠江区管辖。行政区划调整后，芜湖市原辖4区3县调整为4区4县。无为县是个大县，面积为2433平方千米，人口142.9万人，相当于芜湖县、繁昌县、南陵县之和（面积合计2490平方千米，人口合计118.3万人）。无为县、沈巷镇的加入，使芜湖市域面积扩大到5988平方千米，人口增加到385.4万人，为建设创新、优美、和谐、幸福新芜湖，打造长江流域具有重要影响的现代化大城市创造了千载难逢的历史机遇。

这一时期芜湖市还有过几次区划调整。2010年10月18日，原芜湖县方村镇划归镜湖区管辖，改设为街道办事处，面积63平方千米，人口3.9万人。至此，镜湖区辖镜湖、东门、北门、赭山、赭麓、吉和路、北京路、弋矶山、天门山、汀棠、荆山、方村12个街道办事处，面积121平方千米，人口47.4万人。2013年3月28日，经安徽省人民政府批准，将无为县的二坝镇、汤沟镇划归鸠江区。2014年11月，又将无为县的白茆镇划归鸠江区。至此，鸠江区规模扩大，辖3个镇和7个街道办事处，面积达697平方千米，人口48.2万人。鸠江区成为芜湖市的跨江属区。2019年12月，经国务院批准，民政部批复，撤销无为县，设立县级无为市。至2019年底，芜湖市辖无为市、镜湖区、弋江区、鸠江区、三山区、芜湖县、繁昌县、南陵县。全市总面积6026平方千米，人口389.8万人。其中，市区面积1491平方千米，建成区面积182.91平方千米，市区人口151.5万人。

（2）城东新区初具规模。

城东新区建设始终以规划为先，2011年编制了城东新区80平方千米控制性详细规划和42平方千米总体规划，为下一步跨扁担河发展还编制了扁担河两岸景观休闲带和配套公共建筑的设计方案。2012年又完成6.6平方千米政务文化中心区和扁担河以东地区控制性详细规划，以及42平方千米总体规划和80平方千米概念性详细规划，还完成了扁担河两岸景观规划。芜湖市博物馆与规划展示馆工程占地2.6万平方米，总建筑面积4.5万平方米，2011年8月开工，2013年建成。紧接着，搬迁到城东新区的芜湖市第一人民医院、芜湖市第一中学相继建成。住宅小区项目也加紧推进，伟星城、柏庄观邸、东方红郡、三潭音悦、大观花园、熙龙湾、恒大华府、东城豪庭、城市之光、万科城等 10 多个项目陆续建设。绿色生态环境建设在城东新区积极推进，2013 年城东新区被批准为省级"绿色生态示范城区"，随后金融服务区通过绿色建筑二星级评定，万达广场的商业购物中心通过绿色建筑一星级评定。南翔万商商贸物流城项目通过安徽省建筑业新技术应用示范项目立项。

2011 年 11 月 27 日，由中国雕塑学会、中国美术学院和芜湖市人民政府联合举办的首届"刘开渠奖"国际雕塑大展开幕，66 件中外作品参展，芜湖雕塑公园同时开园。2016 年，芜湖市被授予"中国雕塑之城"称号。

2010 年 12 月 8 日芜湖方特第二座主题公园"梦幻王国"，2015 年 5 月 30 日芜湖方特第三座主题公园"水上乐园"，2015 年 8 月 16 日第四座主题公园"东方神话"，在扁担河以东先后开园，成为芜湖旅游业的著名品牌，也是国际一流的主题公园。

（3）三山区快速发展。

三山区成立于 2006 年 2 月，位于芜湖市主城区西南部。西北濒长江，与无为县隔江相望；东邻弋江区和南陵县，以漳河为界；西南与繁昌县接壤。面积 276.1 平方千米，人口 16.1 万人，是芜湖市辖区中人口最少、面积较大、极具发展潜力的新兴城区。2008 年，全区实现地区生产总值 16.3 亿元，完成全社会固定资产投资 61.3 亿元，2011 年分别上升到 146.5 亿元和 369.2 亿元，可见发展之快。设区后首先编制了三山区分区规划、三山区发展战略规划、中心城区控制性规划、开发区"三区合一"控制性规划、龙窝湖发展总体规划、莲花湖区域概念性规划等一系列规划。2011 年，建成了日处理能力 3 万吨的污水处理厂。2012 年，响水涧抽水蓄能电站 4 台机组全部建成并网发电，装机容量达 1000 兆瓦。2015 年，日供水能力 30 万吨的三山自来水厂投入运行。龙湖路、奎湖路、浮山路、长江南路、峨溪路等主干道先后通车。2009 年，三山绿色食品经济开发区和临江工业区整体合并为"安徽芜湖三山经济开发区"。2012 年 12 月，安徽省人民政府同意设立"芜湖承接产业转移集中示范园区"，规划面积 14.7 平方千米，挂靠三山经济开发区。2017 年 12 月 30 日，芜湖长江公路二桥建成通车，全长 55.5 千米，起于无为县石涧，止于繁昌县峨山，连接了南、北两条沿江高速公路，在三山设立了出入口，完善了三山区的对外交通。2018 年 7 月，经安徽省人民政府批复同意，撤销原芜湖承接产业转移集中示范园区、安徽芜湖三山经济开发区，将其整体并入安徽芜湖长江大桥经济开发区，使用"安徽芜湖三山经济开发区"名称，加挂"芜湖承接产业转移集中示范园区"牌子。

（4）江北产业集中区加快建设。

2010年1月，国务院正式批准实施《皖江城市带承接产业转移示范区规划》，这是国内首个以承接产业转移为主题的区域规划，也是安徽省历史上首个进入国家层面的战略规划。安徽省江北产业集中区起步区位于芜湖市鸠江区沈巷镇，规划重点发展装备制造等临港产业，积极发展电子信息、新能源、新材料、节能环保等战略性新兴产业和现代服务业。2012年2月，安徽省委、省政府为加快集中区建设，对集中区管理体制进行调整完善，由"省市共建、以省为主"，调整为"省市共建、以市为主，由芜湖市代管"。首先编制了起步区规划，产业规划和给水、排水、供电、燃气、道路、消防、环卫等专项规划，同时加快基础设施建设，推进招商项目建设。2016年，江北产业集中区总体规划获安徽省人民政府批准，集中区现正按规划积极推进。江北产业集中区的建设和二坝、汤沟、白茆三镇沿江地区的建设，为芜湖市的跨江发展打下了良好的基础。

（5）经济发展稳步持续，城市建设扎实推进。

这一时期芜湖市全市地区生产总值增长较快，由1999年的194亿元增长至2010年的1314亿元。2011年由于无为县的划入，全市地区生产总值增至1658亿元，到2017年增至3066亿元。芜湖始终以质量效益为导向，综合实力进一步提升。汽车及零部件、材料、电子电器、电线电缆4大支柱产业对规模工业增长贡献率保持在65%，战略性新兴产业产值占规模工业的比重由17%上升到25.9%。机器人、新能源汽车、现代农业机械获批安徽省战略性新兴产业集聚发展基地。机器人产业在国内率先形成全产业链集聚发展态势。服务业集聚区建设在全省领先，网上零售额跃居全省首位，快递业务量稳居中部非省会城市第一。经济技术开发区综合发展水平进入全国20强，综合保税区跨入全国海关特殊监管区域50强。芜湖港成为安徽省首个亿吨大港。芜湖在全省经济总量第二的地位全面巩固，在长三角城市群、中部省份副中心城市和沿江城市中的战略地位明显提升。2018年，芜湖入选中国社会科学院评选的改革开放40周年经济发展最成功的40座城市。

前一时期（1999—2010）芜湖市全社会固定资产投资增长快，由1999年的70亿元猛增至2010年的1120亿元，增长率由16%增加到35.5%。后一时期（2011—2018）全社会固定资产投资增长率虽有减少，但2017年全社会固定资产仍达3342亿元。从房地产业发展来看，1999年全市完成房地产开发投资约5.2亿元，2011年已达307亿元（占全年地区生产总值的18.53%，占固定资产投资的23.69%），2017年高达457亿元。商品房销售面积2011年为334万平方米，2017年达804万平方米。

从建筑业来看，2011年全市建筑业总产值为238亿元，到2017年已达621亿元。从上可知，这一时期芜湖市的城市建设在扎实推进。

3.城市建设概况

1）内外交通更加便捷

这一时期主城区的道路网基本形成完整的系统，其路网骨架为"四纵九横"。"四纵"是南北走向的4条城市主要干道——长江路、九华路、弋江路和中江大道；"九横"是东西走向的9条城市主要干道——泰山路、港湾路、齐落山路、天门山路、赤铸山路、北京路、黄山路、利民路和峨山路。公共交通服务能力持续提升。据统计，2016年芜湖市公交客运量达1.65亿人次，公交出行分担率达22%。在册公交车辆总数1379辆（至2018年增至2066辆），线路72条，营运线路总长度1815千米。2017年市区出租车有3700辆，为乘客出行提供了方便。公共自行车租赁系统2012年开始运行，投放自行车1.2万辆，进一步拓展了公共交通的服务和发展空间。至2016年底，全市公共自行车使用量达1900万次，累计办卡8.3万张。2016年3月6日，国家发改委批复《芜湖市城市轨道交通一期建设规划（2016—2020年）》，规划至2020年建成1号线（30.4千米）和2号线一期工程（16.5千米）。2016年12月24日，芜湖轨道交通1号线和2号线一期工程开工建设。2019年11月底，整体建设进度超过50%，36座车站中有12座完成主体结构，6座正在装修。位于城东地区的梦溪路站至万春湖路站这一段是芜湖轨道的先导试验段，2019年11月30日来自全国各地的300多位专家学者及各方面代表试乘了芜湖轻轨2号线中1.91千米长的这一段，往返途中列车时速曾高达60千米。这标志着芜湖交通史上市内快速交通取得了实质性进展。青弋江两岸的市内交通主要依靠桥梁。这一时期为了满足芜申运河的通航净空要求，芜湖先后重建了4座跨青弋江的桥梁：花津桥（2010年8月重建，2012年10月建成）、弋江桥（2013年移至金马门附近重建，2015年10月建成）、中山桥（2016年11月重建，2018年5月建成）和中江桥（2016年10月重建，2019年8月建成）。加上2008年1月6日建成的临江桥和2010年11月16日重建的袁泽桥，芜湖市主城区至此已有6座桥梁连通青弋江两岸，使长期影响青弋江南北城区共同发展的"门槛"不再存在。其实，长江是影响芜湖两岸共同发展的更大"门槛"，但跨江交通不只是解决城市内部交通的问题，还涉及城市对外交通的问题。

芜湖的过江通道主要是依靠大型桥梁，并辅以城南隧道。2014年，商合杭铁路长江大桥、芜湖城南隧道、泰山路（长江）大桥、龙窝湖隧道4条过江通道纳入国家《长江经济带综合立体交通走廊规划（2014—2020年）》。芜湖城区连接长江南北的除了2000年9月建成通车的芜湖长江大桥，还有2011年开工建设、2017年12月30日通车运营的芜湖长江公路二桥，2014年底开工、2020年建成通车的芜湖长江三桥。2019年11月城南过江隧道也开工建设。

芜湖对外高速公路，目前拥有G50沿江高速（沪渝）、G5011合芜宣高速、G4211宁芜高速、S11巢黄高速、S32铜南宣高速、S28芜溧高速、S22无潜高速（北沿江高速）等7条高速，通车里程284千米。2019年以来，全力推进芜合、芜马、芜宣3条高速"四改八"扩容升级，芜黄高速、岳武高速东区建设；谋划合芜宣杭二通道，泰山路长江大桥建设，缓解安徽至江浙通力的不足；规划南沿江高速二通道，提升皖江城市向江苏方向的通行能力；推进芜太一级公路建设，进一步便利芜湖与上海的联系。

芜湖铁路运输原有淮南、宁芜、芜铜、皖赣、宣黄等干线。到2015年6月28日，合福高铁开通运营，芜湖正式迈入高铁时代。同年12月6日，宁安高铁开通运营，芜湖到南京只需39分钟，到上海只需2小时52分钟。

芜湖长江航运条件优越，江面宽阔，岸线顺直，水深流缓。芜湖港是长江溯江而上的最后一个深水良港。芜湖至上海洋山码头"点对点直航班轮"，合肥、安庆、池州、铜陵至芜湖港"港航巴士"均已开通。芜湖港2017年集装箱吞吐量首破70万标箱，同比上升16.7%，连续4年以每年10万标箱增量跨越式增长，成为长江下游一处集装箱转运中心。朱家桥外贸码头1991年成为对外国籍船舶开放的码头，至2014年已完成二期工程，正发挥着越来越大的作用。芜湖长江观光旅游船码头2013年7月4日通过竣工验收，投入运营。2019年8月，芜申运河安徽段改造工程完成，实现千吨级船舶常年通航，安徽与长三角地区更近距离的第二条"黄金水道"贯通。长三角地区各主要城市间实现水路无缝衔接，大宗货物运输畅通高效。

机场建设。2002年10月31日，芜湖联合航空公司因航空政策原因停航，芜湖航空港暂时关闭。2012年，芜湖宣城机场项目启动。2016年2月，国家发改委、民航局将芜湖宣城机场纳入华东机场群的重要组成部分。3月，芜湖宣城机场列入国家发改委、交通部《交通基础设施重大工程建设三年行动计划》。8月25日，国家发改委批复立项。9月19日，国家发改委批复《关于安徽芜湖宣城民用机场项目可行性研究报告》，确定项目总投资为13.99亿元。10月26日，国务院、中央军委联合批复同意新建芜湖宣城民用机场。该机场是芜湖和宣城两市合建项目，选址芜湖县湾沚镇小庄。机场近期规划建设一条长 2800 米、宽 45 米的跑道，6 个廊桥机位，11 个站坪机位，1 个除冰机位。飞行区等级 4C（远期为 4E），年旅客吞吐量 121.2 万人次。按满足近期吞吐量 1 万吨、远期 7 万吨的目标设计。航站楼面积 2.5 万平方米。2018 年 3 月中国民航华东地区管理局批复同意《芜湖宣城机场总体规划》，10 月芜宣机场开工建设，12 月航站区工程开工建设。2019 年 11 月 21 日定名为"芜湖宣州机场"。2020 年 12 月 10 日校飞成功，2021 年 1 月 13 日试飞成功，2 月 4 日通过行业验收，4 月 26 日候机楼启用，4 月 30 日正式通航。近期开通北京、广州、深圳等航线。远期扩建，开通至港澳台等国内航线，以及至韩国、日本等国际航线，进一步打通芜湖运输通道。

2）公用事业不断完善

芜湖市 2018 年全年居民用电量达 25.14 亿千瓦时；全年市区城市日供水综合能力 90 万吨；天然气供气总量 3.67 亿立方米，液化气家庭用量 2.4 万吨，城市气化率 100%。在污水处理方面，芜湖启动了朱家桥、城南、滨江、天门山 4 个污水处理厂提标改造工程。滨江、城东污水处理厂投入运营。2019 年建成大龙湾污水处理厂。在供水方面，完成了市区及芜湖县备用水源工程，取水点位于漳河主航道东岸，地处光明村，澛港大桥上游 4 千米处，设计取水规模 17.8 万立方米，管径 DN1400，长度达 11 千米。地下综合管廊工程，建设了长江路东侧地下综合管廊，北起天门山路北侧，南至中山北路北侧，长 3.1 千米，宽 3.3 米，高 4.7 米，入廊管线包括 110 千伏和 10 千伏电力管线及通信管线，为芜湖的地下综合管廊建设起了个好头。

3）文物保护与古城保护卓有成效

1961—2019 年，国务院办公厅先后公布 8 批全国重点文物保护单位，芜湖共有 13 个：牯牛山城址（西周—春秋）、皖南土墩墓群（西周早期—春秋初期）、大工山—凤凰山古铜矿遗址（西周—宋）、繁昌窑址（五代—北宋）、人字洞遗址（旧石器时代早期）、英驻芜领事署旧址（清）、芜湖天主堂（清）、圣雅各中学旧址（清—近代）、黄金塔（北宋）、广济寺塔（北宋）、戴安澜故居（1904）、芜湖老海关旧址（1919）、芜湖内思高级工业职业学校旧址（1934）。尚有中山塔等省级文物保护单位 25 处，萃文中学旧址等市（县）级文物保护单位 142 处。由于芜湖市文物建筑得到了有效的保护，2019 年广济寺塔、戴安澜故居、芜湖老海关、芜湖内思高级工业职业学校 4 项文物建筑同时由省级提升成为全国重点文物保护单位。芜湖市的非物质文化遗产保护工作在稳步推进。2010—2018 年，芜湖铁画锻造技艺、无为县灯舞（鱼灯）2项入选国家级非物质文化遗产名录，张孝祥与镜湖的故事、广济寺庙会等23项入选省级非物质文化遗产名录，49项入选市级非物质文化遗产名录。

2000年芜湖古城保护恢复工程启动。2002年1月，芜湖市规划局和镜湖区政府组织芜湖古城规划设计方案评审，11月又对芜湖古城保护更新规划方案进行了评审，进一步充实了古城保护内容。2005年，芜湖市文化委员会委托芜湖市规划设计研究院编制了《芜湖市历史文化遗存保护规划（2005—2020）》，划定了芜湖古城保护范围，明确了4片历史街区和1片历史风貌保护区。2007年，芜湖古城改造更新项目列为要实施的23项民生工程之一，成立了芜湖市古城项目建设领导小组，4月召开了由国内知名专家、学者参加的芜湖古城项目建设策划研究会，6月召开了由市内专家、学者参加的芜湖古城项目建设座谈会。2011—2012年制定了《芜湖古城规划导则》，2013—2014年组织了《芜湖古城整治保护规划》设计竞赛，东南大学规划设计研究院提交的竞赛方案获得一等奖。2015年，委托东南大学规划设计研究院牵头编制完成了《芜湖古城历史建筑保护技术要求及参考图集》，为今后芜湖古城中保留建筑及新建传统建筑的工程设计和施工提供了很好的技术指导和参照。2016年，芜湖市文物局、安徽省城乡规划设计研究院联合编制了《芜湖市历史文化名城保护规划》，为申报省级乃至国家级历史文化名城奠定了基础。在《芜湖古城规划导则》指导下，基于东南大学规划设计研究院中奖方案，芜湖古城文化旅游管理有限公司委托柏涛建筑设计（深圳）有限公司于2017年12月完成《芜湖古城（一期）规划设计方案》，2019年1月完成《芜湖古城（二期）规划设计方案》。

4. 第三轮规划：《芜湖市城市总体规划（2006—2020）》

1）编制概况

2006年6月1日施行了新的《城市规划编制办法》，对城市规划进行了新诠释，提出了新要求。2007年10月28日，全国人大常委会通过《中华人民共和国城乡规划法》，标志着我国打破建立在城乡二元结构上的规划管理制度，进入城乡一体规划时代。

2006年2月，芜湖市经过新的区划调整，将芜湖县的清水镇和火龙岗镇、繁昌县的三山镇和峨桥镇划入芜湖市区。在此背景下，芜湖市先后完成了《芜湖市城市总体规划纲要（2006—2020）》《芜湖市城市总体规划（2006—2020）》。2008年11月，安徽省人民政府常务会议审议并原则通过（见彩页）。

2）主要内容

（1）规划范围。

面积3317平方千米，为芜湖市行政辖区范围，包括3县（芜湖县、繁昌县、南陵县）4区（镜湖区、弋江区、三山区、鸠江区）。2005年底，市域户籍人口226.88万人，城镇人口137.23万人，城镇化水平为54.3%。

（2）市域经济社会发展战略目标。

2010年人均地区生产总值超过5000美元，城镇化水平达64%，市域总人口290万人；2020年人均地区生产总值超过13000美元，城镇化水平达80%，市域总人口达357万人，远景控制在640万人以内。

（3）市域城镇体系结构。

城乡结构等级为四级：中心城市（1个）、次中心城区（3个）、中心镇（11个）、新型农村社区居民点（约1000个）。

（4）市域城镇体系功能片区规划。

一带（沿江经济带）、一环（生态优先发展区）、一主（主要城镇发展功能片区）、一副（籍山次中心城区）。

（5）市域综合交通规划。

建设宁安城际铁路和京福高铁、合芜杭、皖赣客运专线；充分利用长江"黄金水道"，打通芜申运河，将芜湖港建设成现代化综合型港口；形成向外延伸的高速主通道6条射线和1条过境线（铜南宜高速公路），修建芜湖长江二桥，构建市域内"一环五横六纵"快速路网络；近期利用南京禄口机场和合肥机场，远期积极争取建设芜湖民航机场。

3）《芜湖市中心城区总体规划（2006—2020）》主要内容

（1）规划范围。

行政区划范围780平方千米（含芜湖县方村镇62平方千米），总用地面积约782平方千米。

（2）城市性质。

长江中下游国家重要的综合交通枢纽，区域性经济文化中心，先进制造业基地，滨江特色旅游城市。

（3）中心城区规模。

人口规模2010年150万人，2020年195万人。城市建设用地规模2010年150平方千米，2020年195平方千米。

（4）用地发展方向。

"东扩"，跨过扁担河至万春圩，建设城东组团；"南进"，沿九华南路向弋江区中部与南部发展，建设城南组团；西南沿长江与芜铜铁路往三山区方向发展，建设三山组团。

（5）空间结构。

采用组团式结构，分为5大组团：城中组团（城市商贸、商务文化、旅游服务中心）、城北组团（以芜湖经济技术开发区为龙头的先进制造产业区）、城东组团（以现代工业、居住为主导的综合型新城区）、城南组团（以文化科教、高新技术产业为主的城区）、三山组团（以临港产业、能源产业为主的综合型新城区）。

（6）综合交通规划。

建立"三环九纵九横"道路系统。构建快速公交系统，规划东西向与南北向两条轻轨线路，预留大型换乘枢纽6处。

（7）组团景观系统规划。

构建"一带、三心、四轴、五区"景观风貌整体格局。规划市级综合公园天门山公园、滨江公园、中央公园、扁担河公园、曹姑洲公园等16处，规划区级公园城北公园，西洋湖公园、三潭公园、莲花湖公园、芦花荡湿地公园等10处。

（8）历史文化遗存保护规划。

明确历史城区、历史文化街区、文物保护单位和文物古迹点，划定保护区、建设控制地带和环境协调区范围。规划确定4个历史文化街区（花街—南门湾—南正街、东内街—十字街、儒林街、米市街—薪市街）和长街传统商业风貌保护区，总保护面积35.9公顷。

4）几点回顾

此轮城市总体规划实施期间，芜湖中心城区"东扩南进"卓有成效，建成区面积明显扩大，总体规划起到很好的指导作用；"五大组团"的城市空间结构，有向"一心四区"结构的发展趋势，对跨江发展估计不足；中心城区工业用地48.69平方千米，占规划总建设用地的24.97%，不能满足工业发展的需要，亟须拓展新的用地空间；《芜湖市城市总体规划纲要（2006—2020）》与《芜湖市城市总体规划（2006—2020）》两套规划成果，内容有重复交叉，略显烦琐。

5. 第四轮规划：《芜湖市城市总体规划（2012—2030）》

1）编制概况

为了贯彻落实《皖江城市带承接产业转移示范区规划》《皖江城市带承接产业转移示范区城镇体系规划（2010—2015）》《安徽省域城镇体系规划（2012—2030）》，也为了适应 2011 年 7 月的行政区划调整（将巢湖市一拆为三，其中的无为县划入芜湖市，同时和县的沈巷镇也划归芜湖市鸠江区管辖），2012 年 2 月，《芜湖市城市总体规划（2012—2030）》编制完成。2013 年 2 月，安徽省人民政府批复"原则同意"（见彩页）。

2）主要内容

该轮城市总体规划"文本"部分，前有"总则"，后有"附则"，中间 12 章，最后附有 16 个"附表"。图纸部分有各种规划图 63 幅，其中市域图 35 幅，中心城区图 28 幅，还附有"说明书"。

（1）区域分析。

芜湖市地处长三角西缘，是长江中下游地区重要的水陆综合交通枢纽，是安徽省接轨长三角着力打造的皖江城市带的核心城市，是长三角联系广大中西部地区以及沟通我国中部地区南北向交通的重要枢纽。芜湖市同时是南京都市圈和合肥都市圈的重要节点城市。本轮城市总体规划提出"促进芜湖、马鞍山同城化"，"推动马芜铜率先融入长三角"，"积极构建宁合芜城市群"，并提出了"芜马都市圈"的概念。

（2）市域城镇体系规划。

构建"两带"（南北沿江城镇发展带）、"两轴"（合芜宣城镇发展主轴和巢黄城镇发展次轴）。规划形成四级城市等级结构体系：一级为芜湖主城，二级为无城、湾沚、繁阳和籍山 4 个副城，三级为高沟、荻港、许镇等 7 个新市镇及沈巷、何湾、红杨等 11 个中心村，四级是若干个中心村和自然村。市域空间管制：强化对土地资源、水资源、自然生态环境和历史文化遗产的保护与控制，促进城乡可持续发展。市域划定禁止建设区、限制建设区、适宜建设区 3 大区和 15 个亚区的控制范围，并提出相应的管制要求。市域生态系统：着力构建"长江作轴，龙湖为心，水网呈翼，山林筑屏"的市域生态格局。保扩何湾—象山生态林、陶辛水韵等 5 处自然保护区，西山、五华山等 5 处风景名胜区，马仁山等 3 个森林公园，丫山等地质公园。市域形成"一环"（长江以北的外环绿道）、"五线"（从市区通向湾沚、西山、红花山等地的 5 条绿道）。长江岸线的保护利用：保护优先，综合利用，逐步优化岸线功能布局，保护好生态岸线，布置好生活岸线和生产岸线。市域综合交通：铁路形成"四客五普九线"，"一主六副"客运站，"两专两主四副"货场，"一主一副"编组站，共同构成区域铁路枢纽格局；公路形成"双环多射"高速公路网，"六横五纵"主干公路网，共同构成市域高速公路交通体系；水运形成以长江和芜申运河、合裕航道"十字交叉"的高等级航道；港口建设打造"一港七区"总体格局，长江芜湖段设置滨江公园、天门山、龙窝湖 3 处旅游码头；航空方面全力推进军用机场搬迁和民用机场选址、建设；规划设计 15 处长江芜湖过江通道。市域城镇化发展目标：市域人口规模 2015 年为 457 万人，2020 年为 484 万人，2030 年为 530 万人。城镇化水平 2015 年达到 66.7%，2020 年达到 73.3%，2030 年达到 82%。

（3）中心城区规划。

城市性质：国家创新型城市，长江流域具有重要影响的现代化滨江大城市，安徽省双核城市之一。城市主要职能：全国重要的先进制造业基地，综合交通枢纽，现代物流中心，文化旅游中心和科技教育卫生中心。城市规模：2030 年中心城区人口约 280 万人，城市建设用地 280 平方千米。空间结构："龙湖为心、两江三城"。前者以龙湖生态环境敏感区为自然本底，构建城市生态绿核，并作为城市未来发展的重要战略储备区域；后者以长江、青弋江—漳河为轴线，形成"江南城区、龙湖新城和江北新城" 3 大主城区，跨江联动、拥江发展，实现两岸共同繁荣。江南城区发展目标为国家先进制造业基地、综合交通枢纽和文化科教旅游中心；江北新城发展目标为与省江北产业集中区共同打造中部地区重要的战略性新兴产业和创智产业高地，产城融合的生态宜居新城；龙湖新城发展目标为中部地区重要的临港装备制造业基地、综合性滨江新城。

土地利用规划：中心城区建设用地总面积为 280 平方千米。其中，居住用地约占 28.97%，公共管理与公共服务设施用地约 8.14%，商业服务业用地约占 8.87%，工业用地约占 22.53%，物流仓储用地约 3.2%，道路与交通设施用地约占 12.06%，公共设施用地约占 1.92%，绿地与广场用地约占 14.29%。总体规划中居住、公共设施、商业用地，可在规划管理单元控规中作适当用地兼容性安排，但公共管理与服务设施、商业服务设施、居住、绿化用地，不得调整为一般性工业用地。空间管制：划定"四区"（禁建区、限建区、适建区和已建区）管制范围，进行分类控制与建设引导，进行"四线"（绿地"绿线"、江河湖库等水体"蓝线"、城市公共交通设施及其他基础设施"黄线"、历史文化街区和历史建筑保护"紫线"）控制。

中心城区道路系统规划：由"十一纵十一横"的城市主干道网络，建设成"两纵四横一环"的城市快速路骨架。"两纵"指九华北路—弋江路、峨桥路—S206省道；"四横"指万春路、芜合高速市区级—通江大道、大工山路—纬一路、中江大道；"一环"由"两纵""三横"（长江大桥—通江大道、大工山路—纬一路、中江大道）围合而成"日"字形城市快速路内环。江南城区形成"十一纵十四横"主干网络，江北新城形成"四纵三横"主干网络，龙湖新城形成"六纵五横"主干网络。城市道路与高速公路、铁路交叉时一般采用立交形式。

公共交通规划：2010年芜湖市中心城区共开设公交线路67条，营运车共965辆，出租车3504辆，中心城区公交出行分担率约14%，核心城区无枢纽站。规划构建以轨道交通为骨架，城市路面常规公交为主体，出租车为补充的多层次协调发展的一体化公共客运交通体系，打造公交优先城市。到2030年，中心城区公共交通出行分担率应达到30%—50%，老城、江南中心组团与重要轴向公共交通出行比例超过60%。轨道交通：2016—2020年建设1号线，2021—2030年重点建设2号线和3号线。公交枢纽站：重要轨道交通换乘站点、市区换乘客流量大的地段或客流集散点布置公交枢纽站。出租车：中心城区出租车拥有量到2020年控制在5000辆左右，到2030年控制在8000辆左右。慢行交通：进一步完善公共自行车租赁系统，组织慢行交通体系，打造绿色出行示范城区。停车设施、货运物流等方面也有规划。

绿地系统规划：中心城区绿地面积为4912公顷，绿地率为36.39%，绿化覆盖率为38.26%，人均公共绿地面积7.47平方米，规划到2015年绿化覆盖率超过39%，人均公共绿地面积大于等于9平方米。以500米为服务半径建设城区全覆盖式公园绿地，加快城市公园绿地建设。规划布局龙窝湖公园、汀棠公园、中央公园、滨江公园、镜湖公园、神山公园、赭山公园、凤鸣湖公园等8处市级公园，天门山公园、欧阳湖公园、万春湖公园、大阳埠公园、三华山公园、莲花湖公园、安澜湖公园等7处区级公园。主题公园：扩大城市游乐观光主题公园的数量及规模，规划布局方特欢乐世界、梦幻王国主题公园，以及荆山地区主题公园、奥体公园，预留南塘湖、黑沙湖地区主题公园集中区等。新建、扩建、改建项目均要求建设附属绿地。生态建设与环境保护也有专项规划。

中心城区历史文化保护：芜湖市是有着2000多年历史的文化名城，拥有众多重点文物保护单位以及非物质文化遗产。此轮规划明确了"建立完整的历史文化名城保护体系框架"的保护目标和"全面保护、整体保护、积极保护"的保护原则，在古城整体保护、古城街巷格局保护、历史文化街区保护、文物古迹保护、非物质文化遗产保护等方面提出了保护要求与保护措施。规划对古城历史建筑本着"修旧如旧"的原则，提出恢复一些历史建筑，如怀爽楼、状元坊、金马门、迎秀门、双忠庙碑坊等，以及"五大古建筑"（城隍庙、文庙、武庙等）。规划还划定了6片历史文化街区：花街—南正街、东内街—十字街、儒林街、米市街—薪市街、堂子街—西内街、长街传统商业风貌保护区。

6.《芜湖市城市总体规划（2012—2030）》的评估与修改

2017年6月，住房和城乡建设部确定安徽省为全国第二个城乡规划改革试点省。芜湖市人民政府组织完成了《芜湖市城市总体规划（2012—2030）实施评估报告》。该评估报告在肯定总体规划实施以来取得的成绩后，指出了"城市建设发展仍存在一些问题：城市能级不高，综合功能不完善，与省内核心城市的地位不相适应，局部空间布局不尽合理，预测人口规模与现状实施尚有一定差距，部分规划用地超出预期，城市生态环境有待进一步改善，长江岸线功能仍需进一步优化"，并提出了具体的总体规划调整建议。2018年初根据评估报告，完成了对芜湖市总体规划的修订。主要修订内容如下：

明确指导思想：以习近平新时代中国特色社会主义思想为指导，深入学习贯彻党的十九大精神，全面落实习近平总书记关于推动长江经济带发展的重要战略思想和关于推进长三角更高质量一体化发展重要讲话指示精神，坚持以人民为中心的发展思想，贯彻创新、协调、绿色、开放、共享的新发展理念，强化创新驱动，努力推动产业化升级，不断提升城市发展质量、人居环境质量、人民生活品质、城市竞争力，全面打造水清岸绿产业优、美丽长江（安徽）经济带的芜湖样板。

城市空间发展战略：增加"统筹推进一廊两圈三区建设，持续推进G60科创走廊建设，更高质量融入合肥都市圈和南京都市圈建设，加快建设合芜蚌国家自主创新示范区，高质量建设皖江城市带承接产业转移示范区，建设皖南国际文化旅游示范区"等内容。

规划原则：增加"坚持生态优先，绿色发展，坚持以环境资源承载力和国土空间开发适宜性评价为基础，统筹安排城镇、农业、生态三类空间……加强各类空间性规划的衔接，实现多规合一"等内容。

城市规划区、中心城区范围：芜湖市区行政管辖区范围除白茆镇黑沙洲、天然洲部分辖区范围，总用地面积约1418.17平方千米。

三个城区的城市人口与城市建设用地：江南城区调整为217万人，212平方千米；江北新城调整为18万人，18平方千米；龙湖新城调整为45万人，50平方千米。

长江岸线利用构成：规划生态岸线增至93.16千米，饮水水源保护岸线增至22.47千米，城市生活和旅游景观岸线减至21.18千米，港口及工业和仓储岸线减至57.19千米，取消原规划建设的江南城区漳河河口至芜湖长江大桥生活岸线。

中心城区建设用地构成：调整为"居住用地约占28.14%，公共管理与公共服务设施用地约占8.36%，商业服务业设施用地约占8.26%，工业用地约占23.69%，物业仓储用地约占3.41%，道路与交通设施用地约占12.08%，公共设施用地约占1.48%，绿地与广场用地约占14.57%。其中，居住、商业服务业设施、公共设施用地略有减少，其他用地略有增加"。

中心城区绿地与广场用地：用地面积增至40.80平方千米。城市人均绿地与广场用地增至14.57平方米。

2019年11月，安徽省人民政府对《芜湖市城市总体规划（2012—2030）》（2018年修改）作"原则同意"的批复，还特别强调要推进"多规合一"，要求从建设用地中调出与2017年划定的永久基本农田局部冲突的面积，以及与初步研究的城镇开发边界局部冲突的面积。

7. "多规合一"背景下芜湖城乡总体规划的探索

1）我国规划业界对"多规合一"的探讨

我国一段时间里存在规划类型过多、相互不协调的问题，使得有限的空间资源未能得到充分合理的利用。从20世纪90年代中后期就开始城规与土规"二规合一"的协调研究，后来逐渐延伸至"多规合一"的探讨。至2012年，国内一些大城市如上海市（二规合一）、广州市（三规合一）、深圳市（三规合一）、武汉市（二规合一）、厦门市（多规合一）、重庆市（四规合一）等在推进"多规合一"方面取得了一定的经验。

2013年12月，习近平总书记在中央新型城镇化工作会议上指出：积极推进市、县规划体制改革，探索能够实现"多规合一"的方式方法，实现一个市县一本规划、一张蓝图。2014年3月，《国家新型城镇化规划（2014—2020年）》明确提出：推动有条件地区的经济社会发展总体规划、城市规划、土地利用规划等"多规合一"。

2）芜湖市2015年"多规合一"试点工作简况

2015年7月，《安徽省人民政府办公厅关于开展省级"多规合一"试点工作的通知》下发。芜湖市立即开展了此项试点工作，2016年12月编制成果通过专家评审，2017年12月通过芜湖市人大常委会审议，实现了经济社会发展规划、城乡规划、土地利用规划、生态环境保护规划等的有机协调和衔接。

3）《芜湖市国土空间总体规划（2021—2035）》的编制

2019年5月，《中共中央、国务院关于建立国土空间规划体系并监督实施的若干意见》，指出：国土空间规划是国家空间发展的指南、可持续发展的空间蓝图，是各类开发保护建设活动的基本依据。建立国土空间规划体系并监督实施，将主体功能区规划、土地利用规划、城乡规划等空间规划融合为统一的国土空间规划，实现"多规合一"。同时提出：到2020年，基本建立国土空间规划体系，逐步建立"多规合一"的规划编制审批体系、实施监督体系、法规政策体系和技术标准体系；基本完成市县以上各级国土空间总体规划编制，初步形成全国国土空间开发保护"一张图"。2019年5月28日，《自然资源部关于全面开展国土空间规划工作的通知》印发，要求各级自然资源主管部门要将思想和行动统一到党中央决策部署上来，尽快形成规划成果，要求各地不再新编和报批主体功能区规划、土地利用总体规划、城镇体系规划、城市（镇）总体规划等。2019年6月19日，安徽省自然资源厅转发了自然资源部的通知，要求抓紧启动市县国土空间总体规划编制工作，确保年底前完成规划报批。

在以上背景下，芜湖市自然资源和规划局组织开展了芜湖市国土空间总体规划的编制工作。2019年12月发出《芜湖市国土空间规划总体规划公开招标公告》，2020年2月确定由上海同济城市规划设计研究院牵头，中铁城市规划设计研究院、安徽师范大学参与，组成联合体共同编制。2021年对《芜湖市国土空间总体规划（2021—2035）》进行了调整，2022年正式完成。《芜湖市国土空间总体规划（2021—2035）》主要内容：①按照全域统筹、协调发展的原则，规划区范围确定为芜湖市行政辖区范围，包括芜湖市辖区和下辖的芜湖县、繁昌县、南陵县、无为市，总面积6026平方千米。②规划期限为2021年至2035年，近期至2025年，远景展望至2050年。③规划层次包括市域和中心城区两个层次。市域侧重结构性控制、强化指标约束和边界管理要求，突出统筹协调、相邻关系、上下传导；中心城区侧重用地结构、功能布局、城市风貌以及对专项规划和详细规划的要求。④编制内容包括基础研究工作、专题研究工作、总体规划成果。基础研究工作主要包括基础资料收集、现状评估、资源环境承载能力、国土空间开发适宜性评价。专题研究工作包括区域协同与发展战略、城乡统筹与新型城镇化发展、区域基础设施布局、三条控制线划定、城市综合交通、国土空间综合整治和生态修复、公共服务设施布局、规划实施和传导机制等14项专题研究。划定的三条控制线是：生态保护红线、永久基本农田、城镇开发边界。最后形成规划的"一张蓝图"，并同步完成国土空间基础信息平台建设，实现国土空间规划管理全域覆盖，全要素掌控，形成全域空间开发保护。2020年是芜湖市乃至全国城市总体规划发展史上的分水岭。城市规划发展史由现代进入当代，芜湖城市建设史与建筑发展史进入一个崭新的发展时代。

8.新世纪的"八大新景观"

1）"湖街相映"——中山路步行商业街（图4-1-2）

（1）中山路步行商业街建设概况。

中山路形成于1902年，由窄巷变成大马路。1912年孙中山先生视察芜湖时在此演讲，1925年更名为中山路。芜湖中山路步行商业街建设始于1992—1998年的中山路商业街拓宽改造（从18米拓宽至30米），首先拆除了中山路南北两端的原有建筑，至1996年先后建设了南京新百大厦、银座大厦、三泰大厦、大众影都、华联广场、粤海大厦等商业建筑。为了疏解车行交通，1999年拓宽改造了位于中山路西侧的中和路（由20米拓宽至24米），为中山路的步行化创造了条件。2008年临江桥建成，长江路被打通，2018年10月初，中山桥新桥建成以后，上桥匝道得到进一步优化，车行交通干扰问题得到彻底解决。

1999年2月10日，中山路步行商业街改造领导小组主持召开了规划设计方案评审会，决定综合芜湖市规划设计研究院和东南大学建筑设计研究院的两个方案，具体落实。会后，芜湖市规划设计研究院很快完成了《中山路步行商业街综合改造规划》，并很快完成了中山路步行商业街的扩初设计和施工图设计。中山路步行商业街工程铺装花岗岩4.48万平方米，敷设各类地下管线共27种，累计长度近50千米，安装各类灯具1000盏，栽植各类植物18万株，绿化面积5000多平方米。步行街建设总投资 1.43 亿元。1999 年 5 月 1 日开工，经过日夜奋战，9 月 28 日竣工，29 日晚举行了隆重的开街仪式，数万市民涌入步行街，共同庆祝这一美好时刻。

（2）中山路步行商业街规划设计简介。

规划理念：通过步行商业街的建设，充分发挥其购物、旅游、休闲、文化、餐饮等综合功能，为广大市民创造一个安全、方便、优美、舒适的步行商业文化场所，形成一处湖街一体、环境宜人、国内一流、独具特色、富有现代气息的城市公共空间。

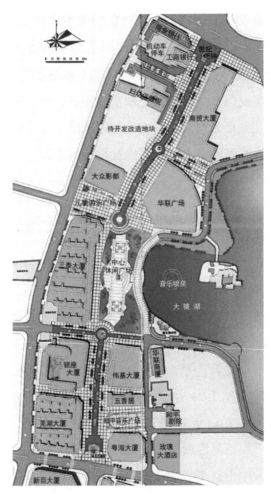

图 4-1-2　"湖街相映"——中山路步行商业街总平面图

规划布局：中山路步行商业街规划范围北起北京西路，南至二街，西临中和路，东至镜湖边，南北全长 690 米，东西宽 160—180 米。自北至南可以分为 5 个区段：①北部入口区。入口广场中，前设汉白玉"中山路步行街"街碑，上刻有碑文和详细规划图，其后设置有斜面的"世纪花钟"。②北段休闲购物区。中间有 10 米宽的休闲带，28棵棕榈树分两行相对而立。树下置有座椅和鲜花，在喧嚣的闹市中营造出一片绿荫和宁静。③中心休闲广场区。这是步行街的核心区。"世纪广场"面积达1万平方米，对称分布的4块草坪占地3000平方米。靠近大众影都处安放有纪念孙中山先生的雕像。该广场既"揽湖入街"，又"引街入湖"。湖中尚有大型音乐喷泉。④南段休闲购物区。这里设置了一个下沉式"和平音乐广场"，具有综合演艺功能。其东侧原为和平大戏院。⑤南部入口区。利用中山路与二街的地坪高差布置了一组叠泉，象征着芜湖作为皖江商埠的历史源远流长。

芜湖中山路步行商业街在国庆50周年前夕，与著名的北京王府井商业街和上海南京路步行街相继开街，都受到了国内外游客的青睐。芜湖中山路步行商业街后被国家商业部评选为中国十大著名步行商业街之一。该规划设计获得安徽省优秀规划设计一等奖，之后又获得2000年度建设部全国优秀规划设计三等奖。

2)"城市客厅"——鸠兹广场（图4-1-3）

（1）鸠兹广场建设概况。

2000年初，芜湖开始征集芜湖市中心广场规划设计招标方案，2月25日—26日召开了方案评审会，对应征的5个方案进行了认真评审，选中芜湖市规划设计研究院提供的方案。

鸠兹广场位于芜湖市中心，南临镜湖，北近赭山。2000年4月开工，2001年5月建成开放。广场占地6.78万平方米，总投资1.2亿元。广场建成后，先后荣获2001年度安徽省建设工程"黄山杯"优质工程奖，"全国市政工程金杯示范奖"和2001年度安徽省优秀城市规划设计一等奖，后又荣获全国优秀城市规划设计二等奖。2008年鸠兹广场荣获全国人居环境"广厦奖"。

（2）鸠兹广场规划设计简介。

规划理念：以芜湖悠久的历史文化为底蕴，体现"以人为本"的规划思想，保护环境，优化环境，营造人与自然和谐相处的生态环境。高度概括城市的过去、现在与未来，集游憩、文化、休闲等多功能于一体，体现市民广场应有的地域性、观赏性、休闲性、舒适性、文化性和时代性。

构思创意：广场平面形态构成，以"圆"与"弧"为平面构图的基本元素，围绕中心圆形主广场及中心主题雕塑，用一螺旋形环状主路，结合弧形柱廊布置系列雕塑，展现从芜湖几千年的历史发展中提炼出的最具代表性的闪光点。

功能结构："一主两副"。一个主功能区即中心主广场，两个副功能区即音乐活动区和文化艺术展馆区，均是以"动"为主的功能活动区。"一环两带"。一环即环绕中心主广场的螺旋形游览休闲道，两带即临大镜湖和小镜湖的两条近水休闲带，均是以"静"为主的功能活动区。不同功能的活动空间，动静分区，互相穿插，过渡自然。

系列雕塑："鸠顶泽瑞"主题雕塑。直径达119米的中心主广场中央，矗立着高达33.94米、重99吨的青铜巨型雕塑，由美术大师韩美林设计，以古代芜湖图腾"鸠鸟"为题材，顶部托一金球，寓意深刻。历史文化长廊系列浮雕位于主雕塑北侧，长廊长84米，24根廊柱的前廊柱上布置了抱柱式的12块浮雕，分别镌刻着繁昌人字洞、大禹导中江、南陵古铜冶、干将莫邪铸剑、吴楚长岸之战、李白与天门山、沈括与万春圩、芜湖浆染业、芜湖铁画、芜湖米市、渡江第一船、芜湖长江大桥，反映了古城芜湖灿烂的历史。此外，主入口尚有装饰性雕塑；环道旁的4尊反映芜湖古代生产力发展最高水平的圆雕；亲水平台上弧形排开的6根浮雕塑柱，记录了12个历史典故；在文化艺术展馆两侧还有张孝祥雕塑。这些雕塑大大增加了鸠兹广场的历史文化内涵。

图4-1-3 "城市客厅"——鸠兹广场

广场绿化及其他配套服务设施：广场绿化面积与花岗岩铺地面积相同，达3.78万平方米，其中有大乔木376棵，小乔木1171棵，各种花卉近7万株，还有草坪。广场地下有近2万平方米的停车场、商场、快餐店。照明、音响、监控等设施齐备。

鸠兹广场凸显了芜湖深厚的历史文化底蕴，为芜湖广大市民和外地游人提供了一处人与自然和谐共生的全新空间。

3）"长桥飞跨"——芜湖长江三大桥（图4-1-4）

芜湖相继建成的飞跨长江的三座大桥如同三道彩虹，成为现代芜湖的标志性新景观。这属于城市特大型现代化的工程景观。从景观形象上看，这三座芜湖长江大桥都是双塔双索面斜拉桥，犹如竖琴，极具美感。

芜湖长江大桥（1997—2000）：世纪之交的芜湖第一座长江大桥，实现了芜湖人的"大桥梦"，也改变了皖江南北两岸一江分隔的局面，天堑变通途。大桥位于广福矶，采用低塔斜拉桥结构，是全国第一座公铁两用斜拉桥。主跨312米，边跨180米。公路在上层，4车道；铁路在下层，双线。铁路桥长10616米，公路桥长6078米，其中跨江正桥长2193.7米。主塔自公路桥面以上塔高仅为一般斜拉桥主塔高度的一半，即33.2米。大桥在工程结构上首次采用板桁结合新技术，在施工工艺上首次采用深水覆盖层大直径泥浆护壁钻孔桩新技术。主跨桥墩基础采用直径30.5米双壁钢围堰结构，是我国桥梁建设史上抽水最深（深度达50米）的水下基础。大桥建设中采用新结构、新材料、新技术和新工艺，使全国公铁两用桥梁设计、制造、安装水平跨上一个新台阶。此工程由中铁大桥勘测设计院集团有限公司勘测、设计，2002年获国家科学技术进步奖一等奖，同年还获全国第十届优秀设计金奖，2009年被中国建筑协会等12家行业协会评选为"百项经典建设工程"。芜湖长江大桥建成后，使南北方向津浦、京九、京广3大铁路动脉与长江南岸铁路网得以沟通，芜湖铁路枢纽功能因此得到更大拓展，并大大缩短了华北、华中地区至华南、东南沿海地区的铁路运输里程。此外，对沪宁、沪杭、浙赣线上日益增长的客货运输量起到分流作用，进一步完善了国家干线公路网络，带动了城市的快速发展。

芜湖长江公路二桥（2011—2017）：位于三山区，是采用双分肢柱式塔分离式钢箱梁全漂浮体系的斜拉桥，是八百里皖江之上唯一一座完全由省内技术人员自主设计完成的大桥项目，是百分之百的"安徽智造"。大桥为双向6车道，设计时速为100千米。路线全长约55.5千米，跨江主桥长1622米，主跨806米，索塔高262

米。芜湖长江公路二桥是国家高速路网徐州至福州高速公路的跨江通道，建成后有效完善了区域高速公路网络，优化了芜湖过江通道布局，缓解了芜湖长江大桥的过江交通压力，进一步夯实了芜湖全国性综合交通枢纽的城市地位，使市内跨江交通的环路系统建设得以实现。

芜湖长江三桥（2014—2020）：位于弋矶山北侧，是双塔双索面高低塔钢箱钢桁组合梁斜拉桥。主跨588米，北岸塔高155米，南岸塔高130.5米，集客运专线、市域轨道交通、城市主干道于一体。大桥上层为双向8车道城市道路，下层为两线客运专线和两线按城际铁路（预留）标准建设的市域轨道线四线铁路。商合杭高铁是有效连接中原、江淮与长三角的重要交通干线，被誉为"华东第二高铁通道"。芜湖长江三桥是它的控制性工程，使芜湖的"北上"和"南下"之路更加便捷，为加速融入长三角更高质量一体化发展战略提供了更多便利，也为芜湖长江南北地区的沟通带来更大方便，为与芜湖城南隧道形成城市内部交通的"内环"提供了条件。

图4-1-4　"长桥飞跨"——芜湖长江三大桥

4）"欢乐梦幻"——芜湖方特旅游区（图4-1-5）

芜湖方特旅游区属大型游乐类景观，是深圳华强集团在芜湖投资兴建的主题公园项目，始建于2007年。2016年，芜湖方特旅游区进入国家5A级旅游景区榜单，并被国际主题景点业内权威组织定为全球主题乐园第5位，是"欢乐芜湖"皇冠上的一颗明珠。

"欢乐世界"（2008）：位于银湖北路东侧，主入口正对天柱山路。用地总面积125万平方米，其中陆地面积53万平方米，水面面积72万平方米。这是一个从设计到制造，从软件到硬件，从管理到运营完全由中国人掌控的主题公园项目。该园采取现代计算机、自动控制、数字模拟与仿真、数字影视、声光电等高科技手段，并通过与艺术的完美结合，建设飞越极限、太空历险、星际航班、恐龙危机、神秘河谷、海螺湾、火流星、聊斋、西游传说等15个主题项目区，让游客体验太空之旅，重返恐龙世界，经历奇幻探险，感受科幻神奇，观赏影视，享受欢乐之旅。

"梦幻王国"（2010）：位于城东新区，西侧临徽州路，南侧临赤铸山东路，用地面积70万平方米。该园以动漫为表现手段，采用高科技诠释特色主题，融入大量中国文化元素，将中国传统文化与国际时尚娱乐技术精妙融合，创造出充满幻想和创意的神奇天地，精品项目有魔法城堡（大型跟踪式魔幻表演）、猴王（超大型原创舞台剧）、水漫金山（国际顶尖高科技水灾难表演）、飞翔之歌（大型原创梦幻秀）等，还特别打造了"熊出没主题专区"，是亲子旅游的好去处。

"水上乐园"（2014）：位于"梦幻王国"东侧，是我国华东地区占地面积最大的首座以水景为特色，水活动为内容，游乐项目丰富的水上度假乐园。精品项目有飞驰极限、彩虹滑道、爱琴湾、飓风湾、熊出没水寨、丛林探秘、天旋地转等，集世界尖端游乐设施和大型演出于一体，是国内最具世界水准的水上乐园之一。

"东方神画"（2015）：位于"水上乐园"东侧，分综合项目区、民间传说区、民间戏曲区、经典爱情传奇区、神秘文化区、杂技与竞技区、民间节庆区、民间工艺区等8大分区。精品项目有千古蝶恋、九州神韵、女娲补天、丛林飞龙、雷峰塔、大闹水晶宫、烈焰飞云、熊出没剧场等，采用全息AR表演、4D巨幕等高科技手段，大气恢宏地展现出五千年华夏文明，把中国故事的精髓表达得淋漓尽致。

图4-1-5 "欢乐梦幻"——芜湖方特旅游区

5）"十里江湾"——滨江公园（图4-1-6）

芜湖是一座山水城市，更是一座滨江城市。滨江空间是芜湖城市最重要的滨水空间，滨江景观是芜湖的标志性景观。进入21世纪以后，滨江公园建设加快了进程。2002年12月28日，专家对6家设计单位提供的《芜湖市城市滨江公园规划设计方案》进行了评审，荷兰环境设计院、芜湖市规划设计院的方案名列前茅。经过两年的规划优化和项目筹划，2005年芜湖滨江公园一期工程动工建设，2009年6月底基本建成。该工程获得"安徽省人居环境范例奖"。2011年11月，水利部正式批准芜湖市滨江水利风景区为国家级水利风景区。

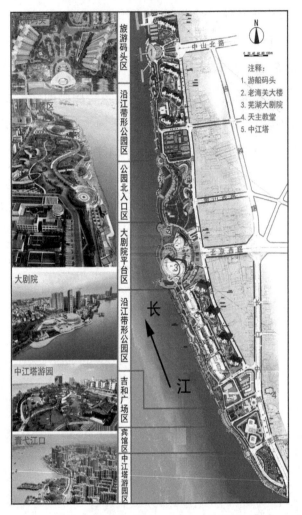

图4-1-6　"十里江湾"——滨江公园（北段）

滨江公园一期工程北起芜湖造船厂，南至中江塔，长2.3千米，成为集防洪、文化、休闲、旅游等功能于一体的景观风景区。该公园主要特点：一是将防洪墙不露痕迹地隐藏在绿坡与观景平台下，畅通了观江与观城的视野，使江与城有了很好的融合；二是临江面采用有变化的三层平台式设计，合理应对了不同水位时的使用；三是通过中江塔、老海关大楼、天主教堂、太古洋行等历史建筑的保护利用和反映芜湖历史文化的10多个雕塑，使沿江的自然生态与芜湖的人文历史得到很好的结合；四是精心打造了多个景观节点，如中江塔游园区、吉和广场区、大剧院平台区、公园北入口区、旅游码头区以及沿江带形公园区。滨江公园二期工程北起青弋江口，南至澛港大桥，长7.2千米，面积252万平方米。此段正是长江流经这里的转弯之处，强调生态修复。2016年动工，2019年基本建成。公园设有13处出入口，6处停车场（560个停车位），6座公共厕所，在水源保护区设置了1.1千米的玻璃幕墙隔断，只可观景，不可翻越。从大堤到江边共打造了3个风貌区：江堤景观风貌区、生态湿地风貌区、滨江滩涂风貌区。2020年，"十里江湾"景观带全部建成并开放，成为全长约10千米、总面积达8平方千米的沿江景观带。

6）"蓝绿飘带"——中江公园（图4-1-7）

中江公园位于城东新区，西起神山公园，东至扁担河，全长约3.2千米。2009年开始建设，2010年底建成并交付使用。城东新区有两条景观主轴线，一条是以市政务中心主轴线延伸形成的南北向景观主轴线，另一条是在市政务中心南侧形成的中江公园东西向景观主轴线。两条景观主轴线构成了芜湖城东新区总体城市设计的主要骨架。

该公园的规划设计理念是建设一条"山水间的绿飘带"。从公园的地形地貌可以看到，这是一处东西走向的长条形谷地，原来就有一条从西流向东的河，连接着神山公园水系和扁担河。经过整理，这条能通行小船的小河，如同一条蓝色的长飘带。小河南北的湿地与坡地，各种植物繁茂，如同两条绿色的长飘带。蓝绿飘带连接着神山公园的"山"和扁担河的"水"，这是对芜湖城市绿化系统的进一步完善，对城东新区生态环境质量的进一步提高，为市民创造了宜居、宜游环境，对国家级园林城市建设起到了积极的作用。

此公园的规划设计手法是：通过公园的河（水系）、道（路及桥）、丘（坡）、林（绿化）以及园林建筑、景观小品等景观元素把整个条状公园串接起来。具体的景观工程由道路系统、水系驳岸、亲水平台、广场、跳台、景观桥、特色景墙、咖啡厅、文化中心、运动场地、雕塑小品、标识、灯柱、坐凳、公厕、亮化照明、给排水、绿化等组成。通过多年的建设与管理，公园已基本完整，成为市民和游人休闲的好去处，成为芜湖市一处秀丽的新景观。

中江公园总面积约48万平方米，其中绿地面积约30万平方米，水面面积约7万平方米，广场道路面积约11万平方米。这一大型带状公园，外形规整，东西长约3200米，南北宽约150米。北侧有政通路，南侧有仁和路，西端是鸠江北路，东端是安澜路。中间有南北走向的城市快速干道——中江大道，从市政务中心西侧穿过，将中江公园划分为东西两大区域。西区有林荫山地园、生态认知园和水生植物园3个园,东区有雕塑园、中心园、人文园、运动园和都市浪漫园5个园。安澜路以东是扁担河公园。

中江公园后有新的发展,从中心区向南在城东新区的南北景观主轴线上完成了人民公园的一期建设。随着人民公园二期建设的完成,另一条绿色飘带从市政务中心飘向青弋江,最终形成"T"形的生态廊道格局。

图4-1-7 "蓝绿飘带"——中江公园

7)"雕塑世界"——雕塑公园(图4-1-8)

雕塑公园是以雕塑这一人文景观为最重要元素的城市公园。一个个雕塑就是一个个景点,整个雕塑群形成了丰富多彩的雕塑景观,众多雕塑与植物、山石、水体等园林要素融合在一起,创造了一种美丽的城市景观。

雕塑公园位于神山公园东部,赤铸山和神山的东侧、南侧与北侧。隔着神山公园的外环水系,雕塑公园东临鸠江北路,北临赤铸山中路,南临神山路。神山公园的东大门是雕塑公园的主入口,神山公园的北大门、南大门是雕塑公园的次入口。雕塑公园的建设缘起于"中国·芜湖国际雕塑大展"的创办。2011年8月17日开工建设,11月27日由中国雕塑学会、中国美术学院和芜湖市人民政府联合主办的首届"刘开渠奖"国际雕塑大展在此开幕,芜湖雕塑公园同时开园。来自全球40个国家和地区521名艺术家提交了2000多件作品,最终66件作品入选首届大展。2018年12月28日,第七届国际雕塑大展共有200余件雕塑获奖,大多在雕塑公园做永久性陈列展出。这些作品通过主体设定、构成形态、材料表现、人物塑造、情感建构、意境营造,包含了历史、文化、人性的深刻内涵,具有思想的穿透力、审美的表现力、形式的创造力,使雕塑公园成为芜湖市又一张叫得响、传得开的城市名片。

雕塑公园经过4期的建设，总占地面积达36万平方米。园内主要道路利用神山公园的内环干道，分区设置小的环形道路，沿线布置雕塑展品，很好地组织了参展路线。展出的雕塑作品分3个区：中区靠近东入口，主要展出第一、二届国际雕塑大展的获奖作品；南区靠近南入口，主要展出第三届大展的获奖作品；北区靠近北入口，主要展出第四、七届大展的获奖作品；第五、六届国际雕塑大展的获奖作品主要在中江公园的几个分区展出。展出的这些雕塑作品形式多样、风格多元，或古典或现代，或具象或抽象，有的表现城市的多彩生活，有的表现江南山水的灵动多姿，有的凸显中国文化，有的体现西洋元素。人工雕塑与自然景观的完美融合是雕塑公园的一大特色。雕塑有的置于路旁，有的置于水边，有的置于山坡，有的置于草坪。游客们徜徉其间，既欣赏了雕塑艺术，开阔了文化视野，又得到了很好的放松。雕塑公园受到广泛好评，成为芜湖市又一个时尚新景观，2018年被评定为国家3A级旅游景区。

图4-1-8　"雕塑世界"——雕塑公园

8）"莲花浩渺"——莲花湖公园（图4-1-9）

莲花湖公园位于三山区三山经济开发区莲花湖综合服务区内，是三山区境内第一座生态公园，也是芜湖市体量较大的景观公园之一。经过多年的建设，从清淤、驳岸、筑岛、植物种植到广场修建等，莲花湖公园2014年初步建成。2016年完成三期建设后，被安徽省住建厅评为城镇园林精品示范工程。

公园总平面轮廓为五边形，被5条城市道路围绕，东北侧为莲花湖路，西北侧为黄垅路，西南侧为澄江路，南侧为小江路，东南侧为纬三路。公园总面积约159万平方米，其中水域面积为86.7万平方米。公园的湖面面积约为市内镜湖面积的

5.6倍,可见湖面的浩渺。

莲花湖公园主入口设在莲花湖路,附近拟建配套的商业街,次入口设在小江路,附近拟建配套的会议中心、餐饮会所等。因西端规划的体育馆尚未建设,现于黄垅路上开有次入口,可直接进入亲水平台。湖中偏南处由4座桥连接着3个岛和2个半岛,将整个湖面分为南、北两个部分。北湖面积很大,南湖面积相对较小,且呈长条形。三个湖心岛规划为种植主题岛,分别为樱花岛、桃花岛和石榴岛。在诸多的景观桥梁中,最大的是长虹卧波桥,跨度有135米。环形道路是公园的主干道路,今已成为省级绿道。位于北端的主景区广场称为世纪广场,以硬质铺地为主,对称式规整布局,可供万人集会与演出,两侧有绿化,前有长长的亲水平台,面积达16.7万平方米,可见广场之大。正对主广场南面的湖中建设有一座长达200米,宽为30米,喷水高度可达100米的大型音乐喷泉"如意莲花",为该园的一大亮点。

图4-1-9 "莲花浩渺"——莲花湖公园

三、现代芜湖城市70年发展小结

1949—2019年，70年风雨兼程，现代芜湖城市已有超乎想象的巨大发展。

（一）城市规模由小变大

城市规模由小变大，芜湖有了更大的发展空间和承载力。首先是面积的增大。从市区面积来看，新中国成立初期芜湖市与芜湖县分立，芜湖市只辖郊区，市区面积仅有11.8平方千米。70年后，到2019年市区面积已达1491平方千米，增加了约125倍。变化的原因是多次行政区划的调整。1995年芜湖市区有镜湖、新芜、鸠江、马塘4个区，面积为230平方千米。2006年，繁昌县的三山、峨桥2个镇和芜湖县的清水、火龙岗2个镇划入芜湖市区，市区面积扩大到720平方千米，增加了2.13倍。2010年芜湖县的方村镇划归镜湖区，2011年和县的沈巷镇划归鸠江区，2013年无为县的二坝、汤沟镇划归鸠江区，2014年无为县的白茆镇划归鸠江区。这样到2015年芜湖市区面积即扩大到1491平方千米。再从市域面积来看，同样由于行政区划调整，1959年芜湖县划归芜湖市，1960年分开设置，1980年芜湖县又归属芜湖市。1983年又将原属宣城地区的繁昌、南陵划归芜湖市。市域面积扩大至3317平方千米。尤其是2011年无为县（2433平方千米）划归芜湖市管辖，芜湖全市总面积猛增到5988平方千米。现代芜湖城市随着城市面积的扩大，人口规模也相应增大。从市区人口来看，从1995年的60.56万人增加到2019年的151.5万人，增加了约1.5倍。从市区总人口来看，从1995年的211.27万人增加到2019年的398.8万人，增加了约0.9倍。

（二）城市经济由弱变强

城市经济由弱变强，芜湖有了更大的发展潜力和竞争力。芜湖经过70年的建设和发展，尤其是改革开放以来，发生了翻天覆地的变化。从地区生产总值增长速度看，1995年全市地区生产总值仅100亿元，到2010年突破1000亿元，到2017年突破3000亿元。2019年全市实现地区生产总值3618亿元，比上年增长8.2%，人均地区生产总值96154元。1995—2018年地区生产总值年均增长率为14.02%，2011—2018年的年均增长率仍有11.23%。地区生产总值的增长意味着经济实力显著增强，地方财政收入明显增加，城市竞争力大大提高。从固定资产投入增长看，1949—1998年累计完成固定资产投资总额293亿元，年均增长9.2%；1999—2017年累计完成固定资产投资总额20701亿元，年均增长22.41%，投资增长最快的是2005—2010年，年均增长30%以上；2011—2017年，年均投资2355亿元，年均增长17.9%，2018年固定资产投资仍比上年增长9.7%（其中房地产开发投资增长7.8%）。固定资产投资的持续大幅度增加，意味着城市基础设施日趋完善，城市承载力不断增强，城市品质不断提升。从三次产业的结构变化看，芜湖三次产业的比重，1952年为45∶28.5∶26.5，到1978年变化为33.1∶45.2∶21.7，到2017年变化为4.2∶56∶39.8，2018年调整为4∶52.2∶43.8。这说明芜湖市经济结构已大大优化，农业生产比重逐年下降，工业生产一直占主导地位，第三产业比重稳步增长。目前，芜湖市的支柱产业对规模工业增长贡献率保持在65%，战略性新兴产业产值占规模工业比重提升到25.9%，机器人产业在国内率先形成全产业集聚发展态势。《2019长三角城市创新力排行榜》显示，芜湖在长三角41个城市中位列第9位，说明创新发展已成为支撑芜湖经济增长的主要力量。芜湖经济技术开发区在商业部2019年对全国219个国家级经济开发区发展水平考核中位列第15位。芜湖服务业集聚区建设在省内领先，网络零售额跃居全省首位，快递业务量连续多年稳居我国中部地区非省会城市第一，已进入"中国快递示范城市"公示名单。这些都为芜湖提升城市竞争力和创新力打下了坚实基础。

（三）城市形态向前演进（图4-1-10）

城市形态向前演进，芜湖有了更好的城市结构和区域联动能力。芜湖古代城市形态是滨河发展的"团块状"城市，进入近代以后沿着青弋江向西发展，抵达河口后沿着长江主要向北发展，逐步形成"L形带状"城市。抗战胜利后，城市内部有填充式发展，城市形态有由带状向块状形态演变。新中国成立后，城市建成区蔓延式发展，工业区跳跃式发展，主要发展方向是向北。改革开放以后，到1998年芜湖市区建成区已有37平方千米（新中国成立初期只有7平方千米）。城区的城市形态已是沿江发展的南北轴向的带状形态。之后，城北地区芜湖经济技术开发区的发展，城南奥体中心、高教园区、高新技术开发区的建设，城东由市行政文化中心带动的新区建设，使芜湖"单中心、组团式"城市形态形成。进入21世纪以后，跨江通道的建设促进了行政区划调整后江北地区的发展，开始出现"主副核、多中心、组团式、拥江发展"的城市形态走向。《芜湖市城市总体规划（2010—2030）》提出芜湖市远景功能结构的设想，最终形成"江南城区、龙湖新城、江北新城"三足鼎立的"多中心、多组团"城市形态。从芜湖市域范围看，正在构建"两带两轴"的城镇空间结构。"两带"即北沿江城镇发展带和南沿江城镇发展带；"两轴"即合芜宣城镇发展轴和巢芜城镇发展轴。芜湖整个市域将形成"一主城（中心城区），四副城（无城、湾沚、繁阳、籍山），若干新市镇和中心镇"的城镇空间体系。

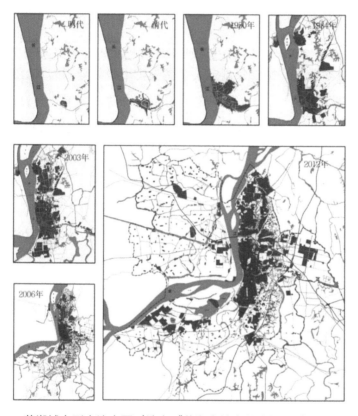

图4-1-10　芜湖城市形态演变图（选自《芜湖市城市总体规划（2012—2030）》）

　　未来的城市发展可能不再是单个城市的发展，而是都市圈乃至城市群的发展。都市圈和城市群加快发展为中国经济增长带来极大的发展潜能。芜湖同时位于南京都市圈和合肥都市圈，将迎来更大的发展机遇。2016年5月11日，国务院常务会议通过《长江三角洲城市群发展规划》，提出为培育更高水平的经济增长极，到2030年全面建成具有全球影响力的世界级城市群，由原来16个城市扩容为26个城市，芜湖正式列入其中。规划合肥为Ⅰ型大城市，芜湖为Ⅱ型大城市。在长三角城市一体化发展的背景下，芜湖将会有更大的发展。

（四）城市品质不断提升

城市品质不断提升，芜湖有了更好的城市面貌和生态环境。改革开放以来，特别是近20年来，芜湖的城市面貌日新月异，通过抓生态、优环境，推进了绿色发展，城市品质有很大提升，向建成宜居、宜业、宜游的现代化大城市，迈出了有力的步伐。

城市规划方面，2012年完成"芜湖市空间发展战略"研究，在此基础上完成了《芜湖市区空间规划》的编制。2015年编制了《芜湖市总体城市设计》，接着又完成了弋江路沿线地区城市设计和火车站周边地区、范罗山、凤鸣湖周边地区等城市设计。为了加强规划管理，2012年制定了《芜湖古城规划导则》，2013年制定了《芜湖市城市规划建筑导则》，2017年制定了《芜湖市城市街道空间设计导则》。2012年以来还做过市域内数十个美丽乡村中心村规划。这些规划都为提升芜湖市的城市品质提供了保障。

长江岸线保护利用。芜湖市辖长江岸线全长193.9千米，其中江北121千米，江南72.9千米。长江干流岸线利用率在30%左右，总体利用率不高。北岸由于集疏运条件较差，不但利用率低，规划布局也不合理。南岸保护情况相对较好，工业、港口、生活岸线分布清晰，经过整治，岸线利用较为合理有序，但生态保护工作尚需进一步加强。2019年开始贯彻落实《全面打造水清岸绿产业优美丽长江（安徽）经济带长江干流安徽段岸线管护工作实施方案》，实施长江岸线分区管控，强化岸线保护和节约集约利用，坚决执行习近平总书记提出的"共抓大保护，不搞大开发"。

绿化园林方面，2000年做过凤鸣湖风景区规划；2002年开始编制《芜湖市园林绿地系统规划》，举行"滨江景观公园"规划设计方案的招标评标，接着分三期工程进行了滨江公园的建设；2010年做了《芜湖市两江、两湖地区概念性规划》（"两江"指长江和青弋江，"两湖"指龙窝湖与黑沙湖），开始了市委、市政府提出的"大绿化"建设任务（分公园建设、小游园、景观带及广场建设、市区立体绿化建设四大类），之后连续几年的实施有很大成效；2011年芜湖市荣获国家园林城市称号；2013年完成《芜湖市绿道整体规划（2013—2020）》的编制，新建32.2千米的绿道示范段；2014年《奎湖省级湿地公园总体规划》通过专家评审，开始积极组织实施（公园总面积479公顷），2015年位于三山区的莲花湖公园（总面积159公顷）建设已有一定规模，成为市内一处较大的城市景观公园；2017年全面推行河长制，全国水生态文明城市建设试点通过评估。2019年将原有的银湖公园进行了一次整体品质的提升。这些绿化园林建设都为彰显半城山水的灵气，建立"山水相间，精致繁华"的城市风貌创造了条件。2020年，全市共有62座公园，2021年底，芜湖市区建成区绿化覆盖率44.07%，公园绿化活动场地服务半径覆盖率85.56%，人均公园绿地面积13.69平方米，均达到或超过园林城市标准。

旅游业发展方面，2017年芜湖市接待国内外游客4879.43万人次，同比增长21.78%；旅游总收入606.12亿元，同比增长28.51%。全市创建有国家级工业旅游示范基地、省级研学旅行基地、省级中医药健康旅游基地、省级旅游商品特色街区等。丫山花海石林景区获批国家地质公园，繁昌慢谷旅游度假区获批省级旅游度假区。鸠兹古镇获批省级旅游小镇。芜湖市现有国家A级旅游景区35处，其中5A级景区1处（方特旅游区），4A级景区11处，3A级景区21处，2A级景区2处。丰富优质的旅游资源和品牌，为"欢乐芜湖"增添了美誉度和影响力。

芜湖是一个拥江发展的城市，今天的芜湖城市面貌已显江城特色，"美丽芜湖"的城市品质会越来越高。

第二节　现代芜湖建筑

1949—2019年，现代芜湖建筑活动的发展，虽然有过曲折，甚至挫折，但在总体上还是取得了巨大的发展。相对于芜湖古代、近代的建筑发展，无论是在数量、质量、规模上，还是在发展速度上，现代芜湖建筑的发展都是空前的。

现代芜湖建筑的发展分期与现代芜湖城市的发展分期相比较，其时间段的划分是完全一致的，但在发展速度、重点等方面并非完全相同，现代芜湖建筑发展有其自身的规律与特点。

现代芜湖建筑的发展分期与现代中国建筑的发展分期相比较，其时间段的划分也是完全一致的，但在发展规模、质量等方面并非完全相同，现代芜湖建筑发展也有其自身的规律与特点。

一、改革开放前的芜湖建筑（1949—1977）

（一）起步阶段（1949—1957）

新中国成立初期的芜湖，百废待兴，着重发展经济与社会建设。城市建设偏重道路、桥梁等交通工程建设，以及供水、供电、防洪、排水等市政设施建设。较少进行的建筑活动主要是对原有建筑的修建、改建或扩建。

城市建筑管理。1949年5月，芜湖市人民政府成立以后，很快设立了建设科。1953年5月，建设科改为建筑工程局。管理机构的设置为建筑活动的领导、组织和加强计划提供了保证。

建筑施工队伍建设。1950年7月，由市政府建设科调集危之照、鲍弘达等12名干部和14名工人作为基本队伍，组成了"芜湖市公营建筑公司筹备处"，开始承包工程建设。1951年5月，芜湖市第一建筑工程公司正式成立，由程龙任经理，危之照任副经理。1956年9月，集中47家私营营造厂和原市木瓦建筑生产合作社合并建立了公司合营芜湖市建筑修建公司（到1960年更名为芜湖市第三建筑工程公司）。同年还成立了水电安装公司。

建筑设计队伍建设。起初芜湖并无专业设计组织，较大型工程项目均由建设单位委托有关部门进行设计，小型工程项目则由建设单位直接交给施工单位的技术人员进行设计。直到1954年3月，芜湖第一个专业设计单位才诞生，这就是在原有设计室的基础上适当扩大规模正式成立的芜湖市第一建筑工程公司设计室。由土木建筑专业为主的18名技术人员组成，由公司副经理危之照兼任设计室主任，之后又培养了一批勘探、给排水、供电、采暖、通风等方面的专业人员，扩大了设计队伍。这家建筑设计单位在建筑设计方面对现代芜湖早期的建筑活动起到了相当大的作用。

1.主要建筑类型

这一阶段建筑活动比较频繁。建筑类型主要是学校建筑、工业建筑和商业建筑。

1）学校建筑

1949年5月，新成立的芜湖市人民政府接办了原省、县立中等学校（含县立师范）和小学21所，接管了私立中学10所、小学28所，职业学校5所，接着又接收了各教会办的私立中小学13所。到1956年，普通中学调整为11所，职业学校调整为7所。较著名的中学有：位于赭山的市立中学1953年9月迁至张家山新址，改名为芜湖第一中学；位于凤凰山的萃文中学改名为芜湖第四中学（1960年校址迁至小官山，改名为皖南大学附属中学）；位于狮子山的培德女子中学（前身为圣雅各中学）1952年5月改名为安徽大学附属中学（1954年又改名为安徽师范学院附属中学），1958年8月又改建为芜湖市第十一中学；位于文庙的县立初级中学改办为芜湖师范学校（1972年更名为芜湖市第十二中学）；位于石桥港的广益中学改为第三中学；位于铁锁巷的省立芜湖女中改为第十中学；位于交通路的私立内思高级工业职业学校1952年改为安徽省芜湖工业学校（1955年又改称芜湖电力学校）。高等学校中，位于赭山的省立安徽学院1949年10月与从安庆迁来的原国立安徽大学合并设立了新的安徽大学，1954年改为安徽师范学院（1960年改称皖南大学，1972年又改名为安徽师范大学）。芜湖大批新型学校的开办自然带来了大量校舍的建设。

2）工业建筑

1953年芜湖市开始执行"一五"计划，当时提出"一五"时期主要任务就是"集中力量，发展工业，相应发展其他事业"，具体包括扩建原有的24个工业企业，新建29个工业企业，为芜湖市的工业发展奠定基础。

三年经济恢复时期，政府三次贷款给明远电厂修复发电机组，维修发电厂房，维持了城市供电，还以公方投资为主，兴建了35千伏马芜输电线路和小官山变电所，将南京电力引来芜湖。裕中纱厂于1951年9月被皖南行署购置，成为国营芜湖纱厂，1952年添置设备成为既纺又织的新型企业，更名为安徽省芜湖纺织厂，职工1900余名。1954年，该厂遭受严重火灾，国家投资帮助重建后，迅速恢复了生产。益新面粉厂在芜湖解放时为无主状态，先由军代表组织恢复生产，后由上海工商局投资，改称益新新永制粉碾米厂。1951年，中国粮食公司皖南分公司收购该厂，更名为中粮公司皖南分公司制粉碾米厂。1953年起成为单一的国营芜湖市第一面粉厂，是由华东粮食局掌控的3个国营面粉厂之一，其主厂房维修保护良好，一直到1989年还在生产面粉。1921年建厂的芜湖火柴厂1949年接管时，建筑面积1952平方米，修建车间和生活设施后，到1957年建筑面积达1.3万平方米。机械工业方面，先成立了皖南公营芜湖铁工厂，1951年以后私营机械企业全部实现公私合营，同时国家重点投资扩建了芜湖造船厂。化学工业方面，1956年国家投资兴建了安徽省第一家化工企业——凤凰造漆厂。建材工业方面，1950年在四褐山原兴记砖瓦厂的废墟上首建芜湖市公营四褐窑厂，1951年已年产红砖305万块、红平瓦39万件。1954年又组建了采石社、石灰厂。这些老企业的修建、扩建和新企业的新建，都使芜湖市的工业建筑在这一时期得到长足发展。

3）商业建筑

新中国成立前，芜湖虽尚有私营商业户3739家，但大多奄奄一息。新中国成立初期，鼓励商贾投资开业，至1952年底，全市已有私营企业4986家。市政府在保护私营商业的同时，开始建立国营商业体系。1949年8月，成立皖南贸易总公司，芜湖设百货、粮食、土产3个分公司。10月，芜湖市合作总社成立，全市组成4个区供销社、14个消费合作社、5个手工业生产合作社。1950年3月，皖南贸易总公司解体后，芜湖市组建中国百货、花纱布、土产、粮食、煤业、建筑器材、盐业、皮毛等8个公司的分支公司，增设了批发、零售网点，奠定了国营商业基础，逐步扩大了国营商业市场的引领作用。1956年以后，私营商业全部公私合营，商贩加入合作店组。到1957年底，公私合营商店达1884户，至此，国营商业、合作商业在市场占据完全主动的主导地位。新中国成立初期，芜湖的商业中心已由长街转移到中山路、新芜路和二街一带，沿街的商业建筑逐渐增多。1952年在中山路新建了一个商场部，这就是后来著名的百货一店，成为当时市内最大的商业营业场所。1951年拓建中山路为长830米、宽10米的钢筋混凝土路面，1953—1955年又修建了钢筋混凝土结构的中山桥，同时建设了长为1434米的中山南路，更促进了中山路商业街走向繁荣。

2.重要建筑实例

1）芜湖一中老建筑

芜湖市第一中学有着悠久的历史，它的前身可以追溯到清乾隆三十年（1765）创办的中江书院。中江书院是芜湖历史上可见记载最早的，具有一定规模，也最具影响的书院。书院最初位于青弋江南岸的蔡庙巷，1853年毁于战火。1863年徽宁道台吴坤修在原址重修，更名鸠江书院，1870年书院迁址到东内街梧桐巷（井巷），复名中江书院。光绪二十九年（1903），皖南道员刘树屏将书院中学部迁至赭山，成立皖江中学堂。

1912年，学堂更名为省立第二师范学校，1914年更名为省立五中，1934年更名为安徽省立芜湖中学，1950年更名为芜湖市第一中学。1953年迁址到张家山，新建了一批校舍。笔者找到一张蓝图——20世纪50年代绘制的《芜湖市张家山第一中学图》，反映了当时芜湖一中的总平面布置。其主教学楼于20世纪80年代初被拆除，建了新的5层教学楼，科学馆和东西两座办公楼仍幸存（图4-2-1、图4-2-2）。

图4-2-1　芜湖一中科学馆远景（1956）

芜湖一中科学馆：建于1955年春，这在《芜湖市志》上有明确记载。此建筑为两层砖混结构，建筑面积约2000平方米，建筑平面不规整，组合有变化。门厅前有柱廊，后有阶梯教室，北有外廊式科技教室。原为坡屋顶，现为带女儿墙平屋顶。立面处理为不对称形，墙面做有外粉刷，直径74厘米的圆柱为水刷石饰面。建筑风格总体上为现代建筑风格，唯在主入口处采用了两层楼高的五开间西方古典科林新柱式的门廊，并未做山花，很有特色，用在科学馆，也有新意。笔者认为这是一幢现代芜湖初期很有价值的优秀建筑。

图4-2-2　芜湖一中办公楼外观（1956）

芜湖一中办公楼：建于1952年春，设计与施工单位均为"芜湖市公营建筑公司"（即市一建公司）。此建筑虽按教学楼设计，但实际上作为办公楼使用。该建筑为砖木结构，部分有钢筋混凝土结构，清水青砖墙、木楼梯、木楼板、木屋架、红平瓦四坡屋面。此建筑现做有外粉刷，至今保存完好，应定为有一定价值的"历史建筑"。

2）工人俱乐部（1955）

工人俱乐部在新中国成立初期可以称得上是芜湖的大型公共建筑，其前身是建成于1946年8月的中山纪念堂（图4-2-3）。从1950年绘制的《芜湖市全图》可知，中山纪念堂位于当时春安街的南侧，教导路的北侧，西面正对东西走向的北京路。芜湖解放后，中山纪念堂改称"解放剧场"，为皖南军区文工团常驻剧场。因距皖南行署办公地很近，1951年底起这里又兼作皖南行署的大礼堂。1952年下半年，芜湖市总工会接收后进行了维修，开办成"工人俱乐部"，成为群众集会、文艺演出兼放电影的场所。1954年夏，芜湖暴雨成灾，该剧场受到一定损坏。年底，芜湖市总工会拨款修建，委托一建公司设计与施工，主持人为鲍弘达。一建公司设计室于1955年4月初完成施工图设计，1955年4月9日开工，7月10日竣工。

此次修建是在主体结构和总体尺寸不变的基础上进行的，分前楼与观众厅两大部分。前楼部分除了底层扩大了门厅，二层加大了放映室以外，主要是改变西立面这个主立面，由倾向于欧式改为倾向于中式。1992年，笔者根据一张借来的老照片绘制了西立面图，可以看出中山纪念堂原来的主要立面造型是在15米宽的门廊处设计了4根水磨石大圆柱，采用了西方古典爱奥尼柱式，顶部露台设有西式栏杆（图4-2-3）。檐部正中部分用人字形山墙遮挡了后面的两坡屋顶，并采用垂直线条作为装饰，顶部插有木质旗杆。

工人俱乐部的立面则改为柱顶用雀替装饰的中式门廊，顶部露台改为中式栏杆（图4-2-4）。檐部则改为中间高起的台阶式平檐口，檐下采用中式图案装饰。观众厅部分主要是改造了楼座，楼座设坡以后避免了视线遮挡。楼座深度增加，两侧向舞台方向延伸的侧楼座予以拆除。观众厅原来的长条木椅全部换成翻板木椅。观众厅池座890座，楼座248座，合计1138座。舞台台口有所扩大，高达5.7米，宽达12米。观众厅两侧的休息廊由原来的2米拓宽至3米并加盖了屋顶，仍为开敞式，还增设了"美人靠"，整个建筑的屋顶由原来的瓦楞铁皮换成了机制平瓦。

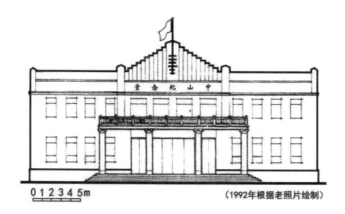

（1992年根据老照片绘制）

图4-2-3　芜湖中山纪念堂西立面图

（根据1955年4月施工图描绘图绘制）

图4-2-4　芜湖工人俱乐部西立面图

工人俱乐部修建后发挥了更大作用。1957年1月，在这里举行了芜湖市首届群众业余会演。1958年3月，浙江省湖州市话剧团在这里演出了老舍先生的《骆驼祥子》。5月，我国著名的黄梅戏表演艺术家严凤英、王少舫在这里演出了《天仙配》。12月3日，安徽省第二届戏曲观摩演出大会在这里隆重召开。最值得大书特书的是，1958年9月，毛泽东主席在莅临芜湖视察期间，于19日晚在工人俱乐部接见了芜湖党政军领导干部和群众代表，并观看了皖南花鼓戏《八十大寿》。

1983年工人俱乐部又经过一次改建，除了舞台后部有扩建，主要是拆除了前楼，新建了8层高的新前楼，扩大了使用功能。工人俱乐部改名为"工人文化宫"，当年五一劳动节正式对外开放。1995年，北京路向东延伸，工人文化宫被拆除。现代芜湖的"工人俱乐部"与近代芜湖的"中山纪念堂"的痕迹丝毫无存，只能在芜湖建筑史上留下一丝印记。

3）鸠江饭店（1957）（图4-2-5）

鸠江饭店位于中山路与北京路相交处的西北角，南与后建的市百货大楼隔路相对，东与供电局隔路相望，东南160米处即工人俱乐部（后为工人文化宫），位置十分显要。

鸠江饭店由当时名为城建局设计室（1968年改称芜湖市建筑设计室）的芜湖市首家专业设计单位设计，由当时名为芜湖市建筑工程公司（与芜湖市城建局合并办公）的市属施工单位组织施工，于1957年10月1日建成开业。此建筑为砖木混合结构，有女儿墙的平屋顶，3—5层，由四部分组成，一区为3层，二、四区为4层，三区为5层。总建筑面积约7000平方米，设计客房近300套。

图4-2-5 鸠江饭店昔日景观

1955年，我国正式确立了十四字建筑方针——"适用、经济，在可能条件下注意美观"，所以建筑活动重视基本功能，注重经济效果，多采用简约的建筑形式。芜湖鸠江饭店正是在这一时代背景下建造的，所以立面简洁，内廊式平面也经济适用。作为现代初期芜湖最早建成的大型旅馆建筑，至今还能保存良好，应列入市级重点文物保护单位名单。该饭店经过多次修缮，2017年重新装修后标准又有提高，成为闹市区中一处商务接待的好场所。

4）芜湖造船厂工业建筑及附属建筑（20世纪50年代）（图4-2-6）

1954年9月，原芜湖铁工厂改名为国营芜湖造船厂，紧接着新建、扩建了42个项目。设备动力车间：单层，双跨，建筑面积7425平方米，红砖墙，钢屋架，钢筋混凝土柱和行车梁。涂装喷砂车间：单层，双跨，建筑面积5830平方米，青砖墙，钢柱，钢屋架。军品车间：单层，双跨，建筑面积4630平方米，青砖墙，钢屋架，钢筋混凝土柱，屋面带有长排气窗。大木工车间：单层，大跨度单跨，建筑面积2215平方米，青砖墙，钢屋架，钢筋混凝土柱，屋面带有长排气窗。小木工车间：单层，单跨，结构同大木工车间，建筑面积1300平方米。现存3幢3层、1幢4层职工宿舍，建筑面积分别为1935平方米、1730平方米、1380平方米、1395平方米，皆砖混结构。尚存4幢专家楼，皆3层，砖混结构，建筑面积2幢为1980

平方米，2幢为2190平方米。以上建筑均基本保存完好，皆为有保护价值的历史建筑。

a 涂装喷砂车间　　　　　b 军品车间　　　　　c 大木工车间

图4-2-6　芜湖造船厂重要建筑集锦

5）安徽文化名人藏馆（1953）（图4-2-7）

此馆原为建于1953年的芜湖市图书馆老馆，位于大镜湖南侧名为"烟雨墩"的小岛上，有小桥可通。相传，这里曾是南宋著名词人张孝祥（1132—1170）少年时的读书处。清乾隆年间，芜湖县尹陈圣修曾在此重设张于湖（张孝祥号于湖居士）祠。1985年，芜湖市图书馆新馆建成后迁出。

1987年在此处开设"阿英藏书陈列室"，收藏现代著名文学家、文艺批评家、藏书家阿英（1900—1977）捐赠的清代刻本、善本、抄本及当代名人字画。1988年又在此开设"洪镕藏书陈列室"，收藏我国近代教育家、藏书家洪镕（1877—1968）于1961年捐赠的大量明清古籍刻本、图书资料和珍贵字画。1991年又在此开设"王莹资料陈列室"，展示社会活动家、表演艺术家王莹（1913—1974）的手稿、剧照及生平事迹。这里成为"安徽文化名人藏馆"。2005年12月，芜湖市人民政府公布其为市级文物保护单位。该建筑为两层，清水红砖楼，窗台下和檐下做有水泥饰面，坡屋顶，砖混结构。平面类似"巾"字形，南面中部突出处有主入口，山墙及北面尚有次入口。北面中部临湖处突出有利于观景的五面体，并设有浅跳廊。该建筑朴实无华，掩映于绿化之中，十分幽静，是一处有价值的历史建筑。

a 正面外观　　　　　b 张孝祥纪念墙　　　　　c 背面外观

图4-2-7　安徽文化名人藏馆外观集锦

（二）滞缓阶段（1958—1977）

1958—1977年，芜湖城市发展受挫，建筑活动也减少，甚至遭到一定程度的破坏。

城市建设管理单位方面。1956年5月，芜湖市建设局改为芜湖市城市建设局，"文革"期间成立芜湖市城建局革委会，1975年12月，建立芜湖市基本建设委员会，内设城建管理科等科室。

建筑施工队伍方面。1951年正式成立的市一建公司仍是主力军，担负政府各类重点工业厂房与民用建筑的施工任务。至1958年底，累计竣工面积达262.2万平方米。1961年底有职工3883人，到1962年9月减少至1586人，可见建筑市场已有缩小，至1971年以后才稳定在2000人左右。此外，1956年创建的市三建公司主要承担市区房屋修缮和部分中小型工程施工任务，在这一阶段发展不甚明显。

建筑设计单位方面。1963年9月，一建公司设计室划出，归城市建设局领导，属事业单位，实行设计收费，自负盈亏，不足部分由地方财政补助。1968年8月，城建局设计室改为独立的建筑设计单位"芜湖市建筑设计室"。此时，除国家或省投资兴建的在芜重点项目部分由有关部级或省级设计单位设计外，其余建筑工程的设计任务均由芜湖设计单位承担。20世纪70年代以后，芜湖重机厂、芜湖纺织厂等大厂基建科工程技术人员都承担了一些厂内中小型建筑设计任务。

1.主要建筑类型

这一阶段建筑活动尽管开展滞缓，但在工业、影院建筑等方面仍有发展，住宅建筑活动依旧不多。

1）工业建筑

1953年开始"一五"计划，这一时期集中力量发展工业，新建、扩建了53个工业企业。"二五"计划时期（1958—1962），芜湖国民经济以"高速发展工业，把芜湖建成一个以冶金、机械制造为中心，轻重工业全面发展的工业城市"为指导，新建、扩建、改建工业企业74个，初步建立芜湖市工业经济体系。1963—1965年是国民经济调整时期，贯彻"调整、巩固、充实、提高"八字方针和"工业七十条"指导原则，按农、轻、重的顺序发展经济。到"三五""四五"时期（1966—1975），虽几经曲折，但国民经济仍有增长，全市地区生产总值1975年比1965年增长95.88%。工业生产总值1975年比1970年增长60.69%。芜湖工业建筑活动并未中断。

冶金工业建筑方面。芜湖钢铁厂,位于当时市区东南郊的马塘乡,1958年筹建,是列入全国10个中型钢铁联合企业的基本建设重点之一。1959年9月建成炼钢车间,建筑面积4296平方米,钢筋混凝土结构,主副两跨。1962年2月建成轧钢车间,建筑面积730平方米,砖木结构。1962年底基本建成100立方米高炉,建筑面积8407平方米,一度停顿,1968年复建,1969年建成第二座100立方米高炉,建筑面积2300平方米,1970年6月底建成投产。300立方米的高炉1985年开工,1987年建成,建筑面积11374平方米。4座焦炉于1970年10月底开工,到1974年1月初先后建成,建筑面积6482平方米。到1985年,全厂总建筑面积达10.13万平方米。芜湖冶炼厂,位于长江路北端的四褐山,是铜电解精炼和铜材料加工的中型联合企业,1958年新建,1959年6月开始生产,至1985年总建筑面积达6.6万平方米。

机械工业建筑方面。芜湖重型机床厂,位于长江路中段秃矶山东侧。其前身为创建于1919年的私营恒升铁工厂,1951年发展为芜湖市第一合营铁工厂,1956年由市区迁至秃矶山,1958年易名为地方国营芜湖红旗机床厂,这是新中国成立后兴建的芜湖市乃至皖南地区第一个大型机床制造厂,也是当时安徽省重要的机械制造企业之一。1966年易名为芜湖机床厂,1967年已建成铸工车间及生活设施3107平方米。1971年更名为芜湖重型机床厂,其扩建工程被列为省重点工程。因该厂急需工程技术人员,笔者1972年从贵阳市调回芜湖市工作后立即进入该厂基建科工作,参与了大型厂房的建设。到1975年底,先后建成金工、锻工、热处理、联合车间以及空压站等附属工程,建筑面积达2.515万平方米。其中最大的联合车间面积达1万平方米,单层四跨(两跨均为24米,一跨18米,一跨15米),钢筋混凝土框架结构。采用预应力鱼腹式行车梁,预应力折线型屋架,杯型基础,预制钢筋混凝土柱,1972年4月动工,1973年12月竣工,属规模较大的现代工业建筑。该厂车间皆为第一机械工业部第一设计院设计,由市一建公司施工。厂区配套生活设施(包括影剧院、小学校、浴室、住宅等)皆由厂基建科设计并组织施工。

船舶工业建筑方面。芜湖造船厂,位于弋矶山南侧。其前身为创建于1900年的福记恒机器厂,1949年7月,两个原国民党政府保安司令部修械所、厂合并为皖南芜湖公营铁工厂。之后不断更名,至1954年9月定名为国营芜湖造船厂。1954年全厂建筑面积为7028平方米,至1985年已达22万平方米,另有公共福利、职工宿舍12.56万平方米。1983年建成的船体车间建筑面积超过1万平方米,已属较大规模的工业厂房。以上应作为芜湖早期现代工业建筑的文化遗产妥善保护。

电力工业建筑方面。芜湖发电厂，位于四褐山。1959年兴建，厂房为钢筋混凝土框架结构，1960年建成2幢厂房，建筑面积2818平方米，安装了2台6000千瓦汽轮发电机组。1964—1966年又建成4幢厂房，建筑面积1.28万平方米，安装了6台6000千瓦发电机组。烟囱为砖砌结构，高60米。

纺织工业建筑方面。芜湖纺织厂，位于狮子山东南侧。其前身为创办于1916年的裕中纱厂，1949年厂房建筑面积4637平方米，到1985年发展到8.67万平方米，另有职工宿舍7.06万平方米。1958年扩建了14000纱锭的南纺车间，1959年建成了20800纱锭的北纺车间，成为当时安徽省规模最大的棉纺织企业。20世纪60—70年代芜湖相继建成红光针织厂、锦华被单厂、芜湖丝绸厂、市灯芯绒厂、市色织布厂、毛巾厂、第二棉纺厂、帆布厂、丝绒厂、曙光针织厂、健美针织厂、麻纺厂、织带厂、纺织器材厂、宽幅布厂等15家纺织企业。1972年省市共建了一家现代化的芜湖印染厂，初步形成了纺、织、印、染等配套的棉纺织工业体系。到1985年，芜湖市纺织工业厂房建筑面积达43.42万平方米。

化学工业建筑方面。1956年在中山南路兴建了芜湖市凤凰造漆厂，至1985年厂房面积达2.6万平方米。1958年兴建了联盟化肥厂、日新化工厂、跃进橡胶厂、林产工业综合工厂等10多个化工企业。1966年又兴建了农药厂。至1985年，芜湖市化工系统厂房建筑面积达18.9万平方米。

2）影院建筑

芜湖最早的剧场是1902—1906年李鸿章家族李漱兰堂建造于中山路的"大戏园"。此剧场规模较大，仅座席就有近千座，还有不少站席，除池座外，上面尚有两层木楼层的楼座。先后有过诸多名称：大舞台、歌舞台、新华大戏院（1936）、复兴大舞台（1939）、青年剧场（1945）等。1950年改为"大众电影院"。稍晚一点的有"皖江第一台"戏院，笔者推测是位于新芜路北侧的"小戏院"（原山陕会馆内的光明戏院）。

芜湖最早放映电影的场所是位于上二街原湖南会馆处的基督教青年会影戏部，1921年就开始放映电影。最早的专业电影院是1928年落成的芜湖电影院（后改名为光明电影院）、国民电影院（位于进宝街湖北会馆）、明星电影院（位于二街太阳宫附近）、广寒宫电影院（位于双桐巷，1939年改为娱乐大戏院）。1939年秋日占时期建过东和电影院（1945年改名为国安电影院）。此外，1946年建成的中山纪念堂设有电影部（新中国成立后更名为解放剧场），1948年10月中二街兴隆巷建成芜湖大华电影院（新中国成立后更名为新华大戏院，后作过群艺馆）。

芜湖解放前夕仅有国安、中山纪念堂、大华三家影院营业，解放后原国安电影院在1956年有过翻修，1981年改建为钢筋混凝土结构，设1177个软座。原中山纪念堂在1955年修建为工人俱乐部，成为综合性影剧场所。大众电影院、和平大戏院（原娱乐大戏院）在1954年底都经过拆除翻建。

1958—1977年新建的有：劳动剧场，1958年2月建成，位于劳动路74号，876座；百花剧场，1958年10月建成，位于镜湖路1号，1122座；皖南大戏院，1966年建成，位于公署路，902座；弋江剧场，1976年6月建成，位于弋江路46号，758座。

2. 重要建筑实例

1）芜湖百货公司大楼（1959）

百货公司是计划经济条件下国有商业体系在日用工业品批发零售领域实现统治地位的做法，全国如此。芜湖百货公司成立很早，曾是芜湖国营商业的龙头。1952年先建有商场部（图4-2-8，1967年后称为百货一店），7月1日正式开张营业，建筑面积为4596平方米。当时在长街另设有批发部，新芜路也有商场部。1959年2月1日，百货公司综合商场（图4-2-9，1967年后称百货公司二店）建成开业。二店位于中山路与北京路交叉口的西南角，区位极好。楼高4层，砖混结构，建筑面积约4800平方米。建筑沿街布置，转角采用圆弧形，且主入口设于此，突出其显要。立面设计采用垂直线条，简洁而统一，是一幢经济实用的建筑。

图4-2-8　芜湖百货公司大楼一店（1952）　　图4-2-9　芜湖百货公司大楼二店（1959）

2）芜湖饭店（1973）（图4-2-10）

芜湖饭店位于人民路（今北京东路）与九华山路相交处的西南角，是继鸠江饭店后芜湖建设的又一处宾馆,由市建筑设计室设计,市一建公司施工。1973年1月动工,同年10月竣工交付安装。整个建筑分3期,先施工的Ⅱ、Ⅲ区建筑面积7182平方米,砖混结构,钢窗木门,平屋面,楼梯走廊为水磨石地面。门厅主楼与两侧附楼均为5层,东西两端为4层,最东端为6层。内设普通客房和高级套房,房内装修有不同标准。主入口处设有门廊,立面设计较为简洁,建筑造型处理手法为平面分段有进退,立面有高低,严格遵照了当时提出的"适用、经济,在可能条件下注意美观"的设计方针。建筑前设有小车上下坡道,可直接进入门廊。建筑物沿街面设有花格围墙,有室外临时停车场地和绿化用地。建筑物南侧有院落,布置有餐厅、锅炉房等附属用房。1982年3月Ⅰ期高档宾馆楼动工,1984年竣工。建筑面积6118平方米,8层现浇钢筋混凝土框架结构。内设5间套房,100张床位。电梯可直达顶层餐厅和屋顶花园、茶座。装修标准高于前期工程。该建筑1996年以整体售让方式由外资(含内资)联合买断总资产,更名为奥顿酒店,2004年装修后,大堂及客房按五星级标准设计,拥有111套高中档客房,集客房、餐饮、高档商务休闲、精品购物于一体。

图4-2-10 芜湖饭店(今奥顿酒店)外景

3)迎宾阁(1976)(图4-2-11)

位于市中心的镜湖由大、小镜湖组成,共有水面230亩。迎宾阁位于小镜湖东北角。这里原有一小型半岛,1964年疏浚小镜湖后形成,面积6666.7平方米。1973年11月在半岛南端兴建迎宾阁,同时进行道路、大门、木桥等项目施工。1976年竣工,同年开放。该项目由市建筑设计室设计,市一建公司施工。迎宾阁系园林建筑,采用民族形式。两层砖木结构,单檐歇山屋顶,绿色琉璃瓦屋面。主体部分矩形平面,内设服务设施、会议室、展厅等,南面有外廊,中部有凸出的扩大部分,与主体部分形成"十"字形。1984年于廊前建水上平台100余平方米，次年完工。1985年于建筑北侧建了"少女与群鹿"雕塑，园区内树木葱郁，曲径通幽。东北湖面还植有莲荷10余亩，使整个小园成为镜湖公园中的一处亮点。

图4-2-11　迎宾阁北面景观

4）芜湖造船厂船体加工车间（1982）（图4-2-12、图4-2-13）

芜湖造船厂最初以修船为主，1952年11月开始造船，1955年2月开始生产军用快艇。1952—1985年修理木、钢质军、民用船舶230余艘，建造各种材质军、民用船舶126个品种，载重量约21.5万吨。1982年1月动工，1983年12月底竣工的厂区内规模最大的船体加工车间建筑面积达1.05万平方米，双跨，外墙开有三排窗。采用了21米高的钢管混凝土柱，27米跨预应力钢筋混凝土折线型屋架、钢行车梁，12米混凝土挂墙板，结构较为先进。厂房建筑由中国船舶工业总公司第九设计研究院设计，市一建公司施工。此大型厂房现状基本完好，芜湖造船厂迁场后，该车间一直空置。此厂房反映了约40年前的芜湖工业建筑水平，建筑价值较高，应作为工业遗产妥善保护，争取早日列入重点文物保护单位。该厂当时还拥有万吨级船台1座，配备80吨高架吊车1座、40吨高架吊车2座和轨下水滑道5道，还有3座共9087平方米的造船焊接平台，并有浮动码头1座，固定舾装码头1座。

图4-2-12　芜湖造船厂船体加工车间西面景观

图4-2-13　芜湖造船厂船体加工车间南面景观

二、改革开放后的芜湖建筑（1978—2019）

（一）活跃阶段（1978—1998）

1978年党的十一届三中全会召开，标志着党和国家从此进入以改革开放和社会主义建设为主要任务的时期。现代芜湖的城市建设加快了速度，建筑活动也进入活跃阶段。

1.规划与建筑管理

城市规划建设管理方面。为加强管理，1979年成立了以市领导担任组长的"芜湖市城市规划领导小组"，1983年成立芜湖市城乡建设环境保护局（1984年改名为市城乡建设环境保护委员会）。1990年4月1日开始实施《中华人民共和国城乡规划法》，1991年市建委下属的规划管理处依法对建设项目核发"一书两证"（即选址意见书，建设用地规划许可证和建设工程规划许可证）。1992年成立芜湖市规划局（2002年更名为芜湖市城市规划局），成为市规划行政管理部门，发放"一书两证"成为贯彻实施《中华人民共和国城市规划法》的主要手段，较好地保证了城市建设在规划的指导下健康有序发展。重要建设项目由市规划局主持规划设计和建筑设计方案，专家评审也成为设计把关的重要方式。芜湖市于1999年成立了规划委员会，定期对全市重大规划项目进行集体审理，体现了规划决策的科学性和民主性。

规划、建筑、勘察设计方面。1984年芜湖市建委设立了城建管理科，设计资质管理得到加强。按照建设部规定的资质标准，勘察设计单位实施年检制度。从20世纪80年代到90年代中后期，芜湖市除原有的勘察设计单位和中央及省驻芜湖勘察设计单位外，又先后成立了一些设计单位。截至1985年底，芜湖市有证设计单位共10个（甲级2个，乙级4个，丙级4个），在业人员共计330人（工程师77人，助理工程师68人），形成了一支以市级设计院为主，企业设计室为辅，专业配套的设计力量，年设计能力35万余平方米。至1999年，设计单位通过年审的已有38家。较大的市属设计单位有3家：1984年5月新成立的芜湖市规划设计研究院，1984年12月由原芜湖市建筑设计室发展起来的芜湖市建筑设计研究院，以及1993年10月由原芜湖市测量队发展起来的芜湖市勘察测绘设计研究院。这三家单位先后获得甲级设计资质。1995年全国勘察设计咨询业开始实行注册执业制度，到1996年底芜湖市获得第一批国家一级注册建筑师资格的有4人：刘华星、王学祥、葛立三、严华峰。4人都是1962年以前毕业于大学建筑系，属我国近现代的第三代建筑师，芜湖的第一代建筑师。建筑施工及管理方面。建筑企业由市建筑工程管理处颁发资质证书。1996年完成了第三次新资质认定工作，将建筑企业分为工程施工总承包企业、施工承包企业和专项分包企业3类。关于施工项目管理，1986—1992年市属国营和集体企业在组织结构上实行直线制管理，工程项目设施工队队长。施工队是建筑企业的基层组织，队长是施工队行政负责人。从1993年开始，芜湖市第一建筑工程公司、安装建筑总公司等国营企业为适应深化企业改革的需要，开始推行项目法施工管理模式，1996年全面推行了此模式。企业组建项目部，项目部集体承包工程施工管理任务，实行项目经理负责制。关于建筑工程质量管理，1985年10月成立了芜湖市建筑工程质量监督站，至1997年全市工程质量合格率达到100%。关于建筑工程招投标，1985年8月芜湖市建设工程招标投标管理办公室成立，1997年4月芜湖市建设工程交易管理中心挂牌，当年进场交易工程共830项。工程招投标覆盖率到1998年达90%，2000年后达100%。随着工程项目、专业人才、企业状态3大数据库的建立，芜湖建设工程交易工作步入现代化管理阶段。关于市属建筑安装企业，芜湖市第一建筑公司1970年11月已成为国家建设部核批的房屋建筑工程总承包一级企业，芜湖市第三建筑公司2002年成为总承包二级企业，芜湖市安装建筑总公司1994年成为国家一级建筑设备安装资质、国家机电安装工程施工总承包一级资质企业。

2.房地产开发

我国把房地产业作为拉动经济增长的支柱产业优先发展，是在1990年以后。芜湖房地产业的兴起则在1993年以后。1985年以前，房产管理与住宅建设都是在国家计划指导下进行，职工享受福利住房。1982年2月，芜湖统建办公室组建了中房集团芜湖房地产开发公司。这是芜湖市首家房地产综合开发企业。1984年更名为中国房屋建设开发公司芜湖公司，1993年更名为中房集团芜湖房地产开发公司，成为国家一级房地产开发企业。1986—2002年，该公司先后开发20多个小区和居住点，新建住宅小区面积120万平方米，如绿影新村、三园小区等芜湖早期的新型住宅小区。芜湖市房地产开发建设总公司成立于1992年11月，拥有房地产开发二级资质。1998年改制为芜湖广大实业有限责任公司，承接中长街、文化南路、沿河路等拆迁改造任务，1993—1998年先后开发桃园小区、景春花园、园丁小区、沿河小区等住宅小区。1991年，芜湖市被确定为沿江开放城市，内外资开发企业数量上升，注册开发企业从1993年底的72家发展到128家。这一阶段只是拉开了芜湖房地产业发展的序幕，真正的大发展在1999年以后。

3.开发区建设

为了扩大对外开放，芜湖市1988年结合城市总体规划和老城改造，开始对兴办经济技术开发区进行可行性研究，提出在朱家桥外贸港口附近约4平方千米的前马场地区先建设开发区的起步区。1990年，安徽省确定将芜湖作为沿江开发开放的窗口以后，芜湖市委、市政府决定自办经济小区。1990年9月1日，安徽省芜湖经济开发小区奠基仪式举行，从而揭开了芜湖及沿江4市乃至全省扩大对外开放的帷幕。1992年9月，专家评审通过的《芜湖经济技术开发区规划》将规划面积确定为10平方千米。1993年4月4日，国务院下发《关于设立芜湖经济技术开发区的批复》，同意设立芜湖经济技术开发区，实行沿海开放城市经济技术开发的政策。自此，芜湖经济技术开发区步入了快速发展的轨道。

4.主要建筑类型

这一阶段芜湖的建筑活动开始活跃，尤其表现在居住建筑的发展上，同时，工业建筑、商业建筑继续发展，公共建筑也有较大发展。

1）居住建筑

1980年芜湖市城市居民人均居住面积仅有6.3平方米，90年代以后，随着房地产的开发，居住小区开始成片建设，城市居民人均居住面积达14.1平方米，说明居住建筑大量增加，居住条件明显改善。绿影小区、三园小区、园丁小区等都是这一阶段建成的生活配套设施较为齐全的居住小区。改革开放20年，芜湖共建成57个住宅小区（组团），住宅竣工面积达244.07平方米。

2）工业建筑

1978—1998 年，芜湖市完成固定资产投资 286 亿元，是前 29 年投资总和的 36 倍，其中工业投资 99 亿元，约占 35%。国家级芜湖经济技术开发区初具规模，到 1998 年已有 18 个国家和地区的投资商来区内投资兴业，累计引进各类项目 715 个，协议引进投资 136 亿元，工业建筑建设规模迅速扩大。如某公司冲压联合厂房，4.3 万平方米，为单层框架结构，四联跨，单跨达 24 米，檐高 11 米，钢屋架大型屋面板，预应力吊车梁，静压桩基础。1994 年 4 月开工，1996 年 1 月竣工，由市建三公司施工。

3）商业建筑

这一阶段芜湖商业快速发展，商业网点迅速增加。1997 年，全市已有各类商业网点 46654 个。仅中山路上建成的就有芜湖南京新百大厦、银座大厦、伟基购物中心、商贸大厦等一大批营业面积超万平方米的大型商业建筑。还有长街小商品批发市场、吉和街服装市场、九华山路中江商场等。

4）公共建筑

20 世纪八九十年代是芜湖公共建筑开始兴起并有较大发展的时期，建筑规模较前增大，建造质量有了提高，高层建筑不断涌现。由于交通运输业的迅速发展，交通建筑兴起，1990 年芜湖汽车站率先竣工，1992 年芜湖火车站建成，1993 年芜湖联航机场候机楼建成，1995 年芜湖港客运楼落成。由于金融保险业的迅猛发展，银行建筑兴起，从 1989 年开始，中国建设银行、中国工商银行、中国农业银行、中国银行、中国交通银行等 15 层以上的大楼相继建成。办公建筑建设更多，先后有：芜湖市邮政枢纽大楼（1981）、芜湖市供电局通讯调度大楼（1985—1988，12 层）、物资金融大厦（1985，16 层）、芜湖市港务局微波通讯调度大楼（1988—1996，15 层）、芜湖市联航大楼（1995）、芜湖市广电中心大楼（1995—1999，19 层）、芜湖市人民法院综合楼（1995—1997）、芜湖市财政大楼（1995—?，17 层）、芜湖市镜湖区政府办公楼（1998—2000）、芜湖市委党校大楼（鹊儿山校区）、芜湖市交警指挥中心大楼等。另外，还有市委大礼堂、大众影都（1996—1999）等会堂、影院建筑。

5.重要建筑实例

1）物资金融大厦（1985）（图 4-2-14）

物资金融大厦位于黄山路与九华山路相交处的东北角，是新中国成立后芜湖最早建造的高层建筑之一，建筑面积2.1万平方米。大厦由两座塔式楼错置而成，皆为16层，高58.6米。现浇钢筋混凝土框架结构，西北侧主楼为综合办公楼，东南侧为宾馆。两翼裙房为2层和4层，安排营业、交易、接洽、会议厅等功能。整个外墙用棕色毛面砖贴面。此楼由安徽省建筑设计院设计，中国建筑第七工程局第二建筑有限公司施工。

图4-2-14　物资金融大厦

2）芜湖长途汽车站（1987—1990）（图4-2-15）

1957年建站时站址在五一广场，现位于北京东路北端两站广场的西南侧。按一级汽车站设计建设，建筑面积4800平方米。主站房设计为圆弧形，高14米。南端售票房为圆形平面，北端附属用房与管理用房为矩形平面。候车厅高大宽敞，设施齐全，为旅客提供了良好的服务条件。19个进站口弧形展开，发出的长途班车一目了然，进站十分方便快捷。该车站2001年平均每天可发运客车315班次，平均日发客运量7025人次，当时是安徽省现代化程度较高的大型汽车客运站之一。

图4-2-15　芜湖长途汽车站

3）芜湖老火车站（1992）（图4-2-16）

芜湖老火车站位于北京东路北端两站广场东北侧，建筑面积2万平方米，1992

年国庆前夕建成开通。二层站房呈八角形，面积6800平方米，候车大厅可同时容纳2000人候车，两侧的售票房、行包房、出站口等建筑配套设施完善。站内铺设铁路8股，设有4个站台，站台之间上有天桥相连，下有地道相通。使用26年后被更现代化的新火车站所取代。

图4-2-16 芜湖老火车站

4）芜湖港客运站（1995）（图4-2-17）

芜湖港客运站位于北京西路西端长江边。1988年开始筹建，1995年底落成。主站房南北长达144米，建筑面积8000多平方米。售票厅、候船厅宽敞明亮。层数2—6层，造型新颖，像一艘待航的巨轮耸立在江边，为芜湖的城市形象增添过光彩。当时年发运量曾达240万人次，至20世纪末，客运量逐渐减少。该客运站后被拆除，新建了芜湖歌剧院。

图4-2-17 芜湖港客运站

5）芜湖联航机场候机楼（1993）（图4-2-18、图4-2-19）

1990年开始筹建联航机场，采取军民联合建设的办法，1993年2月竣工。建有2460平方米的候机楼，9000平方米的停机坪，422米长、18米宽的联络道，5400平方米的行车坪及场道灯光等配套工程。能适应100至150人每小时的高峰客流量。

1993年4月29日正式通航。1998年航空客运出港7503人次，进港7201次。候机楼2层，框架结构，建筑面积2460平方米。1992年7月开工，1993年3月竣工。1995年12月，在北京东路建成了联航大楼。作为设在市区的芜湖联航办公大楼，一层有宽敞的售票大厅，给旅客带来了方便。大楼5层，局部6层。大楼的建筑造型设计有新意，在简单的矩形平面上将建筑上部分为中间高、两边低的3个形体，形成有变化的天际轮廓线，且屋面与侧墙面用圆弧形曲面来连接，正立面顶部开有圆形窗。

图4-2-18　芜湖联航机场候机楼（一）

图4-2-19　芜湖联航机场候机楼（二）

6）商贸大厦（1993—1997）（图4-2-20）

商贸大厦位于北京西路与中山路步行街相交处的东南角，临镜湖。用地1.5万平方米，建筑面积6.3万平方米。主楼24层，高85米，为宾馆、写字楼。裙房5—7层，按商场、文化娱乐场所设计。建成后，为举办2000年"中国（芜湖）旅游商品博览交易会"，大厦被改建为"芜湖市会展中心"。现由芜湖世纪联华发展有限公司经营为大型超市，经营面积2.7万平方米。此后有改建。

图4-2-20　商贸大厦

7）大众影都（1996—1999）（图4-2-21）

大众影都位于中山路步行商业街西侧，1996年拆除原大众电影院后，在原址上改建而成。总建筑面积1.28万平方米，地上6层，地下1层。建筑功能向多种经营方向发展，设有700座超大银幕立体声电影厅、300座中型多功能电影厅、100座豪华电影厅、双层歌舞厅、卡拉OK厅、咖啡厅、桌球室、商场、银行网点等。其造型设计很有个性，尤其是建筑顶部，富有变化。

图4-2-21 大众影都

8）银座大厦（1993—1996）（图4-2-22）

银座大厦位于中山路步行商业街与中和路之间，原名芜湖市房地产招商大厦，用地面积5544平方米，总建筑面积2.37万平方米（另有地下室3443平方米）。西北面主楼19层，高69.1米，钢筋混凝土框架结构（局部剪力墙），10层及以下为旅馆，11层及以上为办公楼。东部4层裙房为商场。西南部为7层办公楼。地下室可停车60辆。山东省建筑设计院设计，江苏省江都二建公司施工。整个建筑造型和谐统一，墙体角部采用圆弧形处理，使建筑显得柔和秀气。

图4-2-22 银座大厦

9）中国农业银行大楼（1993）（图4-2-23）

中国农业银行大楼位于九华山路西侧179号，建筑面积1.45万平方米。主楼20

层，高70米。芜湖市建筑设计院设计。1998年5月建成投入使用。

10）中国工商银行大楼（1998）（图4-2-24）

中国工商银行大楼位于北京东路东侧9号，用地面积6200平方米，建筑面积1.64万平方米。主楼19层（局部23层），总高90.1米。钢筋混凝土框筒结构。裙房3层。安徽省安银建筑设计事务所设计。1995年4月通过扩初评审，1998年12月建成投入使用。

11）财贸大厦（1995）（图4-2-25）

财贸大厦位于北京东路西侧，用地面积2572平方米，建筑面积1.38万平方米。主楼17层（另地下2层），高60.7米，裙房3层，高11.9米。钢筋混凝土框剪结构。芜湖市规划设计院设计。

12）新百大厦（1993—1995）（图4-2-26）

新百大厦位于中山桥北中山路西侧，用地面积约6800平方米，总建筑面积6.08万平方米。主楼33层，高113米，钢筋混凝土框剪结构。裙楼6层，地下2层。1993年6月28日奠基，1995年主楼封顶。1至4层商场部分于1995年4月18日正式营业，为购物中心，面积1.8万平方米，5至6层为餐饮和娱乐中心，且设有室内游泳池和可容450人就餐的多功能宴会厅。主楼位于西侧，7层以上为星际宾馆（后期开业），拥有客房456套，其中豪华客房20套。该大厦经过多次升级装修，经济效益一直良好，曾是芜湖市的一处标志性建筑。南京市建筑设计研究院根据东南大学建筑设计方案完成施工图设计，南京市二建公司施工。

13）保险中心大楼（1994—1996）（图4-2-27）

保险中心大楼位于北京东路中段西侧，总建筑面积1.28万平方米。1994年9月开工，1996年6月建成。因用地面积较小，主楼后退红线14米，高56.25米，有地下室1层。裙房2层，高12.85米。主楼平面基本上为矩形，内廊式，南、北山墙有垂直长窗分隔，增强建筑的高耸挺拔感。东、西檐墙采取横向长条窗处理，顶部除顶层有4层楼层平面挑出，且采用玻璃幕墙，整个建筑形体显得简洁秀气。主楼南北两端有平面前凸8米的裙房，使主楼入口处形成较大的缓冲空间。两侧的裙房造型处理手法不一，显得形体有变化。合肥工业大学建筑设计院设计。

14）广电中心大楼（1995—1999）（图4-2-28）

广电中心大楼位于北京东路中段西侧，占地面积2.22万平方米，总建筑面积2.927万平方米。1993年立项、选址，1994年征地、拆迁、勘探，完成建筑方案设计,1995年上半年完成初步设计和施工图设计及工程招投标。1995年9月20日动工,1996年9月结构封顶,1999年9月15日全面投入使用。此项目按功能分为A、B、C3区。A区为19层主楼,楼高82.8米,楼顶塔高25米,是芜湖市广播与电视节目采编、制作、播出、调度指挥中心,兼具办公、科研、报纸、音像等多种功能。采用钢筋混凝土筒式结构,地下2层,埋深11米。A区建筑面积为1.74万平方米。B区为演播区,处于用地后部,钢筋混凝土结构。布置有600平方米的大演播厅(单层钢屋架结构)、200平方米集中演播厅、150平方米立体声文艺录音室及电力系统配套技术用房。B区建筑面积为1.08万平方米(5层钢筋混凝土框架结构)。C区为2层裙房,与北侧主楼相连,布置有新闻发布厅、会议厅。C区建筑面积979平方米,平面灵活,造型活泼,色调淡雅。主楼与裙房多用弧形,特别是圆塔与方塔的组合加上塔顶的造型变化,还有纵横条窗与方窗的对比,都使建筑造型具有表现力。底部两层的深色花岗岩使得整个塔楼稳定而挺拔。广电部设计院设计,芜湖市一建公司施工。

图4-2-23　中国农业银行大楼　图4-2-24　中国工商银行大楼　图4-2-25　财贸大厦

图4-2-26　新百大厦　图4-2-27　保险中心大楼　图4-2-28　广电中心大楼

15）芜湖市镜湖区政府办公楼（1998—2000）（图4-2-29）

芜湖市镜湖区政府办公楼位于北京东路北侧，用地形状为不规则的梯形，面积为9751.6平方米。该建筑体现了"建筑是城市的建筑，政府是为居民服务的场所"的设计理念，办公楼前的入口广场不设围墙，完全向居民敞开。它是位于城市街头广场而非通常的政府礼仪广场，体现了政府机构和居民的亲和关系。办公楼采用对称的工字形内廊式平面，主楼6层，两翼4层（不含地下层）。主入口设于楼前上层广场上，而将机动车和自行车的停放区置于二层广场下部，避免了人车交叉。办公楼底层的南北两侧分别设置了停车库的出入口。登上1.8米的大台阶，通过宽大的门廊进入两层高的门厅，正对面设计了一面镶嵌有"为人民服务"的红色花岗岩照壁，从照壁两侧可进入位于主楼西侧的台阶式大会议厅。整个建筑综合考虑了区一级政府各种机构的相对独立性，功能配置合理便捷，还注重室外空间的拓展。利用各标高层的屋顶，在二、三、五和七层处形成了屋顶花园平台。此楼造型设计不求宏大，以谦和的姿态来整合与街道空间的关系，不以夸张的形体和色彩来凸显自身，形成视觉冲击力，在体量和尺度上不与周边的建筑比气势，而是采用了简洁的形体，朴实无华。南北两条4层形体和中部6层的体量，三面围合了二层的广场空间，形态稳定且边界明确。中部的主体突出表现耸立的形象，顶部做了少许出挑以作收头。建筑的整个外观强调出变化丰富的中轴序列。一层采用花岗岩贴面形成基座，上部为浅灰色的外墙涂料，配以稍稍收进的中灰色的檐部，使整个形体显得敦实而厚重。较为醒目的色彩是入口处的大门廊，采用了红色磨光花岗岩贴面。此建筑不失为一处较优秀的现代芜湖建筑，大方得体又实用。芜湖市建筑设计院采用清华大学建筑学院完成的建筑设计方案进行了施工图设计。《建筑学报》2002年第6期对此建筑设计作过专文介绍。

图4-2-29　芜湖市镜湖区政府办公楼鸟瞰

（二）兴盛阶段（1999—2019）

1999 年，新中国成立 50 周年，中国建筑进入市场开放、多元发展阶段，现代的芜湖建筑活动也进入创作繁荣、发展兴盛阶段。

1.规划与建筑管理

实施招投标管理。为了加强规划和建筑市场管理，贯彻执行《中华人民共和国招标投标法》，这一时期进一步加强了对建设工程的招投标管理，推动了项目设计和施工市场的规范化。1985 年 8 月，芜湖市建筑工程招标投标管理办公室成立，隶属市建委。1997 年 4 月，芜湖市建设工程交易管理中心挂牌，当年的工程招投标覆盖率就达 85%，2000 年后达 100%。这有效防止了项目工程交易中任意确定规划、设计和施工单位，规避招投标、弄虚作假、转包、违法分包等不法行为。同时，建立了符合建设部要求的工程项目、专业人才、企业状态 3 大数据库。2002 年，筹建勘察设计单位、造价咨询单位、注册建筑师、注册造价师等建库工作。当时，芜湖市招投标专家评委有 145 名。随着这些数据库的建立，芜湖市建设工程交易工作步入现代化管理的轨道。

规划和建筑设计方案审查。按照《中华人民共和国城市规划法》的规定，城市详细规划由城市人民政府审批；编制分区规划的城市的详细规划，除重要的详细规划由城市人民政府审批外，其余由城市人民政府规划行政主管部门审批。芜湖市在项目建设确定设计方案时就把好了第一道关。一般项目由市规划局有关职能部门审批；重要项目由市规划局组织专家评审后报经市规划委员会审批；重大项目还会将项目的方案设计图片、模型向广大市民公示，广泛征求意见，基本做到了规划和建筑设计方案审定的民主性和科学性。

施工图审查。建设项目方案设计通过后便进入施工图设计阶段，以往完全依靠设计单位自行审查。2000 年，建设部颁布《建筑工程施工图设计文件审查暂行办法》，开始对施工图结构安全和强制性标准、规划执行情况等进行第三方独立审查。同年，芜湖市成立了建筑工程项目施工图设计文件联合审查办公室（简称联审办），负责对全市建筑、市政等工程的施工图进行审查。2001 年 5 月，联审办撤销，成立了建筑工程施工图设计文件审查中心，负责施工图和抗震审查工作，后来又增加了建筑节能设计方面的审查内容。再后来施工图审查也进入市场，经报批，芜湖市成立了多家审图单位，使这一工作得到更好展开，确保了设计质量。

建筑工程监理管理。为保证建筑工程施工质量，国际上实行建筑工程监理制度。芜湖市组织开展监理工程师培训考试和注册工作始于1994年。1996年，《安徽省建筑市场管理条例》颁布实施，规定了强制监理的范围，使监理的覆盖面逐步扩大。1999年，芜湖市政府印发了《关于转发〈安徽省建设工程监理管理办法〉的通知》，将应当实行监理的建筑工程细划为9类，增强了可操作性。到2001年，按规定应实施监理的项目受监率达到了100%。到2002年，芜湖市全市经注册的国家级监理工程师116人，监理企业11家。

2.建筑活动特点

现代芜湖建筑发展到这一阶段已很少像过去那样见缝插针式地单个出现，而多以建筑群的形态出现，更加重视建筑与建筑的关系、建筑与环境的关系。建筑存在的形态趋向多样化，小到成组，大到成街，更大到成片、成区。这一建筑形态的特点是现代芜湖前几个阶段未曾大量出现过的。

1）建筑综合体

随着建筑功能的增多，建筑规模扩大，建筑综合体产生。2015年建成的芜湖侨鸿滨江世纪广场，建筑规模甚至达到40万平方米，建筑的主要使用功能有好几项，这种大型的建筑综合体当时常被称为"广场"。

2）建筑组合

为了使用和管理方便，或者节约用地，几个单体建筑在同一个地块内成组布置。如2014年同时建成的芜湖市博物馆和规划展示馆，就是成组布置在同一个地块内；2010年建成的市政务中心更为典型，市委、市政府、市人大、市政协4座办公楼合建在一起，不仅大大节省了用地，更重要的是大大提高了执政行政和为人民服务的效率。采用这种组合式建筑形态的前提是这几个建筑单体的使用功能比较相近，成组布置才能相得益彰。合理的建筑组合在总体的造型处理上能采取协调、对比、关照、相衬等各种创作手法，使其更具形象表现力和艺术感染力。较大型的这种建筑常被称为"中心"。

3）建筑成街

新建的商业街常采用这种大型的线状建筑组合，可以总体规划，一期建成或分几期建成。这种建筑活动方式优势明显：在交通组织、人流分配上可统一考虑，在建筑功能整街设置和分布上可通盘布局，在建筑造型和风格上可整体构思，在城市小品等设计上可预先谋划，在供电、供气、供水、排水、通信等市政设施绿化配置上也可统筹解决。经过整街建筑统一谋划的建筑形态，不仅可以很快形成，还能保证其建设的合理性和完整性。2000年建成的凤凰美食街是在城市中心区利用废弃的铁路线建成的，虽然划分了5个部分，但以主街为纽带，衔接自然。一次规划，一期建成，十分完整，广受好评。另一实例是位于青弋江以南的新时代商业街，全长1127米，经过两年施工，2003年底全街建成，虽建筑层数变化较大，但建筑语言比较统一，且突出了4个街道节点，也是一次有效的建筑成街实践。

4）建筑成片

这是在房地产开发的新形势下产生的一种规划和建筑形态，多出现在居住建筑的建设中。初期建设的是功能不完整的住宅组团，后来发展为配套齐全的居住小区。住宅建筑层数也从以多层住宅为主发展为以高层建筑为主。另外，新建或搬迁的完整的中小学校、市区级医院等也大量增加，成片的建筑形态已普遍存在。

5）建筑成区

占地面积大到以平方千米为单位就变成建筑超大规模的成区建筑，这已成为建筑的巨型形态。建筑成区的主要有三类：居住区、工业区、高教园区。居住区如镜湖区的镜湖新城（0.93平方千米），以居住建筑为主，加上其他配套公共建筑；工业区如城北的芜湖经济技术开发区、城南的芜湖高新技术产业区，以及江北产业集中区，以工业建筑为主，加上居住建筑和配套的公共建筑；高教园区如位于城南的芜湖高教园区，以学校建筑为主，加上居住建筑与配套公共建筑。这类区不仅需要有修建性详细规划，还必须首先有控制性详细规划，才能科学、有序地逐步展开建筑活动。

3. 主要建筑类别

数量最多的是居住小区建筑、工业厂区建筑，着重建设的是校园建筑、医院建筑，不断更新的是商业建筑，高标准建设的是大型公共建筑，艺术要求较高的是园林建筑及广场建筑。不论在何处，城市雕塑大有发展，与建筑有了较好的融合。在这一阶段，建筑节能方面有较大进步，建筑风格方面有多种尝试。

1）小区建筑

这一类别以住宅为主，同时注重小区配套公共建筑的建设。芜湖早期小区都有活动中心，后发展为会所建筑，成为小区内的标志性建筑，可惜因为管理等方面的原因，现在建得少了。幼儿园是应该配建的，到一定规模还要配备小学甚至中学。有关设计规范还规定要建一些其他配套公共建设。20多年来，芜湖先后建成南瑞新城、世茂滨江花园、镜湖世纪城、左岸生活、圣地雅歌、柏庄观邸、美加印象、中央城、万科城、城市之光、恒大华府等一大批居住小区。

2）厂区建筑

主要建筑是生产车间和办公楼，后又增加了开展研发的建筑和三班倒的员工住房。厂房的结构也有变化，除非必要，尽量采用轻型结构，利于改建、扩建。随着企业规模的扩大，高、精、尖产品对生产车间的要求越来越高，除尘、隔音、减震、防火、防爆等要求越来越严，这些对厂区建筑都提出新的要求。

3）校园建筑

从高校来看，芜湖原来设在市区的校园基本保留，而另在城南的高教园区又设立了新校区，这些新校区都经过了周密的规划，校园设施和环境都有了很大的改善。如高教园区的安徽师范大学、皖南医学院、安徽商贸职业技术学院、安徽机电职业技术学院、芜湖信息职业技术学院、芜湖职业技术学院、安徽中医药高等专科学校等。只有安徽工程大学由于位于中心城区的东侧，尚有发展用地，没有入驻高教园区，现在占地面积已达150公顷。安徽师范大学现有城中的赭山校区、城南的花津校区、城北的天门山校区，校园总面积198公顷。2000年，芜湖共有中学39所，总用地7.13万平方米，校舍总建筑面积25.39万平方米；共有小学108所，总用地3.95万平方米，校舍总建筑面积10.76万平方米。截至2019年底，芜湖市各级各类学校共有1073所，其中，普通高中47所，中等职业学校22所，初中170所，小学283所，幼儿园545所，特殊教育学校5所，国防教育学校1所。中小学校发展的惊人速度由此可见。芜湖市区内除了原有中小学的原地扩建（改建），也有扩大规模的迁建，如芜湖市第一中学迁至城东，芜湖市第十二中学迁至城南，更多的是居住小区配套建设的中小学的新建，按新一轮市中小学布点规划定点的中小学的新建以及私营中小学的创建。综上可知芜湖市在近20年来建设的各级各类校园建筑数量之大。

4）医院建筑

据查，1999年全市共有医疗卫生机构416个，医院床位数7160张。截至2015年底，全市拥有各类卫生机构1436个，其中医院78所，基层医疗卫生机构1298所，专业公共卫生机构51所。卫生机构拥有床位18424张，其中医院15933张。仅从床位数扩张到2.2倍就可见医院建筑的发展速度，除了原有医院的改建、扩建，也有新建医院（包括私营医院），还有搬迁后扩大的医院，如第一人民医院从市中心迁至城东，中医院迁至城南。这一阶段较大的单体医院建筑有第二人民医院的门诊、住院大楼，弋矶山医院的门诊、住院大楼以及第五人民医院内的中德芜湖国际康复医院综合体大楼。

5）交通建筑

2000年9月30日，芜湖长江大桥建成通车；2014年12月28日，商合杭铁路长江公铁大桥开工建设；2016年12月，芜宣机场试验段正式开工；2016年12月24日，芜湖轨道交通1号线和2号线一期工程正式开工，2017年城南过江隧道开工建设，多条对外高速公路以及芜申运河开通，芜湖的交通建设有突飞猛进的发展，交通建筑自然面临着更新换代。2017年5月8日，芜湖市汽车客运南站建成启用；2013年8月20日，芜湖市新火车站主站房动工，东站房2015年11月27日建成启用，西站房2020年也建成启用；芜宣机场航站楼2018年12月开工，2020年9月建成；芜湖轨道交通的梦溪路站和万春湖路站2019年底建成；市域内的多个高铁站也已陆续建成并投入使用。

6）新型公共建筑

这是指原有的一些公共建筑类型如办公建筑、商场建筑、旅馆建筑、影视建筑、体育建筑等发展到这一阶段都扩大了规模，提高了档次，优化了业态，名称也就变成了"中心""广场""某城""某都""某园""某超市"……在芜湖建成的有政务中心、金融中心、奥林匹克中心、万达广场、华强广场、侨鸿滨江世纪广场、侨鸿国际商城、星隆国际城、华亿环球影城、华亿商之都、赭山购物公园、长江市场园、欧尚超市、沃尔玛超市、八佰伴超市……有的甚至成为城市的标志性建筑。

7）园林建筑

近20年来芜湖的城市绿化发展迅速，城市公园大批建设，园林建筑有了很大发展。早期建成的翠明园，其中的园林建筑成为芜湖的精品建筑。这一阶段建成的滨江公园、中央公园等公园中建成了一大批好的园林建筑，赭山公园、镜湖公园、神山公园等原有的公园也增加了不少园林建筑或建筑小品。有的大型游乐设施，如方特欢乐世界、梦幻王国、东方神画等，也出现不少游乐性的建筑。这一类型的建筑，参与性与观赏性高。芜湖市的园林建筑方兴未艾，今后会有进一步的发展，同时，为提高这类建筑的设计水平，增加其文化内涵，提高其艺术品位，还要做更多的努力。面积较小的城市园林，如街头绿地、小区绿地等，也有小型的园林建筑，如亭、廊等。面积较大的城市园林，如城市广场，其中的建筑既可视为广场建筑，也可作为园林建筑。其规模、类型、风格均可多种多样。有的作为周边的背景建筑、界面建筑，有的作为内部的兼备使用功能的景观建筑。如芜湖鸠兹广场，背景建筑有商贸大厦、交通银行等。广场建筑有休闲文化长廊和文化艺术展馆等景观建筑。

4.重要建筑实例

1）芜湖市房地产培训中心（1997—2000）（图4-2-30）

这是芜湖市房地产管理局开发建设的一幢综合性建筑，位于大镜湖西侧，系原来房管局办公楼所在地。该项目占地面积4400平方米，建筑面积12650平方米。主楼高6层，平面呈"L"形，两端均有退台处理。退出屋面利于观赏镜湖美景。2层裙房连接主楼两翼，面向镜湖，设有主入口。该建筑按三星级宾馆设计，设有餐饮、美容等服务设施，地下有车库。造型设计采用欧式风格，中部突起的穹窿顶十分醒目，这是现代芜湖较早采用欧式风格的公共建筑之一。1997年动工，2000年建成，一度作为芜湖市房地产交易中心。

图4-2-30　芜湖市房地产培训中心

2）海螺国际大酒店（2000—2012）（图4-2-31）

芜湖海螺国际大酒店位于镜湖区文化路39号（原北京东路209号），由安徽海螺集团投资1.2亿元兴建。2000年5月18日开业，2001年9月25日正式挂牌四星级，由南京中心大酒店有限公司负责管理。楼高10层，拥有208套各类型客房、中央空调、国际直拨电话、私人保险箱、卫星电视等国际标准的硬件设施。设有19个风格迥异的餐厅，另有健身房、歌舞厅、美容中心、购物中心等配套设施，还有可容纳200人左右的会议室。2012年23层高的北楼投入营业，海螺国际大酒店成为一家拥有400套高档客房，可同时接待2000余人就餐，拥有可接待10—650人不同规格会议室，以及先进的健身设施和高档娱乐场所等功能齐全的豪华综合性酒店。

海螺大酒店一期工程由东南大学建筑设计院完成方案设计，应业主要求，采用欧式折衷主义建筑风格，但门廊处有现代建筑语言。二期工程延续欧式风格，4层楼高的门廊更突出了这种风格。

图4-2-31　海螺国际大酒店

3）海螺国际会议中心（2009）（图4-2-32）

芜湖海螺国际会议中心位于弋江区九华南路1005号，由海螺集团按五星级标准投资兴建，是集客房、餐饮、会议、健身、会展于一体的国际化度假酒店。2009年6月开业。楼高7层，有客房252间（套），设有66间功能齐全的20—350人会议室，450人学术报告厅，690人多功能剧院，60桌大型宴会厅。配套有近万平方米的健身会所，内设八赛道国际四季恒温室内游泳馆，以及保龄球、壁球、射箭、斯诺克、器械健身、乒乓球、动感单车、高温瑜伽等场馆。这里先后成功承办国际动漫产业交易会、国际徽商大会、中国建材年会、全国科普产品博览交易会等大型活动。江苏交响乐团、安徽黄梅戏剧院多次来此演出。建筑造型采取较为严谨的对称式，简欧式建筑风格，楼前有建筑三面围合的绿化广场。

图4-2-32　海螺国际会议中心

4）铁佛花园高层住宅（2000）（图4-2-33）

铁佛花园高层住宅位于北京西路南侧，是一高层住宅组团，由3幢18层独立式大塔楼组成。每幢建筑面积1.24万平方米，其中632平方米地下室为非机动车库及设备用房。结构形式为钢筋混凝土剪力墙结构。该高层住宅造型简洁、色彩淡雅，是进入21世纪以后芜湖最早建成的高层住宅，由芜湖市规划设计研究院设计，由吉成房地产开发有限公司建设。

图4-2-33　铁佛花园住宅组团

5）中西友好花园（2001）（图4-2-34）

中西友好花园位于青弋江口沿河路北侧，北靠下二街，西临青山街。用地呈矩形，面积7070平方米，布置有两幢12—16层条式单元式住宅，总建筑面积3.626万平方米。两高层住宅间为组团绿地，设有地下停车库，可停小汽车40辆，非机动车50辆。高层住宅的1层、2层为商店，层高3.6米。3层以上为一梯两户住宅，层高2.8米，11层与15层顶层带层高为3米的跃层。建筑立面采用欧式建筑处理手法，三段式构图，上下白色，中部大面积墙体采用红棕色，色彩亮丽。陡坡屋顶开有拱形窗和威卢克斯斜窗。该高层住宅由芜湖市规划设计研究院设计，由伟星房地产开发有限公司建设。

图4-2-34　中西友好花园西南侧

6）皖南医学院新校区风雨操场（2005—2007）（图4-2-35）

该建筑位于芜湖市高教园区皖南医学院新校区北侧，西侧有校园北入口，东面为附属医院，南面有室外球场与运动场。建筑为单层，局部2层，钢筋混凝土框架结构，屋顶为钢结构，建筑面积6400平方米。2005年开工，2007年竣工。建筑平面为矩形，东西长97.2米，南北宽52.8米。东侧设主入口，西侧设次入口，南北两侧尚有疏散出入口。1层设有标准篮球场3个、排球场1个以及60米跑道（8道）。西北角设有管理用房及洗手间、淋浴室，南侧设有体育器材室。2层设有乒乓球、武术、体操、健美等教室，教师休息室以及洗手间等。造型设计采用现代风格，通过大挑檐的弧形板状屋顶表现体育建筑的力度与动感。外墙运用虚实对比手法，且显露其框架结构，增加了建筑的现代感，也为北侧的城市道路提供了一个优美的建筑景观。

图4-2-35　皖南医学院新校区风雨操场鸟瞰

7）安徽工程大学图书馆（2014—2018）（图4-2-36）

安徽工程大学图书馆位于南大门西侧，总建筑面积为5.64万平方米，由18层主楼与6层裙房组成。该建筑采用钢筋混凝土框架剪力墙结构，建筑总高度为81.6米，由同济大学建筑设计研究院设计。2015年获"省级建筑业新技术应用示范工程"称号。2018年9月新馆正式投入使用。建筑造型采取竖向塔楼与横向裙楼组合的方式，裙楼东部墙面有后退形成较大的"灰空间"，且通过室外大台阶直接登上平台进入大门厅，主入口十分醒目。

图4-2-36　安徽工程大学图书馆

8）芜湖文化创意产业园（2012—2015）（图4-2-37）

芜湖文化创意产业园位于北京中路与鸠江北路交会处的西北角，安徽工程大学的东南侧。用地面积2.76万平方米，总建筑面积12.58万平方米，其中地上面积9.18万平方米，地下面积3.4万平方米。该项目由文化创意综合楼（17层，5.38万平方米）、创意SOHO及商务酒店（21层，3万平方米）、文化创意交易中心（4层，1.5万平方米）3部分组成，是集文化创意办公、艺术展示、交易等功能于一体的综合性文化创意园区，总投资6亿元，2015年1月开园经营。此园区2017年4月被国家工商总局认定为国家广告产业园区，此时已引进企业320家，其中入驻办公122家，标志着芜湖广告业步入集聚发展阶段。这组建筑群组合精当，北侧是一圆弧形17层综合楼，西南端底层连接有一幢方形但两对角有弧形处理的21层办公酒店楼。弧形楼西部通过退台与之观照，弧形楼南侧为圆形平面的4层交易中心。3个建筑单体互相呼应，围合成为一组协调、完整的建筑群。

图4-2-37　芜湖文化创意产业园

9）芜湖科技馆（2005—2008）（图4-2-38）

芜湖科技馆位于银湖中路北端的东侧，是市政府落实"科技兴市"和"人才强市"战略决策而投资建设的一项社会公益性重点科普基础设施。2005年12月28日正式开工建设，2008年12月12日建成对外开放。芜湖科技馆以"时代·科学·智慧·体验"为主题，融展示教育、培训教育、实验教育、学术交流等功能为一体。展品涵盖了数学、物理学、电磁学、航天、信息、生物科学等学科，为市民尤其是青少年搭建了一座通向科学之路的桥梁，成为开展科普工作的阵地。芜湖科技馆的平面布局合理，建筑造型复杂，具有动感，试图以"科学方舟"的寓意体现科学内涵和时代精神，使建筑本身也成为一个大型的科技展品。

图4-2-38 芜湖科技馆

10）几所公立医院主要建筑（图4-2-39至图4-2-44）

2008年初，以"医药分开"为突破口拉开了市属8家公立医院深化改革的序幕，从区域卫生规划的角度，对公立医院做了新的布局：将第一人民医院从城中区整体搬迁至城东新区，投资5.7亿元，新建一院新院区；将中医院从城中区整体搬迁到城南新区，投资4.3亿元，新建中医院新院区。所有医院的主要建筑——门诊、急诊、住院大楼都进行了新建或扩建。

（1）芜湖市第一人民医院新院址门诊大楼（2009—2014）。这是芜湖有着悠久人文历史的一座综合性医院，始建于1939年，新中国成立后有很大发展。2003年，新的门诊综合楼（10层）建成投入使用。2009年12月29日，位于赤铸山东路1号的一院新院区开工建设，2014年12月正式开诊。至2017年12月，一院已完全搬至城东新院址。

图4-2-39 芜湖一院老院址门诊综合楼

图4-2-40 芜湖一院新院

（2）芜湖市第二人民医院门诊住院大楼（2008—2010）。该院始建于1953年，是芜湖市人民政府创办的第一所综合性医院，已发展为三甲医院。该大楼位于九华中路与渡春路交会处的西北角，投资4.4亿元建造，2008年初动工，2010年建成投入使用。5层裙房为门诊部和医技部。23层主楼位于北侧，为住院部，楼高91.7米，为钢筋混凝土框架剪力墙结构。门诊、医技、住院3部分通过"医疗街"连接，使用便捷。总建筑面积10.95万平方米，床位数约1200张。造型设计挺拔舒展，建筑风格较为现代。

图4-2-41 芜湖二院门诊、住院大楼

（3）芜湖市中医医院门诊、住院大楼（2008—2012）。中医院新院区位于九华南路东侧，2008年12月18日开工建设，投资4.3亿元，2012年建成开诊。2018年3月30日，老院区停诊，完全搬至新院区。新院址占地7.3公顷，建筑面积11.9万平方米。住院部在北，高21层，建筑面积3万平方米。南侧的门诊、急诊和医技大楼5层，建筑面积3.3万平方米。还有办公楼、食堂、锅炉房等配套设施。另建有大型停车场，地上、地下可同时停车400多辆。此楼造型简洁，一横一竖、一高一低，对比强烈，功能布局合理，门诊、住院一南一北，医技居中，三者通过"医疗街"连接，使用便捷。

图4-2-42 芜湖中医院门诊、住院大楼

（4）弋矶山医院新住院大楼（2008—2010）。该楼位于弋矶山医院大门内北侧，投资近5亿元，2008年动工，2010年7月28日启动搬迁，投入试运行。该楼集急诊、医技、住院部于一体，建筑面积9.6万平方米。主楼23层在南，副楼在北。A区1层设有住院大厅、急诊大厅、药房等，2—4层为医技病房，5—23层为各科病房。B区在副楼，设影像中心、ICU、消毒供应中心和32间洁净手术室。大楼建成后，医疗设备配置达到省内一流，皖南及皖江地区领先水平，住院床位总数达到2000张，医院社会服务能力得到提升。大楼造型整体感强，强调垂直线条，在底层出入口、屋顶檐部、建筑角部作重点处理。

图4-2-43 弋矶山医院新住院大楼

（5）芜湖市第五人民医院综合体大楼（2013—2018）。此楼又名"中德芜湖国际康复医院综合体大楼"，位于北京中路北侧。2013年6月28日开工建设，2018年交付使用，投资3.92亿元。总建筑面积6.2万平方米，由1幢20层主楼和1幢7层副楼组成，设床位600张，集医疗、科研、教学、预防、保健于一体。建筑造型简洁，突出垂直线条，几层有一水平线分格。该院是三级康复专科医院，也是安徽省皖南康复医院。

图4-2-44　芜湖五院综合体大楼

11）国际会展中心（一期2006，二期2012）（图4-2-45）

早在20世纪80年代中期，芜湖曾每年举办"芜湖市菊花节"，以展会商，开展经贸洽谈活动。1999年9月，又成功举办了"安徽省芜湖市旅游商品交易会"。经国务院批准，2000年12月16—19日中国（芜湖）旅游商品博览交易会在商贸大厦（时为芜湖会展中心）召开，共有1500余家厂商参展，参会客商5000余人，参观者达20万人次，协议成交总额超过15亿元，受到国内外客商好评。自此，芜湖会展经济兴起，中国（芜湖）国际旅游商品博览交易会、中国（芜湖）国际茶叶博览交易会、中国（芜湖）建材和装饰材料国际博览交易会等大型展会相继召开，不断扩大了芜湖的影响，提高了芜湖在国内外的知名度。2005年又创办三大品牌展会：中国（芜湖）国际汽车博览交易会、中国（芜湖）国际青少年文体生活用品博览交易会、安徽·芜湖房地产博览交易会，并荣获"2005年度中国新锐会展城市"称号。在这种背景下，芜湖建设大型会展建筑势在必行。2006年在弋江区九华南路西侧建设了芜湖国际会展中心（一期），投资2亿元，建筑面积4万平方米。2012年又完成二期工程，合计建筑面积达到8.5万平方米，可举办3000个标准展位的大型博览会。到2019年，全市举办各类展会72项，展览总面积45万平方米，成交额22亿元，参展商6900多家。大型会展主要在此举行。此会展中心综合开发项目涵盖会展中心、五星级酒店、高档写字楼、大型商业及100万平方米的大型居住区，总投资额达20亿元，集大型展览、展示、会议、商务、办公、旅游、休闲、居住等功能于一体，是安徽省内面积最大、设施先进、功能齐全的会展中心之一。

图4-2-45 国际会展中心

12）侨鸿国际商城（2005—2008）（图4-2-46）

芜湖侨鸿国际商城位于市中心中山北路77号。2004年，南京侨鸿集团投资10亿元，由芜湖侨鸿国际实业有限公司开发建设。2005年开工建设，总建筑面积15万平方米，主楼33层，高138米。1—7层为芜湖侨鸿国际购物中心，于2005年11月投入使用。8—20层为国际标准甲级写字楼，21—33层为芜湖首家五星级侨鸿皇冠假日酒店，于2008年正式营业。起初均由侨鸿国际集团自主经营，2005年11月被南京金鹰商贸集团并购。裙楼5层，平面近似于扇形，主楼平面形如等边"L"。整个建筑除垂直线条的玻璃幕墙窗外，所有墙面均为金黄色金属幕墙墙面，显得金碧辉煌。

图4-2-46 侨鸿国际商城

13）芜湖镜湖世纪城社区服务中心（2011）（图4-2-47）

此项目位于黄山东路北侧，用地近似直角三角形，西大东小。总用地面积2.517万平方米，总建筑面积2.505万平方米。该中心由4幢单体建筑组合成一个建筑群，2—4层，除底层各自有单独的出入口外，由1层的屋顶平台尚可互相连通。东北角是体量最大的篮球馆及健身中心，东南角是占地最小的游泳馆，西南角是图书馆、培训及发展中心，西北角是青少年、老年和残疾人活动中心，功能齐全，布局合理。该中心设有124个机动车位和1050个非机动车位，停车方便且人车分流，交通组织较好。建筑造型打破常规，整个构图以标志塔为中心，4幢建筑围绕布置，虽体量不一，但造型相似，建筑表层都采取"折叠"的手法，门窗外形也不求方正，有个性。只是标志塔造型过于呆板，用材标准也不高，没有达到更佳效果。

图4-2-47　芜湖镜湖世纪城社区服务中心

14）芜湖市徽商博物馆（2006—2010）（图4-2-48）

该馆位于九华中路169-2号，南侧紧邻赭山公园东大门。馆长许苏平一直关注徽商文化，20多年来收集了大量徽州古建筑构件。2006年兴建芜湖市徽商博物馆，并邀请清华大学教授、著名建筑专家单德启先生主持设计，2010年4月18日正式开馆。此博物馆占地1.1万平方米，东西宽60—80米，南北长约160米，建筑面积约6000平方米。该馆采用了中国传统园林和徽派建筑手法，使徽商文物融入其中，充分有效地展示了徽商文化，弘扬了徽商精神。由于与赭山风景区融为一体，该馆成为芜湖一处亮丽的人文景观。馆内设有"徽州古居民""主体展馆""随园"3个展区，上万件藏品以徽州"三雕"（石雕、砖雕、木雕）为主，尚有历代名人字画等。除了文字、图片和实物，还有水口、祠堂、当铺、雕花、中药铺、花戏楼等场景布置，形象展示了徽商在芜湖的发展历史。此外，馆内还建有文化会所和临时展馆。2011年12月，许苏平在此又成立了"安徽江南徽商研究院"，以便进一步深入开展徽商研究，开发利用徽商文化资源，不断促进文化产业发展。

图4-2-48 芜湖市徽商博物馆

15）八佰伴商厦（2016—2017）（图4-2-49）

此建筑位于芜湖市镜湖区核心地段——中山北路、银湖南路与长江中路围成的黄金三角区域，用地面积3.818万平方米。2017年12月8日正式开业，首日客流量超过20万人。八佰伴，最早是日本一家享有盛名的大型连锁零售商店，第二次世界大战后逐渐扩展为日本一家连锁超级市场集团。20世纪80年代，八佰伴先后在巴西、新加坡、中国、美国、马来西亚、泰国等开设连锁店。然而在1997年9月18日，日本八佰伴集团破产倒闭，大部分分店被收购或易名。1996年7月开业的无锡八佰伴，初为中日合资企业，日方公司倒闭后，被中国江苏华地集团于2005年12月收购，继续经营。华地集团取得"八佰伴"的品牌使用权后，又陆续在其他城市兴建一系列的"八佰伴"商城。芜湖八佰伴是华地集团全国第77家门店，也是其进驻安徽的第4站。

图4-2-49 八佰伴商厦

八佰伴商厦总建筑面积为18.3万平方米（地上13.1万平方米），其中商业面积超过11万平方米。建筑长度，两直角边长约为161米和183米。地上8层，地下2层。建筑总高43米。该大型商业建筑集购物、休闲、娱乐、餐饮、文化、教育功能于一体，设有零售品牌、超市、餐饮、影院、儿童乐园、电玩城等一系列休闲娱乐和文化学习场所。地下2层停车库及地上7层和8层的停车楼，共有1500个机动车位和4500个非机动车位，且有全智能电子停车系统为顾客提供服务。芜湖八佰伴作为建筑作品，在三角形用地上采用了类似"蝴蝶形"的平面，是成功的；在形体上又加以曲线化，与周围环境更加和谐，还以不同色块的建筑材料艺术化地划分墙面，使整个建筑显得活泼、生动、轻快、时尚，具有浓厚的商业气息和一定的艺术品位。用地的3个角部和三角形的长边中部处理为4个小广场，也是恰当的。对于周边高楼较多的大环境，建筑屋顶的"第五立面"考虑有所欠缺，建筑的天际轮廓线也过平。

16）铁山宾馆桂苑、竹苑客房楼（约2008—2010）（图4-2-50、图4-2-51）

铁山宾馆位于芜湖市中心赭山风景区西南麓，占地面积6公顷，建于1954年，初名"芜湖交际处"，仅有的两幢客房楼是由原英商亚细亚煤油公司的办公楼和小住宅改造而成。后又建造了两幢别墅，达到69个床位，成为接待外宾和重要领导及专家名人等的宾馆。1958年，毛泽东、朱德、刘少奇曾先后下榻于此。1959年又建造两幢客房楼，床位增至101个。"文革"期间改为招待所，1974年恢复铁山宾馆名称。改革开放后新建了紫岚阁及礼堂、餐厅，宾馆达到一定规模。进入21世纪后，对原一栋、三栋进行了重建。2008年，宾馆改制为国有独资企业，又相继改建了五栋、六栋，并实施了整体绿化改造，提高了硬件档次，提升了接待能力。现已有豪华套间、商务房、标准间等234间（套），共约1400个餐位的各式宴会厅、包厢23个，会议室、会见厅15个，商务、购物、停车、休闲等配套设施齐全，总建筑面积达4万平方米，成为党和国家领导人来芜视察的首选下榻宾馆以及芜湖市举办重要会议的接待场所。铁山宾馆是安徽省5A级诚信旅游饭店、国家金叶级绿色旅游饭店。桂苑、竹苑客房楼，位于莲塘东侧，赭山脚下，杨柳垂岸，秀木扶疏，环境幽静。两幢建筑一气呵成，风格一致，既有传统形式的神韵，又有现代建筑的新颖，与周围环境十分协调。

图4-2-50　铁山宾馆桂苑

图4-2-51　铁山宾馆竹苑

17）芜湖汽车客运南站（2014—2017）（图4-2-52）

芜湖市汽车客运南站，2014年破土动工，2017年5月8日正式启运。2005年设置在马饮大桥附近的临时南站停运，之前位于其东南侧的高铁弋江站建成，12月6日宁安高铁开始运营。高铁弋江站不仅是宁安高铁专线站，也是商合杭高铁合用站，芜湖汽车客运南站也是接入全国高铁网的一个节点。该项目位于弋江区花津南路与珩琅山路交叉口西南侧，距中心城区约12千米，东西距沪渝高速G50约5千米。占地4.32万平方米，按一级站标准设计，设计年度平均日旅客发送量为2万人，旅客最高聚集人数为1600人。站房建筑共有4层，建筑面积1.51万平方米，设有售票、候车、办公、餐饮、零售、行李托运等功能区域。候车区设有20个检票出发口，并设VIP候车室，满足不同乘客的出行需要。车站顶部有12面细条状天然采光的窗户，配合车站站房外立面的玻璃幕墙，整个候车大厅开敞明亮。旅客出站通道设于站房北端。尚有2026平方米的地下空间。此站房外观造型较为现代，造型立意为"桥"。大部采用玻璃幕墙，不规则的钢结构外表，入口处处理成连拱桥状，动感十足。

图4-2-52　芜湖汽车客运南站

18）芜湖轻轨梦溪路站站房（2019）（图4-2-53）

芜湖轨道交通1号线和2号线一期工程于2016年12月开工，其中2号线东端的梦溪路站于2019年12月30日进行了试运行。梦溪路站是全国首座独柱式钢混结构路中高架站，被称为"芜湖之翼"。该站采用钢筋混凝土组合结构，共有3层，底层是通透的桥下空间，2层进站厅和3层站台层采用开放设计，轻盈通透。这是在芜湖出现的新型建筑类型。

图4-2-53 芜湖轻轨梦溪路站站房

19）高铁芜湖南站（原弋江站）（2013—2015）（图4-2-54）

弋江站高铁站房2012年6月2日完成概念设计，2013年开始建设，2015年11月4日竣工，12月6日开始运营。弋江站为侧下式旅客站房，坐东朝西。建筑面积5980平方米，站台雨棚覆盖面积9450平方米。站房平面为矩形，长130米，宽36米。地上1层，局部2层，地下局部1层。层高分别为：负1层4.1米，1层5.95米，2层4.55米，站房高度为15.2米。站房结构形式为钢筋混凝土框架结构，屋面采用压型钢板与现浇混凝土组合板，基础采用柱下独立基础。站房采用抽象而简洁的造型，运用徽派建筑"马头墙"的元素，以展现地域特色和文化内涵。

2015年6月，随着合福高铁的开通，芜湖迈入高铁时代，芜湖境内设无为站和南陵站；同年12月，宁安高铁开通，芜湖境内设芜湖站、弋江站、繁昌西站。2020年6月25日，弋江站更名为芜湖南站。商合杭高铁开通前还建设了芜湖北站、湾沚南站。芜湖高铁站房建设加速。

图4-2-54 高铁芜湖南站（原弋江站）

20）高铁芜湖北站（2019—2020）（图4-2-55）

此高铁车站地处芜湖市江北新区，位于鸠江区汤沟镇龙塘村，距长江北大堤约8.5千米。站房规模约5000平方米。站房坐南朝北，站型为高架站，站房为线正下布置，两站台四线。芜湖北站是商合杭高铁进入芜湖境内的第一座车站，也是芜湖第七座高铁站，还是芜湖轨道交通2号线二期工程终点站。芜湖北站为线上高架站台，2020年6月商合杭高铁全线开通前建成。建筑造型的设计立意为"两江三城，双翼齐飞"。构图左右对称，形体上大下小，墙面外实内虚，有韵律，有层次，有起伏，寓意芜湖的长江两岸共同发展，共同托举出城市美好的未来。建筑整体显得简洁大方，风格现代。站房南北均有广场。北广场是主广场，两侧布置了长途汽车站和公交车站及出租车场。南广场预留了城市轨道交通线路。

图4-2-55　高铁芜湖北站

除了以上实例，芜湖还有更为优秀的建筑，如芜湖市新火车站，芜湖市政务中心、芜湖市规划展示馆和博物馆、芜湖市歌剧院、芜湖市奥体中心体育场、芜湖金鹰国际广场、安徽师范大学敬文图书馆、芜宣机场候机楼等，另行详细介绍。

（三）现代芜湖"八大新建筑"

1.芜湖市新火车站（2013—2020）（图4-2-56）

芜湖市新火车站站房是占地约10.2万平方米、建筑面积达到5万平方米的一等站，已成为中国铁路枢纽中心站之一，也是安徽省内仅次于合肥南站的第二大铁路客运站。芜湖市新火车站的总体布局是双站房、高架候车厅和双广场。东站房是高铁站房，东侧有东广场；西站房是普铁站房，西侧有西广场；候车厅高架于铁路上方。芜湖市新火车站分为高架候车进站层、地面站场层、出站大厅层和地下出站层共4层,并以火车站为核心,打造一个连接公交站、出租车辆和社会车辆停车场,兼顾长途汽车、轨道交通于一体的综合交通枢纽。站场设计为"三场八台"。"三场"指宁安场、商合杭场两个高铁场,以及皖赣复线普速场;"八台"指6个岛式站台,2个基本侧式站台,共14个台面,均为"上进下出"。由于芜湖位于宁芜、宁铜、皖赣、淮南各线以及宁安、商合杭两条高铁交会处,这样布局是合理的。

东站房2013年8月20日开工建设,2015年11月27日正式投入运营。东广场一期包括两层地下枢纽空间、进出站平台及匝道、地面道路、东站广场绿化景观,总面积1.28万平方米。二期有南北两侧的旅游集散中心和公交综合体。三期为建筑面积11.2万平方米的商业综合体。东广场总用地面积12.85万平方米,总建筑面积24.476万平方米(地上9.83万平方米)。东广场站前路结合站区规划路与弋江北路相接。西站房2016年1月28日开工建设,2020年初基本建成。西广场为站前广场、公交车场、社会车场、大巴车场,通过广场地下空间与西侧的芜湖长途汽车站对接。西广场总用地面积7.33万平方米,总建筑面积4.85万平方米(地上0.48万平方米)。西广场站前路结合现有梅莲路、文化路与赭山中路相接。2018年,芜湖市新火车站客运量突破840万人次,在清明小长假期间,创下单日旅客发送量5.1万人次的纪录。

芜湖市新火车站的造型设计,以"长江、青弋江两江相交,孕育皖江明珠"为寓意,通过流畅的线条和简洁的形体,显示出现代交通建筑的动感、大气,也体现出芜湖开放、创新的城市品质。神山公园与赭山公园之间的这条城市视廊出现的新火车站,已成为总体城市设计中的一处亮点,更是展示城市形象的一个新地标。

图4-2-56 芜湖市新火车站鸟瞰(陈常胜摄)

2.芜湖市政务中心（2007—2009）（图4-2-57）

芜湖市政务中心位于芜湖市中心城区以东的城东新区。该大楼由市级党政办公、人大、政协的行政办公用房组成。芜湖市政务中心的规划和建筑设计，经过2006年底的招投标，确定了中标方案，2007年12月29日正式开工，2009年12月通过大楼的整体竣工验收，2010年初正式投入使用。

芜湖市政务中心总用地面积13.53万平方米，总建筑面积13.83万平方米，其中地上建筑面积10.42万平方米，地下3.42万平方米。大楼周边广场占地面积约9.2万平方米，其中花岗岩铺地面积约3.2万平方米，绿化面积约3.3万平方米，南侧尚有较大面积的景观水面。这一完整的建筑群采用中轴对称式"品"字形布局，在主轴线上从南到北布置有景观大水面、市民广场、办公楼主楼、底层架空连接体、辅楼（会议中心）。主楼中间是市委、市政府的党政办公楼，10层，高43.2米，由两个"口"字形建筑合成；东西两侧各有一稍前移的"口"字形建筑，分别是人大、政协的办公楼，5层，高23.7米。主楼下设有地下室，布置有地下车库、设备用房等。北端设有会议中心，5层，高23.7米。1层设食堂（1266座）等附属用房，2层有中小会议室及900座会议厅。建筑群东西两侧建筑至中央逐渐升高，北侧辅楼低，南侧主楼高的形体组合关系，烘托了主楼中部的构图中心。楼前开阔的市民广场，使整个建筑群轴线更为严谨，内外界面更加完整，与周边生态环境更为和谐。

芜湖市政务中心的建筑设计最难能可贵的是融入了徽文化。徽文化是中国传统文化的重要组成部分，它沿袭了中原文化的精髓，成长鼎盛于皖南，延绵至今，影响海内外，具有强烈的地域文化特征。徽文化具有包容性、开放性和思辨性，体现了中国传统文化中人与自然和谐的"和合精神"。作为皖南门户的芜湖，又是今天皖江开发、开放的龙头城市，在有代表性的行政办公建筑中运用徽派建筑的特点是十分重要的。该政务中心大楼的设计思想突出了"四水归堂""五岳朝天""形方而正""质朴而和"的徽派建筑特点，是恰当的。此设计运用方形合院组合的概念，将内外空间相互渗透，充分体现地域建筑特色，以整组建筑优美的韵律感，使地域标志性和文化象征性得以体现。此项目获2011年全国优秀工程勘察设计行业奖建筑工程二等奖。

图4-2-57　芜湖市政务中心

3.芜湖市规划展示馆（2011—2014）（图4-2-58）

芜湖市规划展示馆与博物馆形成一建筑组合，建造于同一地块。此地块位于城东新区，在政务中心主轴线向南延伸后的西侧，西临中江大道，北沿中江公园南侧的仁和路。总用地面积2.6万平方米，呈一东西长于南北的矩形。两馆总建筑面积约4.3万平方米，建筑占地面积为1.17万平方米。地上建筑面积为3.3万平方米，其中规划展示馆建筑面积为2.1万平方米。规划展示馆位于用地的东北部，博物馆位于用地的西南部。整组建筑群向东北侧打开，与行政中心呼应。两馆主入口分别设于用地的东侧与北侧。两馆地上皆为4层，总高度26.3米，地下皆有一层。采用框架结构，局部预应力钢筋混凝土结构，地基与基础为预应力管桩和钢筋混凝土筏板基础，2011年8月1日开工，2014年竣工，2015年正式开馆。

规划展示馆主要介绍芜湖千百年来的沧桑巨变以及改革开放以来的建设成就，宣传芜湖现今的城市规划并展望灿烂美好的未来，同时宣传城市规划、法律、法规，并为国内外专家和城市投资、建设者进行学术交流、规划咨询提供场所，是芜湖市对外宣传芜湖历史、介绍芜湖发展、招商引资的重要载体，也是凸显政府的城市规划和调控职能，并为公众参与和交流，以及规划项目公示提供的良好平台。博物馆作为典藏城市人文自然遗产的文化教育机构，是一座集史料研究、文化传承、科普传播、旅游观光、综合服务于一体的有较高艺术水平和文化品位的综合博物馆。内容涵盖了芜湖市220万年前至1949年的历史，形象逼真，展品精美。

芜湖市规划展示馆、博物院这组展览建筑，在建筑设计中进行了通盘考虑，两馆的整体建筑造型统一立意，以体现"两江抱玉""灵石藏玉""石开玉出""祥佑江城"的寓意，成为芜湖市一处重大的社会文化设施，曾被评为"2014年度安徽代表工程"。两馆的建筑设计充分运用了统一中有对比的手法，一柔一刚，一圆润如"璞玉"一平整似"灵石"，一色彩淡雅一色泽深沉，一突出整体感一体现延展感，各自个性鲜明，但又有机结合，相辅相成，相得益彰。其中尤以规划展示馆的造型更具特点，形似润玉，托于盘上，完整体量的造型暗示内部宏大的展示空间，大面积的实体墙面开出的少量小方窗显出建筑的精致。规划展示馆的布展面积约8000平方米，1层是历史成就展厅，2层是规划展厅，再上层是总体规划沙盘展区。馆内大量采用高科技手段，将虚拟形象、历史场景复原。动感踩吧、VR体验、4D影院等现代声光电技术融入多项展示环节，是集规划展示、科普教育、特色旅游等功能于一体的综合性规划馆。

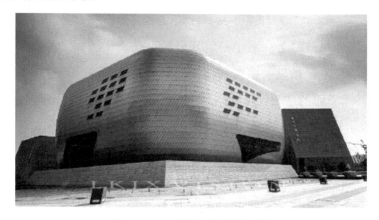

图4-2-58　芜湖市规划展示馆

4.芜湖大剧院（2010—2013）（图4-2-59）

剧院被人们称为城市文化的窗口，是一座城市文化建设中的标志性建筑。芜湖从"七五"到"十五"连续4个"五年计划"中都强调了大剧院建设。2005年10月，芜湖市人大常委会还讨论过"动工兴建芜湖大剧院"的提议案。直到2010年才在原8号码头处的位置动工兴建了今天的芜湖大剧院，这里正处于滨江公园的绿地中，也是北京西路西端的对景。2013年建成，2014年正式启用，终于实现了芜湖人民多年来的一个愿望。芜湖大剧院占地面积为4.67万平方米，剧院建筑面积为3.87万平方米（不包括地下1.18万平方米），剧院前大型音乐喷泉广场占地1.93万平方米，绿地0.6万平方米，剧院内部面积1.21万平方米。其主体结构采用大型钢结构框架，双层金属屋面板及异形节能的玻璃幕墙，形成了具有鲜明时代感的独特建筑风格。

图4-2-59 芜湖大剧院鸟瞰

芜湖大剧院外观造型上立意于一组开启的贝壳，饱满而丰盈，以"贝育珍珠"来寓意芜湖市依江发展的勃勃生机和璀璨前景。身处剧院，通过玻璃幕墙，"城中观江"，一派开阔美丽的"长江风光"；登上游轮，"江中观城"，犹见两颗令人满目生辉的"璀璨明珠"。整个建筑主体为4层，地下一层安排有停车场和商业设施。两个"贝壳"位于大平台之上，平台高度高于防洪墙顶，从平台上看江面，一览无余。"大贝壳"建筑内有7个影视厅，还有一可容纳1200座的大型剧场。进入剧场，内部以金黄色为主色调，充满浓厚的文化气息。舞台宽33.5米，深23米，台口宽16米，高8.5米，装有品字形升降舞台和升降乐池，舞台面积约有1200平方米，舞台上方共有30多条马道，可充分保证足够数量的舞台灯和布景变换。考虑未来可作为会议中心，座位边还安装了表决器。此外，还有文化展示厅、艺术画廊、舞蹈排练厅、高档贵宾接待室等。"小贝壳"建筑的业态功能有意向建成儿童教育中心。该剧院建成后向社会提供演出、参观、展览、纪念品开发、印象制作等各项服务。

芜湖大剧院的建筑设计总体布局合理、紧凑，建筑造型新颖、别致，功能安排完善、实用，集艺术性、实用性、美观性为一体，较好地展示了芜湖市的滨江文化内涵。如今的芜湖大剧院已"化蚌为珠"，成为滨江新景。芜湖大剧院为建设区域文化中心、提升城市艺术品位、倡导高雅文化、活跃市民文化发挥了积极作用。

5.金鹰国际广场（2011—2015）（图4-2-60）

芜湖的高层建筑在20世纪建设较少，进入21世纪以后如雨后春笋般纷纷拔起。南京侨鸿国际集团于2010年3月2日竞得芜湖虎年"第一拍"，开始了对芜湖商业地产的深耕。

该地块位于弋江区，地处滨江大道以东，中山南路以西，新时代商业街以北，箱子拐路以南，用地面积 3.24 万平方米。2011 年 3 月 18 日开工，2015 年 2 月 1 日竣工，总投资超过 30 亿元。后来此项目被南京金鹰商贸集团收购，改称"金鹰国际广场"。

金鹰国际广场是一个集商业、娱乐、餐饮、五星级酒店、5A 级办公、高档住宅于一体的综合性建筑项目，总建筑面积 40 万平方米，建筑占地南北长 285.6 米，东西宽 60.9—120.9 米。主楼为超高层塔楼，69 层，高 273.57 米（含天线达 318 米），是超五星级酒店和甲级写字楼。标准层层高 3.58 米，塔楼为边长 45.5 米的方形平面，顶部有 4 次退台，整个造型现代时尚，高耸挺拔，直入云霄。塔身角部每 3 层有一斜向挑出，颇具我国古代密檐塔的神韵，通体的金色幕墙处理，也尽显这一超高建筑的华丽高贵。主楼北侧有两幢 48 层，高 160 米的超高层江景公寓，建筑面积共约 10.5 万平方米，标准层层高 3 米，仅布置 496 户，

图 4-2-60　金鹰国际广场
（陈常胜摄）

户型最小 180 平方米，最大可达 450 平方米。这些奢华住宅引入国际流行的双大堂理念，居家智能化设备，采用酒店式物业，共享五星级酒店的恒温泳池、网球场、会所等配套设施，裙楼顶部特意打造仅对业主开放的 6000 平方米的空中花园。建筑面积约为 10.5 万平方米的裙房为商业广场，6 至 8 层，设有购物中心、国际影城、精品餐饮、精品商城等。这 3 部分合计构成的庞大体量成为一个高档的城市综合体。地下 3 层为地下车库与设备用房。

如今，金鹰国际广场塔楼作为芜湖最高的建筑，真正成为这座城市最显眼的地标。

6.奥体中心（2000—2002）（图 4-2-61、图 4-2-62）

为承办 2002 年安徽省第十届运动会，芜湖决定新建大型综合性体育设施，奥体中心建设提上日程。2002 年 10 月 12 日，列入芜湖奥体中心一期工程的体育场、体育馆、射击馆及有关的广场、道路、绿化等项目竣工，确保了安徽省第十届运动会的如期成功举办。

图 4-2-61　奥体中心体育场

体育场是芜湖奥体中心的主建筑，是能容纳 4.2 万观众的一座大型现代化体育场。整个体育场平面呈非对称椭圆形，长轴达 252 米，短轴达 128 米，主体结构最高达 37.18 米，悬索膜挂架为 69.12 米，建筑面积 4.5 万平方米。体育场可满足举办国际比赛的要求，其中比赛用房 1.3 万平方米，看台面积 2.3 万平方米，索膜飘篷面积 2.1 万平方米。场地设有 400 米塑胶跑道（弯道 8 道、直道 10 道）的标准田径场，以及 68 米×105 米天然草坪的标准足球场。大型电子显示屏和点火台分别设置在南北看台后排场地中轴线处，分为东西南北 4 个看台，设 4 个出入口。看台西高东低，呈马鞍形。看台设有主席台及贵宾席 408 个，残疾人席 51 个，记者席 102 个。看台主体结构采用斜向箱形钢梁及钢筋混凝土组合框架结构，看台上部挑棚为钢管形架悬索膜结构。看台下设有大空间的训练场和体育、商业用房。4 个出入口外均设有形式不同的广场，既可作为赛事时的集散场地，又可作为平时市民的休闲广场。此大型体育场造型刚劲飘逸，具有鲜明的标志性和时代感，反映了现代体育建筑高科技的特点和绿色生态的意识。

图 4-2-62　奥体中心体育馆

体育场南侧是可容纳 5500 人的综合体育馆，造型优美流畅，东北侧是设有 144 个靶位的射击馆，造型精巧平实；西北侧有占地 8600 平方米的映月湖，风光秀丽，景色宜人。芜湖奥体中心所完成的一期工程为芜湖市竞技体育、全民健身运动，以及会展、大型演艺等活动提供了一个良好的舞台，成为芜湖城市景观中的一个重要节点。芜湖奥体中心二期工程尚有2000座观众游泳跳水馆、室外田径训练场、2000座观众网球场、乒羽中心以及运动员公寓、宾馆、文化娱乐设施等。二期工程完成后，芜湖奥体中心不仅能成为满足国际体育竞赛标准的比赛场所，也是市民健身休闲和文化娱乐的场所。通过进一步完善和塑造整体景观形象，芜湖奥体中心还会成为一处高级别的景点。

7.安徽师范大学敬文图书馆（2005—2006）（图4-2-63）

安徽师范大学敬文图书馆处于花津校区东西和南北两条主轴线的交会点，正对学校东大门，西面呈圆形半岛状凸向贯穿校园的生态水系，位置十分显要。该图书馆共有7层，建筑高度36.9米，最高处构架高约46.9米，地下1层。建筑平面呈"井"字形，建筑面积3.87万平方米。使用功能包括图书馆、信息中心、校史陈列室、文物陈列室、档案馆和地下车库。2005年4月开工，2007年4月建成。

该图书馆的设计理念十分明确：造型上力图表现信息时代新建筑的特征，功能上体现数字图书馆的发展趋势，内涵上融入徽文化的灵魂，布局上凸显为校园建筑的主角。

图4-2-63　安徽师范大学敬文图书馆

该图书馆的设计手法很有特色：在造型与立面设计方面，建筑体量呈台阶式递进，形成丰富的天际线，并成为构图中心，也引用了徽州民居的马头墙元素。"井"字形的玻璃盒子形体，黄昏开始亮灯后，成为绚烂的校园"灯塔"，照亮了学子们的求学之路。东面主入口通过月亮门和门廊引入人流，形成由"闹"入"静"的过渡空间。外墙通过遮阳处理和大面积玻璃窗，既可改善夏季的炎热环境，又可增加阅读时的室内亮度。交通组织方面，通过东面的主入口可以直达2层的门厅和休息大厅，西面的次入口便于从教学区、宿舍区来的人流经过石桥和曲桥直接进入图书馆1层的阅览室。竖向交通除了电梯外还设计有通透的楼梯间，既改善了采光，周围的座位也很适用。内部采光方面，因设有4个天井，中部尚有天窗，加上内部分隔大都是通透的玻璃材质，采光效果好。功能分区方面，每层东西两端是阅览室，西北角、西南角为办公区，东北角、东南角为卫生间，中部是休息区。楼梯、电梯在中部分6处设置，1层为书库，尚设有信息中心、报告厅和展厅，2—5层有藏阅一体的阅览室，6层为档案库及陈列室，7层为档案馆及文史书库，功能分区十分明确。景观设计方面，内部有中庭和4个天井庭院，外部有环道，东侧有广场，西侧有水系，西北侧有石桥和亲水平台，西南侧有较宽的曲桥与休息亭，加上周围配置的绿化，环境十分优美宁静。

8.芜宣机场候机楼（2018—2020）（图4-2-62）

2002年10月31日，芜湖联合航空公司利用军用机场开航10年后停航。自此芜湖开始了另建民用机场的酝酿和策划，直到2012年前期工作开始起步，仅机场场址的选择就有过多轮规划。2015年2月26日，中国民航局批复芜湖民用机场场址，标志着芜湖民用机场项目前期工作取得重要进展，为后续工作奠定了重要基础。2016年8月25日，芜湖民用机场立项获得通过，正式获得国家发改委批准。同年10月26日，国务院、中央军委批复同意新建芜湖宣城民用机场。12月，芜宣机场试验段工程正式开工。2017年9月19日，国家发改委批复芜宣机场可行性研究报告，项目总投资13.99亿元。经过紧张的施工，2020年飞行区工程、航站区工程先后完工，2021年1月完成试飞等工作，2021年4月30日正式通航。芜湖人民盼来了首个民用机场。

图4-2-64　芜宣机场候机楼

芜宣机场位于芜湖市芜湖县湾沚镇小庄村，西北距芜湖市中心直线距离约 38 千米，公路距离约 48 千米；东南距宣城市中心直线距离约 21 千米，公路距离约 30 千米。芜宣机场距离位于湾沚城南火龙岗路的湾沚南站仅 10 多千米，组成了芜湖的空铁联运枢纽。芜宣机场是 4C 级国内支线机场，芜湖市与宣城市按照"共建、共享、共同努力"的工作思路，以芜湖为主，宣城参与，两市共同出资建设机场。芜宣机场主要建设内容：建设一条长 2800 米、宽 45 米的跑道，一条长 1522 米的局部平行滑行道和两条垂直联络道；建设 2.5 万平方米的航站楼和 11 个机位的站坪；配套建设空管、供油、供电、消防救援等设施。根据规划，近期，到 2030 年按年旅客吞吐量 175 万人次，年货邮吞吐量 1 万吨，年运输飞机起降 12245 架次，通航飞行起降 1 万架次规划；远期，到 2045 年升为 4E 级，距道延长至 3600 米，按年旅客吞吐量 430 万人次，年货邮吞吐量 7 万吨，年运输飞机起降 38050 架次，通航飞行起降 2 万架次规划。芜宣机场候机楼建筑面积 2.5 万平方米，建筑造型简洁，在矩形平面上采用了一些处理手法，使形体显得现代、生动、有个性。一是外墙逐层外跳；二是平檐口的超常大挑檐；三是屋顶的弧形拱起，且正、背两个立面有不同效果。这既给人一种腾飞的感觉，与机场候机楼建筑的风格十分贴切，也给人一种受到欢迎的亲切感，是交通建筑应该达到的境界。芜宣机场候机楼是芜湖现代建筑的收官之作，也是芜湖建筑从现代走向当代的一座标志性建筑，在芜湖现代建筑史上应留下浓重的一笔。

三、现代芜湖建筑 70 年发展小结

1949—2019 年，经过 70 年的发展，现代芜湖建筑有突飞猛进的巨大变化。

（一）建筑活动日趋频繁

我国高校建筑学专业教材《中国建筑史》将现代中国建筑以 1978 年为界划分为两大时期：自律时期与开放时期。纵观现代芜湖建筑 70 年的发展，与此是一致的。

前 30 年，新中国成立之初，百废待兴，只能节衣缩食，因陋就简，少有建筑活动，且强调"适用、经济，在可能条件下注意美观"。1949—1957 年，现代中国"建筑初兴，探索前行"，现代芜湖城市处于初步发展期，现代芜湖建筑活动也处于起步阶段；1958—1977 年，现代中国建筑"总体停滞，局部推进"，现代芜湖城市处于发展滞缓期，现代芜湖建筑活动也处于滞缓阶段。后 40 年，改革开放，工作

重心转移到经济建设上来,外国建筑风格及其建筑材料、技术一道涌入中国,中外建筑文化有了碰撞与交流,建筑活动变得活跃。1978—1998年,现代中国建筑"市场初开,创作繁荣",现代芜湖城市进入加速发展期,现代芜湖建筑活动也处于活跃阶段;1999—2019年,现代中国建筑"市场开放,多元发展",现代芜湖城市进入快速发展期,现代芜湖建筑活动也处于兴盛阶段。

(二)建筑类型日益增多

随着现代社会政治、经济、生活的变化,建筑的类型比近代社会丰富得多。改革开放前芜湖的建筑类型,前期以学校建筑、工业建筑、商业建筑为主,居住建筑与公共建筑有少量建造;到后期居住建筑与公共建筑明显增加,各种建筑类型的建造规模显著增大。改革开放后,随着城市的较大发展,尤其是各类开发区的建设、房地产的开发,以及旧城改造和新区建设,建筑类型大大增多,建造规模也越来越大,建造层数越建越高。前20年,居住小区开始成片建设,国家级芜湖经济技术开发区初具规模,各类商业大厦、商业网点大批建造,交通建筑、金融建筑与公共建筑多有建造。后20年,建筑活动更加兴盛,无论是数量、规模上,还是质量上都较前大有提高。数量最多的是居住区建筑与工业区建筑(图4-2-65、图4-2-66)。居住建筑规模有的大到居住区的规模,工业建筑规模普遍达到集中开发区的规模。另外,还重点建设了完整的校园建筑、医院建筑和大型的交通建筑、商业建筑,高标准地建设了大型公共建筑。

图4-2-65 芜湖居住区建筑

图 4-2-66　芜湖工业区建筑

（三）建筑风格日渐多元

建筑风格，特指作为建筑创作结果的建筑所表现出来的形式风貌和艺术特征，当然也会涉及不同建筑思潮和建筑流派。评价某个具体建筑的某种风格，自然会有格调问题，也就会有雅俗和高低之分。概括某个城市的总体建筑风格，首先要看此城市所处的时代，不同时代有特定的主体风格。如我国古代建筑，有秦汉风格、隋唐风格、明清风格等；我国近代建筑，有古代传统风格、民国风格、西洋风格等。另外，还要看此城市此时期主流的、起主导作用的或是有倾向性的建筑风格。邹德侬等著《中国现代建筑史》则是既写了"中国固有的形式""民族形式""中国的社会主义的建筑新风格"，直到"有中国特色的现代建筑"这一条发展主线，又写了国外现代建筑活动、多种先锋建筑思想（如后现代建筑、解构建筑和各种流派及思潮）对中国的影响。

简言之，现代芜湖的建筑风格可划分为三大类："欧式"建筑风格（包括西方古典式、西方古典折衷式、简欧式），"现代式"建筑风格（包括后现代、解构主义、新现代），"地域式"建筑风格（包括中式、新中式、徽式、新徽式）。

归纳起来，现代芜湖的建筑风格有两条发展线，一条是受外来建筑思潮影响的建筑风格发展线，另一条是在中式建筑、徽派建筑影响下发展起来的建筑风格发展线。前者在新中国成立初期学习苏联，提倡"社会主义的内容、民族的形式"，批判"结构主义""世界主义"，对芜湖有影响。之后，西方古典主义建筑、现代主义建筑、折衷主义建筑、后现代主义建筑等各种建筑思潮越来越多地影响到中国，芜湖自然也会受到影响。这是条主线，发展态势较强。现代式、欧式、简欧式属于这条发展线。后者是受到国内提倡发扬地域建筑风格的思潮影响，在芜湖受到重视。这条线较薄弱，发展尚不充分。新中式、新徽式属于这条发展线。在芜湖的不同建筑类型中建筑风格各有偏重。

居住建筑多为现代式、简欧式，一度刮起"欧陆风"。芜湖早期居住建筑见缝插针、零星建造、单位自建，有少量工人新村、居住小区建设。住宅标准一般不高，多为多层砖混结构，外形简单，无所谓建筑风格。改革开放初期，居住标准有所提高，家电进入家庭，开始注重住宅外观。大力推广墙体改革，空心砖代替黏土砖，普遍采用构造柱，小高层开始出现。20世纪90年代以后，多采用钢筋混凝土框架结构，居住标准明显提高，空调进入家庭，厨卫设备等级提升。房地产大规模开发以后，高层住宅逐渐增多，居住环境大为改善，对建筑风格的追求成为时尚，"现代式"增多。进入21世纪以后，开发商追求异域情调，过分追求"欧陆风"，也有的采用"简欧式"。为推销"城中别墅"，低层住宅出现"新中式""新徽式"，多层住宅出现"花园洋房"。

工业建筑多为装配式、"现代工厂式"。芜湖早期的工业建筑较为分散，多为砖混结构，大中型厂房常为预制装配钢筋混凝土结构。后期结构类型增加，钢结构、轻钢结构增多。工业建筑集中于经济技术开发区，成片区地建造，既有专用厂房，也有通用厂房。工业建筑的面貌有较大改善，也较注重造型设计，现代工业建筑的时代感大大增强。

改革开放以后，商业建筑、金融建筑、办公建筑、科教文卫建筑、交通建筑以及其他大型公共建筑都有大的发展，大多追求较好的建筑形象，突出个性，讲究一定的建筑风格，采用"现代式"的较多，少量采用"简欧式"（图4-2-67）。

图4-2-67　芜湖公共建筑

（四）建筑创作日显繁荣

现代芜湖建筑设计的创作队伍从无到有、从小到大，引进的外地甚至境外优秀建筑设计团队逐步增多，建筑设计市场对外开放，建筑设计的创作思想日趋活跃，尤其是改革开放40多年来，设计创意不断提高，设计手法日趋多样，设计理念日渐明晰，有新意的建筑作品时有出现。本书推出的现代芜湖"八大新建筑"，得到市民广泛认可。

需要指出的是，现有的芜湖建筑艺术风格较杂，还没有形成明显的地域特色，总体上一直受到"现代主义之后"的建筑思潮影响，但"后现代""新现代"均发育不够，"徽派建筑"也未成气候，"欧风建筑"时有出现，芜湖建筑的地方风格没有真正形成。建筑设计创作思想还不够开放，建筑设计特点不够鲜明，群众参与度不够高，建筑评论未能展开，学术活动较少举行。有的作品建筑语言过简、过露或过杂，有的缺少对人文的关怀和对环境的关注，有的过于迎合业主或开发商的意图，这些都应该引起重视并加以改进。

第五章　芜湖城市与建筑发展综述及展望

回顾芜湖自古至今的城市与建筑发展史，我们可以得出这样的结论：芜湖历史相当悠久，繁昌人字洞遗址证明芜湖地区有着百万年以上的人类活动史，火龙岗镇金盆洞遗址证明芜湖地区有着十万年以上的原始聚落存在史，繁昌缪墩遗址和南陵奎湖神墩遗址干栏式建筑的出现证明芜湖地区有 6000 年以上的早期建筑存在史，南陵牯牛山古城遗址证明芜湖地区有 3000 年以上的城市建设史。

第一节　芜湖城市空间发展

一、芜湖古代城市从环水走向滨河

（一）芜湖古代城市的两次大迁移

1.牯牛山古城

牯牛山古城是芜湖地区的第一个城址，位于今南陵县城东 3 千米籍山镇先进村，是芜湖最早的城市发源地。考古证明，牯牛山城址是皖南地区迄今发现的时代最早、规模最大、保存最完整的古城址；在西周早期至春秋初期这里已是我国最早一批早期城市中的一员。专家估计此城可能是吴国早期都城的所在地，是当时这一区域的政治、经济、文化、交通中心。城内房屋有千万间，居住着万余人，其规模在当时应当排进大城市的行列。古城存在的时间为1000余年，直到战国时期才被废弃，足见其具有强大的生命力。牯牛山城址2013年被国务院公布为第七批全国重点文物保护单位。

2. 鸠兹邑古城

这是东周时期的芜湖古城，是芜湖地区第二个古城。此城位于牯牛山城址北偏东方向约50千米的水阳江南岸，是芜湖古城址的第一次大迁移。该城战国时俗称"楚王城"。也有专家认为是吴国早期都城之一。

3. 秦汉芜湖古城

秦代鸠兹邑与汉代芜湖县城址均在春秋鸠兹邑古城址位置，是古城址的一次"原地踏步"。汉代芜湖县治所设于此。这里也曾是多位芜湖侯封地。考古证明，此城一直延续使用到六朝时期，以后才逐步废弃，也有近千年的使用历史。到现在又近千年而城址仍能保持基本完整，在我国南方极少见，现为省级重点文物保护单位。

4. 鸡毛山古城和王敦城

东吴黄武二年（223），孙权将芜湖县治所从楚王城西迁至约20千米外的鸡毛山高地，这是芜湖古城址的第二次大迁移。东晋初年，明帝太宁元年（323），王敦在三国城城址高筑城墙，史称"王敦城"，这是芜湖古城址的又一次"原地踏步"。隋唐时期沿用此城，城址未变，城市主要向南有所发展。

5. 宋元芜湖古城

芜湖宋城筑于北宋初年，范围颇大（王敦城只占宋城的北部偏东一小块地方），这是芜湖古城向南近距离的一次"原地踏大步"。城市大的骨架已经形成。元代沿用此城。南宋与元末有过战乱，古城遭极大破坏。

6. 明清芜湖古城

明万历三年（1575）开始修筑芜湖明城，为节省费用，也利于防卫和便于管理，大大缩小了城址范围。芜湖明城在宋城的基础上已逐渐发展成为"江东首邑""吴楚名区"，开始显示地区中心城市地位。

清代芜湖城，城墙沿用宋城，城区密度增加，古城向外尤其向西明显发展。逐渐成为江南地区的次级经济中心及皖江区域的经济中心，号称"皖之中坚"。

（二）芜湖古代城市形态的演变

最早的牯牛山古城是西近漳河，四面以水为障的水城，城址呈南北略长的长方形，城内以水为路，以船代步，以桥相通，极有特色。鸠兹邑古城是四面筑有城墙和壕沟的近河之城，城址呈东西略长的长方形。直到"三国城""王敦城"以至宋元芜湖城，都是以河为邻的团块状城市。明清以后芜湖古城沿青弋江向西逐渐发展，到清末已成为沿河的带状形态城市。

（三）芜湖古代城市发展的特点

（1）城市起源很早，历经多次迁移，最后定位于江河交汇之处。

（2）城市性质多次转变。牯牛山古城因矿冶而兴，同时成为春秋吴国早期都城；鸠兹邑古城因军事要地而兴，也可能是吴国后来的又一个都城；"三国城""王敦城"既是军事营垒，又是县城治所；芜湖宋元古城已是江南大县、皖南门户，农业发达，商业兴盛；明清古城已"货殖之富，殆与州郡埒"，成为长江中下游地区的交通枢纽和商业中心；光绪年间设芜湖道，辖皖南诸县，政治地位也有提升。

（3）芜湖较早从古代进入近代，1876年已被辟为对外通商口岸，近代商业、交通业、金融业、文教业等在安徽省内得到率先发展。

二、芜湖近代城市从沿河走向临江

（一）芜湖完成了由传统城市向近代城市的转型

1.1876年是芜湖由古代城市向近代城市转型的转折点

芜湖由古代的传统城市转型为近代城市在国内发生得较早，从1840年鸦片战争爆发起已见端倪。1876年《中英烟台条约》将芜湖列为对外开放的城市之一，到1877年英驻芜领事署和芜湖海关的正式设立，在近代中国社会性质转变的大背景下，拉开了芜湖由传统社会向现代社会转型的序幕。自此作为1876年《中英烟台条约》中开放的城市，芜湖正式开始与西方世界发生直接联系，同时列强从政治、经济、文化等各方面对芜湖进行了渗透与控制。因此，1876年成为历史的一个转折点，这时距清朝覆灭还有35年，距新中国成立还有74年。

2.芜湖由古代城市转向近代城市的简要过程

1877年芜湖正式开埠后,城市开始了近代化的过程。经过清末至民国时期的发展,城市性质与功能结构有了调整,城市布局与城市形态也有了变化。这种转型不仅是在古代城市基础上发生的,也是在外来因素的作用下强力推动的。其间还有8年的日占时期,给芜湖城市带来极大破坏和负面影响,但仍然改变不了芜湖由繁盛的商业城市向长江流域重要的工商业城市发展的总趋势。

(二)芜湖近代城市形态的演变

芜湖古代的城市形态是滨河呈"团块式"发展,进入近代后逐渐由沿河发展演变成滨江发展,城市建成区由块状城市形态逐步演变成"L"形带状城市形态。抗日战争前,芜湖已经有了城市功能区的划分。抗战胜利后,芜湖西部已紧邻长江,只能主要向北,少量向南、向东,作蔓延式扩展,城市形态由带状向块状形态演变。

(三)芜湖近代城市发展的特点

1.近代芜湖是在省内得到领先发展的城市

在我国诸多历史古城中,芜湖是在近代得到明显发展的城市之一。同时,芜湖作为一个沿江城市,发展速度与规模虽不及沿海城市,但在我国内河近代城市中,算得上是发展较早的城市之一。在安徽省内,芜湖是近代首先得到发展的代表性城市,在城市发展上处于领先地位。近代安徽省内的政治中心是省会城市安庆,经济中心当属芜湖。芜湖是近代安徽唯一的对外开放口岸,也是近代安徽最重要的交通枢纽。近代芜湖有比较完整的教育体系,有比较发达的报刊、广播和邮政、通信系统,是近代安徽著名的文化中心。

2.近代芜湖是新、老城区同时得到发展的城市

芜湖近代城市的发展态势是老城区继续发展,并沿着长街向西蔓延。开埠后,租界区及其南面的沿江地带逐渐发展,形成新城区。新、老城区的同时发展,使得新中国成立前芜湖城市已基本连成一片,为此后的城市发展打下了基础。以新的商业街区为中心代替了过去以封建衙署为中心的城市结构,从而打破了老城区封闭的城市格局,古代沿河城市逐渐演变为近代滨江城市。

3.近代芜湖是发展得不够充分的城市

芜湖近代历史的时间跨度较短，深受帝国主义列强的经济掠夺和战争破坏，以及地方政治腐败及政局动荡、地方财力薄弱和社会投资不力等影响，加上1882年、1901年、1911年洪水灾害，特别是1931年长江流域特大洪水等自然灾害的严重影响，严重制约了芜湖城市的顺利发展。

三、芜湖现代城市从滨江走向拥江

（一）现代芜湖取得了由近代城市向现代城市转型后的巨大发展

1876年芜湖市开启近代化的进程，经过清末至民国时期的发展，完成了由传统城市向近代城市的转型。1949年新中国成立以后的芜湖，又开启了现代化的进程。经过70年来的发展，尤其是1978年改革开放以后的迅猛发展，芜湖已由长江流域重要的工商业城市变成融入长江三角洲区域一体化发展中的大城市，在安徽省全省经济总量第二的地位全面巩固，在长三角城市群、中部省份副中心城市和沿江城市的战略地位明显提升。

从产业结构的调整来看：1949年芜湖工农业生产总值中工业产值仅占28%，而农业产值占到72%，三次产业比重1952年为45∶28.5∶26.5，到2020年芜湖三次产业比重已调整到4.3∶47.6∶48.1，产业结构进一步优化。现代工业继续壮大；服务业比重加速提升，现代物流、金融、文化创意、旅游和服务外包业迅速增长；传统产业加速转型，汽车、材料、电器、电缆产业增长迅速，战略性新兴产业加快发展，机器人、新能源汽车、现代农机、通用航空等加速培育，产业转型升级步伐加快。

从城镇化水平的提高来看：芜湖非农业人口占全市总人口的比重，1949年为20.99%，到2020年城镇化率已上升到67%，可见芜湖市城镇化水平的提升速度很快。

从城市规模的扩大来看：芜湖1949年末全市人口19.09万人，市区范围仅11.8平方千米，建成区面积7平方千米，市县分治。到2015年芜湖市下辖4县（无为县、芜湖县、繁昌县、南陵县）、4区（镜湖区、鸠江区、弋江区、三山区），全市总面积达6026平方千米（其中市区1491平方千米，建成区面积179平方千米），全市总人口达388.85万人（其中市区150.2万人）。芜湖的城市规模在这70年中有明显扩大。

（二）现代芜湖城市发展的4个时期

1.9年初步发展期（1949—1957）

这一时期芜湖主要的城市建设有：1953年重建中山桥，发出了安徽省第一班市区公共汽车；1955年开始了沿江沿河的防洪工程建设；1957年初步形成城区排水管网系统，扩大了城区供水、供电范围；位于市中心的镜湖公园于1952年辟建。

2.20年曲折发展时期（1958—1977）

这一时期芜湖主要的城市建设有：工业区成片出现推动了城市发展。市政建设成绩显著，主城区的道路网基本形成。1959年全长10千米的长江路南北贯通，同年4月弋江桥建成通车；除了8个过江渡口，1958年建成首座过江火车轮渡；1975年建成弋矶山至二坝的汽车轮渡。赭山公园于1958年辟建。

3.21年加速发展期（1978—1998）

这一时期芜湖主要的城市建设有：市区道路全面改造，中心城区道路系统基本完善，主要城市干道开始向外延伸，道路立交桥多有建设。新建了中江桥（1982—1984）、袁泽桥（1989—1991），改建了中山桥（1997—1998），改善了青弋江两岸的交通。利民路水厂（1991—1993）、杨家门水厂（1993—1996）一期工程先后完成。燃气工程1982—1998年分三期建设，建成投产。城市防洪工程，青弋江口南北共约27千米的长江江岸防洪墙，青弋江南北两岸共8千米的防洪墙，1992—1998年重新进行了改建或兴建。公共交通，公交运营线路从1986年增加，公交优先理念逐步形成。市级公园赭山公园、镜湖公园建设完成，区级公园汀棠公园、四褐山公园基本建成。

4.20年快速发展期（1999—2019）

这一时期实施了"十五"计划到"十三五"规划，在《芜湖市城市总体规划（2006—2020）》和《芜湖市城市总体规划（2012—2030）》（2017年有修编）两轮城市总体规划指导下，芜湖的城市发展稳中求好推进。2012年2月芜湖市获国家园林城市称号，2015年成为全国文明城市，2016年10月荣获中国雕塑之城称号，2017年获批国家智慧城市试点城市，2018年获批建设国家创新型城市，同年还获国家森林城市称号。

这一时期主要的城市建设项目有三大类：一是城市对外交通更加便捷。主城区内"四纵九横两环"完整的路网骨架系统已经形成，对外"九射"高速公路网也已建成。轨道交通1号线和2号线2016年12月开工建设，市内快速交通已有实质性进展。合福高铁（2016）、宁安高铁（2016）、商合杭高铁（2020）相继开通，芜湖进入高铁时代。芜申运河2016年底开通，为保证通航净空要求，花津桥（2010—2012）、弋江桥（2013—2015）、中山桥（2016—2018）和中江桥（2016—2019）先后重建，加上临江桥（2008）、袁泽桥（2010），芜湖市已有6座桥梁连通青弋江两岸。芜湖长江公路二桥（2011—2017）、芜湖长江公路三桥（2014—2020）相继建成，城南过江隧道2017年开工建设，加上芜湖长江大桥（1997—2000），芜湖已有4条连通长江两岸市区的过江通道。尤其是芜宣机场的兴建（2017—2020），让芜湖有了专用的民用机场，对外战略通道进一步打通。二是生态环境保护和园林绿化建设成效显著。为落实打造美丽长江（芜湖）经济带，芜湖推行河长制、湖长制、林长制，狠抓水源地保护、补齐长江岸线整治、固废危废处置、补充污水处理等短板，创建了国家园林城市和国家森林城市，兴建了中江公园、滨江公园、大阳埂湿地公园、西洋湖公园、莲花湖公园等一批城市公园。三是文物保护单位保护和古城保护很有成效。至2019年底，芜湖市已有13个全国重点文物保护单位，25个省级重点文物保护单位，2项非物质文化遗产列入国家级非物质文化遗产名录，23项列入省级非物质文化遗产名录。芜湖古城保护有实质性进展，2000年启动芜湖古城保护恢复工程，2019年一期工程基本完成，二期工程开始建设。

（三）芜湖现代城市形态的演变

芜湖古代的城市形态是滨河发展的"团块状"城市。芜湖近代的城市形态是先沿青弋江后沿长江逐步发展为"L形带状"城市，最后又有向"块状"形态演变的趋势。新中国成立后，芜湖先是向北发展，改革开放后不仅向北同时又向南发展，形成典型南北长的带状形态。随着城东新区的建设，芜湖"单中心、组团式"城市形态明显形成。2011年以后，随着跨江通道的一一建成，长江以北地区得到发展，开始出现"主副核、多中心、组团式、拥江发展"的城市形态走向，芜湖最终会形成像武汉那样"三足鼎立"的"多中心、多组团"的城市形态。

（四）现代芜湖城市发展的特点

1.现代芜湖是有着深厚历史文化积淀的创新城市

芜湖是一个古老而年轻的城市。"古老"，从鸠兹古城算起有近2600年的城建史，从牯牛山古城算起有近3000年的城建史。"年轻"，至今仍具有蓬勃发展的青春活力。芜湖有着众多的历史文化遗产，芜湖古城恢复工程已完成二期工程，文物保护工作备受重视。同时，芜湖城市也在不断创新，已成功获批国家创新型试点城市、国家自主创新示范区，并6次蝉联全国科技进步先进市。

2.现代芜湖是我国长江经济带中重要的节点城市

芜湖以占安徽省5%左右的面积和人口，创造了占全省11%的地区生产总值和财政收入，芜湖已成为省内仅次于省会合肥的副核心城市。芜湖古代就是农业、手工业、商业比较发达的城市，近代因繁盛的工商业和全国四大米市之首而成为"长江巨埠、皖之中坚"，现代又成为皖江的"龙头"城市，融入长三角地区一体化发展以后，更成为长三角城市西翼的重要中心城市。

3.现代芜湖由滨江城市开始演变成拥江发展城市

古代芜湖一直是临河发展的城市，近代芜湖不仅临河（青弋江）而且滨江（长江）发展，现代芜湖先是西沿长江南北延伸，局部（城东新区）向东发展。2011年以后，无为县划归芜湖市管辖，市域面积扩大到长江以北，和县沈巷镇划为鸠江区管理，市区范围跨越长江，2013年与2014年的两次区划调整，使长江以北的市区面积明显增大，芜湖开始演变成为拥江发展的城市，从此芜湖进入城市大发展的新时期。

4.山水城市芜湖在现代发展成为宜居宜业宜游的美丽城市

芜湖自古享有"江东明邑""吴楚名区"的盛誉，不仅山清水秀而且文脉昌盛。700多年前定名的"芜湖古八景"闻名遐迩，20多年前评定的"芜湖新十景"又有新意。近20年来形成的芜湖沿江美景，尽显江城特色，方特旅游区成为国家5A级旅游景区，鸠兹古镇获得首批省级旅游小镇称号，中江公园、西洋湖公园、大阳埠湿地公园等城市公园体现了自然与人文的融合，新时代的新景观大量涌现。近20年来芜湖狠抓城市设计，通过精心详细规划，产生了一批较为优秀的新住区、新校区、新街区、新广场、新建筑群，这些都成为展示城市形象的亮点。

第二节 芜湖建筑演变发展

一、传统建筑体系的芜湖古代建筑

（一）芜湖古代建筑的3大发展阶段

前文将芜湖古代建筑发展史按5个发展时期阐述，归纳起来可划分为"隋唐以前""宋元"和"明清"3大发展阶段。

1.隋唐以前芜湖古建筑发展

芜湖古代建筑活动开始很早，有考古发现远在旧石器时代芜湖地区就有穴居遗址，新石器时代繁昌缪墩遗址和南陵奎湖神墩遗址已出现干栏式建筑，这些建筑活动在国内都是处于领先之列的。西周至春秋时期的牯牛山古城与鸠兹邑古城已发现早期城市的建筑遗存。秦汉时期"楚王城"城内也发现有建筑遗存。三国时期建于赤乌二年（239）的芜湖城隍庙是全国最早建造的城隍庙，距今已近1800年。

2.宋元芜湖古建筑发展

随着宋城的修筑，芜湖古城在宋代迎来第一次建筑活动的高潮。宋代已建有县衙，元至正十四年（1354）遭兵革之毁，但6年后重建。所幸谯楼（衙署前门）石砌宋代台基保存至今，并于2004年被公布为省级重点文物保护单位。宋代城隍庙建于绍兴四年（1134），惜毁于清咸丰年间，宋构无存。芜湖文庙早在宋元符三年（1100）就已始建，20多年后虽毁于兵火，10多年后又得以重建。相关部门和专家经过多年深入研究，针对县衙、城隍庙、文庙3大建筑群，提出了有一定依据的复建方案，并于2023年12月一并复建完成。建于北宋治平二年（1065）的广济寺赭塔至今仍存，经过多次维修，保存完好，现为全国重点文物保护单位。

3.明清芜湖古建筑发展

随着明城的修筑，芜湖古城在明代中偏后期进入第二次建筑活动的高峰。这种态势时断时续地延至清末。江口的中江塔始建于明万历四十六年（1618），成为标志性的景观建筑，现为省级重点文物保护单位。位于赭山南麓的广济寺一直香火不断，盛况不减，1983年被公布为全国重点保护寺庙。明清古建筑不仅在古城内，城外也有发展，向西伸展直至江口，向南跨过青弋江也有不少建筑活动。现存的花街—南门湾—南正街、肖家巷—儒林街、堂子巷—索面巷，尤其是声名远扬的芜湖十里长街，都出现过很多有优秀的、有特色的古代建筑。明清时期芜湖建造了大批民居与沿街商铺，深受徽派建筑影响，无论是在建筑的平面布局上，还是在建筑的立面造型上，绝大多数采用徽派建筑的风格与做法，而在官署、寺庙、城楼以及园林建筑上，则仍旧采用传统的中国古典建筑形式。

（二）芜湖古代的传统建筑体系

芜湖古代建筑和全国一样，采用固有的传统建筑体系。芜湖传统建筑以木构为主，以柱承重，常采用穿斗式构架与抬梁式构架，即使采用砖墙，也不承重，仅起维护作用。芜湖古代建筑中大量存在的是民居和商铺，建筑明间用抬梁式或抬梁穿斗混合做法，山墙为穿斗式做法，中柱落地，构架形式多样。典型民居做法是：对外较为封闭，对内院较为开敞，常组织多进院落。典型商铺做法是：沿街底层常用减柱法，采用木板排闼门，2层多为通长槛窗，常为前店后坊或前店后宅。民居与商铺均多为2层，采用小青瓦双坡屋面，砖墙也多石灰抹面少有清水墙做法。只有少量的公共建筑才采用施以斗拱的大木大式的构造做法，屋面有歇山、硬山等多种变化。采用传统地方材料和传统施工工艺，也是芜湖古代建筑的共同做法。砖石结构的采用在砖塔与石牌坊等建筑中也有发展。

（三）芜湖古代建筑的建筑风格

宋元之前的芜湖古代建筑还谈不上有什么特殊的建筑风格，要有也只能笼统地说是江南传统建筑风格。明清之后，由于徽商涌入，建筑活动进入兴盛时期，大批徽商聚集芜湖，带来了博大精深的徽文化，也在此发扬了徽州建筑特色，形成了徽派建筑的发扬地。尤其是明清时期的芜湖，在量大面广的居住建筑和商业建筑中徽派建筑风格成为主流。这种建筑风格对其他类型的建筑也有潜移默化的影响。清末民初，芜湖进入近代以后，欧式建筑进入芜湖，徽派与欧式经过对话和融合，产生了中西合璧式建筑风格。

（四）芜湖古代建筑发展的成果与不足

芜湖古代建筑的发展总的来说成绩斐然，留存的古建筑就有全国重点保护寺庙广济寺，安徽省重点文物保护单位大成殿、中江塔、衙署前门，芜湖市文物保护单位清真寺、蟂矶庙，还有100多个应保护的历史建筑。有望申报全国重点文物保护单位的有中江塔等，有望申报安徽省重点文物保护单位的有蟂矶庙等，有望申报芜湖市文物保护单位的有雅积楼、城隍庙、清末官府、伍刘合宅、段谦厚堂、堂子巷崔府等。在市域范围内还有全国重点文物保护单位无为县黄金塔，安徽省重点文物保护单位芜湖县珩琅塔，南陵县张氏宗祠、徐家大屋，无为县米公祠、洪巷周氏宗祠等。

芜湖古代建筑发展年代虽久长，但总体来说，作为古代县城，建筑规模毕竟有限，建筑标准还不是很高。尽管如此，芜湖古代建筑在中国古代建筑史上还是有过闪光点，在安徽古代建筑史上还是处于前列。

二、两大建筑体系并存的芜湖近代建筑

（一）芜湖近代建筑的4个发展时期

1876年芜湖开埠是芜湖近代建筑史的开端，1949年新中国成立是芜湖近代建筑史的下限，时间跨度74年。1911年辛亥革命推翻了清王朝，1937年抗日战争全面爆发，1945年日本宣布投降，这是3个重要的时间节点。1937年抗战全面爆发，12月芜湖沦陷，社会发生巨大变化，将芜湖近式建筑史划分为兴盛和萧条两个大阶段。兴盛阶段又可划分为初步发展期与快速发展期，萧条阶段又可划分为畸形发展期与发展凋零期。

1.芜湖近代建筑初步发展期（1876—1911）

新的建筑体系开始引进，新的建筑类型开始出现。这一时期产生了英驻芜领事署、芜湖天主堂、圣雅各中学博仁堂、明远电厂老发电厂房等一批优秀的近代建筑。

2.芜湖近代建筑快速发展期（1912—1937）

西方建筑影响逐渐加大，芜湖的建筑活动日渐频繁，建筑类型不断增加，建筑

风格趋于多样。这一时期产生了芜湖海关关廨大楼、芜湖裕中纱厂主厂房、益新面粉厂四层制粉大楼、芜湖医院病房大楼、芜湖天主教圣母院、内思高级工业职业学校教学楼等一大批优秀近代建筑。

3.芜湖近代建筑畸形发展期（1938—1945）

芜湖原有建筑遭到严重破坏，建筑活动畸形发展。日本洋行、商店林立，鸦片馆、妓院丛生，为日军服务的兵营、影剧院、洗澡堂、照相馆以及住宅、厂房等多有建设。有一定规模的有侵华日军驻芜警备司令部三幢营房、600座的东和电影院、日本制铁株式会社厂房及住宅、日商吉田榨油厂等。

4.芜湖近代建筑发展凋零期（1946—1949）

国民党政府接受日本投降后忙于内战，无大规模的建筑活动，只有中小型的公共服务性项目建设，如会堂、旅馆、饭店、商场等，较有影响的是建造了芜湖中山纪念堂。

（二）芜湖近代建筑的两大建筑体系

芜湖近代建筑和全国一样，呈现出新旧两大建筑体系并存的局面。近代新的建筑体系是新的建筑功能需要下产生的新的建筑类型，采用了新的建筑材料、新的建筑结构，运用了新的建筑技术，创造了新的建筑形式。芜湖近代新建筑体系的建立与我国近代大城市相比虽有不小差距，但在安徽省内处于领先地位，尤其在公共建筑中，留下了不少优秀的近代建筑遗产。这是芜湖近代建筑活动的主流，是在输入和引进的背景下发展起来的。近代旧的建筑体系是在原有的传统建筑体系基础上延续下来的，使用传统的建筑材料，采用传统的建筑结构，采取传统的施工方式，主要适用于传统的建筑类型，基本保持了传统的建筑形式。这些建筑可能局部地运用了近代的材料、构造和装饰，但是并没有摆脱传统的技术体系和空间格局。这也是芜湖近代建筑活动的重要部分，尤其在居住建筑中，同样留下了一些优秀的近代建筑遗产。

（三）芜湖近代建筑的4类建筑风格

关于近代建筑的建筑风格分类，《中国大百科全书：建筑·园林·城市规划》分为新旧建筑体系两大类建筑风格，并把新建筑体系的外来形式和民族形式作为中国近代建筑的主流风格。高校教材《中国建筑史》中则围绕洋式建筑、传统复兴建筑和现代建筑3个方面阐述。结合芜湖近代建筑的具体情况，本书分为4类建筑风格：新建筑体系中的欧式建筑风格和现代式建筑风格，旧建筑体系中的中西合璧式建筑风格和徽派建筑风格。

在诸多芜湖近代建筑中，引人注目的当推欧式风格建筑，具有浓郁地方特色的还属徽派建筑，既有地域感又有西洋风的当数中西合璧式风格建筑，而现代式风格建筑因数量太少又没有保存下来，现已无迹可寻。

（四）芜湖近代建筑发展的成果与不足

总的来说，芜湖近代建筑活动较为频繁，建筑类型多样，优秀成果不少，其中幸存并列入各级重点文物保护单位的有：国家级重点文物保护单位5处（英驻芜领事署建筑群、芜湖天主堂建筑群、圣雅各中学建筑群、芜湖海关关廨大楼、内思高级工业职业学校教学楼），有文物建筑14幢；省级重点文物保护单位6处（弋矶山芜湖医院建筑群、圣雅各教堂建筑群、中国银行芜湖分行大楼、芜湖模范监狱、"小天朝"、皖江中学堂暨省立五中），有文物建筑14幢；市级重点文物保护单位14处（王稼祥纪念园、益新面粉厂制粉大楼、芜湖翠文中学建筑群、英商亚细亚煤油公司办公楼、太古洋行办公楼等），有文物建筑13幢。这些优秀近代建筑成果，在安徽省内是遥遥领先的，在国内中等城市中也是位于前列的。

像芜湖科学图书社、张恒春国药号、沅记胡开文墨庄、徽州会馆、芜湖钱业会所、芜湖中山纪念堂、芜湖大戏院、芜湖红十字会办公楼、英商亚细亚煤油公司山顶别墅等这些优秀的近代建筑未能幸存，实在可惜。还有一些尚存的优秀近代建筑如太古洋行洋员住宅、段谦厚堂、周家山女修道院、古城内郑宅和潘宅等，也应申报为省市级重点文物保护单位，还需做更多的工作。

由于芜湖近代城市的发展不够充分，近代建筑活动虽在省内取得领先地位，但因建筑活动时断时续未能很好展开，近代建筑的建设规模还不够宏大，本地的设计和施工力量还比较薄弱，因此建筑的质量、标准还不是很高。尽管如此，芜湖作为内陆沿江城市，其近代建筑史在中国近代建筑史中还是有一席之地的。

三、从传统走向多元的芜湖现代建筑

（一）现代芜湖建筑的4个发展时期

1.现代芜湖建筑起步期（1949—1957）

新中国成立初期的芜湖百废待兴，着重发展经济和社会建设，少有的建筑活动主要是对原有建筑的修建、改建或扩建。新建的建筑中主要建筑类型是文教建筑、商业建筑和工业建筑，有影响的主要有：老图书馆（1950，烟雨墩）、芜湖百货公司一店（1952）、芜湖一中科学馆（1955）、工人俱乐部（1955，不存）、鸠江饭店（1957）、芜湖造船厂厂房及宿舍（20世纪50年代）等。

2.现代芜湖建筑滞缓期（1958—1977）

这一时期不仅建筑活动较少，原有建筑还遭到一定程度的破坏。新建的建筑中主要建筑类型是工业建筑、商业建筑、影院建筑，有影响的主要有：芜湖造船厂船体装配车间（1976），芜湖重型机床厂金工装配、铸造、锻工、热处理等大型厂房（1971—1975，不存），芜湖钢铁厂高炉、轧钢车间、炼钢车间等（1970—1972，不存），芜湖百货公司二店（1959，不存）、芜湖饭店（1973），迎宾阁（1973，位于小镜湖），劳动剧场（1958，不存），百花剧场（1958，不存），皖南大戏院（1966，不存）。

3.现代芜湖建筑活跃期（1978—1998）

改革开放以后，现代芜湖的城市建设加快了速度，建筑活动也进入活跃期。城市规划建设管理得到加强，设计单位有较大发展，至1999年底全市大小设计单位已达38家。随着房地产开发的兴起，开发企业从1993年的72家发展到1999年底的128家。这一时期芜湖建筑活动的活跃，尤其表现在居住建筑的发展上。至1998年底，芜湖共建成57个住宅小区（组团）。由于开发区的蓬勃发展，工业建筑活动大量兴起。1978—1998年，全市完成固定社会资产投资286亿元，其中工业投资约占35%。商业的快速发展使商业网点快速增加，至1997年近4.7万个。商业建筑规模增大，商厦大量涌现。公共建筑更是快速发展，高层建筑不断耸立，其中交通建筑、金融建筑、办公建筑、影院建筑等多有建造。较有影响的建筑主要有：物资金融大厦（1985）、芜湖长途汽车站（1990）、芜湖港客运站（1992）、芜湖工行大楼

（1998）、芜湖大众影都（1996—1999）、芜湖保险中心大楼（1996）、芜湖广电中心（1995—1999）等。

4.现代芜湖建筑兴盛期（1999—2019）

1999年迎来新中国成立50周年，芜湖与全国一样进入"市场开放，多元发展"阶段。现代芜湖的建筑活动也进入创作繁荣、发展兴盛阶段。规划与建筑管理加强，自2000年以后招投标覆盖率达到100%，到2001年按规定应实施监理的项目受监率也达到了100%。规划与建筑设计方案审查严格，专家评审、规划局审批、市规划委批准、向广大市民公示，层层把关。2000年开始实行施工图审查，进一步确保了设计质量。同时，芜湖市的建筑设计市场对外开放，市外大量建筑设计单位的进入，提高了芜湖市建筑设计总体水平，出现了一批较为优秀的建筑项目。这一时期的芜湖建筑在数量、规模、质量各方面均有较大提高，在建筑类型上也更加丰富。数量最多的仍然是居住建筑和工业建筑，校园建筑、医院建筑、商业建筑、交通建筑等也多有建造。较有影响的建筑主要有：芜湖海螺国际大酒店（2000—2012）、芜湖奥体中心（2000—2002）、安徽师范大学敬文图书馆（2005—2006）、芜湖科技馆（2005—2008）、芜湖侨鸿国际商城（2005—2008）、安徽徽商博物馆（2006—2010）、芜湖国际会展中心（2006—2012）、芜湖市政务中心（2007—2009）、芜湖大剧院（2010—2013）、芜湖镜湖世纪城社区服务中心（2011）、芜湖市规划展示馆（2011—2014）、芜湖金鹰国际广场（2011—2015）、芜湖市新火车站（2013—2020）、芜湖汽车客运站（2014—2017）、芜湖八佰伴商厦（2016—2017）、芜宣机场候机楼（2018—2020）等。

（二）现代芜湖建筑的特点

1.现代建筑技术体系占主导地位并不断向前发展

芜湖古代建筑采用传统建筑体系，以木结构为主，少量为砖石结构。芜湖近代新旧两大建筑体系并存，已显示出新建筑体系的生命力。工业时代的建筑体系经过大变革，已有丰富的内容。具有现代性的建筑即现代建筑，其建筑体系包括建筑技术体系、建筑功能体系、建筑思想体系、建筑制度体系。其中，现代建筑技术体系，在深受建筑功能、思想、制度的影响下，建筑材料、结构及设备等产生大变革，由自然材料变为人工材料，由木、砖、石结构转变为钢结构、钢筋混凝土结构、薄膜结构等新型结构，同时还出现一些新型设备（如电梯、空调和通信设备等）。现代芜湖建筑也是如此，新的建筑技术体系已占主导地位并不断向前发展，现代芜湖建筑的思想体系、功能体系走向多元，技术体系、制度体系更趋现代且成为主旋律。

2.建筑形态趋向多样化且由以多层、低层为主演变为以高层、多层为主

现代芜湖建筑除了单一的建筑个体，更多的是以建筑群体的形态出现，小到成组，大到成街、成片甚至成区。单一功能的建筑逐渐减少，综合功能的建筑日益增多，建筑综合体也已产生。建筑层数、高度变化很大，由以多层、低层为主演变为以高层、多层为主，城市面貌有极大改观。高层建筑的更多出现极易造成建筑形象趋同，失去建筑特色。较之于现存的芜湖古代建筑和近代建筑，现代芜湖建筑的特点自然是鲜明的。创作优异的建筑虽不多，但大多平和、得体，怪、丑和夸张的建筑少见。

3.现代芜湖建筑的建筑风格

两大发展时期：前30年由于经济发展不够，设计水平有限，建筑以经济、适用为主，只能在可能情况下注意美观，自然难言风格。后40年随着改革开放的不断推进，芜湖的建筑思想逐渐活跃，尤其是近20年来的建筑活动，对建筑风格的探寻获得了一定成果。

两条发展线：一条是受外来建筑思潮影响的建筑风格发展线，此为主线，发展态势较强；另一条是在中式建筑、徽派建筑影响下发展起来的建筑风格发展线，受到重视，但发展尚不充分。

三大类建筑风格："欧式"建筑风格，包括西方古典式、折衷式、简欧式；"现代式"建筑风格，包括后现代、解构主义、新现代；"地域式"建筑风格，包括中式、新中式、徽式、新徽式。这些建筑风格在芜湖的各类建筑中各有偏重。70多年来，芜湖的建筑风格，"现代式"占主导，"欧式"尚有影响，"地域式"略有发展。

（三）文物建筑保护与"历史建筑"评定

现代芜湖面临两大类优秀建筑的保护：文物建筑的保护和"历史建筑"的保护。

文物建筑的保护。截至2019年12月，芜湖文物建筑中有5处全国重点文物保护单位（英驻芜领事署旧址、芜湖天主堂、圣雅各中学旧址、芜湖海关关廨大楼、内思高级工业职业学校教学楼），10处安徽省重点文物保护单位（广济寺塔、中江

塔、大成殿、衙署前门、"小天朝"、芜湖模范监狱、芜湖医院旧址、中国银行芜湖
分行旧址、圣雅各教堂、皖江中学堂暨省立五中），14处市级重点文物保护单位
（滴翠轩、萃文中学旧址、清真寺、安徽文化名人藏馆、日本商船仓库、王稼祥纪
念园、益新公司旧址、广济寺、螺矶庙、侵华日军驻芜警备司令部营房、英商亚细
亚煤油公司办公楼、太平大路俞宅、崔国英公馆、太古洋行办公楼）。这些珍贵的
文物建筑都得到了有效保护，还有大量的不可移动文物建筑也同样受到重视。

历史建筑保护。2020年全国开展了"历史建筑普查与认定"工作，"历史建筑"
潜在对象是指主体建成30年以上，未公布为文物保护单位，在历史文化、建筑艺
术、科学技术等方面具有一定保护价值，能够反映历史风貌和地方特色的建筑物、
构筑物；或主体建成不满30年，但具有特殊历史、科学、艺术价值或者具有重要
纪念意义、教育意义的建筑物、构筑物。芜湖正在开展这一工作，将会评定、认定
一批历史建筑，其中包括现代芜湖建筑，芜湖将会增加一批建筑文化遗产。芜湖不
仅在现代有众多的建筑活动，也开启了建筑文化遗产的保护工作，任重道远。

第三节　芜湖城市与建筑发展展望

一、芜湖城市与建筑将进入当代

（一）"当代芜湖"概念的提出

本书试图解决芜湖城市与建筑发展史的下限问题，这是一个难题，但又不能回
避。笔者思考多年，一直难得结论。"现代芜湖"下限到底定于何年，现在解答的
时机可以说成熟了。

我们知道，"当代"与"现代"是两个相对又相承的时代概念，难以绝对划分，
同时随着年代的推进也会适时调整。谈到芜湖城市与建筑的发展断代，笔者认为应
该符合国家与社会的大背景。也就是说，芜湖现代与当代的划分，应该与整个中国
的现代与当代的划分一致。笔者认为2019年疫情暴发，对社会、经济影响很大，
大规模的房地产开发难以进行，这些为城市建设与建筑活动带来难题。最重要的是

2020年是我国"两个一百年"奋斗目标的分界之年，因此以2019年作为"现代城市与建筑"的下限是顺理成章的。更何况以2020年作为"当代城市与建筑"的开始，目前来说是相对的，以后也是会有变化的，会随着历史长河的滚滚向前适当调整。现在的"当代"，或可成为"现代后期"，也许成为"当代早期"，未可知。

（二）以2020年作为进入"当代"的起始之年的思考

本书之所以提出"以2020年作为进入当代的起始之年"，主要基于以下几个方面的思考。

其一，与现今我国规划界、建筑界的提法一致。如《中国大百科全书：建筑·园林·城市规划》，只提"中国古代建筑、近代建筑、现代建筑"，"中国近代城市规划、现代城市规划"。潘谷西主编的《中国建筑史》，分为"古代建筑、近代建筑、现代建筑"三篇。两书都回避了"当代"的概念，说明当时提出"当代"的概念时机还不成熟。

其二，我国1949—2019年这70年社会经济发展已能自成篇章。这期间中国人民在中国共产党领导下，社会、经济发生巨变，中华民族已有从站起来、富起来到强起来的伟大飞跃，已迎来了实现中华民族伟大复兴的光明前景。2019年我国国内生产总值接近100万亿元人民币，人均国内生产总值迈上1万美元的台阶。在这样的"现代中国"背景下，"现代芜湖"同样有了飞速发展。2019年芜湖全市地区生产总值达3618亿元，人均地区生产总值为96154元。

其三，2020年是具有里程碑意义的一年。这一年是我国全面建成小康社会、脱贫攻坚决胜之年，也是实现第一个百年奋斗目标，开启第二个百年奋斗目标之年。2020年，我国在新形势下为经济的持续发展作出了"新基建、新产业、新动能"的调整，城市与建筑在抗疫后需要作出新思考、提出新对策。这些都说明中国的城市发展和建筑活动将进入一个新的时代。芜湖正面临新的行政区划调整，如2020年7月由辖四区三县一市调整为辖五区一市一县，市区范围由1491平方千米增至2746平方千米（约增84%），市区人口也相应增加42%，这对芜湖的发展影响很大。

二、当代芜湖城市与建筑的发展趋势

（一）当代芜湖城市的发展趋势

当代芜湖城市会如何发展，笔者无力预测，只能提出几个发展趋势。

（1）城市规模会有所扩大，芜湖会有更大的发展空间，将发展成为宁（南京）汉（武汉）间最大的区域中心城市。

（2）城市形态会继续演进，芜湖将变成像武汉那样"三足鼎立"的拥江发展的大城市，会形成"多中心、多组团"的城市形态，会成为融入长三角城市群的Ⅱ级大城市。

（3）城市品质会不断提升，芜湖将变成宜居、宜业、宜学、宜养、宜游的生态城市、美丽城市、创新城市、智慧城市。

（4）古城保护会取得更大成绩，会获得"历史文化名城"称号。

（二）当代芜湖建筑的发展趋势

芜湖当代建筑会如何发展，笔者同样难以预测，也只能提出几个发展趋势。

（1）芜湖当代的建筑活动会进一步频繁，尤其是长江以北地区以及芜湖南部扩大的城区，建筑活动会更加活跃。

（2）芜湖当代的建筑创作水平会进一步提高，平庸的建筑会逐渐减少，有创意的建筑会逐渐增多，还会有一批更优秀的建筑成果出现。

（3）芜湖当代的建筑风格会更加多元化，会有进一步的探索，"新现代""新中式""新徽派"会有实质性进展，"欧陆风"建筑会逐渐减少。芜湖当代的建筑理念与建筑技术会紧跟时代步伐，会有更高的追求，在绿色建筑、智能建筑、装配式建筑、数字化建筑、3D建筑等方面有新的进步。

（4）在芜湖当代的建筑实践不断加强的同时，文物建筑和历史建筑的保护也会取得新的成果。

芜湖城建大事年表

一、古代

1.远古时代至夏商周时期

距今200万—250万年，芜湖地区已有古人类（直立人）活动的踪迹。留有繁昌人字洞遗址。

距今约200万年，芜湖地区附近的地壳总体上处于下沉状态。

距今5万—10万年，芜湖地区进入智人时代。留有南陵县小格里遗址。

距今约1万年，皖南地区丘陵山地已经形成，河流也基本定型，但芜湖地区仍被海水淹没。四褐山、赭山、赤铸山等成为孤岛。

距今约7000年，位于繁阳镇峨溪河东岸的缪家墩已有原始聚落，并出现干栏式建筑。

距今约6000年，位于芜湖市大荆山附近的蒋公山已有原始聚落，并发现加工石器的作坊。

距今约4000年，夏禹治水曾导中江，此时尚未通太湖，芜湖段有青弋江、水阳江。

夏商时期，芜湖地区所在的长江下游地区出现"越人"的较大部族。商代晚期，芜湖地区最早的城址牯牛山古城已有雏形。

西周时期，初期有"泰伯奔吴"，在长江下游建立吴国；晚期有"吴干之战"，战后统一为"干吴王国"。芜湖地区地处吴国西陲，牯牛山古城已成"吴国旧邑"，现留有牯牛山城址。牯牛山城址以西约20千米是大工山古铜矿遗址，西南约1千米是千峰山土墩墓群。三大遗址同为商周时期遗址，足以证明这里已是当时的行政、生活中心。

前770—前476年（春秋时期），吴国在此设鸠兹邑，城址位于今芜湖市中心城区以东约20千米黄池（水阳江南岸）。芜湖地区的政治、军事中心完成了由牯牛山古城向鸠兹古城的大迁移。春秋中期之前这里已经是吴国的一处故都。此古城址俗称"楚王城"。

前570年（周灵王二年），楚伐吴，发生鸠兹之战，克鸠兹，直抵衡山。最后吴胜楚败，拉开了吴楚之战的更大帷幕。

前537年（周景王八年），楚伐吴，发生鸠兹鹊岸（荻港一带长江沿岸）之战，吴胜楚败。

前525年（周景王二十年），楚伐吴，发生鸠兹长岸（天门山一带长江沿岸）之战，吴胜楚败。

前514—前496年（吴王阖闾当政时期），吴王阖闾用伍子胥之谋，开凿了中江上关键河段胥溪。自此中江直通太湖，始创此河为漕运。干将莫邪铸剑于鸠兹邑神山，留有淬剑池、试剑石、铁门槛、干将墓等遗迹。

前475—前221年（战国时期），前473年（周元王三年）越灭吴，鸠兹属越；前334年（周显王三十五年）楚灭越，鸠兹属楚；前223年（秦嬴政二十四年）秦灭楚，鸠兹地归秦。

2.秦汉至隋唐五代时期

前221年（秦嬴政二十六年），秦统一全国，设三十六郡，芜湖地属鄣郡。

前128年（汉武帝元朔元年），封刘敢为丹阳侯，食邑"无湖"（越语或读"勾吴"）。

前109年（汉武帝元封二年），改鄣郡为丹阳郡，领县十七，有芜湖、春谷。芜湖县名始见记载，治所仍在鸠兹古城。

87年（汉章帝章和元年）、90年（汉和帝永元二年）、121年（汉安帝建光元年）等，都封有芜湖侯。

200年（汉献帝建安五年），孙策临终付言孙权：江东形势，先有建邺，次有芜湖。周瑜、周泰、黄盖均任过春谷长（故城在荻港镇）。

210年（汉献帝建安十五年），孙权迎周瑜之丧于芜湖，留有一处墓冢。周瑜曾

"纳小乔"（南陵女）。南陵有小乔墓。

212年（汉献帝建安十七年），孙权为防备曹操攻建邺（今南京），在濡须口（今裕溪口）夹江立坞筑城防卫。此后十年，曹魏与孙吴在濡须口有多次交战。

218年（汉献帝建安二十三年），孙权部将陆逊率军数万，屯驻芜湖，南镇山越，北防曹操。

222年（吴黄武元年），封徐盛为芜湖侯（建安年间曾被孙权表为芜湖令）。

223年（吴黄武二年），芜湖县治由鸠兹古城迁至青弋江北侧鸡毛山高地，丹阳郡治亦迁此。同年，刘备卒。世传刘备妻孙尚香自蜀归吴，舟泊蟂矶，闻讯投江而死。晋代建蟂矶孙夫人庙，现有遗址。

239年（吴赤乌二年），在鸡毛山古城创建中国最早的城隍庙。同年，孙吴筑成咸保圩。

281年（晋武帝太康二年），分丹阳县而立于湖县（位于当涂县南）。芜湖县仍属丹阳郡（郡治于建邺）。

318年（晋大兴元年），春谷地侨置襄城郡繁昌县，春谷、繁昌两县并立。

322年（晋穆帝永昌元年），大将军王敦反，攻建邺，占芜湖。次年在鸡毛山上筑高墙营垒，史称王敦城。

329年（晋成帝咸和四年），侨立豫州于芜湖。刺史镇芜湖。

346年（晋穆帝永和二年），始建吉祥寺（位于鹤儿山），这是芜湖最早的规模较大的佛教寺庙。

374年（东晋宁康二年），上党百姓南迁，在芜湖侨立上党四县。

413年（东晋义熙九年），撤销芜湖县制，并入襄垣县，治所仍在原城址。

525年（南朝梁普通六年），置南陵县，南陵县名自此始。

589年（隋文帝开皇九年），废淮南郡，并襄垣、于湖、繁昌入当涂，属丹阳郡。

627年（唐太宗贞观元年），分为十道（后分为十五道）。宣州属江南道，领县十，芜湖仅为其中当涂县一个属镇。

726年（唐高宗开元十四年），李白漫游天下，经芜湖，写下千古绝唱《望天门山》。

753年（唐高宗天宝十二年），李白至南陵，寄居子女于此，写下著名的政治抒情诗《南陵别儿童入京》。

897年（唐乾宁四年），在赭山建永清寺，（宋真宗大中祥符年间改名广济寺）。

936年（后唐末帝清泰三年），于扁担河以东、青山河以西初建秦家圩（后为万春圩）。

937—942年（南唐昇元年间），复置芜湖县，属江宁府（一作金陵府），县治仍在鸡毛山。

3.宋元明清时期

1000年前后（宋太宗、真宗执政期间），芜湖始筑土城，北至"高城坂"，东至"鼓楼冈"，东南抵"濮家店"，南临青弋江，西至西门外"大城墙根"。宋城规模较大，"周1900余丈"。惜于南宋建炎年间（1127—1130）、元至正十六年（1356）两次毁于兵火。

1061年（宋仁宗嘉祐六年），沈括、沈披弟兄二人指导重修万春圩。

1065年（宋英宗治平二年），建赭塔于广济寺地藏殿后。

1094年（宋哲宗绍圣元年），黄庭坚（1045—1105）暂留芜湖，居广济寺桧轩，改桧轩为滴翠轩。今留有滴翠轩遗址。

1100年（宋哲宗元符三年），创建芜湖学宫，创办芜湖县学。

1102年（宋徽宗崇宁元年），米芾（1051—1107）知无为军时，书写《芜湖县新学论》，并刻碑立于学宫内。今立于大成殿前东侧，保存完好。

1111—1118年（宋徽宗政和年间），修筑了政和、易泰、陶辛、行春四大官圩，周长45里。

1130年（南宋初，高宗建炎四年），金马门以东的青弋江上建联舟浮桥（市东桥，又名孝烈桥）。

1132年（宋高宗绍兴二年），四褐山上建烽火台。

1169年（宋孝宗乾道五年），著名南宋词人张孝祥（1132—1170，23岁考中状元）因病退居芜湖。"捐田百亩，汇而成湖"，名为陶塘（今镜湖公园），后成为著名风景区。

1314—1320年（元仁宗延祐年间），欧阳玄（1283—1357）任职芜湖县尹三年，定名芜湖八景：赭塔晴岚、荆山寒壁、玩鞭春色、吴波秋月、神山时雨、雄观江声、蟂矶烟浪、白马洞天（明国初年"神山时雨"改为"镜湖细柳"）。

1355年（元至正十五年），始建的芜湖县衙被毁。1361年（元至正二十一年），县衙第一次重建。

1421年（明永乐十九年），从县衙至青弋江口修建一条官道，后逐渐商贾云集，形成"十里长街"。

1471年（明成化七年），朝廷在芜湖设"工关"，主要征收竹、木税。

1564年（明嘉靖四十三年），南陵筑成新城。

1522—1566年（明嘉靖年间），青弋江上重修老浮桥。

1575—1581年（明万历三年—九年），重建芜湖县砖砌城垣。明城范围已较宋城大为缩小。

1573—1620年（明万历年间），休宁人江一龙在西门外创立"正田药店"（字号"永春"），历200多年。

1616年（明万历四十四年），在芜湖县衙前设"江东首邑""吴楚名区"牌坊。

1618年（明万历四十六年），中江塔始建于青弋江北侧与长江交汇处，时建时停，1669年（康熙八年）才最后落成。

1630年（明崇祯三年），户部在青弋江南设钞关（又称"户关"），征商船正税。

1638年（明崇祯十一年），设池太兵备道（又称芜湖兵备道），繁昌县于金娥上乡筑新城。

1662—1722年（清康熙年间），铁工汤鹏（约1644—1722）师从著名画家萧云从（1596—1673）习画，创制铁画，开创芜湖铁画工艺史。

1667年（清康熙六年），芜湖县隶属安徽省太平府。

1669年（清康熙八年），中江塔竣工（1618年始建）。

1673年（清康熙十二年），芜湖逐渐形成以长街为主街、33条街巷为辅街的繁华商业街区。

1680年（清康熙十九年），在索面巷内创建新安会馆，这是最早的徽州会馆。嘉庆年间在长街状元坊一带重建会馆，是芜湖规模最大、规格最高、影响最深的会馆。

1733年（清雍正十一年），池太兵备道改为安徽宁池太广道兼理芜湖关务，道署仍驻芜湖。

1765年（清乾隆三十年），两江总督李世杰在青弋江南的蔡庙巷创建中江书院，面向安徽宁池太广道辖境招生。

1796—1820年（清嘉庆年间），芜湖出现山西帮开设的三晋源、日升昌票号。

早在明朝末年晋商已在芜湖开设"复太"当铺，此时又发展数家。

1821—1850年（清道光年间），芜湖有票号、钱庄各十余家。

1850年（清道光三十年），张文金在金马门开设张恒春国药号，后数次迁址，1864年迁至长街。

1853年（清咸丰三年），太平军攻占芜湖，建立地方政权。1856年清军曾一度复占。1860年太平军重占。1862年太平军失守，芜湖又被清军占领。

1854年（清咸丰四年），安徽宁池太广道改为徽宁池太广道，亦称皖南道。

1855年（清咸丰五年），山西人赵云生在中长街宁渊观开设赵云生剪刀店。

1864年（清同治三年），宁波商人朱锦棠在长街开设宝成银楼，这是芜湖的第一家银楼。同年，芜湖清真寺在北门始建，1902年扩建。

1871年（清同治十年），美旗昌洋行轮船公司通航的汉申线客轮，在芜湖上下旅客，芜湖开始有了轮船客运。

1872年（清同治十一年），李鸿章在上海创办轮船招商局，1873年在芜湖设立行栈，办理申汉栈客货运输业务，打破了外国轮船公司垄断局面。

二、近代

1.清末民初时期

1876年（清光绪二年），《中英烟台条约》签订，芜湖被辟为通商口岸。

1877年（清光绪三年），在范罗山建成英驻芜领事署，在雨耕山建成英驻芜领事官邸。芜湖海关开关，租用民房办公。李鸿章奏准将镇江米市迁至芜湖。

1880年（清光绪六年），芜湖开始有气象记录。

1882年（清光绪八年），芜湖成为全国四大米市之一，辟建北平路（今北京路）。

1883年（清光绪九年），芜湖开设二等电报局，为安徽省最早的电报局。美国基督教传教士在二街石桥港（今花津路）建成圣雅各教堂。

1891年（清光绪十七年），程海鹏创办芜湖第一家照相馆"鸿日轩"。

1894年（清光绪二十年），章维藩1890年创办的芜湖益新米面机器公司建成投产。1906年建造三层制粉楼，后被烧毁。1916年建成四层制粉大楼，至今保存完好。芜湖书信馆成立并首发邮票。

1895年（清光绪二十一年），芜湖天主堂经过4年建设后落成。

1896年（清光绪二十二年），芜湖邮政总局成立，为安徽邮政之始，是当时全国35个邮局之一。

1900年（清光绪二十六年），在青弋江口附近宁渊观码头架设木桥利涉桥。

1902年（清光绪二十八年），设立马路工程局，开辟了大马路和二街。芜湖关道刘树屏奉命划地719亩4分，作为各国公共通商租界。英商设立的保险公司开业，是芜湖最早的保险公司。英商太古、怡和、亚细亚，英美烟草公司等及日商前田、日清、三菱等商行相继成立开业。

1903年（清光绪二十九年），绩溪人汪孟邹在长街创办芜湖科学图书社（至1939年11月停业）。芜湖巡警总办黄家伟创办芜湖消防局，是芜湖最早的消防机构。在大赭山原中江书院旧址创办"皖江中学"，是芜湖最早的官办学堂（1914年改为省立第五中学）。

1904年（清光绪三十年），陈独秀到芜湖，正式创办《安徽俗话报》。英领事柯赴良与芜湖关道童德璋签订《芜湖各国公共租界章程》，于1905年正式开辟芜湖租界。

1905年，芜湖商务总会成立，1915年改名为总商会。

1906年（清光绪三十二年），吴兴周等创办明远电灯股份有限公司，1907年建成第一幢发电厂房，1908年投产发电，芜湖开始电灯照明，为安徽电力工业之始。裕皖官钱局设芜湖分局，标志着芜湖近代新式金融的产生。

1908年（清光绪三十四年），英商太古公司建成芜湖最早的栈桥式码头。克利斯（英）在芜湖二街首次放映无声电影。

1909年（清宣统元年），大清银行芜湖分行在中二街成立，发行大清银币及钞票，这是芜湖最早的中央银行机构。美商美孚洋行、美孚煤油公司成立。

1910年（清宣统二年），圣雅各中学教学楼建成。1914年李克农、1924年王稼祥先后在此就读。

1911年（清宣统三年），辛亥革命爆发，芜湖光复，成立皖南军政分府。

2.中华民国时期

1912年（民国元年），民国政府废府州、厅而保留县、道建置。芜湖县直属安徽省。10月30日孙中山乘船抵芜，出席欢迎会，发表讲话。

1914年（民国三年），中国银行芜湖支行正式营业。北洋政府分安徽为三道，其中芜湖道驻芜湖，辖皖南地区23个县。芜始设置电话，至1919年达256户。

1915年（民国四年），交通银行芜湖支行成立。到1932年，芜湖有银行6家。10月20日，张九皋创办《工商日报》。

1916年（民国五年），高语罕应刘希平推荐来芜湖任省立五中学监（1920年离芜经上海至北京）。陈绍吾等筹办官商合办的裕中纱厂，1919年5月正式投产，成为安徽第一家机器纺织厂。

1918年（民国七年），在东内街创建安徽省第二监狱，史称芜湖模范监狱。

1919年（民国八年），恒升铁工厂创办，是当时芜湖规模最大的私营铁工厂（芜湖重型机床厂前身）。辟建吉和街（碎石弹石路面）。经过3年建设，芜湖海关关廨大楼建成。

1920年（民国九年），吴兴周等集资创办大昌火柴股份有限公司。英商亚细亚煤油公司在铁山建办公楼1幢，高管住宅1幢。

1921年（民国十年），省立芜湖通俗图书馆成立。

1922年（民国十一年），曾任我国第一所"国立北京高等工业专门学校"校长的芜湖人洪镕回到芜湖，筹办"私立芜湖工业专科学校"。1924年学校在广福矶建成，颇具规模，为家乡培养了大批人才。

1923年（民国十二年），建成万安路（今新芜路），时为碎石弹石路面。

1925年（民国十四年），王稼祥组织领导了芜湖的反帝反奴化教育的学生运动。

1926年（民国十五年），中共芜湖特别支部成立，是由中共中央批准的芜湖最早的中共组织。

1927年（民国十六年），我国近代著名建筑师柳士英设计的中国银行芜湖分行大楼建成。8月，中共安徽省临委设在芜湖。

1928年（民国十七年），芜湖成立工务局，下设工程队。8月，安徽省废道存县，芜湖为首县甲等，直属安徽省。10月，任弼时到芜湖中共安徽省临委指导工作。

1931年（民国二十年），7—9月发生20世纪最大洪水，芜湖长江最高水位11.87米（9月18日），市区几成泽国，主要街道水已没膝。

1932年（民国二十一年），重修长街，1933年竣工。拆除旧城墙，建成环城马路。

1933年（民国二十二年），芜湖火车站西站（时称"芜湖江边站"）开业

（1934年建成，为甲等站）。6月24日京芜（南京—芜湖）公路竣工并通车。

1934年（民国二十三年），国民政府在湾里建军用飞机场。辟建芜湖公园（今赭山公园）和新市口广场。在万安路建立芜湖享大利广播电台，是安徽最早的商业性广播电台。11月25日，芜湖铁路芜宣段（芜湖至宣城孙家埠）建成通车，芜湖始有铁路运输。在赭山南山腰建成皖南图书馆（新中国成立初期改为中山堂）。

1935年（民国二十四年），1月1日，芜屯公路（芜湖—屯溪—休宁）通车。5月15日，南京至芜湖段铁路正式运行。8月，芜湖公共体育场建成，只有300米跑道的简易田径场。

1936年（民国二十五年），江南、淮南线相继建成通车，芜湖铁路初具规模。

1937年（民国二十六年），12月日军侵占芜湖，芜湖沦陷。

1938年（民国二十七年），日本制铁株式会社在租界区建造了生产车间、办公楼及住宅。

1939年（民国二十八年），在新芜路建成了东和电影院（1949年以后改建为人民电影院）。日军在赭山南麓建了3幢驻芜警备司令部营房。

1940年（民国二十九年），日商在青弋江南岸利涉桥头东侧新建了吉田榨油厂。

1945年（民国三十四年），8月15日，日本宣布无条件投降。11月1日，芜湖市政筹备处成立。

1946年（民国三十五年）夏，中山纪念堂在芜湖镇守使署旧址建成。芜湖撤县建市未果。

1948年（民国三十七年），芜湖县立聋哑学校建立，是当时安徽省唯一的特殊教育学校。

1949年，4月20日，中国人民解放军发起渡江战役，21日解放繁昌城。4月23日，中国人民解放军从老浮桥（弋江桥）进入市区，芜湖解放。4月27日，成立芜湖市军事管制委员会。5月8日，成立芜当专区，辖芜湖、繁昌、南陵、当涂4县。5月10日，芜湖市人民政府成立，办事机构设在公署路。5月12日，中共芜湖市委成立。7月，皖南人民行政公署由屯溪移驻芜湖。同月，在5家公营工厂（铁工厂、榨油厂、火柴厂、碾米厂、自来水公司）和4家公私合营工厂（染织厂、江南火柴梗片厂、新新棉花轧花厂、面粉厂）的基础上，统一组成了皖南企业公司。8月，组建皖南贸易总公司，芜湖设百货、粮食、土产3个公司以及宣城、大通、屯溪、当涂4个分公司。芜湖为皖南全区贸易中心。

三、现代

中华人民共和国时期

1949年10月1日，中华人民共和国成立，揭开了中国历史新的篇章，芜湖人民迎来了崭新的时代，踏上了新的征程。

1950年4月，成立公私合营的长江烟厂（1951年改为地方国营的新中烟厂，即后来的芜湖卷烟厂）。6月，中山桥修复通车。7月，创办市公营四褐窑厂，芜湖市公营建筑公司筹备处成立，翻建环城路、康复路、渡春路、人民路等道路为碎石路面。10月，大众电影院举行落成剪彩仪式。至年底，全市合作社增至26个，社员增至18303名，占全市人口7.5%。

1951年2月，招商局芜湖分局改组为中国人民轮船公司芜湖分公司。5月，芜湖市建筑工程公司成立。中山路建成为全市首条混凝土路面。私营恒升机器厂、顺昌铁工厂，易名为芜湖市机器制造业第一合营铁工厂（后为重型机床厂）。9月，皖南行署向上海申新公司购买了裕中纱厂，成为国营芜湖纱厂。

1952年7月，芜湖百货公司商场部建成开业。8月，安徽省人民政府成立，撤销皖南行署，芜湖市直属安徽省。是年，开辟"陶塘公园"（1957年改名镜湖公园），新建劳动路（今中山北路）。

1953年4月，市内第一座钢筋混凝土桥——中山桥建成通车。10月，芜湖市发出安徽省第一条市区公共汽车（铁工厂—金马门）。芜湖市图书馆在烟雨墩建成开馆。

1954年3月，私营芜湖玻璃厂建成投产。5—7月，芜湖市遭受特大洪水。9月，芜湖铁工厂更名为国营芜湖造船厂，开始大规模扩建。

1955年春，芜湖市第一中学科学馆建成。3月，芜湖市沿江沿河防水工程建设委员会成立，沿江防洪墙、沿河防洪堤开始建造。9月，芜湖市建设局测量队成立。是年，疏浚大镜湖，辟建东郊路。

1956年9月，由47家私营营造厂和原市木瓦建筑生产合作社合并成立公私合营芜湖市建筑修建公司。11月，赭山公园开工建设（1958年建成开放）。芜湖市水电安装公司成立。

1957年10月，鸠江饭店建成营业。

1958年新建扩建了200多家企业。芜湖钢铁厂筹建，芜湖冶炼厂正式建厂，芜湖东方纸版厂建成投产，公私合营第一铁工厂扩建为地方国营红旗机床厂。是年，和县裕溪口镇划入芜湖市。芜湖市改属芜湖专区。裕溪口煤港建成。火车轮渡、汽车轮渡通航。长江路南段（劳动路—广福矶）建成通车。新建劳动剧场。

1959年2月，芜湖市百货公司综合商场建成开业。3月，芜湖县并入芜湖市。4月，弋江桥（芜湖市第二座钢筋混凝土桥梁）建成通车。6月，铁画《迎客松》制作成功（陈列于北京人民大会堂安徽厅）。是年，长江路（广福矶—四褐山段）、芜钢路、弋江南路、吉和街建成通车。

1960年1月，芜湖专区和市分开设置，芜湖市属省、专区双重领导。5月，成立镜湖、新芜、马塘、四褐山、裕溪口城市人民公社。

1961年4月，芜湖专区分为芜湖、徽州两个专区，芜湖专员公署仍设芜湖市。是年，各区人民公社改为区人民委员会。

1962年3月，芜湖钢铁厂停产缓建，其他小钢铁厂全部停产拆除。12月5日，芜湖市改属安徽省和芜湖地区双重领导。

1963年1月，张恒春国药店开业。3月，撤销四褐山区，改设四褐山街道办事处，划归新芜区。11月，芜湖市印铁制罐厂建成。

1965年7月，省辖芜湖市改为芜湖专员公署所辖。是年，劳动路、中山南路、镜湖东路、黄山路、江岸路改建为沥青路面。

1969年3月，芜湖一中、皖大附中等多校下迁农村公社分点办校（后分批调回芜湖）。芜湖一院、中医院、弋矶山医院等10多个医疗单位下迁农村（后分批调回）。

1970年4月，芜湖钢铁厂2号高炉建成投产。12月，芜湖市安装公司成立。

1971年3月，芜湖县县治由芜湖市区迁至湾沚镇。芜湖市铜网厂筹建（1976年6月建成投产）。10月，成立四褐山区，为市辖区。12月，芜（湖）铜（陵）铁路全线建成通车。是年，芜湖市砖瓦厂等15家企业最先成立集体所有制性质的"五七"工厂。

1972年6月，国家建委在芜湖筹建白马山水泥厂（1981年第一条生产线建成投产）。

1973年2月，芜湖市改为省辖市。4月，南京—芜湖220千伏高压输电线路建成投运。10月，芜湖饭店一期工程建成（1982年完成二期工程）。11月，于小镜湖东北角半岛建成迎宾阁。是年，市城建处沥青加工厂建成投产。

1974年，团结路、长江路改为沥青路面。

1975年11月，长江汽车轮渡由四褐山至裕溪口迁址到二坝至弋矶山，12月正式通航。

1976年，成立芜湖市改造神山指挥部，开始筹建神山公园。再次疏浚大镜湖。

1977年，恢复高考制度。

1978年3月，成立芜湖市公房统建领导小组。6月，国务院批准芜湖市为对外开放城市（1985年升格为全国甲类对外开放城市）。8月，北大地理系主任侯仁之教授师生一行来芜进行芜湖市城市总体规划调研活动。

1979年9月，成立芜湖市城市规划领导小组，下设办公室。

1980年2月，国务院批准芜湖港为国家一类口岸。安徽省将芜湖地区行政公署由芜湖市迁驻宣城县城关镇，并改名为宣城地区行政公署，所辖芜湖县改属芜湖市。国务院批准芜湖为长江外贸运输港口，对国轮办理对外贸易运输业务。3月，国务院批准设立中华人民共和国芜湖海关（10月15日正式开关）。11月，在原统建领导小组基础上成立芜湖市住宅建设领导小组，芜湖市住宅建设加速。

1981年9月，吉和街农副产品贸易市场开放。12月，皖赣铁路（芜湖—江西贵溪）全线接轨铺通（1982年承担干线分流，1984年开始临管运营，1985年6月1日正式交付运营）。成立芜湖市城市住宅建设开发公司。人民路邮政枢纽大楼建成。

1982年1月，芜湖造船厂船体加工车间动工（1983年12月底竣工）。3月，芜湖市煤气第一期工程动工。4月，芜湖市文物管理委员会成立，大成殿等11处文物古迹列为市级文物保护单位。11月，中江桥开工（1984年5月建成通车）。是年，芜湖被列为全国16个中等明星城市之一。个体户年广久创立"傻子瓜子"公司，成为中国改革开放标志性人物之一。

1983年5月，工人俱乐部新建前楼，扩建为工人文化宫。芜湖铁路枢纽小杨村编组站破土动工（1984年4月建成）。6月，芜湖市增辖繁昌、南陵、青阳3县和九华山管理处，当涂县大桥公社划入芜湖市郊区。这是芜湖市一次较大的行政区划调整，市辖范围较前扩大。10月，翠明园开园（1982年始建）。11月，建立芜湖市城乡建设环境保护局（1984年改为芜湖市城乡建设环境保护委员会）。开工修建利民路。12月，芜湖联合大学成立（1992年12月10日，更名为芜湖职业技术学院）。朱家桥水陆联运外贸港口一期工程投产。是年，编制《芜湖市城市总体规划

（1983—2000）》。

1984年3月，芜湖市九华山路建设指挥部成立。5月，芜湖市规划设计研究院成立。8月，中国房屋建设开发公司芜湖分公司成立。10月，汀棠公园建成开园。11月，毛纺厂建成。12月，芜湖市建筑设计室改为芜湖市建筑设计研究院。是年，芜湖市规划设计研究院局部调整、完善《芜湖市城市总体规划（1983—2000）》，完成正式规划成果。

1985年1月，芜湖农副土特产贸易中心开业。3月，芜（湖）裕（溪口）第二火车轮渡载重试航成功（8月25日正式通航）。6月，中江商场动工（1986年1月底竣工）。7月，芜湖开展第一次全国房产普查。8月，花园街小商品市场开业。是年，芜湖市16层高层建筑物资金融大厦建成。国务院批准芜湖为全国甲类对外开放城市。

1986年4月，镜湖风景区一期改造工程竣工。8月，王稼祥铜像揭幕典礼举行。9月，朱家桥外贸码头工程动工。12月，萧云从雕像揭幕典礼举行，纪念萧云从诞辰390周年。

1987年2月，裕溪口区和市区间开通客车。长江南路立交桥开工（1990年7月竣工）。6月，新建延安路（银湖路）开工（1988年9月竣工）。阿英藏书陈列室暨纪念基石揭幕仪式在镜湖烟雨墩举行。7月，新建解放西路开工（1988年9月竣工）。10月，赭山东路立交桥开工（1990年竣工）。11月，市内电话号码由4位升为5位号（1992年升为6位号，1995年升为7位号）。市煤气第二期工程开工（1989年7月，延安路5.4万平方米煤气储气柜主体工程竣工。1993年11月，市煤气第三期工程开工。2002年用户达7.5万户）。

1988年1月，芜湖劳务市场成立。2月，首批98户领到房屋所有权证。3月，确定香樟和垂柳为市树，月季和菊花为市花。4月，洪镕藏书陈列室暨纪念基石揭幕仪式在镜湖烟雨墩举行。8月，原属芜湖的青阳县（含九华山风景区）划归池州地区管理。12月，天门山路立交桥开工（1989年10月竣工）。

1989年3月，新建文化路（北京东路）开工（1991年11月竣工）。12月，新建芜南路开工（1990年6月竣工）。是年，芜湖建行大楼（10层）建成，揭开芜湖银行高层建筑建设的序幕。

1990年3月，撤销裕溪口、四褐山、郊区3个市辖区，设立鸠江区。9月，芜湖经济开发小区举行奠基仪式（1991年3月正式动工建设起步区，11月10日安徽省人民政府正式批准设立芜湖经济技术开发小区）。11月，芜湖市长途汽车站竣工。是年，安徽省委确定芜湖作为"开发皖江，呼应浦东"的重点和突破口。

1991年3月，新建港湾三路开工（9月竣工）。西洋湖桥开工（8月竣工）。5月，中共芜湖市委举行步文亭揭幕仪式，纪念安徽省首任省委书记王步文。7月，新建二环路（今弋江路）开工（1992年4月竣工）。11月，首届菊花节举行开幕式。王莹资料捐赠暨纪念雕像揭幕仪式在镜湖烟雨墩举行。袁泽桥竣工。是年，开始了第二轮城市总体规划的编制。

1992年4月，省政府批准《芜湖市城市防洪规划》（11月启动一期工程，1998年实施二期工程，2002年城市防洪达标）。5月，芜湖港对外国籍船舶开放通过国家验收（28日举行首航仪式）。9月，芜湖铁路新客运站竣工。两站广场开工（1993年4月建成使用）。11月，九华北路公跨铁立交桥开工（1994年12月竣工）。12月，市区放开粮食销售价格，居民购粮卡和各种粮票停止使用。是年，芜湖被批准为沿江开放城市和外贸自主权城市。

1993年2月，芜湖联航机场候机楼竣工。4月，芜湖联航机场正式开通，举行首航仪式。国务院批准设立国家级芜湖经济技术开发区。6月，芜湖经济技术开发区举行挂牌仪式。利民路水厂一期工程竣工投产，日供水能力10万吨。12月，杨家门水厂开发建设（1996年一期工程竣工投产，日供水能力15万吨）。年底，芜湖市荣获全国城市环境整治优秀城市称号。是年，长街改造工程开始实施。

1994年4月，芜湖市烈士纪念碑落成（1995年6月，芜湖市烈士陵园被定为安徽省爱国主义教育基地）。新建二环北路（今弋江北路）开工（1996年4月竣工）。10月，芜湖市重型机床股份有限公司成立，是芜湖第一家国有大中型企业整体改制的企业。11月，首届安徽省芜湖房地产交易展示会开幕。

1995年1月，经过长街改造，百龙商城（初名长街商城）正式开业。4月，芜湖南京新百大厦建成开业（12月底高层主楼封顶）。5月，市公交公司首条无人售票线路（火车站—客运码头）正式开通。7月，以一环路建设为突破口，开始旧城改造工程。8月，银湖金桥工程开工（1996年8月竣工）。9月，芜湖长江公铁两用大桥可研报告获国家批准（1996年正式开工）。芜湖市获国家卫生城市称号。年底，芜湖港客运站落成。

1996年5月，市区9条重点道路改造工程全面展开（8月31日完工）。8月，十一中校园内的王稼祥纪念园举行安徽省爱国主义教育基地揭牌仪式（2001年被中共中央宣传部定为爱国主义教育示范基地）。9月，赭山广济寺塔重修工程揭幕（1997年6月竣工）。芜湖市广播电视中心主体工程封顶（1999年9月建成启用）。10月，安徽省白马山水泥厂举行整体并入安徽海螺集团交接仪式。12月，花津步行桥开工（1997年7月竣工）。是年，国务院批准芜湖为国家优化资源结构试点城市。芜湖市保险中心大楼、银座大厦建成。

1997年1月，南陵大工山-凤凰山铜矿遗址被国务院公布为第四批全国重点文物保护单位。3月，芜湖长江大桥开工典礼举行。4月，中山桥改建工程开工（1998年10月竣工）。马饮公铁立交桥开工（1998年4月竣工）。9月，九华山路拓宽改造后打通。10月，长街商都小商品批发中心建成交付使用。11月，大成殿主体修复工程竣工。新建神山大道开工（12月竣工）。12月，二环南路（今弋江南路）基本建成。是年，伟基大厦、商贸大厦竣工。总部设在芜湖的安徽海螺集团被国务院列为全国120家大型企业集团之一。

1998年3月，广东美的集团在芜湖经济技术开发区落户。8月，由芜湖纺织厂整体改制的芜湖裕中产业（集团）有限公司揭牌运营。10月，新建吉和路开工（1999年6月竣工）。是年，工行大楼、交行大楼建成。芜湖成为国家技术创新区域试点城市。

1999年1月，新芜路成为芜湖第二条无杆化道路。3月，中和路开工（5月5日通车）。5月，芜湖市规划设计研究院编制完成《芜湖南正街历史街区详细规划》。新建利民路开工（8月竣工）。7月，经过两年的调研，确定了"芜湖十景"（2000年3月25日发行邮资明信片）。9月，中山路步行街建成开街，后被商务部评选为中国十大著名商业街。12月，第一辆奇瑞轿车下线。是年，大众影都、芜湖市广播电视中心建成。

2000年3月，凤鸣湖大桥开工（2001年9月竣工）。芜湖古城保护工程全面启动。中江桥维修加固工程竣工。7月，齐落山路互通式立交桥全面通车。8月，新建花津南路开工（2001年7月竣工）。9月，芜湖长江大桥建成通车，举行了通车典礼（10月，公路桥正式投入运营），后成为新中国成立60周年"百项经典建设工程"之一。10月，营盘山路立交桥开工（2002年竣工）。12月，2000年（首届）中国（芜湖）旅游商品博览交易会开幕。是年，芜湖市房地产培训中心大楼、镜湖区政府大楼建成。

2001年3月，韩美林设计的大型青铜雕塑"鸠顶泽瑞"运至现场安装。4月，吉和广场建成。5月，鸠兹广场建成开放。8月，芜湖高新技术产业开发区揭牌暨华夏科技园奠基仪式举行。9月，芜湖凤凰美食街开街，长江市场园开园。10月，基督教圣雅各堂、天主堂被批准为市级文物保护单位。芜湖世纪联华超市举行开业庆典。是年，南陵千峰山土墩墓作为皖南土墩墓群的组成部分，被国务院公布为第五批全国重点文物保护单位。

2002年1月，召开芜湖古城保护规划设计方案招标方案评审会。4月，在大桥镇北部设立桥北工业园。安徽工程科技学院举行揭牌仪式。5月，九华广场建成开放。6月，新建龙山路开工（8月竣工）。全省第一所外国语学校——安徽师范大学附属外国语学校在市十一中揭牌。国务院批准设立芜湖出口加工区（国家级）。8月，召开安徽师范大学新校区总体规划方案设计招标会，确定中标方案。9月，2002中国（芜湖）国际建筑装饰材料博览交易会开幕。10月，芜湖市奥体中心一期工程（体育场、体育馆、射击馆、广场、道路、绿化）完成，安徽省第十届运动会在此举行。12月，宝文国际广场正式开工建设。

2003年3月，河北省邯郸新兴铸管集团有限公司整体收购重组芜湖钢铁厂。4月，朱家桥外贸码头3号泊位完成扩建，通过交通部验收。7月，在镜湖区旅游商品经济开发区建设中国（芜湖）国际旅游商品交易中心（2005年建成正式投入运营）。10月，芜宣高速公路建成通车。是年，举办2003年芜湖（春季）房地产博览交易会。高教园区建设全面展开。新时代商业街开工建设。

2004年2月，中南建材城建成投入使用。12月，成立芜湖华强旅游城项目公司，开始项目建设。凤鸣湖畔芜湖第一家五星级大酒店沃尔特大酒店开业。是年，新芜、镜湖两区实施了廉租房建设工程，鸠江区内4个工业区进行整合组建鸠江开发区（2006年为省级开发区），芜湖市共举办11项展会（7项为大型品牌展会）。是年，芜湖高教园区建设初具规模，已有2万学生入驻。

2005年3月，长街小商品市场道路维修工程全面开工，保留了原条石路面。5月，首届中国（芜湖）汽车博览会在奥体中心开幕。10月，芜马高速公路全线建成通车。12月，沃尔玛芜湖分店正式开业。年底，马饮大转盘附近新建芜湖汽车南站（临时性）。合家福、苏宁电器、商之都华亿购物中心等落户芜湖。建成旅游商品交易中心（11.5万平方米），举办2005年安徽省冬季人才交流会和第六届中国（芜湖）国际旅游商品博览交易会。新创办三大品牌展览会：5月"首届中国（芜湖）国际汽车博览交易会"；11月"2005年中国（芜湖）青少年文体生活用品博览交易会"

"2005年安徽·芜湖房地产博览交易会"。荣获"2005年中国新锐会展城市"称号。

2006年2月，芜湖高新技术产业开发区被安徽省人民政府批准为省级开发区。3月，芜湖教育学院更名为"芜湖信息技术职业学院"。8月，在王稼祥100周年诞辰之际，王稼祥纪念园隆重开园。12月，《神山公园建设规划》通过专家评审。《芜湖市政务新区详细规划》招投标，6家规划设计单位竞标，确定了中标方案。年底，沿江高速公路基本建成。是年，"杂交水稻之父"袁隆平院士到芜湖指导超级水稻推广。九莲塘公园重修后开放。两站广场全面进行绿化改造。马仁奇峰景区、赭山风景区、王稼祥纪念园通过国家旅游局4A级旅游景区验收。朱家桥水处理厂建成投入使用。编制《芜湖市城市总体规划（2006—2020）》（2008年通过安徽省人民政府审批）。芜湖国际会展中心（一期）在九华南路建成。

2007年4月，为期两天的芜湖古城项目建设策划研讨会召开，清华大学、深圳大学等单位专家应邀参加。8月，戴安澜将军塑像在赭山公园落成。奇瑞第100万辆汽车下线。10月，芜湖方特旅游区首个主题公园"欢乐世界"开始试营业。12月，芜湖市政务中心正式开工（2009年12月竣工）。是年，芜湖综合竞争力位列200座城市第61位，列入国家比照东北老工业基地试点城市，入选中央电视台"倾国倾城""最值得向世界介绍的中国名城"。皖南医学院新校区体育馆建成。安徽师范大学新校区基本建成。"芜湖古城改造更新项目"被列入当年要实施的23项民生工程之一。

2008年1月，临江桥与滨江南路一期工程正式通车。3月，《芜湖市文化发展规划（2008—2015年）》通过专家评审。《芜湖日报》报道：芜湖市鸠兹广场荣获全国人居环境"广厦奖"。4月，芜湖方特"欢乐世界"盛大开园。8月，芜湖侨鸿皇冠假日酒店开业。11月，芜湖碧桂园凤凰酒店封顶。安徽南陵丫山省级地质公园开园。12月，芜湖科技馆开馆。芜湖华强文化科技产业园在城东新区举行开工仪式。是年，芜湖被评为"省首届文明城市"，获"全国未成年人思想道德建设工作先进城市"称号。芜湖入围全球"经济增长最快的20个城市"排行榜。芜湖被列为改革开放30年全国18个典型地区之一。是年，欧尚超市建成开业。芜湖徽商博物馆基本建成（2010年4月正式开馆）。新建、续建道路20条，改扩建道路7条，改造背街小巷80条。启动第二次全国经济普查、第三次全国文物普查和非物质文化遗产普查。

2009年1月，滨江公园一期景观工程建成开放。2月，国家旅游局公布147家国家4A级旅游景区名单，芜湖方特欢乐世界、鸠兹风景区（鸠兹广场、中山路步行街）、南陵丫山花海石林旅游区入选。4月，205国道芜南路快速通道改建工程全线通车。5月，芜湖市第一期北京路、长江路、银湖路、弋江路、峨山路和九华中路6条道路"杆线下地"工程全面完成。7月，芜湖入选"2009年中国十佳和谐发展城市排行榜"。8月，《芜湖港总体规划》经交通运输部和安徽省人民政府批准，规划建成内河亿吨大港，跻身全国现代化大港行列。《芜湖文化创意产业发展规划》通过专家评审。9月，繁昌马仁山地质遗迹保护项目，获省国土资源厅和财政厅批准（保护面积5.1万平方千米）。芜湖新华958文化创意产业园开园。10月，宁安城际铁路（258千米）征地拆迁工程启动。中铁大桥勘测设计院与市规划设计研究院、市建筑设计研究院签署资产重组合同。12月，中铁芜湖规划设计研究院有限公司、中铁芜湖建筑设计研究院有限公司揭牌，成为中铁集团大桥勘测设计院有限公司旗下的两家新企业。位于城东新区的芜湖市政务中心大楼通过竣工验收。

2010年初，芜湖市政务中心建成投入使用。1月，国务院批复《皖江城市带承接产业转移示范区规划》，芜湖被列为安徽省"双核"城市之一。3月，奇瑞第200万辆汽车下线。4月，芜湖徽商博物馆建成开馆。7月，弋矶山医院新住院大楼经过两年建设建成，投入试运用。9月，芜湖一中新校区经过1年的紧张施工建成投入使用。芜湖高新技术产业园区晋升为国家级高新技术产业开发区。10月，福布斯官方网站发布"2010中国大陆创新城市排行榜"，芜湖名列第21位。"中国大陆商业城市排行榜"，芜湖名列第57位。12月，方特"梦幻王国"开始营业。是年，芜湖入选全国公立医院改革试点城市。科技部批准大浦农业科技园区为国家级农业科技园区。

2011年1月，芜湖市主城区首座高架立交桥——长江南路高架桥正式通车。2月，位于城东新区的芜湖一中新校区正式启用。2月，市发展改革委通报：芜湖长江公路二桥已正式获得国家发改委批复同意建设。3月，位于滨江南路东侧的芜湖侨鸿滨江世纪广场（后改称芜湖金鹰国际广场）奠基，其塔楼当时设计高度为230米，号称安徽第一高楼。为拓宽花津路，圣雅各教堂向东平移10米，得到了很好的保护。青弋江铁路大桥建成通车。4月，美的日用家电集团芜湖基地建成投产，芜湖成为美的日用家电集团第二大生产基地。芜湖四季春大酒店和老余昌钟表眼镜有限公司在商务部公布的全国第二批"中华老字号"认定名单中榜上有名。之前，耿福兴酒楼已列入第一批"中华老字号"名单。《芜湖市志（1986—2002）》正式出版。5月，中国社会科学院发布《2011城市竞争力蓝皮书》，芜湖在全国294个城市竞争力排名中位居第57位，排中部非省会城市第一。三环路（今中江路）跨青弋江大桥西幅桥合龙，大桥全线贯通（8月3日，中江大道跨青弋江大桥建成通车）。7月，市统计局发布《芜湖市2010年第六次全国人口普查主要数据公报》：全市常住人口226.3万人，10年来年平均增加0.68%。8月，经国务院批复同意，安徽省撤销地级巢湖市及部分区划调整，无为县划归芜湖市管辖，和县沈巷镇划为芜湖市鸠江区管辖。芜湖市调整为辖4区（镜湖区、弋江区、鸠江区、三山区）4县（无为县、芜湖县、繁昌县、南陵县），全市总面积5988平方千米，人口385.4万人。拥有500张床位的三山敬老长寿中心启用。9月，经过2年建设，位于三山区龙窝湖畔的芜湖碧桂园学校（含中小学和幼儿园）建成开学。10月，福布斯官方网站发布"2011中国大陆创新城市25强名单"，芜湖位居第18位，居中部城市第一位。11月，由中国雕塑学会、中国美术学院和芜湖市人民政府联合主办的首届刘开渠奖国际雕塑大展开幕，66件中外作品参展，芜湖雕塑公园同时开园。12月，历时4年多的芜湖市第三次全国文物普查工作结束，芜湖共登录不可移动文物223处。

2012年1月，西洋湖公园A、B两区先行开放。2月，城南、城北分别建成垃圾处理厂、垃圾焚烧热电厂各1座。芜湖市荣膺国家园林城市称号。3月，对市区青弋江北岸防洪墙进行加固，同时在墙体上部建设通长观景台。5月，由市政协学习和文史资料委员会、市地方志编纂委员会办公室共同编纂的《芜湖通史》举行首发仪式。国家知识产权局发布首批国家知识产权示范城市名单，芜湖市成为全国23家之一，是省内唯一的国家知识产权示范城市。7月，芜湖老海关大楼翻修工程完成。8月，编制完成《芜湖古城规划导则》。中国城市竞争力研究会发布"2012中国城市分类优势排行榜"，芜湖入选"2012中国十佳宜居城市排行榜"。9月，市首座环形天桥——文化路和赭山路交叉口天桥正式对市民开放。万达广场正式开业。利民路水厂二期工程举行通水典礼。芜湖公共自行车租赁系统开始试运营。海关总署9月公布2011—2012年中国外贸百强城市，芜湖综合得分列第23位。10月，芜湖·中国非物质文化博览园项目开工奠基仪式举行。第二届刘开渠奖国际雕塑大展开幕。芜湖荣膺"2012中国最佳休闲城市"称号。12月，芜湖长江观光码头投入使用。是年，编制完成《芜湖市城市总体规划（2012—2030）》。海螺国际大酒店（二期）、芜湖国际会展中心（二期）、瑞丰商品交易博览城（二期）、中医院门诊住院大楼、二院门诊住院大楼等建成。

2013年1月，安徽省人民政府发布第七批省级重点文物保护单位名单，其中芜湖有10余处，包括楚王城遗址、圣雅各教堂等。住建部公布首批国家90个智慧城市试点名单，芜湖市位列其中。3月，经安徽省人民政府同意，将无为县的二坝镇、汤沟镇划归鸠江区管辖。4月，芜湖公交在全省率先推出手机公交刷卡系统。5月，国务院公布第七批全国重点文物保护单位名单，芜湖天主堂、英驻芜领事署旧址、圣雅各中学旧址3处近代建筑入选。中国社会科学院等联合发布《2013城市竞争力蓝皮书》，2012年287个城市可持续竞争力，293个城市综合经济竞争力两大榜单中，芜湖可持续竞争力排名第37位，城市综合竞争力排名第71位，城市宜居、和谐、生态、知识等多项竞争力指数皆跻身前50强。第三届刘开渠奖国际雕塑大展优秀方案展开幕。6月，芜湖长江公路二桥建设正式启动。9月，芜湖市政府召开《芜湖古城规划导则》征求意见会。10月，芜湖金融服务区正式投入使用。第三届刘开渠奖国际雕塑大展开幕。11月，安徽省社会科学院城市研究中心发布2013年度"安徽城市居民幸福排行榜"，芜湖成为安徽省最幸福的城市。12月，利民东路（中江大道至荆山路段）竣工通车。福布斯官方网站发布"2013年创新能力最强的25个中国大陆城市"，芜湖名列第17位，是安徽省唯一入选城市；在中国大陆最佳商业城市百强排行榜中，芜湖名列第53位。芜湖机器人产业园6个重点项目集中开工。是年，芜湖大剧院建成，芜湖新火车站开工，鸠兹古镇始建，牯牛山城址被国务院公布为第七批全国重点文物保护单位。

2014年1月，朱家桥外贸码头二期工程投入使用（占地约16公顷，岸线总长480米，有万吨级码头两座）。位于宁安铁路两侧的沧津桥正式通车（双幅式，全长1200米）。3月，芜湖古城整治保护规划设计竞赛方案专家评审会召开，东南大学城市规划设计研究院提交的方案获一等奖。4月，弋江路北延线十里牌互通立交合龙。5月，奎湖省级湿地公园总体规划通过专家评审（总面积479.41公顷）。位于凤鸣湖风景区的龙山汽车露营体育公园主体建设完工（占地10公顷）。7月，芜湖汽车客运南站站房大楼动工，芜湖规划展示馆经过3年建设建成（2015年开馆）。9月，芜湖市古城办组织了古城拣砖活动。10月，深圳华强集团首个商业综合体项目华强广场对外开业（总面积53万平方米，其中商业项目12万平方米）。11月，第四届刘开渠奖国际雕塑大展开幕，35件优秀作品落户雕塑公园。12月，第一人民医院城东新区新院区一期工程初步完成，先行开诊（2017年一期工程全部完成）。莲花湖公园初步建成（2016年完成三期工程）。商合杭铁路芜湖长江公铁大桥开工建设（2020年6月建成）。是年，全面拉开江北城区框架（开工建设庐铜铁路、江北大道，加快建设北沿江高速公路、和谐大道），优化提升江南城区建设（实施棚户区改造，建设神山公园，实施城市出入口综合整治，新增绿地新造林，整治地下管网），加快建设城市基础设施（加快宁安城际铁路、芜申运河等工程进度，开工建设中江桥改建、钱桥立交等工程，完成九华路北延、弋江桥改建等工程，建成9座行人过街通道），并提升了城市管理水平。

2015年1月，江北产业集中区污水处理一厂项目工程通过竣工验收。芜湖市被评为安徽省首届文明示范城市。芜湖文化创意园（含21层商务酒店）开园。2月，芜湖市获得第四届全国文明城市荣誉称号。3月，芜湖钻石飞机项目获批，是芜湖航空产业园核心项目之一。4月，芜湖进入安徽省"2014年度省级森林城市"名单。5月，芜湖星隆国际城（30万平方米）开业运营。《芜湖市轨道交通近期建设规划（2016—2020）》专家评审会召开。芜湖规划展示馆免费向市民开放。中国社会科学院发布《2015中国城市竞争力蓝皮书》，芜湖综合经济竞争力排在全国第66位。6月，商务部等10部门发布《全国流通节点城市布局规划（2015—2020年）》，确定国家级流通节点城市37个，区域级流通节点城市66个，芜湖入选区域级流通节点城市。芜湖经开区国家知识产权试点园区揭牌。合福高铁开始运营，芜湖正式进入"高铁时代"。8月，芜湖方特第四座主题公园"东方神话"开园。8月，国务院公布第二批国家级抗战纪念设施、遗址名录，位于赭山公园的戴安澜烈士墓入选。9月，芜湖入选"国家推进全面创新改革试验先行先试区"。芜湖出口加工区整合优化为综合保税区，这是全省第二家获国务院正式批复的国家级综合保税区。奇瑞汽车在2015（第三届）中国企业海外形象高峰论坛上获选"中国企业海外形象20强"。10月，国家发改委批复《皖江地区城际铁路建设规划（2015—2020年）》，其中包括南陵—繁昌—芜湖—江北集中区城际铁路（总长87千米）。11月，位于芜湖汽车客运南站东南侧的高铁弋江站建成（12月6日宁安高铁开通时运营）。芜湖长江隧道有限责任公司揭牌，芜湖城南过江隧道项目启动。芜湖火车站新站东站房启用。12月，宁安高铁开通。奇瑞第500万辆整车下线。芜湖海螺医院建成开业。铜南宣高速全线通车。

2016年1月，第五届刘开渠奖国际雕塑大展开幕。钱桥立交工程通过交工验收。2月，公交旅游专线"游2路"（方特梦幻王国至芜湖站东广场）开通。公交旅游专线"游3路"（芜湖站东广场至新市口）开通。3月，政府工作报告中明确提出

"申报国家历史文化名城"。国家发改委批复《芜湖市城市轨道交通一期建设规划（2016—2020年）》。安徽影星银幕集团公司100米×25米世界级超大银幕研制成功。4月，安徽省推出文化产业重点招商项目323个，芜湖有14个项目入选，包括范罗山文化产业园、堂子巷民俗文化产业园、人字洞科教园、芜湖龙湖影视文化产业园、芜湖莲花湖文化休闲产业园等。5月，全市首家教育机器人企业——芜湖启迪机器人有限公司落户机器人产业园。6月，安徽信息工程学院揭牌成立。芜湖被纳入长三角城市群规划。7月，芜宁路下穿立交桥通车，九华中路恢复通车。《安徽省江北产业集中区总体规划》获安徽省人民政府批复。鸠兹古镇一期完成后开街。8月，芜湖方特旅游度假区成功跻身5A级旅游景区（9月20日举行揭牌仪式），芜湖旅游业实现历史性突破。芜宣民用机场立项审核通过，获国家发改委批准。澛港大桥通车。9月，中江桥主桥引桥拆除完毕。芜湖首座海洋公园——芜湖新华联大白鲸海洋公园（一期）开园。10月，中山桥封闭拆除。在山东美术馆开幕的第四届中国雕塑大展上，芜湖市被授予"中国雕塑之城"称号。10月，赤铸山路互通立交工程东西向主线桥通车。12月，芜湖轨道交通1号线、2号线一期项目开工。芜宣民用机场试验段工程动工，标志着机场项目建设进入实质性推进阶段。弋江路赤铸山路立交工程南北方向通车。是年，青弋江分洪道全面贯通。

2017年1月，国家发改委确定26个城市先期开展建设通用航空产业综合示范区的试点示范，芜湖市成功入选（10月，国家发改委批复《芜湖通用航空产业综合示范区实施方案》）。第六届刘开渠奖国际雕塑大展开幕。3月，2016—2017年中国新型智慧城市建设与发展综合影响力评估结果发布，芜湖位列其中。5月，芜湖市首个交通综合枢纽芜湖汽车客运南站启用。8月，海关总署公布"2016中国外贸百强城市名单"，芜湖排名第53位。11月，市政府组织完成了《芜湖市城市总体规划（2012—2030）实施评估报告》，专家讨论会通过（2018年完成了对芜湖市现行总体规划的修订）。马塘立交主线桥通车。第五届全国文明城市名单复查，芜湖蝉联"全国文明城市"称号。安徽省人民政府公布"安徽省第五批省级非物质文化遗产代表性项目名单"，芜湖有四季春传统小吃制作技艺、张恒春中医药文化等6项入选。米市口立交主线桥全线贯通。12月，经市政府批准，市国土局发布实施《芜湖市土地整治规划（2016—2020）》。《芜湖古城一期地块规划设计方案》正式通过审批。芜湖长江公路二桥通车运营。

2018年3月，民航华东地区管理局批复同意《芜湖宣城机场总体规划》。4月，芜湖成功获批建设国家创新型城市。江北产业集中区和谐大道通车。5月，作为芜申运河航道改造中的桥梁改造项目之一的新中山桥如期开放通行。中车浦镇庞巴迪运输系统有限公司成为国内第一家出口跨座式单轨车型的车辆企业。10月，芜湖获得"国家森林城市"称号。10月，全国工商联在北京举行新闻发布会，发布《改革开放40年百名杰出民营企业家名单》，年广久以"傻子瓜子"创始人身份入选。由中电科芜湖钻石飞机有限公司研发制造的CA20型飞机样机在芜湖县航空产业园首飞成功。第七届刘开渠奖国际雕塑大展开幕。11月，在《中国城市创新竞争力发展报告（2018）》中，芜湖位列第8位。12月，由同济大学发展研究院等单位主办的《2018中国产业园区持续发展蓝皮书》发布会上，公布了2018中国产业园区持续发展100强榜单，芜湖经济技术开发区、芜湖高新技术产业开发区，分别位列第25位与第99位。中国"质量之光"年度盛典举行，芜湖市荣获2018中国"质量魅力城市"称号。

2019年1月，鸠兹古镇获评国家4A级旅游景区。市委召开十届九次全体会议，审议通过《芜湖市市级机构改革实施意见》，改革后市级党政机构设置50个，其中市委机构14个，市政府机构36个。4月，裕溪河特大桥合龙。商合杭铁路芜湖长江公铁大桥顺利合龙（12月，公路主线桥全部贯通）。5月，第一届长三角一体化发展高层论坛在芜湖举行，芜湖全面融入长三角一体化发展，编制了《芜湖实施长三角区域一体化发展规划纲要和安徽省行动计划方案》。6月，芜湖市成功入选中国电信公布的全国47个首批建设5G城市，进入5G时代。8月，新中江桥经过3年建设建成通车。9月，芜湖市顶峰1979文化产业园、芜湖人力资本产业园、大砻坊研发创意产业园、芜湖三山综合物流园等4个园区分别获批省级服务业集聚区、示范园区，获批数量名列全省第一。12月，无为撤县设市大会召开，经国务院批准，设立县级无为市，由安徽省直辖，芜湖市代管。经过多年建设，芜湖"十里江湾"景观带基本建成，全长约10千米，总面积达8平方千米。芜湖轻轨梦溪路站房率先建成。高铁芜湖站北站开工。2019年，芜湖市辖镜湖、弋江、鸠江、三山4个区，芜湖、繁昌、南陵3个县，代管无为一个县级市。全市总面积6026平方千米，人口389.8万人。其中，市区面积1491平方千米，人口151.5万人。地区生产总值3618亿元，人均地区生产总值96154元。

2020年，我国全面建成小康社会，实现第一个百年奋斗目标，开启第二个百年奋斗目标，进入一个新的时代。芜湖历史将书写新的篇章。

主要参考文献

1.董鉴泓:《中国城市建设史》(第三版),北京:中国建筑工业出版社2004年版。

2.潘谷西:《中国建筑史》,北京:中国建筑工业出版社2004年版。

3.邹德侬、戴路、张向炜:《中国现代建筑史》,北京:中国建筑工业出版社2010年版。

4.杨秉德:《中国近代城市与建筑》,北京:中国建筑工业出版社1993年版。

5.方兆本:《安徽文史资料全书·芜湖卷》,合肥:安徽人民出版社2007年版。

6.芜湖市档案馆:《芜湖历史区域变迁概要》,芜湖:安徽师范大学出版社2022年版。

7.唐晓峰等:《芜湖市历史地理概述》,芜湖市城市建设局1979年版。

8.芜湖市城市建设委员会:《芜湖市城市建设志》,香港:永泰出版社1993年版。

9.芜湖市政协学习和文史资料委员会,芜湖市地方志编纂委员会:《芜湖通史》,合肥:黄山书社2011年版。

10.芜湖县旧志整理办公室:民国《芜湖县志》,合肥:黄山书社2008年版。

11.芜湖市地方志编纂委员会:《芜湖市志(上)》,北京:社会科学文献出版社1993年版。

12.芜湖市地方志编纂委员会:《芜湖市志(下)》,北京:社会科学文献出版社1995年版。

13.芜湖市地方志编纂委员会:《芜湖市志(1986—2002)》,北京:方志出版社2009年版。

14.中共芜湖市委党史和地方志研究室:《芜湖年鉴2020》,合肥:黄山书社2020

年版。

15.葛立三、葛立诚:《芜湖古代城市与建筑》,芜湖:安徽师范大学出版社2020年版。

16.葛立三:《芜湖近代城市与建筑》,芜湖:安徽师范大学出版社2019年版。

17.葛立三、葛立诚:《芜湖现代城市与建筑》,芜湖:安徽师范大学出版社2021年版。

后　记

　　芜湖是一座历史悠久的城市，有着百万年以上的人类活动史，十万年以上的原始聚落存在史，6000年以上的早期建筑存在史，3000年以上的城市建设史。要用几十万字的一本书来概括，绝非易事，十年以前笔者想都不敢想。自从拙著《芜湖古代城市与建筑》《芜湖近代城市与建筑》《芜湖现代城市与建筑》三本书（以下简称"三本书"），在安徽师范大学出版社的策划与支持下先后出版以后，才萌生了撰写《芜湖城市与建筑史稿》（以下简称《史稿》）一书的想法。从这一点来看，可以说先有"三本书"，后有《史稿》；没有"三本书"，就不会有《史稿》。"三本书"是基础，是积累；《史稿》是提炼，是写史。前者是用记事的方式，偏重记录史实，尽量提供史料，且文图并重；后者是以写史的方式，格外注重史观和重要史实，且以文为主，只配以必要的插图。

　　查阅国内著作，均是将"城市建设史"与"中国建筑史"分别论述，高校专业教材也是分别编写。鲜有将一个城市的建设史与建筑史合写的前例，本书首次将芜湖的城市建设史与建筑史合写，这确是一次大胆的尝试，甚至是一种自我的挑战。本书的写作框架，笔者在动手之前做过两种方案：一是将城市与建筑结合起来，分古代、近代和现代三个部分；一是将城市与建筑分开来，分上、下编。经过认真比较，最终采用了前一写作方案。理由一，由于城市是大概念、巨系统、宏背景，而建筑是城市的重要组成部分，城市是建筑的载体。因此，将城市与建筑结合起来写，符合城市发展与建筑发展密不可分的客观规律。理由二，可以避免城市与建筑的表述分离割裂，也可避免互相脱节或者交叉重复。理由三，如采取后一方案，将城市发展史与建筑发展史分成上、下编来分别书写，会导致全书结构松散，不如前一方案一气呵成，那还不如分成两部书各有侧重地编写。

本书共分为五章。第一章为绪论，在论述城市与建筑的概念、起源与发展基础上，分别阐述中国与芜湖城市与建筑发展史的断代与分期；第二章至第四章依序概述芜湖古代、近代和现代城市与建筑发展的历史；第五章是综述，总结芜湖城市与建筑发展的特点和规律，并展望今后芜湖城市与建筑的发展趋势。最后还附上了较完整的《芜湖城建大事年表》。

本书的几个主要亮点，或者说是创意：其一，明确提出西周至春秋时期的牯牛山古城是芜湖地区最早的古城，这里才是芜湖古城的发源地，将原来认为的芜湖2500年城建史，延长到约3000年；其二，明确指出芜湖新石器时代就出现干栏式建筑，1800年前的芜湖城隍庙是我国最早建造的城隍庙，说明芜湖古建筑的历史位于全国前列；其三，明确指出芜湖古城的八个城址经过了两次大迁移和三次原地发展；其四，芜湖近代城市开埠较早，明确提出1876年是近代芜湖城市的开始；其五，首次提出2020年中国城市进入"当代"时期，2019年是现代芜湖城市发展史的下限。

在本书写作提纲草拟后，首先试写了第一章《绪论》与第五章《综述》。为了慎重起见，出版社于2023年11月17日专门主持召开了《芜湖城市与建筑史稿》专家论证会。会上，专家们对此书的选题和写作大纲都给予了一定的肯定和较好的评价，特别指出了写作中应遵循的几个原则和应处理好的几个关系，并提出了非常宝贵的意见。这对我们写作组帮助很大、鼓励很大，使我们坚定了尽力写好此书的决心。在此书出版之际，首先要对安徽师范大学出版社，要对各位专家表示衷心的感谢。

安徽师范大学出版社张奇才社长，是"芜湖城市与建筑系列丛书"的总策划，前三本书在张社长的指导与帮助下已顺利地陆续出版，这一本书也是如此，在此要对张社长表示深深的感谢。在本书写作过程中，我的胞弟葛立诚在电子文件整理和插图加工制作方面，始终如一、尽心尽力，付出了艰辛的、高效的、高质量的劳动，我也要深表谢意。何伟、葛圆圆、赵杰等对此书也有贡献，在此同时表示谢意。在几本书的写作过程中，我的家人始终积极支持，我感激在心。

下面简要介绍我的两位合作者。姚景艳，本科毕业于安徽建筑大学城乡规划专业，硕士毕业于昆明理工大学建筑学专业，安徽师范大学地理与旅游学院城乡规划专业讲师，注册城乡规划师；赵惠萍，芜湖市徽凤青少年素质发展中心发起人和负责人，致力于芜湖历史文化宣传工作。一位从事城乡规划教学，长于专业教育；一位致力于芜湖历史文化宣传，长于宣传实践。我既是一级注册建筑师，又是注册规划师，曾有数十年对芜湖城市与建筑的研究积累。这样的写作组合，保证了本书的写作质量，也利于本书的宣传普及和扩大影响，期望本书的出版对了解芜湖、宣传芜湖能起到积极的作用。

最后要特别感谢王先俊教授不吝赐教，欣然为本书作序，不胜感激！

葛立三

2024 年 3 月 22 日